谨以此书

献给中国航空工业的奠基者、创业者与建设者。

周日新/著

腾身喷气时代

中国
航空工业
1951—1965

北京航空航天大学出版社

内容简介

《跻身喷气时代：中国航空工业 1951-1965》一书，意在书写新中国航空工业从创立到发展的 15 年的历史进程与传奇。

1951-1965 这 15 年在中国航空工业整个 62 年的历史进程中占有重要的历史地位，它是新中国航空工业艰苦卓绝的奠基石，是奋进不息、取得世界瞩目成就的壮丽篇章；是新中国航空工业迅速崛起、亮翅东方的"黄金时代"，也是大起大落、经受重挫的时期。这 15 年，有称誉世界的重大成就和成功的经验，也有饱尝苦果的沉痛教训。无论从哪个角度说，都是值得记载、值得回忆、值得思考的。

本书参考与引证了大量史料与当事人的回忆，许多内容是第一次公开发表；配发的 400 余幅历史老照片，弥足珍贵。本书作为一部航空工业史书，可供航空工业界人士和关心航空的各界人士阅读。

图书在版编目（CIP）数据

跻身喷气时代 ：中国航空工业 ：1951~1965 / 周日新著 . -- 北京 ：北京航空航天大学出版社，2013.3

ISBN 978-7-5124-1055-8

Ⅰ . ①跻… Ⅱ . ①周… Ⅲ . ①航空工业 - 工业史 - 中国 -1951~1965 Ⅳ . ① F426.5

中国版本图书馆 CIP 数据核字（2013）第 024193 号

跻身喷气时代：中国航空工业 1951-1965

周日新 著

责任编辑 王 律

*

北京航空航天大学出版社出版发行

北京市海淀区学院路 37 号（邮编 100191） http://www.buaapress.com.cn

发行部电话：(010)82317024 传真：(010)82328026

读者信箱：bhpress@263.net 邮购电话：(010)82316936

涿州市新华印刷有限公司印装 各地书店经销

*

开本：700×960 1/16 印张：34 字数：605 千字

2013 年 3 月第 1 版 2013 年 3 月第 1 次印刷 印数：1500 册

ISBN 978-7-5124-1055-8 定价：85.00 元

若本书有倒页、脱页、缺页等印装质量问题，请与本社发行部联系调换。联系电话：(010)82317024

序 1 >> 管德

本书讲述了中国航空工业的发展历程。

特点之一是全。作者搜集了大量的历史资料，从纵向、横向、全面地讲述了航空工业的各个组成部分的发展。

特点之二是真。每个人对每件事都必然会有自己的看法。但是，作者并没有把这些看法写入书中，而是完全客观地讲述了中国航空工业的发展历程。难能可贵。

1952 年毕业于清华大学航空工程系。飞机设计师。1952 年调入航空工业局，历任沈阳飞机设计所副所长、副总设计师，航空工业部总工程师，航空研究院院长，中国民用航空局副局长。中国工程院院士。

序 2 >>   王祖浒

周日新同志以翔实的史料、生动的笔调撰写了一部反映新中国航空工业建设初期的创业史，图文并茂，人物生动，带你进入火红的年代。作为过来人，读起来倍感亲切。

苦难的中国人民深知落后就要挨打、无空防即无国防的真理，渴望我国有一支强大的空军和自己的航空工业。孙中山先生很早就提出“航空救国”的号召，但在当时的条件下不可能实现，只有在中国共产党的领导下，才能在中华人民共和国成立伊始，百废待兴、一穷二白、抗美援朝烽火连天的1951年，毅然作出建设航空工业的英明决策。

由于有党中央、毛主席的正确领导、运筹帷幄；周总理亲自制订从修理到制造的发展方针；苏联的全面援助；全国人民全方位的大力支援和第一代航空人夜以继日的忘我劳动，才有了航空工业从初创到发展的壮丽图景。可以看到：全国各地大量输送领导干部、熟练工人和技术人员；国家打开国库让410厂挑选设备以加快建设；沈阳市市委书记王伯谨担任沈阳航空发动机研究院院长，江西省主席邵式平自愿兼任320厂技工学校校长；成千上万航空人在“一片荒草窝，人少兔子多，耗子编队走，乌鸦来唱歌”的原日寇731部队的细菌工厂旧址，冒着严寒热火朝天地建设120、122厂的动人情景。中国航空工业只用了短短的五年就造出了当时先进的歼5喷气式飞机和发动机，一举跃入“喷气时代”。在第一个五年计划期间，共修理飞机3291架、发动机14248台，制造飞机438架、发动机953台。同期还建成了包括“六大厂”在内的企业27个、事业单位24个，大学3所、中专8所、技校11所，拥有职工10余万人。有力地支援了抗美援朝战争，并为今后的发展奠定了坚实的基础，创造了举世震惊的奇迹。难怪当时美军空军参谋长范登堡惊呼：“共产党中国几乎在一夜之间变成了世界上主要航空强国之一。”

航空工业是个技术难度大、质量要求高、大投入、高风险，又事关国家安危和国计民生的高科技战略行业。受到当时我国工业基础薄弱、对航空科技发展的规律性缺乏深刻的认识和国际形势复杂多变、国内政治运动频繁等多种因素的影响，在发展过程中也遭遇过重大挫折，如在产品质量、科研发展等问题上走了不少弯路。但是成功的经验和失败的教训，都是宝贵的财富。我们党的伟大还在于善于总结经验，自我发现错误，自我批评，自我改正，与时俱进，在经过多次反复之后，又走上健康发展的道路。

人类在1903年造出了第一架飞机。我国在起步晚了近五十年的全球航空工业发展的马拉松竞赛中，经过六十年、几代航空人的努力，已经完成第三代先进战斗机的跨越，中航工业进入了世界500强，与世界先进水平的差距已大大缩短。新一代的航空人正在为赶上世界先进水平，建成现代化的航空强国而努力拼搏，再创辉煌。

孙志远同志在就任航空工业部部长时曾说：“在战争年代，我们头上受敌人的气。现在让我来振兴航空工业，这一仗打不好，我死不瞑目。”这是第一代航空人，也是全体航空人乃至全国人民的共同心声和坚强决心，也是能取得成功的根本原因。

若无昔日，焉有今朝。第一代航空工业奠基人和建设者的丰功伟绩和献身精神，值得我们永远怀念与学习。

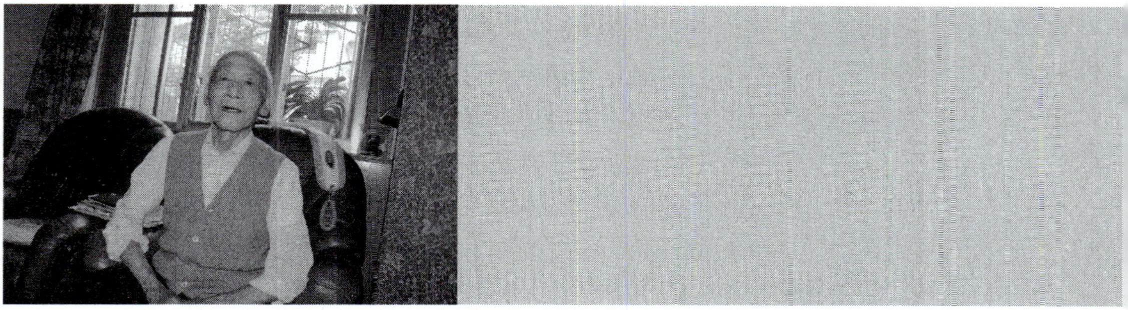

1948年毕业于厦门大学航空工程系。研究员。1951年调入航空工业局，历任主管工程师、副科长、副处长，航空工业发动机局副局长、局长，轻型燃气轮机开发中心主任。

序 3 >>

江同

2012 年夏日，有幸先睹周日新同志的《跻身喷气时代：中国航空工业 1951–1965》书稿。掩卷沉思，往事历历，不禁慷慨意气，诗以题之：

长空自卫仗神兵，
铸剑曾关海宇清。
今日重临锤冶处，
斑斑凝血胜红璎。

《跻身喷气时代：中国航空工业 1951–1965》记叙的是建国初期十五年内航空工业筚路蓝缕，高歌猛进，批产创新，为国奉献的壮丽篇章。由于国防安全的原因，这段历史除了行业内部人士，对于多数国人至今还是相当陌生或模糊不清的。然而，作为炎黄子孙，要使华夏中土昂首挺立于天地之间，就决不能淡忘了这段历史，并应对此作出恰当的评价。

这十五年的航空工业，最为耀眼的亮点可以列举：

一、引进苏联 Як–18 初级教练机（初教 5），成批生产 379 架，为空、海军大量培养飞行员，组建成军，准备了必要的基础物质条件。

二、引进苏联 МиГ–17Ф 高亚声速喷气歼击机（歼 5），三年内成批生产 767 架，足以基本覆盖全境，且性能可与美国当时的 F–86 相抗衡，形成国土空防主力。

三、МиГ–19（歼 6）、МиГ–21（歼 7）相继投产，接续提供空、海军，急速进入歼击航空兵装备超声速以至两倍声速的时代。

四、轰炸机、运输机、直升机，以及空空导弹的陆续自制与列装。

五、进入自主开发、投产新机种：初教 6、强 5、歼 8。

六、跨越修理、仿制、自主开发；基本实现配套自给，立足国内。

成绩与贡献是有目共睹的。没有这十五年的努力与成就，当代的中国就没有手段保障空防，就不会有之后打下美国 U–2 高空侦察机，和在海南击落美国先进战斗机 F–104C 的故事，中华民族就不足以自立于世界民族之林，也不会有进一步翱翔全球的前景。

当然也伴随着缺点和不足，特别是极“左”思潮的长期干扰，曾使航空工业在奋发前行中历经艰难困顿，付出过沉重代价。

回顾这段历史，还需明辨一点是非：中华民族是在受尽屈辱之后，挺身而起的，不得不艰难奋发，武装自己，以应对强敌。须知，武装自己，既不是穷兵黩武，也不是不顾人民生活的需要，而是鸦片战争以来全民族痛定思痛，不惜代价力求解决的保障民族生存的头等大事。

谁都不会忘记，抗日战争中日寇对重庆的狂轰滥炸；上海解放后蒋帮空军的轰炸骚扰；尤其是朝鲜战争中美军空中截击的狂妄。

面对这些血的教训，为了武装自己，即使不得已而束紧裤带是可以理解的，也是应当的。

因此，建国以来从事国防工业（包括航空工业）建设与发展的广大干部、职工都为取得的空前成就而自豪，都自问无愧于子孙后代。任何不顾具体的历史背景，对国防工业建设有失公允的误解与指责都是不值一驳的。

周日新同志的新著又为我们的自豪增添了有力的佐证。

江同

1949年肄业于清华大学经济系，1960年毕业于北京航空学院飞机系。研究员。1952年调入航空工业局。历任秘书、副科长，航空工业部主管工程师、副处长，航空研究院处长、航空工业部副局长，中航技公司副总经理。

序 4 >>

孟赤兵 李周书 归永嘉

周日新同志是我们的老同事、老朋友。我们都是在 20 世纪 50 年代末、60 年代初，相继走进中国航空工业，奋斗在同一条战线的不同岗位上的。70 年代，又都走进了中国航空工业的领导机关航空工业部。从那时起，就工作和生活在一起，由相识到相知，由相知到共事。难忘 20 世纪的最后一个冬季，刚从航空工业退休或退居二线的我们四人，聚集在一起，商讨如何发挥余热，在有生之年做一点对后人有益的事。

从 21 世纪的第一个初春开始，老周"领衔"，我们合作致力于编著中国航空工业史志和人物传记，运筹策划、编写出版，年年月月，在持久而又愉快的笔墨生涯中，走过了十多个春秋，除《航空春秋》外，还先后编著出版了《航空人物志》、《中国航空图志》、《航空工业六十人传》等。在这个过程中，进一步加深了我们之间的了解和厚重情谊。

老周对编研航空史的执着，对编著出版每一本航空史书籍的认真、细致，对老照片的多方寻求和挖掘，都给我们留下了深刻印象。尤其是，他深悟"成功在于细节"，诸如苏联修理列车的由来、苏联援助的 13 个建设项目变化与确定、飞机与导弹之争、上海研制运 10 飞机的缘起、生产和科研机构的分合等，都反复查考档案、史料，访问当事人，不弄个水落石出，不会罢休。由此可见，老周这部新的航空工业史著的问世，可以说是厚积薄发，顺理成章。

在这本书付梓之前，老周嘱我们权当第一批读者，并为它写一点文字。我们欣然接受，一口气读了下来，受益匪浅，感触良多。

求实存真，旨在告诉您一个真实的历史。中国治史有一个春秋笔的传统和史德。编史修志，首要的和根本的，还不在于解读、诠释和说明历史，而在于郑重、严肃地对历史负责，给社会留下一个经得住历史风雨打磨的真实历史。本书著者在收集大量档案、史料、史书、口述史、亲历记、回忆录的基础上，精心梳理、布局谋篇，娓娓道来，如高山流云，青山碧溪，使那一幅幅尘封的航空历史画页，一个个熟悉和不很熟悉的航空人物身影，向我们走来——

这就是鲜活的历史。

论从史出，载史传人。著者重在把所载述的历史、事件的原委、时间、地点、人物、过程、结局，叙说得一清二楚，明明白白。在此前提下，有感而发，评说相关历史的成败得失；结合历史发展和相关事件，顺势传记在航空历史舞台上演出威武雄壮活剧的航空英雄豪杰，不为写人而写人，力戒浮泛空谈，力戒生搬活剥历史。对于诸如钱学森这样众口一词的大家，也不为尊者讳，不隐去他在飞机与导弹之争中的言论。有个历史学家说，编史修志和“官本位”结合，和市场化结合，历史就可能发生变形扭曲，此言有理。

在体例上，著者没有严格采用容易呆板和给人老面孔的章节体，而是比较灵活地运用章节体和纪事本末体，以中国航空工业15年历史进程为主线，选择在这个历史时期内，航空工业的生产、科研、建设、人才等主体和对航空工业发展产生重大影响的事件，诸如飞机与导弹之争、国防工业三级干部会、航空科研机构的分合等，展开铺叙，运用大量史料，尽力回归原本，托出历史的来龙去脉。这样，就避免了与已出版的某些航空工业史料、图书的“似曾相识”，令人耳目一新。

文图并茂，相得益彰。作者紧密结合历史发展和行文结构，选择载入了四百余幅图片，达到了史中有画，画中有史，无疑大大提高了可读性、可视性和生动性。用当今社会流行语来说，那就是很给力。

编史修志的终极目的，是以史为镜，让历史给人以智慧。中国航空工业历来比较重视编史修志。20世纪80年代，从部机关到各基层单位，出现了比较大的高潮，前后持续了10余年，编辑出版了《当代中国的航空工业》和各类航空工业史、大事记、专业史、专题史、厂所院校史。2010年，中航工业集团公司发起编修航空工业史，目前渐成气候，成果迭出。我们期盼，在编修航空工业史，给世人一个信史的基础上，更进一步到“研究航空工业史”。比如说，把中国航空工业发展史和世界发达国家乃至发展中国家的，进行比较研究；和中国国内发展比较快、折腾得比较少的产业进行比较研究；把航空工业的兴衰、成功与挫折进行比较研究，等等，从中寻求出一些规律来。共和国航空工业已经走过了62年，毋庸置疑，成就辉煌，举世瞩目。也不得不承认，我们至今在航空工业科学技术的发展道路上，还处在由追赶世界航空先进大国转向跨越发展的过程之中。历史的发展规律和经验教训，会给现实的追赶和跨越以教益。

写下如许文字，权作对老周的又一新作的读后感言。当然本书也不可能是十全十美的，有的问题还有待进一步研究判断。同时，也还要接受广大读者的考量。好在是民间个人编史修志，可以秉承历史学大家陈寅恪高扬的“独立之精神，自由之思想”，自成一体，自说一家之言。

孟赤兵 李周书 归永嘉

孟赤兵（中），编审。曾任航空工业部处长，航空研究院副院长，中国航空工业总公司局长。

李周书（右），高级工程师。曾任航空工业部副局长，中航技公司党委书记兼副总经理。

归永嘉，编审，曾任航空工业经济研究中心主任，中国航空工业第二集团公司发展研究部部长。

自 序 >>

在一百多年来世界航空航天技术的发展与演进中，没有哪一项技术能像喷气技术那样具有强大的震撼力、影响力，具有里程碑式的重大跨越。毫不夸张地说，它开辟了航空航天发展的新纪元，迎来了举世惊奇的喷气时代，至今仍有强大的生命力。作者十分赞同北京航空航天大学教授、航空航天史专家史超礼先生对世界航空航天发展三阶段的划分，即第一阶段，从飞行理想的出现到动力飞行的成功；第二阶段，活塞发动机螺旋桨飞机独霸天空；第三阶段，喷气飞行开启了航空航天的新纪元。

新中国航空工业于 1951 年创立，到 1956 年就试制成功亚声速喷气歼击机歼 5 及其喷气发动机，并迅速批量生产、装备部队，使中国一举跨进了喷气时代，成为继德国（1944 年）、英国（1944 年）、美国（1946 年）、苏联（1946 年）、法国（1952 年）、瑞典（1953 年）之后第七个拥有喷气技术的国家。

本书定名为《跻身喷气时代：中国航空工业 1951–1965》，意在书写新中国航空工业从创立到发展的这 15 年的历史进程与传奇。

本书前两章可以说是新中国航空工业创立的“前传”。

第一章从冯如在美国驾机一飞冲天写起，概述中国航空工业早期发展与艰难探索；记述中国共产党人很早就重视航空在革命事业中的作用，千方百计培养航空人才以及中共中央决定创办东北老航校，为尽快创建人民空军和新中国航空工业创造条件的历史。

第二章叙述了人民空军的诞生以及新中国“先有空军，后有航空工业”的独特历史。

第三章叙述了在朝鲜战争的烽火中，中央高层决策创立航空工业的过程。

第四、五、六、七章记述了新创立的航空工业从修理到制造，顺利完成“一五”计划，一举跨进喷气时代的令人惊叹的征程。

第八章记述在“先有制造，后有科研”的不利条件下，航空科研艰难起步的过程。

第九章记述导弹的崛起以及它对飞机发展的影响。

第十、十一、十三章叙述在“大跃进”中航空工业受到重挫以及重整旗鼓、优质过关的曲折历史。

第十二章专门记述苏联对中国航空工业的援助。

第十四章记述航空科研体制的重大变动，成立国防部第六研究院的历史背景与过程。

第十五章记述航空工业经过几年整顿面貌一新，航空工业开始为国防建设建功立业以及三线建设拉开序幕的历史。

应当说，1951–1965 这 15 年在中国航空工业整个 62 年的历史进程中具有重要的历史地位，它是新中国航空工业艰苦卓绝的奠基石，是奋进不息、取得世界瞩目成就的壮丽篇章；是新中国航空工业迅速崛起、亮翅东方的“黄金时代”，也是大起大落、经受重挫的时期。这 15 年，有称誉世界的重大成就和成功的经验，也有饱尝苦果的沉痛教训。无论从哪个角度说，都是值得记载、值得回忆、值得思考的。

1959 年 3 月 19 日，19 岁的我毕业于沈阳航空工业学校飞机制造专业，分配到被誉为“共和国航空工业长子”、“六大厂”之首的 112 厂 32 车间工艺室任工艺员。当我走进 1955 年建成、建筑面积 49200 平方米的 70 号钳焊、部件装配与总装厂房时，立刻被其宏伟、高大、开阔的不凡景象吸引住了：厂房里工艺装备林立，厂房顶部多部吊车在运行，工人们在各自的岗位上忙碌，铆枪铆接声清脆刺耳，这场面，气象万千，是飞机制造大型企业特有的景象与旋律……

作为最基层的技术人员，我很快就感受到了在繁荣、热烈、欢快的表面现象背后的隐忧：在我被临时借调飞机设计室搞“东风 107”歼击机强度计算（用简陋的手摇计算机进行事务性的计算工作）几个月之后，在厂部大白楼三楼会议室聆听了著名飞机设计师、飞机设计室主任徐舜寿心情沉重的报告。仪表堂堂、举止文雅、风度翩翩的他以飞机总设计师身份，宣布了“东风 107”设计方案去苏联咨询的结果：苏方认为飞机采用的变攻角活动机翼布局和发动机的选择不尽合理，飞行速度将达不到 M 数 2 的指标，只能达到 1.8，还可能出现静不安定现象。“静不安定”！虽然当时我并不了解这一词的全部含义，但我悟到：“东风 107”安全性有了问题，前景堪忧！果然“东风 107”的研制被“腰斩”，我的临时借调戛然而止。

1960 年更大的震撼降临了。在厂强度试验厂房“东风 102”飞机全机静力试验现场，我亲眼见证了飞机仿佛受刑般被加载直至破坏的全过程：一位操浓重南方口音的试验加载员通过麦克风近乎凄厉地呼喊着：“加载到 80%！”“加载到 90%！”……接着一声巨响，飞机在机翼与机身结合处被提前拉断了，瘫在静力试验台架上。连续两次全机静力试验不合格，震撼了航空工业界与中央高层。贺龙元帅震怒，决定“一刀两断”、重新试制……

我也经历了 112 厂的“柳暗花明”，三年整顿取得硕果，歼 6 优质过关，投入稳定的批生产，装备人民空军和海军航空兵。1965 年更取得“二百架一百发”的好成绩。

我撰写本书的初衷，是力图以新的视角，较为全面、客观地展示航空工业奠基与创建时期青春四射岁月的历史进程，力图以实事求是、求实存真的原则，梳理航空工业重大事件的来龙去脉，力图对一些重大事件的成败与是非引入一些思考，并对这一时期对航空工业发展卓有建树的重点人物加以介绍。

我深知，打造一部“史书”、“信史”是相当艰难的，但我愿意为此而努力。

由于我水平、阅历有限，本书一定存在诸多缺点与错误，敬请读者不吝批评指正。

目　录

第一章 远见卓识

1945 年 8 月 15 日，日本电台广播了天皇裕仁的投降诏书。

9 月 2 日，东京湾的海面波光粼粼，在美军“密苏里”舰的甲板上，战败国日本代表团的首席代表、外相重光葵在以麦克阿瑟将军为首的盟军各国将领的注视下，一瘸一拐地走向投降书签署桌，一言不发，在上面签了字。

8 月 14 日、20 日、24 日，蒋介石三次电邀毛泽东赴重庆谈判。

8 月 23 日和 8 月 26 日，毛泽东在延安主持中央政治局扩大会议，决定赴重庆谈判，并派干部到东北去。8 月 28 日，毛泽东在美国驻华大使赫尔利和张治中将军陪同下，偕周恩来、王若飞乘飞机赴重庆谈判。[①]

① 中共中央文献研究室. 毛泽东年谱/1893–1949. 北京：中央文献出版社，2002. 10–16.

这是毛泽东生平第一次坐飞机，坐的是美国道格拉斯公司制造的 C–47（DC–3）运输机，延安到重庆飞行约 4 小时，毛泽东亲身体验到航空的便捷。

1945 年 10 月 11 日，重庆谈判结束后毛泽东乘飞机回到延安

在中共中央派去东北的大批干部中，有一支特别的队伍，他们是中国共产党多年培养、积蓄的为数不多的航空人才，肩负着中央赋予的重要使命：建设新中国航空事业的摇篮……

20世纪初，人类开启了航空新纪元，冯如在美国驾机一飞冲天，中国本土也制造了第一架飞机，并开始了创建航空事业的艰难探索

1956年4月25日，毛泽东在《论十大关系》中说："自从盘古开天地以来，我们不晓得造飞机，造汽车，现在开始能造了。"②

② 建国以来毛泽东文稿第六册.北京：中央文献出版社，1992.86.

1957年，毛泽东写了一首脍炙人口的名词《蝶恋花·答李淑一》："我失骄杨君失柳，杨柳轻飏直上重霄九。问讯吴刚何所有，吴刚捧出桂花酒。寂寞嫦娥舒广袖，万里长空且为忠魂舞。忽报人间曾伏虎，泪飞顿作倾盆雨。"这是一首悼念烈士亡灵的作品，优美壮丽。他用了丰富的想像和浪漫的笔调，写了烈士升天到月球上与吴刚、嫦娥相会的情景。

吴刚、嫦娥是我们古代神话中的人物。古代人民幻想有一天登月，就创作了"吴刚砍树"、"嫦娥奔月"的美丽神话。

人类关于飞行的梦想源远流长，古已有之，无论中西，概莫能外。中国古代有大量关于飞行的神话与传说，美丽而玄妙，如飞天、列子御风而行、牛郎织女以及嫦娥奔月的故事，这无一不表达了中国古人对翱翔天空、凌云御风的渴望与遐想。

中国古代人幻想的飞行方式基本有三：一是像飞鸟一样展翅飞翔；二是驾鹤或凤凰上天；三是借助神力（像哪吒、孙悟空那样）腾空。

大约在两千多年前，中国发明了人类最早的航空器——风筝，后来又发明了堪称直升机的"始祖"——竹蜻蜓以及热气球的雏形——孔明灯（松脂灯），18世纪传入欧洲，对西方的航空发展有重大影响。

西方从16世纪开始文艺复兴，接着进行了工业革命，科学技术发展突飞猛进。而此时的中国严重地落在了后面。

20世纪初，航空登上世界历史舞台。1903年12月17日，美国莱特兄弟驾驶他们自己设计制造的世界第一架飞机飞上蓝天。

美国华盛顿国家航空航天博物馆在最显眼的位置上悬挂着由莱特兄弟发明的世界第一架飞机——“飞行者1号”，其说明词是：

“世界上第一架重于空气的动力飞行器。莱特兄弟驾驶它进行了自由的、可操纵的持续动力飞行。威尔伯·莱特和奥维尔·莱特发明和制造。他们自己驾驶它于1903年12月17日在北卡罗来纳州的基蒂·霍克进行了飞行。莱特兄弟依据最初的科学研究，发现了人类飞行原理。作为发明家、制造者和飞行家，他们又进一步发展了飞机，教人们学习飞行，开创了航空历史新纪元。”

这一段看似平淡无奇但又惊天动地的文字，谱写了一个伟大的历史创举——人类开始飞了！飞向天空，飞向宇宙……

中国虽然落后，但并没有沉睡。1909年9月21日，旅美华侨冯如在美国试飞了自己设计制造的飞机。当日傍晚时分，在奥克兰市派得蒙特山附近的一块场地上，25岁的冯如驾驶他所设计制造的“冯如1号”双翼飞机迎着强风起飞，飞机离开地面升空约4米多，即绕着小山丘飞行。但是这次飞行未能完全取得成功，由于飞机螺旋桨机轴突然断裂，飞机失速坠落，飞行员被抛出飞机，飞机受损，所幸飞行员并未受伤。

这次飞行在美国引起很大轰动。因为距莱特兄弟的世界上首

中国始创飞行大家冯如

isco Examiner

HINESE LEAVES WHITES BEHIND IN AVIATION

ORIENTAL WRIGHT SOARS BIPLANE HOMEMADE CRAFT

美国《旧金山考察家报》报道冯如首飞情况

次飞行还不到 6 年，而飞行距离 804 米，大大超过莱特兄弟首次飞行的 36.6 米。特别是这架飞机比莱特兄弟的“飞行者 1 号”有所改进，飞机下面装有 4 轮起落架，而不必靠滑车滑行起飞。

9 月 23 日，美国《旧金山考察家报》在头版显著位置刊登了冯如的照片和飞行经过，该报把冯如誉为“东方的莱特”，并给予“天才的中国人自己制造飞机”、“把白人抛在后面”的评价。同日，《加利福尼亚美国人民报》发表了《中国人民的航空技术超过了西方》的文章，也对冯如的试飞给予了高度评价。冯如既是中国第一位飞机设计师，又是第一位飞行家，因此被誉为“中国创始飞行大家”。

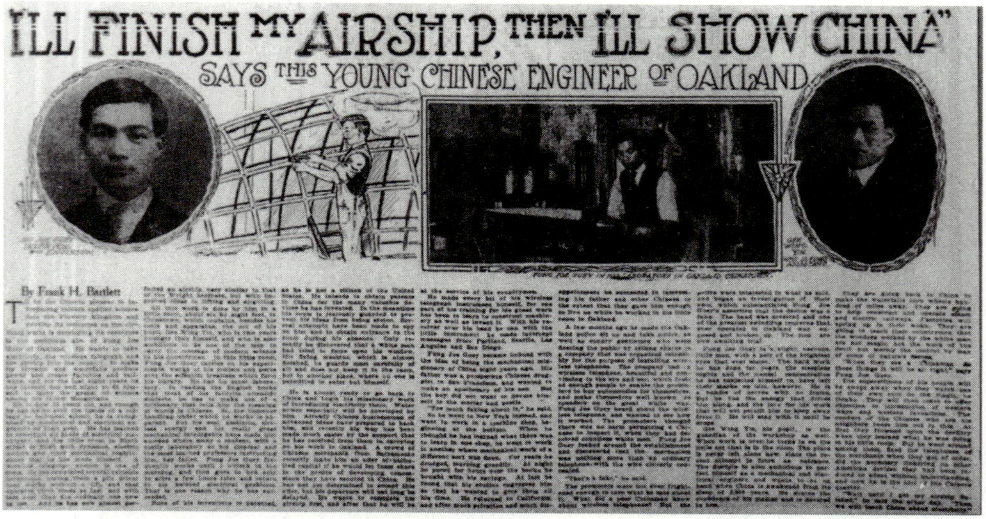
"I'LL FINISH MY AIRSHIP, THEN I'LL SHOW CHINA"
SAYS THIS YOUNG CHINESE ENGINEER OF OAKLAND

By Frank H. Bartlett

在冯如飞机首飞之前，1909 年 5 月 23 日《旧金山星期日呼声报》便较详细地披露了冯如研制飞机的情况

鉴于“冯如 1 号”试飞没有取得完全成功，冯如决定继续筹集资金，研制大功率的新飞机。他在 6 次失败中总结出珍贵的经验教训，并有针对性地加以改进后，终于研制成功“冯如 2 号”飞机。

1911 年 1 月 18 日早晨，在奥克兰琼斯街的艾劳赫斯特广场上，冯如驾驶“冯如 2 号”飞机向前滑行约 30 米，即离地升空，高度约 12 米左右，环绕广场后即向旧金山海湾飞去，然后返回，降落在起飞的广场上，飞行历时 4 分钟，首飞取得完全成功。

首飞之后，冯如又驾驶飞机多次在旧金山海湾飞行，其飞行

高度达到200余米，飞行距离32千米，其性能达到当时世界的先进水平。中外报纸竞相加以报道。《旧金山星期日呼声报》用整版通栏大字标题《他为中国龙插上了翅膀》报道了冯如研制飞机的成就。孙中山对冯如的飞行成功大加称赞："吾国大有人矣！"。③

"冯如2号"在飞行中

③黄汉纲．冯如研究．广东省中山图书馆，1991.

1910年7月，清政府军谘府在北京南苑五里甸练兵场内始建中国第一座机场——南苑机场和厂棚，供从法国引进的一架法曼式飞机起降和维修设备使用。

南苑又称"南海子"，曾是清代的皇家猎场。《日下旧闻考·国朝苑囿》记述："南海子即南苑，在永定门外。元时为飞放泊，明永乐时复增广其地，周垣百二十里。我朝（清朝）因之……春搜冬狩，以时讲武"。在南苑建设机场与厂棚，是中国航空事业的发端。④

④董汉文主编．北京志（市政卷－民用航空志）．北京：北京出版社，2000.10.

1910年7月，旅美华侨谭根驾驶自己设计制造的水上飞机飞

潘世忠自行设计的"枪车"飞机

行表演一举夺冠；1911 年留学法国的秦国镛驾驶法国制造的“高德隆”式教练机在南苑机场作表演飞行，这是中国人在本土的首次飞行。1913 年 6 月，北京政府拨款 6 万银元对机场跑道进行扩建，并建设房屋一百余间和一座修理厂。9 月在南苑创建了我国第一所正规的航空学校，秦国镛为首任南苑航空学校校长。政府花费 30 万银元从法国购进 12 架“高德隆”式飞机和航空备用器材及修复设备。10 月 20 日，从国外学成归国的潘世忠在北京南苑试飞了自己设计制造的“枪车”飞机。

中国建设航空工业的步伐十分缓慢：负笈海外学成归国的航空学子加上国内的主要工业大学航空系为数不多的毕业生，努力为建设中国航空工业铺路；民国政府建立了几个飞机修理厂和与国外合资的飞机制造厂，以及后来自办的飞机制造厂与发动机制造厂，承担维修从外国买来的飞机和利用国外技术制造飞机，以及自行设计制造飞机的任务，生产了一批国产飞机。迟至 1946 年，国民党政府才成立航空工业局，领导航空工业、航空科研逐步发展，但由于中国经济落后、工业基础薄弱、航空人才短缺、政府领导不力等原因，从 1910 至 1949 年间，中国并没有建成独立自主的航空工业体系，其间，总计制造飞机约 700 架，大约 90% 是仿制外国的。

这一时期，航空工业的主要飞机和发动机制造厂是：

一、福建马尾海军飞机工程处/上海海军飞机工程处。

福建马尾海军飞机工程处是中国历史上第一个正规的飞机制造厂，成立于 1918 年，由从美国留学归来的巴玉藻、王助等人领导。该厂建成 1 个装配车间，两个飞机库。1919 年 8 月，马尾海军飞机工程处成功设计制造了中国国内第一架水上飞机甲型一号。它为双翼双桴式，即以双桴为支持体先在水面滑行，继而升空。其发动机功率 73.5 千瓦，机长 9.32 米，翼展 13.7 米，机高 3.88 米，飞机总质量 1055 千克，最大平飞速度为 120 千米每小时，设有双座双教练系统，可作教练机使用。以后又陆续制造了甲二、甲三、乙一、丙一、丙二、“江鹳”、“江凫”、“江鹭”、戊三、“海鹰”、“海雕”、“江鸿”、“江雁”等 14 架飞机。1931 年 2 月，福建马尾海军飞机制造处迁至上海；1933 年起，陆续制造了

"江鹤"、"江凤"、"江鹈"、"宁海"、庚三等飞机。这些自行设计制造的水上飞机，有的是教练机，有的是侦察机，有的是轰炸机。该厂还仿制了美国弗力特式陆上双翼机 14 架。抗战爆发后，该厂迁往成都，成为第八飞机修理厂，结束了制造飞机的使命。⑤

⑤林樱尧主编.马尾中国航空业资料集. 2003.

中国第一架水上飞机甲型一号双座教练机

二、广州飞机制造厂/韶关飞机制造厂/空军第二飞机制造厂。

该厂由广东地方当局于 1920 年在广州大沙头建立，是中国继福建马尾海军飞机工程处之后建立的第二个正规的飞机制造厂。1923 年春，留美飞行家杨仙逸任广东航空局局长兼飞机制造厂厂长，当年 6 月制成陆上双翼教练机一架。孙中山和夫人宋庆龄参加试飞典礼，该机以宋庆龄在美读书的名字为名，命名为"乐士文"号。

孙中山、宋庆龄主持"乐士文"号飞机试飞典礼，宋庆龄在照片上写道："这是我国制成的第一架飞机，1923 年 5 月设计，7 月制成"

从 1928 年起，这个厂设计生产的飞机均命名为"羊城"号，陆续制造了 60 多架"羊城"号教练机、驱逐机、轰炸机。1935 年

该厂与美国寇蒂斯·莱特公司合作，建立韶关飞机制造厂。1936年5月，该厂自行设计的“复兴”式教练机出厂。后又制造了4架“复兴”式教练机，并仿制霍克Ⅲ式飞机，至1939年共制造44架。1939年该厂迁往昆明，成为空军第一飞机制造厂。该厂除制造“复兴”式教练机改进型外，还仿制了苏联伊-15飞机30架。这个厂还一度分迁了部分人员、设施到贵阳，贵阳厂生产了研驱一驱逐机2架、研驱零驱逐机9架。

三、中央杭州飞机制造厂。

这是中国第一家中外合资飞机制造厂，该厂于1934年2月由南京国民政府中央信托局与美国联洲公司合办，同年10月在杭州建厂开工。按双方签订的合同规定，总资本300万元，中方占55%，美方45%。全部机器设备由美方提供。工厂生产能力在初期是年产60架，以后发展到100架。所有产品由中方购买。该厂董事长由中方担任，副董事长由美方担任，美方出任经理，中方出任监理（由王助担任）。该厂职工由中美双方人员组成，最盛时达1000人左右。杭州飞机制造厂生产的产品有：仿制诺斯罗普-2E全金属轻型轰炸机25架；道格拉斯侦察机30架、轰炸教练机20架；组装霍克式、道格拉斯02M-3轻型轰炸机和寇蒂斯A-12全金属攻击机等，该厂在杭州共生产（含大修）飞机235架。抗战爆发，工厂几经辗转，于1939年迁至云南垒允。1942年4月，由于日军从缅甸入侵云南，工厂无法生产，人员、设施都散失了。作为中美合资的第一家飞机工厂，由于战乱，中央杭州飞机制造厂在杭州、垒允共存在8年之久，约生产300架各类飞机。其中包括中国首次生产的全金属作战飞机。

四、中央南昌飞机制造厂/空军第二飞机制造厂。

中央南昌飞机制造厂由国民政府于1935年1月与意大利4家航空公司合办，中方任董事长，意方为总经理，朱霖任监理。意籍员工64人。工厂于1937年2月建成，包括主厂房8座、办公楼1座、总装配厂房面积5000多平方米，规模较大。1937年4月开始制造飞机。按照原定计划，首先制造布雷达25式教练机15架和萨伏亚S81式双发动机轰炸机6架。这是中国首次制造双发动机大型轰炸机。机身由意大利制造运到中国，中国承担全机制造任务的20%。1937年抗战爆发后，萨伏亚机才装配了3架，另有29架布雷达的机身和机翼的半成品，遭到日机轰炸，工厂被毁。意藉职工撤退回国。工厂的人员、设施几经辗转，迁至四川南川丛林沟，在一个天然洞穴里重新建厂。1939年2月，工厂改组为空军第二飞机制造厂。朱霖、钱昌祚、黎国培、马德树先后担任厂长。工厂职工最多时达千人左右。南川厂先后仿制生产苏联伊-16（中方型号为忠28甲，有改进）33架；H-17式中级滑翔机30架；初级滑翔机6架。特别是自行设计了“中运一式”，我国第一架双发11座运输机。后来改进设计制造了“中运二式”运输机。南川厂于1947年底迁回南昌，职工500人左右，除修理过几架L-5飞机外，再没有制造过飞机。

南川厂员工在中运-1飞机前合影

五、空军第三飞机制造厂（成都/台中）。

空军第三飞机制造厂于1942年4月在成都成立，作为航空研究院的试制厂。全厂职工共约400人。航空研究院院长黄光锐兼任厂长，实际工作由工务处长郑葆源负责。后来继任厂长是向维萱和云铎。1942年和1943年，该厂仿制了美国弗力特式教练机15架、研教一式双翼木质教练机15架和“大公报号”式高级舱式滑翔机30架。1942年到1944年，以苏联SB-3式轰炸机为原型，设计并仿造双发单翼木质结构的研轰三式轰炸机。它的发动机、金属螺旋桨和起落架等，都是苏联的产品。比较有特色的是自己设计的机身与机翼采用木骨架，外蒙皮却用层竹，航空研究院研制成功的层竹是胶合的，在外面包上蒙布。全机的总重是13200千克。1944年春天，这架飞机曾在成都太平寺机场试飞三四次。抗日战争结束后，工厂奉命调查并接收日本在台湾的陆军工厂和航空工厂。接收了机器设备一千多台和厂房、飞机、台湾籍的员工等。1946年4月，该厂迁往台中。全厂员工共约1200人。先后任厂长的是云铎、朱家仁。1947年开始，该厂仿制美国波音公司的斯特曼 PT-17 式初级教练机，命名初教一式。1948 年 2 月，第一架初教一式飞机试飞成功。到 1948 年 9 月，共批量生产了 104 架，交付国民党空军航校使用。⑥

⑥姜长英．中国航空史——史话 史料 史稿．北京：清华大学出版社，2000. 119-121.

六、大定航空发动制造厂。

这是中国第一个航空发动机制造厂，1941 年在贵州大定建立，厂址选在大定县羊肠坝一个名为“乌鸦洞”的大山洞内。该厂吸收了一大批航空工程人才，还派不少人去美国的发动机工厂实习。先后担任厂长的是李柏龄、王士倬、顾光复。工厂原本打算生产的第一个型号是仿制其购买的美国生产专利权的塞克隆 G105B 型发动机，准备分三步试制：第一步是用翻修发动机来训练提高员工的技术；第二步是自己制造部分零件，再加上外购的零件成品，装配成完整的发动机；第三步是用美国的材料自己制成全部发动机。但是，这三步并未全部走完。

1943 年 3 月 19 日，蒋介石到大定航空发动机厂视察，并题词“我国发动机何日可以完全自制”。

1943 年 3 月 19 日，蒋介石(中)视察大定发动机厂，左为大定厂厂长李柏龄，右为蒋纬国

从 1943 年起，工厂开始装配赛克隆 G105B 型发动机，其中大部分零件是从美国运来，只有小部分比较容易制造的零件，使用美国运来的毛坯在中国制造。1944 年 9 月，装出的两台发动机经过 100 小时试车，产品质量合格。到 1946 年又装成 30 台。先后装配完成的这 32 台发动机 1948 年被运到昆明，装在 DC-3 型运输机上试用。这时全厂职工达 1700 人，其中技术人

蒋介石题词

员 200 人。大定发动制造厂还在广州设立分厂，但分厂并未造出发动机。⑦

⑦发动机制造厂文献编辑委员会编.航空救国——发动机制造厂之兴衰.台北：河中文化实业有限公司，2008. 5–9.

抗战胜利后，国民党政府航空工业局制定并部分实施了发展规划，但由于国民党政府忙于打内战，无暇顾及航空工业建设，因而并没有很大进展。1949 年，随着国民党军队溃退台湾，仅存的航空工业家底，一部分迁往台湾，一部分被人民政府接收。

中国共产党人很早就重视航空在革命事业中的作用，千方百计培养航空人才，为新中国创建航空工业做了积极准备

中国共产党成立之后，在严酷的革命斗争中，早就认识到航空事业的重要性，所以在力所能及的条件下，努力培养和发展自己的航空力量。第一次国内革命战争期间，中国共产党同国民党合作，在苏联政府帮助下，1924 年 7 月于广州大沙头创办了军事飞机学校。第一期共有 10 名学员，其中刘云等 7 人是黄埔军官学校的第一期毕业生，唐铎等 3 人是飞机厂选送的。他们或是共产党员，或是坚定追求革命的青年知识分子。第二期学员有常乾坤等人。1927 年蒋介石发动“四·一二”反革命政变，国共合作破裂，国内已无培养航空人才的条件。中共中央于 1927 年 9 月决定，从莫斯科中山大学学习的共产党员、共青团员中选调王弼、岳少文、蒋余才、岁同器、饶钧等 12 人，进入苏联空军航空学校学习飞行和航空工程。

常乾坤、王弼、唐铎是中国共产党培养的第一批人才中的佼佼者。

常乾坤 1904 年 7 月生于山西省垣曲县亳城村。中学时代他进了晋军学兵团，实际上是山西军阀阎锡山开办的初级军官学校。1925 年 6 月，他考入黄埔军校，成为第三期学生，同年 7 月加入中国共产党。1926 年春，广东军事飞机学校招收第二期学员，中国共产党派他进入军事飞机学校学习，他以第一名的优秀成绩被录取。在校期间，他较快地掌握了飞行技术，比较早地放了单飞，成为中国共产党最早的飞行员。1926 年 6 月，常乾坤作

常乾坤

为飞行员被派往苏联留学，这次派出的 12 名学员有 5 名是共产党员，即常乾坤、徐介藩、李乾元、黎鸿峰（越南人）、金震一（朝鲜人）。常乾坤毕业于苏联第三航空学校和茹可夫斯基航空工程学院航空工程系。毕业设计时他设计了一台航空发动机和一架侦察机。他曾在苏联红军独立航空队工作，任中尉领航员和准校领航指导员。1938 年 9 月，参加抗战心切的常乾坤没有来得及参加茹可夫斯基航空工程学院的毕业典礼，就踏上了归国的征途。1938 年回国后先抵新疆工作，后到延安，曾任第十八集团军航空工程学校教务主任、军委作战部航空组副组长，主持修建延安飞机场。之后，他去东北创办航校，历任东北老航校校长、中国人民解放军空军副司令，中国人民志愿军空军副司令，是人民空军的创建者和领导人之一。⑧

⑧ 空军政治部编．空军高级将领传，北京：蓝天出版社，2002. 265–314.

王弼 1899 年 8 月 3 日出生在江西永修县一个贫农家庭。1925 年加入中国共产党，同年 10 月被党派往苏联留学，1925 年至 1927 年在莫斯科中山大学学习，后又学习航空，先后在列宁格勒空军地勤学校、莫斯科茹可夫斯基空军工程学院学习，曾任苏联空军少尉机械师和准校工程师、副科长、少校总检验师等职。1938 年回国后先抵新疆工作，到延安后任第十八集团军航空工程学校校长、中央军委作战部航空组组长，之后，他去东北创办航校，1946 年 5 月任东北老航校政委等职。1949 年 3 月，被任命为军委航空局政治委员；1949 年 11 月，被任命为中国人民解放军空军副政治委员兼空军工程部部长，1951 年 6 月改任空军副司令员。1952 年 1 月，王弼到航空工业部门工

王弼

作，先后任航空工业局副局长及航空工业部教育局局长、航空工业部顾问等职。[9]

唐铎在 1904 年生于湖南省益阳县。参加了五四运动。1920 年赴法国勤工俭学。回国后投入大革命洪流，被录取为广东军事飞机学校学生。1926 年加入中国共产党。1925 年到莫斯科，先后在苏联空军第二飞行学校、苏联空军第三飞行学校、空军战斗学校、飞行观察学校等空军院校学习飞行和通讯，最后毕业于茹可夫斯基空军工程学院，并获得航空机械工程师学位，被留在苏联空军，先后任飞行员、通讯主任、空军院校少校、中校教官等。在 1932 年“十月革命”节的阅兵式上，他驾机领航飞越红场，接受检阅。在苏联反法西斯卫国战争中，他英勇参战。1944 年 6 月，担任射击团副团长，屡建功勋。苏联曾先后授予他列宁勋章、红旗勋章、红星勋章、苏维埃卫国战争勋章和奇哥尼茨比格城奖章等。1949 年刘亚楼访苏期间，曾特别约见唐铎，希望已加入苏联藉的唐铎回国效力。1953 年 3 月，唐铎回到祖国。不久，出任他的老战友陈赓大将为院长的中国人民解放军军事工程学院的党委委员、空军工程系党委书记、系主任，参加学院的创建工作。1955 年被授予少将军衔。[10]

⑨ 孟赤兵，高其风，杨常修编．航空工业人物第一卷．北京：航空工业出版社，1989. 164-181.

⑩ 周日新，孟赤兵，李周书等编著．中国航空图志．北京：北京航空航天大学出版社，2008. 32-33.

1953 年唐铎一家在苏联留影

在第二次国内革命战争、国民党的残酷“围剿”中，以及在抗日战争、日本侵略军的野蛮“扫荡”中，中国共产党领导下的军民饱尝了飞机轰炸、扫射之苦，更深切地体会到建立航空力量的迫切需要。尽管当时环境极为恶劣，又缺乏物质和技术基础，中国共产党领导人仍千方百计集聚和培养航空力量，为建立和发展自己的航空事业作准备。1930 年 3 月 16 日，中国工农红军缴获第一架飞机。国民党空军 1 架美制“可塞”（Corsair）式侦察轰炸机由武汉飞往开封执行通信联络任务，在返回途中，因大雾迷航，油料耗尽，迫降在今湖北省大悟县宣化店西南陈家河的沙滩上。飞机被鄂豫皖红军第 1 师第 3 团第 2 营第 6 连长钱钧带领战士和当地的赤卫队员缴获，飞行员龙文光被俘。鄂豫皖红军领导人徐向前接见了龙文光。后经教育，龙参加了红军。中央军委获悉后，飞机被命名为“列宁”号。这是中国工农红军拥有的第一架飞机。⑪

红军第一架飞机“列宁”号

⑪ 马酝福．关于“列宁”号飞机及飞行员龙文光的考证．《航空档案》，2011.（8）：35-43.

1932 年 4 月 20 日，中国工农红军缴获第二架飞机。这是一架“摩斯”式通信教练机，是在福建龙岩上空被中央红军 1 军团第 11 师 33 团用高射机枪击伤的。1 军团军团长林彪、政治委员聂荣臻到机场察看了飞机，并指示供给部迅速把这架飞机修好。当年“五一”国际劳动节召开庆祝大会时，由一名学过飞行的军人驾驶在漳州上空散发传单。这是红军拥有的第二架飞机。

1935 年 9 月，中国共产党从苏联东方大学和列宁学院的留学生中选送刘风、王琏、李凡等 7 人进入苏联第三航空学校学习飞行。这是我党早期培养的第二批航空人才。王琏、刘风于 1938 年和 1939 年先后回国，开始在

刘风（左）与王琏

新疆航空队工作，1940 底回到延安。

刘风，原名陈彦，1910 年 4 月出生于山东省招远县华山区陈家村。1925 年 15 岁的他随父亲“闯关东”到东北。1933 年 5 月加入中国共产党，随后参加东北抗日民主联军，和金日成在 1 个连队，刘任连长，金任指导员。1934 年 5 月，中共满洲省委派刘风到莫斯科东方大学学习，1935 年转入第三航空学校学习飞行，刘风、王琏、李凡、王春等于 1939 年学成回国，刘风先到新疆航空队工作，后参加东北老航校的创建，1949 年 12 月被任命为空军第二航校校长，1955 年被授予少将军衔；1956 年调任中国人民国防体育协会航空司司长；后成为中国航空体育协会主席。

王琏，曾在东北民主联军航空学校任教，后来回到朝鲜，曾任朝鲜人民军空军司令员。

新疆航空队飞行学员方子翼（方子翼提供）

1937 年中国工农红军西路军撤入新疆，正值新疆军阀盛世才投机革命，与中国共产党合作，在苏联的协助下，建立航空学校和航空队之时。当时担任中共中央驻新疆代表的陈云，从中国革命长远利益出发，经中共中央同意，决定利用盛世才航空队公开招生的机会，为中

第一批飞行学员在新疆航空队学习飞行

国共产党培训航空专业人才。1938 年 3 月初，从西路军进疆的人员中选调 25 名红军干部，又从延安抗大、摩托学校选调 18 名红军干部一起参加盛世才办的航空队学习。这 43 人编成 2 个班，其中飞行班 25 人，吕黎平任班长；机械班 18 人，严振冈任班长。从此，这 43 名红军干部利用盛世才部队的航空装备，开始了紧张的学习。通过勤奋学习，他们取得了可喜的成果。

1940 年 11 月，中央电召在新疆航空队工作的王弼、常乾坤和刘风、王琏等返回延安，苏联派汽车送他们一行到兰州，再搭乘公共汽车去延安。然而在第二段旅程发生了不测，第一批走的郑德、李凡、蔡芬（女）、王春被国民党扣押，郑德、李凡、蔡芬遇害，王春叛变。所幸王弼等人是第二批走的，躲过了敌人的搜捕，终于回到了延安。

王弼和常乾坤回到延安后，于当年 11 月 23 日和 12 月 1 日，向中央呈报了建设中国红色空军的计划和信件。这是中国共产党历史上，由自己的航空技术专家，为中央提供的第一份比较全面、系统、翔实的空军兵种建设计划。王弼、常乾坤踌躇满志，热血沸腾，首先向中共中央和军委陈述了建设一支中国红色空军的重大意义，汇报了他们十多年来，在航空方面的学习和实践情况，提出了在延安创办航校的具体建议。王弼在 11 月 23 日《建设中国红色空军计划》中大胆预言：15 年后“此时要培 [养]

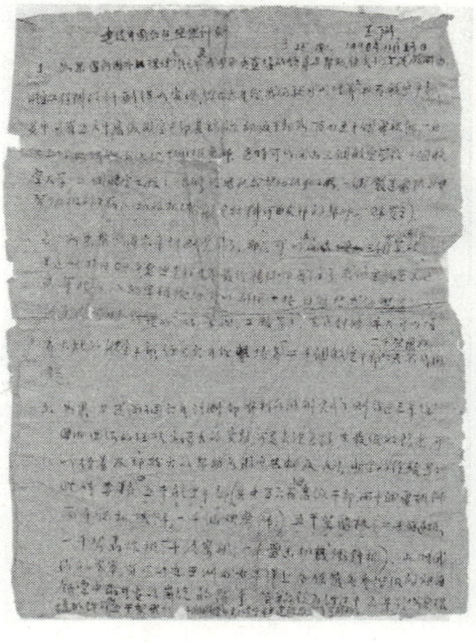

（左）建设中国红色空军计划手稿。现存中国航空博物馆

（右）王弼、常乾坤致军委及中共中央信件手稿首页。现存中国航空博物馆

四五千航空干部（其中五六百个高级干部，两千个飞机师，两千个机械师，一千个观察师）。五千架飞机（二千驱逐机，一千架轰炸机，一千侦察机，一千雷击机或冲锋机）。此时我们的空军，有可能在亚洲与太平洋上 [成] 为保护无产阶级的祖国领空中最重要的岗位的帮手。”⑫

⑫ 熊晓虹．王弼、常乾坤给军委及中共中央的信．《航空档案》，2011，(12)：34–43.

1941 年 3 月，中共中央军委在陕北安塞县建立航空学校，4 月 6 日开学。这是中国共产党建立的第一座航空学校。对外称第十八集团军工程学校，王弼任校长，丁秋生任政委，常乾坤任教务主任。刘风和王琏任助教。学员约 100 人。这座建在窑洞中的航校，尽管条件十分简陋，学员们的学习热情却十分高涨。后因战局变化，该校被并入延安抗日军政大学。

延安安塞侯家沟门村的中共第一座航校旧址（熊晓虹提供）

1943 年 11 月，军委作战部成立航空组，王弼任组长，常乾坤任副组长。这是中国共产党最早正式成立的统管航空事务的组织。1944 年 7 月，航空组负责组织修建了延安机场。次年 2–3 月筹组了延安机场勤务股。1945 年 8 月 20 日，航空组在延安机场担负了从江苏扬州起义飞来的汪伪专机组“建国”号飞机的迎接任务，蔡云翔等 6 人驾驶日式 99 双发运输机飞抵延安。蔡云翔等先后奉调到东北航校参加创建工作。航空组在延安机场还担负苏联红军飞机往返沈阳至延安的飞机勤务保障工作，以及接送和保障毛泽东主席一行赴重庆谈判的飞行。抗日战争胜利前后，为适应对外空中交通联络等需要，分别在延安、张家口等地组建了飞机场和航空站，并在张家口航空站开展了收集航空器材、培训技职人员和修理飞机等工作。

尚在新疆航空队学习的人员，后来由于局势变化，被军阀盛世才投入监狱。1946 年 7 月 11 日，在新疆这批学习航空的人员终于回到延安。7 月 12 日，毛泽东主席在延安党校接见了这批人员。他们是吕黎平、安志敏、方子翼、袁彬、胡子昆、陈熙、刘忠惠、张毅、杨一德、方槐、方华、夏伯勋、黎明、赵群、李奎、黄明煌、严振冈、朱火华、周立范、金生、王东汉、曹麟辉、丁园、王云清、黄思深、陈旭、云甫、周绍光、刘子立、陈御风、吴峰、刘子宁，共 32 人。8 月，由朱德总司令主持组成八路军总部航空队，方子翼任队长。返回延安的这批航空专业人才，后来赶赴东北老航校，大部分成了建设新中国人民空军的骨干力量。⑬

⑬ 刘亚洲，姚竣主编. 中国航空史（第二版）. 长沙：湖南科学技术出版社，2007. 157.

在抗日民族统一战线日益发展的有利形势下，1938 年前后，中国共产党在国民党统治区的地下党组织，曾组织一批具有相当文化程度的青年共产党员和进步学生报考国民党空军的航空学

新疆航空队我党飞行班与机械班学员回到延安

校，利用国民党的航空学校为自己培养航空人才，还通过中共地下党组织的工作，争取国民党空军航空学校和航空工厂的进步青年航空技术人员投身到革命队伍中来。其中学飞行的有梁帮和、吴恺、魏坚等人，学航空机械的有张开帙、杨劲夫、郭佩珊、熊焰、徐昌裕、顾光旭等人。梁帮和还被校方送到美国留学深造，后来牺牲。其他人员都先后辗转来到延安。他们也都成为创建人民空军和新中国航空工业的骨干。

抗战胜利之时，中共中央决定创办东北航校，为尽快创建人民空军和新中国航空工业创造条件

抗日战争胜利前夕，党中央预测了抗日战争阶段过去后时局发展的方向，决定争取东北，建立巩固的东北根据地。同时估计到日本在东北盘踞多年，修了很多机场，有航空工厂，有飞机，这对我们兴办航空事业是个有利条件。1945 年 8 月，党中央为尽快创建人民空军作准备，决定利用日本侵略我国东北时遗留的航空器材等创办一所航空学校。[14]

1945 年 8 月 30 日，刘少奇召见航空组组长王弼时指出：东北是日本侵华战争的主要基地，估计该地的航空器材很多，这是我党兴办航空事业的一个有利条件。因此党中央决定派一批航空人员去东北，为创办航校做准备。[15]

同年 9 月，刘少奇召见航空组副组长常乾坤时指出：到东北创办航校是件大事，是党和人民创建航空事业的一个开端，要有坚强的信心和决心，要有不屈不挠、百折不回的勇气和克服困难的精神，一定要把航校办起来，而且一定要把它办好。[16]

1945 年 9 月，任弼时召见常乾坤时指出：中央要你们马上赶到东北去，设法创办一所航空学校，为的是给将来的人民空军建设培养技术骨干。这是个非常重要的任务。赤手空拳办航校会有许多料想不到的困难，遇问题要随时请示东北局和东北民主联军总部。[17]

1945 年 10 月 15 日，周恩来在为常乾坤等赴东北筹建航校人员（油江、王琏、刘玉堤、石蕴玉、于飞等）送行时指出：你们是放出的鹰，遇事要多动脑筋，我们离你们远了，你们要多向东北局、东北民主联军联系，请示工作。[18]

刘善本机组人员合影

1946 年 9 月，毛泽东接见国民党空军起义人员刘善本

[14]-[18] 张开帙，麦林主编. 东北老航校. 北京：蓝天出版社，2001. 1097–1098.

（注：刘善本是1946年6月26日驾驶B-24轰炸机飞抵延安的，是国民党空军起义的带头人）等人时指出：我军在东北要筹建一所航空学校，你们去东北要走很多路，也是一个万里长征。那里生活很苦，但英雄有用武之地，艰苦得有意义。

1945年9月14日，延安机场降落了一架来自东北的苏联红军的飞机，原来是已进驻沈阳的冀热辽军区十六军分区曾克林司令员乘苏军飞机到延安向党中央汇报我军挺进东北的情况。当晚，刘少奇主持召开政治局会议，作出了“向北发展，向南防御”的战略决策，并电告在重庆谈判的毛主席，获得批准。同时，决定成立中共中央东北局，由彭真任书记，并从各解放区抽调10万主力部队和2万名干部开赴东北。[19]

[19] 张开帙，麦林主编．东北老航校．北京：蓝天出版社，2001. 3.

1945年8月25日八路军将领在飞机前合影，后排站立者为陈毅（右六）、邓小平（右五）、刘伯承（右四），前排右二为聂荣臻

1945年9月18日，彭真、陈云、伍修权、叶季壮、曾克林、段子俊等乘苏军飞机从延安飞赴东北（后因飞机故障，在山海关转乘火车去沈阳），到达沈阳即组成东北民主联军总部（简称“东总”）领导机构，中央任命伍修权为“东总”参谋长，并负责东北航校筹建工作。不久，党中央指派的干部和主力部队陆续到达东北。10月30日，中央正式决定进入东北的部队为“东北人民自治军”，林彪任司令员，彭真任政委。

根据中央指示，中央组织部迅速选派干部开赴东北筹建航校，军委航空组全体成员都被派往东北筹建航校，军委航空组即行撤销。

1945年9月2日，第一批筹建航校人员，由王弼率领刘风、王琏、顾青、陈明秋、田杰，乘蔡云翔驾驶的“820’号飞机（即“建国”号飞机，汪伪人员蔡云翔等6人起义，驾驶该机于8月20日飞抵延安，故名）离开延安去张家口，同时还向美军观察组借了一架C-47运输机，让聂荣臻司令员和晋察冀军区的几位领导人乘坐。这两架飞机一同去了张家口。“820”号飞机在张家口降落时损坏了。王弼被留下来组建张家口航空站并担任站长。刘风、蔡云翔等4人改陆路奔赴东北。

1945年10月2日，第二批筹建航校人员组成小分队由魏坚（队长）、林征（副队长）带领，马杰三、许景煌，谢挺扬、龙定燎、李成服（通信员）以及吴恺、李素芳；熊焰、陈然；张开帙、麦林；张成中、沙莽4对夫妇等20余人开赴张家口，于1946年元旦前夕到达。这时，第一批建校人员在张家口已建立了航空站，即晋察冀军区航空站。因而张家口就成了去东北航空人员的集散地。

1945年10月15日，第三批筹建航校人员由常乾坤率领，刘玉堤、油江、吴元任、李汉、孟力、于飞等10余人一起出发，他们也到达张家口。

由于王弼要去东北，上级决定油江担任张家口航空站站长，弃里三担任政委。马杰三和熊焰及其夫人陈然留在张家口航空站工作，其他人继续开赴东北。

油江原名张定襄，字绍元，1915年5月出生于湖北省公安县㪷湖堤镇。1935年秋考入南京航空机械学校，学习航空发动机专业。1938年2月，从武汉辗转到延安，参加革命，改名“油江”。同年4月加入中国共产党。他先在抗大四大队学习，后任抗大三大队军事教员。1944年1月任延安教二旅司令部教育股股长、训练营营长、延安卫戍司令部飞机场负责人。1945年秋，在延安机场圆满完成了接送毛主席去重庆谈判的任务。

熊焰，1919年3月28日出生于安徽省芜湖县。1937年从空军南昌航空机械学校毕业。1938年辗转到延安。1939年加入中国共产党。1941年在延安机械工程学校（航空学校）任物理教员。

1945年9月，熊焰出发去东北，到张家口航空站时被留下任机务科长。[20]

[20] 程不时. 搏击长空/熊焰纪念文集. 湖北省内部图书 1998. 165-166.

1945年10月，第四批赴东北人员是与蔡云翔一起策划起义的原汪伪航空人员何健生、白起、吉翔、陈静山、秦传家及家属等20余人，他们辗转陆路、海路于12月初到达东北。

最后一批赴东北筹建航校人员是1946年9月20日出发的，由新疆航空队以及驾机起义的刘善本机组人员组成，他们一行33人（新疆航空队29人）由方子翼带领，于1947年2月到达东北。

1946年张家口晋察冀航空站部分同志合影，后排：油江（左三）、熊焰（左四）、陈安然（左五）、弃里三（左六）；前排：徐昌裕（右一）。照片中的飞机是军事三人小组（周恩来，张治中，马歇尔）到张家口视察调停组工作时周恩来乘坐的（熊晓虹提供）

常乾坤、王弼到达东北后，经向东北局汇报请示，他们兵分两路：由王弼带一部分人分赴延吉、牡丹江、哈尔滨、佳木斯、齐齐哈尔、辽阳、营口、鞍山一带收集航空器材；由常乾坤带领其余人赶赴通化。他们共收集到各种破旧飞机120架，发动机200多台，仪表100多箱，油料近千吨以及一大批航空零备件。

在此期间，东北民主联军总部受降了原驻辽宁东部奉集堡、桥头、凤凰城一带的林弥一郎等300余名日本关东军的一个航空训练大队，并于1945年9月30日，将这个大队改编为东北民主联军航空队。东北民主联军参谋长伍修权接见了林弥一郎等人，向他们晓以大义，欢迎他们参加创办航空学校。11月初，刘风、蔡云翔、田杰、陈明秋、顾青到达沈阳，东北局决定让刘风等人接管林弥一郎航空队，组成了沈阳航空队。

为加强航空学校的筹建工作，1945年11月13日，中共中央东北局和东北民主联军总部决定组织成立航空委员会，参谋长伍修权兼主任，主要任务是筹建航空学校。11月下旬，沈阳航空队奉命先从沈阳移到辽阳，继而转战宫原、奉集堡，再转移至通化。移驻通化后，又从抗日军政大学山东分校和通化炮校挑选了100多名航空学员（其中有林虎、徐登坤、孟进、张积慧、韩明阳、张宪志），此时航空队总人数已达到近600人。1946年1月1日，航空队改为航空总队，下辖教导队、民航队、机务队、修理厂等。

东北民主联军航空学校

1946年3月1日，东北军政大学副校长、通化军分区司令员何长工受命宣布“东总”关于成立航空学校的决定，宣布由常乾坤任校长，白起任

东北民主联军航空学校领导成员合影，左起：校长常乾坤，副政委黄乃一，副政委顾磊，政委王弼，政治部主任白平，第一政委马文，副校长刘善本

1947年9月，东北民主联军参谋长刘亚楼兼任航校校长

东北老航校时期的王弼（右）与常乾坤

副校长，黄乃一、顾磊任副政治委员，蔡云翔任教育长。这是中国共产党领导下的人民军队创办的航空学校，历史上被习惯地称为“东北老航校”。

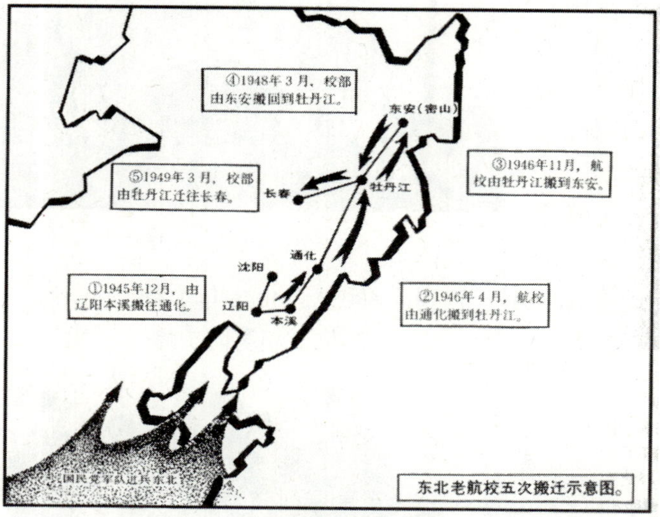

东北老航校搬迁示意图

5 月，东北老航校移址牡丹江，王弼任政治委员。1946 年 9、10 月间东北老航校再次移址到东安（密山）。随着人民解放战争的节节胜利，1948 年 3 月东北老航校迁回牡丹江，1949 年 3 月又迁到长春，增加开设了飞行班和机械班，还新设了场站班、通讯

1946 年 8 月，已被分配到东北老航校的王海（后排左一）与山东战友在哈尔滨留影（王海提供）

班、气象班、仪表班，最多时在校学员达到320余名。1949年5月，这所航空学校被改称为中国人民解放军航空学校。到同年7月，在近4年时间里，它共培养了各种航空技术人才560名，其中飞行员126名、机务人员322名、领航员24名，场站、气象、通信、仪表、参谋人员88名。后来名闻全国的战斗英雄王海、刘玉堤、张积慧、李汉等就是这所学校培养出来的飞行员。这些航空技术人才在中华人民共和国建立后，大都成为空军、航空工业和民航的第一代创业者和领导骨干。

有一个人是主动请缨奔赴东北老航校的，他就是航空科班出身的徐昌裕。

1933年2月，徐昌裕通过中共地下党介绍，毅然从成都出发，冲破国民党重重封锁，抵达延安。这是他（右二）1938年在延安与战友们在一起的合影

徐昌裕，1914年生于江苏吴江，1936年毕业于上海交大机械工程学院航空门，分配到南昌航空机械学校高级机械班学习，毕业后留校任教。1938年2月，由成都辗转奔赴延安，同年4月加入中国共产党。1939年到1945年，在延长石油厂担任工务科科长，主管生产技术等工作，为陕甘宁边区的石油产品供应作出了贡献。1945年11月，他从《新中华报》获悉中国共产党要在东北成立航校的消息，十分振奋，找到中央军委参谋长叶剑英，要求去东北参加航校建设，获得批准，即与该厂10余名干部、工人奔赴东北。

1945年11月，31岁的徐昌裕携怀有身孕的妻子和两岁女儿，购了一匹只有一只眼睛的小毛驴上路，经过永坪、清涧、绥德、米脂，在碛口渡黄河，经过三交、临县、兴县再到岢岚、五寨，走的是杀虎口，然后到内蒙古和林格尔、凉城、卓资山、集宁，于1945年12月30日到达张家口。由于国民党军队阻断了直接去东北的道路，徐昌裕被张家口航空站站长油江留下，任航空站修理厂厂长。㉑

㉑—㉒ 徐昌裕口述 为祖国航空拼搏一生. 北京：航空工业出版社，2006. 76—81.

1946年8月1日，徐昌裕一家四口（徐的第二个孩子在张家口出生）和熊焰一家三口搭乘一辆旧卡车，继续前往东北。

从张家口到东北，沿途有很多土匪。他们历尽了艰难险阻，一直到10月25日才到达东北老航校东安校址。徐昌裕和熊焰从延安出发，到目的地东北老航校，整整用了一年左右的时间。[22]

1946年底熊焰与徐昌裕两家在哈尔滨松花江太阳岛划船，左起：徐昌裕警卫员、徐昌裕、曹斌、徐长子徐宁宁、长女徐莉莉、熊焰、熊焰警卫员、陈然（熊晓虹提供）

徐昌裕和熊焰到航校后都在机务处修理厂工作。

东北老航校机务处是航校的一个重要部门。在培训学员的分工上，机务处负担“硬件”方面——搜集、采购、保管航空器材和油料，制造零备件，修理飞机和发动机，为培养飞行员、领航员、机务人员及航空工业修理制造技术人员准备物质条件。

东北老航校机务处的工作大致可以分为三个阶段。

第一阶段从1945年11月成立航空队开始，到1946年10月校部迁到东安为止，以搜集航空器材为主，是准备阶段。

东北老航校修理厂五一游行（熊晓虹提供）

第二阶段到1948年11月沈阳解放为止，这两年多时间是在东安实际出成果阶段，机务处由蒋天然任处长，严镇任政委，徐昌裕、顾光旭任副处长。机务处辖三个工厂。修理厂厂长由徐昌裕兼任，熊焰任副厂长（徐不兼任后熊任厂长）。机械厂厂长由顾光旭兼任，副厂长郦少安(顾不兼任后郦任厂长)。材料厂由曹麟辉任厂长，许景煌任副厂长。1946 年 10 月，三个厂初具规模，就开始工作。修理厂就设在一个汽车修理厂的旧址，机械厂用了火车站附近的大和旅馆。材料厂利用了日军军用仓库和附近民房，在零下 30 多度的严寒下，既无暖气又缺火炉子，在厂里工作只能穿大衣、戴皮帽办公。但机械员修飞机、车制零件不可能穿大衣，在飞机座舱里穿棉衣也无法安装仪表，只有用几个大油桶烧木柴取暖。就是在这种环境下，全厂人员忘我地劳动，在 1946 年底修好了一架立川 99 式高级教练机、30 台八一 13 甲发动机。飞机试飞时由林弥一郎驾驶，徐昌裕作为修理厂厂长在飞机后座同乘，以示对质量负责，同时在飞行中实际观察修理质量。这个做法从此形成制度，修好的飞机试飞时，凡能坐两人的，都有修理厂机务人员同乘。

徐昌裕在东北老航校修理厂修理的飞机二

机务处的大部分干部虽然学习过航空技术，但已荒废多年，对日本飞机更是生疏。三个工厂主要靠原林弥一郎部队的日本机务人员，也有少数沈阳“满飞”工厂迁移到哈尔滨的日本技术员和伪满时期留下来的中国和朝鲜业务人员，一共约有技术人员一百二三一人，共修理出 32 架飞机和 190 台发动机，为航校培训工作做出了贡献。

第三阶段是 1948 年东北全境解放后到 1949 年。机务处派出大批干部和学员参加航校工作组，蒋天然、熊焰、刘子立、许景煌、王东汉等在沈阳等地接收了一些工厂和仓库。1948 年 12 月，航校机务处搬到了沈阳东塔“满飞”工厂设计大楼办公，机务处统一组织领导东北地区的航空工厂。后来航校机务处改为空军工程部直属的东北总厂。1951 年 4 月，中央决定东北总厂移交重工业部航空工业局，成为我国航空工业建设初期的基础之一。从事航空工业最早的一批领导干部和技术人员，很多在东北老航校工作和学习过。

第二章 人民空军

进入1949年，在中国大地上，人民解放战争战事已近尾声。辽沈、淮海、平津三大战役胜利结束，国民党军队主力大部被歼，中国共产党领导的人民解放战争即将在全国取得胜利。1949年元旦，蒋介石在新年文告中称，在保存中华民国的宪法、法统和军队等条件下，愿与共产党商谈停止战事、恢复和平的具体方法。1月4日，新华社发表毛泽东撰写的揭露蒋介石求和阴谋的评论，指出蒋介石求和是为了保存中国反动势力和美国在华侵略势力。[1] 1月8日，中共中央政治局在通过的《目前形势和党在一九四九年的任务》决议中提出："1949年及1950年我们应当争取组成一支能够使用的空军，及一支保卫沿海沿江的海军，这种可能性是存在的。"当时东北老航校经过3年的努力，已经聚集和培养了一大批空、地勤和其他航空人才，在已解放的地区内接管了不少机场和航空器材，初步具备了组建人民空军的条件。

① 中共中央文献研究室编．毛泽东年谱．下卷/1893—1949．北京：中央文献出版社，2002．429．

中共中央听取东北老航校领导人汇报，审时度势，决定成立军委航空局，为正式组建人民空军准备条件

1949年3月5日—13日，中共七届二中全会在西柏坡召开。会议讨论彻底摧毁国民党统治、夺取全国胜利、把党的工作重心从乡村转到城市、以生产建设为中心任务等问题，并通过了召开新政治协商会议和成立联合政府的建议。3月8日晚，中共中央、中央军委的领导人毛泽东、刘少奇、朱德、周恩来、任弼时、陈云、彭德怀、董必武、林伯渠、贺龙、陈毅、邓小平等，召见东北老航校副校长常乾坤、副政委王弼，并听取他们的汇报。常乾坤汇报东北创办航校所走过的一段艰苦的历程和取得的巨大成绩。当常乾坤汇报到航校已培养出空地勤人员500多名时，毛泽东说：很好，过去在延安办不到的事，今天办到了。你们为今后正式建立空军做了些准备工作，培养出了一些种子。中央领导同志详细地听取了航校情况汇报。[2][3]

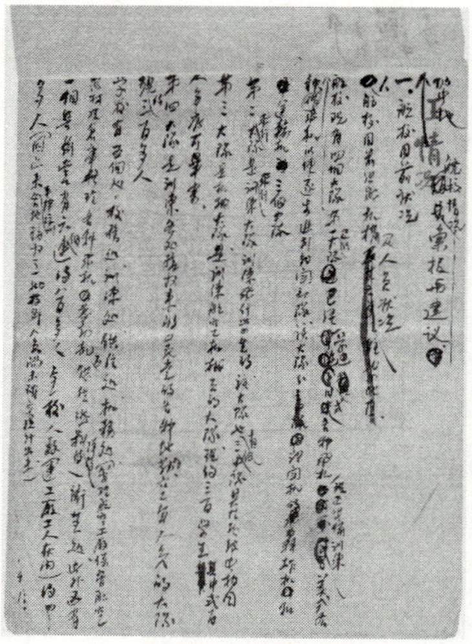

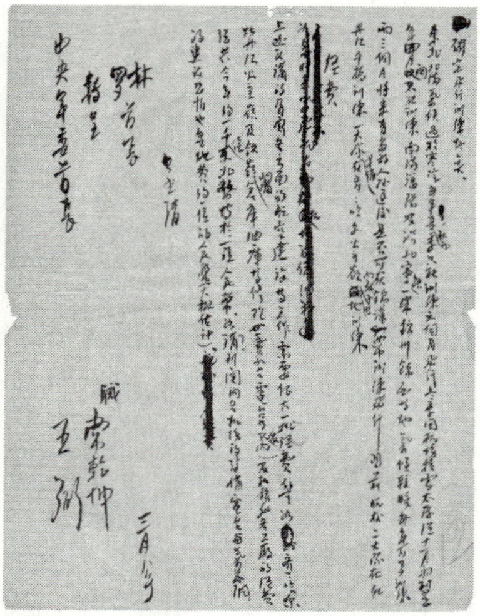

常乾坤、王弼向七届二中全会汇报稿手稿，现存中国航空博物馆

党中央根据当时形势，为了有组织、有领导地接收新解放区的机场、航空设备和旧航空人员，加强航校建设，加速培养空地勤人员，为正式创建空军作准备，于 1949 年 3 月 17 日决定成立军委航空局，人员由东北老航校抽调。刘亚楼和有关人员商定，常乾坤、王弼筹建军委航空局，薛少卿留校主持全盘工作，吕黎平主管全校训练并负责组建参战部队及其改装训练。3 月 30 日，

②本书编委会编．空天铸剑——人民空军腾飞和装备发展实录．北京：蓝天出版社，2011. 21.

③张开帙，麦林主编．东北老航校，北京：蓝天出版社，2001. 19.

军委航空局正式成立，中央军委任命常乾坤为局长（仍兼东北老航校副校长），王弼任政治委员（仍兼东北老航校副政委）。同日在北平灯市口同福夹道 7 号开始办公。④

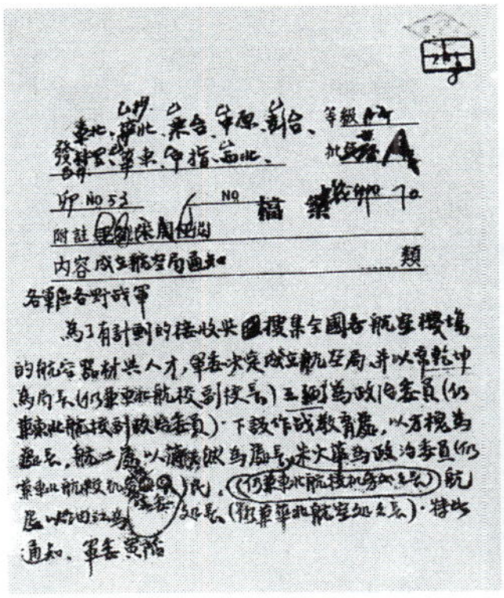
档案
内容 成立航空局通知
各军区各野战军
为了有计划的接收与搜集全国各航空机场的航空器材与人才，军委决定成立航空局，并以常乾坤为局长（仍兼东北航校副校长），王弼为政治委员（仍兼东北航校副政治委员）。下设作战教育处，以方槐为处长，航工处以蒋天然为处长，朱火华为政治委员（仍兼东北航校机务处处长），航处以油江为处长（兼华北航空处处长）。特此通知。军委寅篠

（左）1949 年 3 月 17 日成立军委航空局的批件

（右）军委航空局

④ 刘亚洲，姚峻主编. 中国航空史（第二版）. 长沙：湖南科学技术出版社，2007. 185–186.

军委航空局的机构，下设作战教育处，由方槐任处长；航空工程处，蒋天然任处长，朱火华任政治委员；民航处，油江任处长；以及情报科、供给科等组成，暂编 64 人。人民解放军渡江战役胜利后，先后解放了南京、上海、杭州、武汉、南昌等城市，及华东、华中广大地区。由于航空业务增多，工作范围扩大，5 月航空局扩编为 172 人，增设政治处，刘德深任副主任；航行管制处，安志敏任处长；秘书处，王涛任主任。军委航空局根据中央指示精神，从东北航校抽调一部分干部，组成三个航空接收组，分赴华东、华中、西北各地，负责接管缴获之航空器材和收容航空人员。

为了保障北平的空防安全，中央军委副主席周恩来指示军委航空局迅速组建一支飞行队伍。航空局调集 10 余名飞行员，配备相应数量的飞机，于 8 月 15 日在南苑机场建立第一个飞行中队，徐兆文任队长。

1949 年 9 月中旬朱德视察组建的第一个飞行队，右为油江

从9月5日开始担负北平地区空防任务，该中队参加了开国大典空中受阅。

南苑机场上P-51战斗机群

创建人民空军和新中国航空工业提到党中央的议事日程，刘少奇访苏打通了苏援的渠道，斯大林一锤定音

随着解放战争已取得决定性胜利、新中国即将诞生，1949年6月21日，刘少奇奉毛泽东之命，率中共代表团悄然离开北平清华园车站，踏上秘密访苏之旅。在此之前，苏共中央政治局委员米高扬访问中共中央驻地西柏坡，同毛泽东等中共领导人进行会谈。

（上）1949年1月底，米高扬访问西柏坡。从左至右：伊·弗·柯瓦廖夫、周恩来、师哲、米高扬、叶·尼·柯瓦廖夫（翻译）

（右）1949年3月25日，毛泽东在北平西苑机场检阅高炮部队

6 月 27 日，在莫斯科，中苏双方进行了第一次会谈。斯大林对贷款、派遣专家和海、空军援助等问题，初步谈了苏联方面的意见。

第一次会谈于当日 23 时至 24 时进行。参加会议人员苏方有斯大林、莫洛托夫、马林科夫、米高扬、伊·瓦·柯瓦廖夫等；中方有中共中央书记处书记刘少奇，中共中央政治局委员、中共中央东北局书记兼东北人民政府主席高岗，中共中央委员王稼祥，翻译师哲。

在这次会议上，斯大林谈到："我们还准备帮助你们清除上海的水雷。既可以派专家，我们有很多这方面的专家，也可以提供扫雷艇。

"中国应当有自己的舰队。我们准备帮助你们建立舰队。例如，现在我们就可以打捞那些军用和商用的沉船，并帮助把它们修理好。至于你们请求帮助巩固青岛的海防，我们可以派遣一支分舰队去青岛港。但要在建立全中国的政府以后，以拜访的形式去。"

在回答中国同志关于建立莫斯科和北平之间的空中航线的请求时，斯大林说，"我们已经做好了准备，现在就可以着手组建这条航线。我们可以帮助你们建立飞机装配修理工厂。可以向你们提供最新型的歼击机，你们想要捷克斯洛伐克生产的，或者是俄罗斯生产的歼击机都行。这样你们就可以培养自己的飞行人员了。

"我们准备在国家机构、工业和你们想要学习的所有方面，全面帮助你们。"⑤

刘少奇随即向毛泽东报告了会议内容及斯大林的态度。

在随后的会谈中，斯大林明确表态：新中国成立，苏联就立即承认，并同意提供 3 亿美元贷款，平均每年拨付 6000 万，以机器、设备等材料和商品的形式提供，5 年内付清，中国 10 年内还清。同意帮助中国建立空军和海军部队，培养空海军干部和技术人员，同意中共方面提出的派遣专家到中国帮助工作的要求。⑥

8 月 14 日，刘少奇从莫斯科乘火车回国。

⑤ 中国社会科学院《苏联历史档案集》课题组．关于 1949 年刘少奇访苏的俄国档案文献，1998 年 2 月

⑥ 沈志华主编．中苏关系史纲（1917–1991）北京：新华出版社，2007. 96.

刘亚楼率团赴莫斯科，中苏达成协议，苏联帮助新中国创建人民空军

这时，中共中央认为，解放全国大陆指日可待，而解放台湾、海南岛则需要费较大气力。渡海作战的关键是空军、海军和内应。但现有的空军力量难以担当此重任。因此，应该加快建立空军的步伐。

1949 年 7 月 10 日，毛泽东根据朱德的提议写信给周恩来，提出建立空军的问题。毛泽东在信中说："我们必须准备攻台湾的条件，除陆军外，主要靠内应及空军。二者有一，即可成功，二者俱全，则把握更大。"他提出："似可考虑选派三四百人去'远方'（指苏联），学习 6 个月至 8 个月。同时购买飞机 100 架左右，连同现有空军，组成一个攻击部队。掩护渡海，准备明年夏季夺取台湾。"接信后周恩来即着手主持建立空军的各项实际工作。⑦

⑦ 刘亚洲，姚竣主编．中国航空史（第二版）．长沙：湖南科学技术出版社，2007. 186–187.

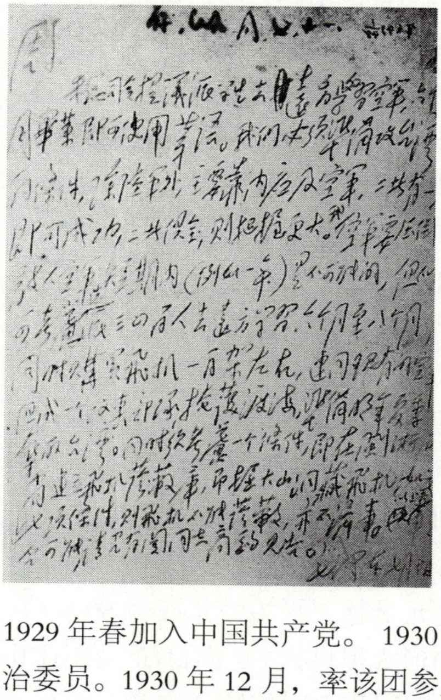

1949 年 7 月 10 日毛泽东给周恩来的信

毛泽东写此信时，刘少奇正在莫斯科与斯大林谈判。刘少奇向毛泽东报告了会议内容及斯大林愿意提供帮助的态度。

7 月 11 日，周恩来召集刘亚楼等人研究建立空军的问题，并责成刘亚楼提出关于空军领导干部的人选和空军领导机关的组成方案。

刘亚楼 1910 年 3 月 12 日出生于福建省武平县湘店乡大洋泉村一个农民家庭。1929 年春加入中国共产党。1930 年 9 月，任红 12 师第 35 团政治委员。1930 年 12 月，率该团参加了中央根据地第一次反"围剿"作战中的龙冈围歼战，全歼国民党军第十八师 9 000 余人，活捉了国民党军师长张辉瓒。毛泽东曾做《渔家傲》反第一次大"围剿"记述之："万木霜天红烂漫，天兵怒气冲霄汉。雾满龙冈

千嶂暗，齐声唤，前头捉了张辉瓒。”1932年3月，刘亚楼调任红11师政治委员，1933年6月，任第2师政治委员。他还参加了第四、五次反“围剿”作战和长征。红一、四方面军胜利会师后，刘亚楼先后任红一军（原红一方面军）第一师师长、陕甘支队第二纵队副司令员。1936年6月，作为中国抗日红军大学第一批学员入校学习。12月毕业后，留校任红大训练部部长。1938年1月，刘亚楼任抗日军政大学（红大改称）教育长。1939年初赴苏联入伏龙芝军事学院学习。

刘亚楼在苏联伏龙芝军事学院学习（刘煜鸿提供）

苏德战争爆发后，刘亚楼加入苏军参加了苏联卫国战争。1945年8月，随出兵中国东北的苏联红军回国。1946年初任东北民主联军参谋长。1947年9月，兼任东北航空学校校长。1948年1月，任东北野战军和东北军区第一参谋长。6月，任中共中央东北局委员，同时被委任为军委会东北分会委员。1949年1月，刘亚楼任平津前线司令部参谋长兼天津前线总指挥，指挥了天津攻坚战役。3月，出任中国人民解放军第四野战军第十四兵团司令员。

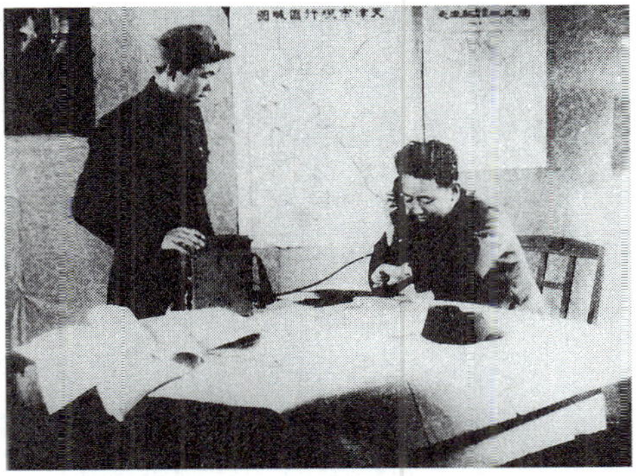

平津战役时的刘亚楼（刘煜鸿提供）

刘亚楼受领组建空军任务后，与常乾坤、王弼等研究，提出了一个空军主要领导干部人选名单，及空军领率机关由第四野战军第十四兵团机关加上军委航空局人员组成的初步设想，并以此请示了罗荣桓、聂荣臻等有关领导后上报中共中央。

7月26日，中央军委致电第四野战军：“现在必须以建立空军为当前的首要任务……空军领率机关以第四野战军第十四兵团司令部及直属部队和军委航空局组成。”中央军委决定刘亚楼、肖华担任建立空军的工作。同一天，中共中央还电告在苏联访问的中共代表团团长刘少奇，请其向斯大林提出：

为准备在一年左右的时间，组成中国人民空军战斗部队，协助中国人民解放军渡海解放台湾起见，1. 拟向苏联定购雅克式战斗机一百架至两百架，重型轰炸机四十架至八十架，并配足各项备份机件及日式或德式重磅炸弹。2. 拟请苏联航空学校代我训练中国空军人员一千七百名，内中飞行人员一千二百名，机械人员五百名，训练时间半年至一年；如便，拟请续办三年。如得同意，一千七百名学员拟于九月底集中，十月即可动身出国。一切费用，当由我们负责偿还。3. 拟请苏联派出高级空军顾问三至五人，于九月来华参加中国空军司令部及航空学校工作。4. 如上述1、2两项原则同意，拟即派刘亚楼（将任空军司令），携随员四人乘中国代表团（指刘少奇为首的，高岗、王稼祥、师哲参加的代表团——作者注）在时赶来莫斯科参加这一计划的商谈，并组织第二项的学习工作。⑧

⑧ 钟兆云．刘亚楼上将．北京：解放军文艺出版社，2005. 147.

7 月 27 日，刘少奇向斯大林等提出上述意见。斯大林当即表示赞成，上述计划，除了航空学校不必设在苏联外，其余各项苏方原则同意。

收到刘少奇的复电后，周恩来通知刘亚楼：“中央决定你、王弼、吕黎平及翟云英 4 人 8 月初赴苏，去完成争取苏联援助的任务。”还说：“你和王弼、吕黎平 3 人 7 月 31 日下午到中南海，毛泽东、朱总司令要接见你们并作指示。”

吕黎平（1917—2001），兴国县高兴镇人。1931 年加入中国共产主义青年团。1932 年转入中国共产党。同年进入瑞金红军学校学习，编在第 3 期政治营 9 连。吕黎平担任过叶剑英的机要秘书，1933 年随叶剑英总参谋长到军委 1 局工作。1938 年 3 月初，我军选调的 43 名学员会合于新疆迪化学习航空，43 人都是共产党员，其中在西路军到达新疆的人员中挑选了 25 人，吕黎平被选上。由吕黎平担任班长，两个班建立一个党支部，吕黎平担任支部书记。吕黎平带领 43 名学员刻苦学习，达到了作战水平。1942 年 9 月，吕黎平和航空队的共产党员被盛世才关押，长达 3

年 9 个月之久。吕黎平出狱后回到延安，解放战争到东北航校任飞行教员队队长。

受命组建空军任务以来，刘亚楼一直忙于收集资料研究筹划，探讨建立空军的最佳方案。接到周恩来的通知后，他立即找到王弼、吕黎平，传达中央的决定，并就组建空军的设想，进行深入研究。他说，在战争环境中建立空军，看来应从陆军基层干部中挑选飞行学员。以国民党现有的 8 个飞行大队、330 架飞机为作战对象，以每个参战的飞行员需要 150 至 200 小时的速成训练，每个航校驻 1 个机场，1 期训练 60 至 80 名飞行学员来计算，还需要新建 5 个航校、训练 1 年的时间才能支援渡海作战。这就是他们设想的初步方案。并以此为基础，向中共中央和毛泽东汇报。

7 月 31 日下午 4 时，刘亚楼、王弼、吕黎平来到中南海，朱德总司令首先接见他们。朱总司令扼要地讲述了华东、华南、西北战场以及即将向西南进军的情况，接着便询问起东北老航校训练的情况。刘亚楼说：“已经训练出 60 名我们自己的飞行员，目前还有 50 名学员在训。”

朱德说：“好啊！你们为建设空军培育第一批种子，现在就像老母鸡抱蛋那样，一窝一窝地抱下去，我们的空军也会同陆军一样，从小到大，由弱到强。”

下午 5 点左右，刘亚楼等 3 人来到周恩来的办公室，周恩来交代行程安排后说：“因为毛泽东要亲自接见，同你们详细商谈建空军的问题，我就不多谈了。”

5 点半左右，叶子龙把刘亚楼等 3 人领到毛泽东的住处丰泽园。毛泽东和他们一一握手。刘亚楼向毛泽东介绍说：“王弼是 30 年代在苏联学过航空机械的工程师，吕黎平是抗战初期选送到新疆学习飞行的红军干部。”毛泽东听后风趣地说：“你是在苏联学地面指挥的，你们 3 人既有地面的指挥员，又有空中的飞机驾驶员，还有能设计、修理飞机的工程师，真是难得的三位一体呀，你们就是空军主要成员的缩影吧！”

毛泽东谈了起来。从南昌起义、秋收暴动，到长期的革命战争；从胜利进展的革命形势，到蒋介石日暮途穷、企图在台湾负隅顽抗；从解放台湾的历史重任到空军建设的重要地位，谈得十分深远。之后，毛泽东说："中央建设空军的方针你们已经知道了，现在我想听听你们的具体意见。"

刘亚楼把航校当时的"家底"和建设空军的设想，向毛泽东作了汇报。

毛泽东仔细地听完刘亚楼汇报后说："我看就以你们的方案作为意见同苏联商谈。把我们研究的意见归纳为两条建军方针：第一，以1年为限，建立一支歼击、轰炸机部队，协助渡海作战，解放台湾。这条方针叫做：创建一支强大的空军，歼灭残敌，巩固国防。第二，我们的经济很困难，苏联又不能无偿援助，因此，你们这次去谈判，请专家、买飞机、购器材都要精打细算。现在是贷款建空军，出钱买经验，要贯彻勤俭建军、厉行节约的方针。组建空军是件大事，你们为中央出了好主意。希望你们努力工作，把空军建设好。"⑨

⑨ 王润身主编．空军回忆史料．北京：解放军出版社，1992. 140－148.

苏联援助中国建设人民空军与人民海军，是在中苏友好的大背景下进行的。其决策背景是：

一是毛泽东主动提出"一边倒"的外交格局。1949年6月30日，毛泽东在《论人民民主专政》一文中提出"一边倒"，他指出："我们在国际上是属于以苏联为首的反帝国主义战线一方面的，真正的友谊的援助只能向这一方面去找。"

1949年8月刘亚楼等在莫斯科谈判时合影，右起：张学思、刘亚楼、王弼、翟云英、吕黎平（王兆提供）

二是以斯大林为首的苏联政府表示愿意援助中国。

刘亚楼一行于8月1日从北京出发，经哈尔滨、满洲里，抵达苏联境内的赤塔市，在这里换乘一架美制C-47（二战期间按租借法案由美国援助苏联的）运输机，飞往莫斯科。从赤塔到莫斯科的航程有5100多千米，途中在新西伯利亚、斯维尔德洛夫斯克各住一夜。这是刘亚楼第一次乘坐飞机，由于身体不适，又因夏季气流不稳，飞机上下颠簸，他在空中呕吐得很厉害。于是，后来成为空军司令的刘亚楼有了“晕机”的名声。刘亚楼一行于11日下午飞抵莫斯科，下榻于莫斯科郊外的一座疗养院。

第二天上午，刘亚楼带着王弼、吕黎平来到莫斯科城内中共中央代表团团长住处，见到了刘少奇和王稼祥，将临行前毛泽东主席的指示和拟定的建立空军的初步方案向他们作了汇报。

刘少奇听后，表示同意，随后介绍了他同斯大林等苏联领导人商谈的情况，并说：“要尽快同苏联武装力量部部长华西列夫斯基元帅联系，约定会谈时间，原则商定之后，我就要回国了。王稼祥同志在莫斯科负责筹建中国大使馆，就绪后亦要回国。中央已经决定，9月要举行政治协商会议，讨论通过建国的各项重大问题；10月1日，要举行开国大典，成立中央人民政府。我要回北平参加这个会议和开国庆典。”

8月13日，刘亚楼、王弼和吕黎平随刘少奇、王稼祥来到苏联武装力量部办公大楼，受到华西列夫斯基元帅的热情迎接。

苏方参加会谈的还有空军总司令韦尔希宁元帅，主管训练的空军副司令和空军训练部部长。

华西列夫斯基元帅1895年生于俄罗斯的一个神父家庭。第一次世界大战爆发时从军参战，战斗中的华西列夫斯基表现出杰出的军事才能。十月革命爆发后，华西列夫斯基加入苏联红军。

在卫国战争中，华西列夫斯基战功卓著。德军兵临莫斯科城下，斯大林任命华西列夫斯基中将担任代理总参谋长，华西列夫斯基指挥苏军实施了自开战以来的首次大规模反攻，取得了莫斯科保卫战胜利。在斯大林格勒，华西列夫斯基指挥苏军围歼了斯大林格勒地域的30万德军。尔后华西列夫斯基率军在库尔斯克展开大规模反攻，德军损失50多万人。华西列夫斯基指挥百万苏军挺进到东普鲁士德国本土。攻下被希特勒称为“绝对攻不破的德意志精神堡垒”的东普鲁士城市哥尼斯堡后，斯大林亲自打来电话说，最高苏维埃主席团已决定授予华西列夫斯基“苏联英雄”称号，并授予他第二枚“胜利勋章”。在苏德战争中，只有大元帅斯大林和朱可夫元帅同样获得两枚“胜利勋章”。

1945年8月，华西列夫斯基出任远东苏军总司令，8月9日苏联对日宣战，华西列夫斯基的远东苏军三个方面军从三个方面向日本关东军发起强大突击行动，不到一周便挺进到中国东北中部地区。8月17日，日关东军宣布投降。远东战役击毙日军84000人，俘敌近60万人。时年50岁的华西列夫斯基又一次被授予“苏联英雄”称号。

苏联国防部长华西列夫斯基元帅

韦尔希宁元帅1919年参加苏军。1935年作为卡恰航空学校的校外考生考试合格取得了军事飞行员称号。卫国战争时期，任南方面军空军司令、空军第4集团军司令和外高加索方面军空军司令，苏军在高加索进攻期间，根据他的倡议，曾使用速度低但机动性强的N-153歼击机（“海鸥”）从低空对敌实施有效的攻击。1943年3月再次任空军第4集团军司令，并在1943年库班空战中指挥该集团军作战。1945年在东普鲁士战役过程中，虽气象条件极为不利，但仍保障了空军集团军所属各兵团在粉碎敌军时顺利作战。韦尔希宁的特点是战役法知识渊博，不断推陈出新，善于创造性地完成上级赋予的各项任务，因而他能够成功地解决组织空军兵团与陆军协同的问题，并对诸兵种合成集团军、坦克集团军进行有效的支援。

在空军用喷气技术装备进行改装时期，根据他的倡议，1946年秋创建了第一个喷气式飞机飞行人员训练中心。1947年8月领导实施了图希诺空军检阅，苏联飞行员首次驾驶喷气式歼击机作了编队高级特技表演。1946-1949年任苏联国防部副部长兼空军总司令。

刘亚楼用俄语首先介绍了我们现有的飞行员、机务人员及其他勤务保障人员数量和飞机数量、飞行员的训练情况和技术状况，还介绍了所掌握的国民党空军的主要情况。接着，详细谈了组建空军的设想和意见。他说：“无论从渡海作战、解放台湾的直接需要出发，还是从巩固国防战略考虑，中国都需要建立一支有战斗力的空军，希望苏联援助我们，在1年之内建立一支由300-

350 架飞机组成的空军战斗部队。以上就是我们组建空军的初步意见，请苏联同志帮助我们拟出一个开办航校、聘请专家、购买飞机和相应设备的具体方案来，以便共同商定。”

韦尔希宁元帅问：“你们对歼击机、轰炸机比例如何计划？哪里机场最多、最便于飞行训练？”

吕黎平回答说：“歼、轰比例是否以 2 ∶ 1 较为合适？现在，哈尔滨、长春、沈阳、锦州、天津、北平、济南都有可用于训练的机场，各方面条件都比较好。”

刘少奇说：“方才他们所谈意见，事先报告了毛泽东同志和党中央，因而这也就是我们党中央的空军建军方案。请元帅同志据此意见拟出具体援助计划。”

华西列夫斯基元帅说：“听了中国同志的方案，我们有了初步依据。为使援助计划搞得更细一些，建议刘亚楼同志和韦尔希宁空军元帅再进行一次详细的会谈。草签一份协议，我们报请斯大林同志批准。刘少奇同志，您对会谈程序有何意见？”

刘少奇回答说：“我同意，元帅同志。我明日将要回国，今后会谈的问题就由刘亚楼同志全权代表了。”

14 日，刘亚楼、王弼和吕黎平到苏联空军总部进行第二次会谈。苏方参加会议的人员，除韦尔希宁元帅外，还有上将副司令、中将训练部长和两名校级军官。苏方又详细询问了我方的现有条件等情况。刘亚楼一行则了解了苏联空军总部的机构设置，航校的体制编制，训练年限、课目、时间，教练机与战斗机种类，飞机维护的主要规程，机场的保障机构与人员编制等。苏方除了喷气式飞机性能和某些属于作战指挥的机密内容外，对其他所询问的内容都作了详细的介绍。

最后韦尔希宁元帅说：“情况就是这样了，双方心里都有了数。你们的要求可以得到满足，所提方案可以实现。具体援助计划我们 3 天之内提出来，到时再请你们来这里商谈。”

刘亚楼同意韦尔希宁元帅的安排。

18 日，刘亚楼一行到苏联空军总部举行了第三次会谈。韦尔希宁元帅说：“我们认真研究了你们的设想和方案，训练 350–400 名飞行员，应组建 6 所航校，其中歼击航校 4 所，轰炸航校 2 所。

1年速成训练，每个飞行学员在初、中、高级飞机上各飞50–60小时，总共飞行150–180小时即可毕业。前半年使用一个机场，后半年可用两个机场平行训练。你们长春航校是日、美式飞机，须改装训练，否则使用三个国家制造的飞机，型号杂乱，不利于保证训练的进度和质量。中国自己已经训练出的110名飞行员，可编到6所航校去，经半年改装和战斗课目训练，即可组建1个能担负作战任务的混合师（2个歼击团、1个轰炸团）。1年后，6所航校的飞行学员全部毕业，又可组建歼击师2个，轰炸师1个（均3团制）。飞机总数可达350–400架。航校训练飞机的配备问题，我们是这样考虑的：每所航校配用雅克–18初级教练机各15架，雅克–11（轰教机"乌特伯"）中级教练机15架，乌拉–9、乌拉–2高级教练机各15架，6所航校共配教练机270架。每所歼击航校配拉–9战斗机30架，每所轰炸航校配图–2轰炸机20架。这样，作战飞机就有160架（歼击机120架、轰炸机40架）。另配运输机4架。第一批援助飞机总数为434架。半年后混合师成立，可从航校抽歼击机80架、轰炸机20架。每校留作战飞机10架，训练可基本不受影响，1年后飞行学员毕业，3个作战师成立时所需飞机数量，建议明年上半年再行会谈商定。

"专家的数目：每所歼击航校100人，每所轰炸航校120人，有校级军官、飞行教员等飞行干部20人，其他是地勤、理论教员、航医、后勤保障人员。另有少量派驻空军司令部以及组建空降旅的专家，共计878名。

"关于保证飞行的相应物资器材（如汽车、油料、充电设备、飞行装备等），我们亦将如数配备。

"以上就是我们制定的援助计划，请贵方研究一下，如果同意就双方签署，以便上报。"

刘亚楼觉得苏方考虑得比较周全，与中方提出的方案基本相符。党中央指示的谈判目的已经达到，刘亚楼向韦尔希宁元帅说："苏联方面所订援助计划，我们表示同意。这是国际主义精神的具体体现。为此我以代表团的名义，向斯大林大元帅、联共中央、苏联政府、苏联武装力量部致以崇高的敬意！对空军元帅同志及由您主持苏军代表团的负责精神和高效率的工作，表示真诚的敬佩和衷心的谢意。有些具体问题，会后可继续磋商，求得解决。关于购买飞机、器材以及聘请专家的各项经费，请按世界通常价格计算，由我国政府核实结算，将来向苏联政府偿还。[10]

接着，刘亚楼、韦尔希宁元帅分别代表中苏双方在协议上签了字。

草签协议后，刘亚楼向党中央发电报汇报了会谈情况及协议的内容，建议加速空军筹建工作。8 月 18 日，刘亚楼就组建伞兵问题打电报请示中央军委副主席周恩来，电报说："请示三个问题：一、为准备攻打台湾，伞兵登陆对从海上登陆作战可能发生大的作用。建议军委准备组织伞兵。如果可以，则准备向苏联提出订购运输机和降落伞，并请他们派顾问和教员。二、根据过去的经验，由于我军现在还没有建立空军，因而一般干部和部队对飞机场的保护很不注意。现在保护已解放的和新解放的机场不遭破坏，对我军建立空军已有实际意义，建议军委命令各野战军、各军区切实负责，派出一定的部队和负责干部负责专门保护各地飞机场，包括跑道、场址建筑物及一切设备，尤其沿海各省的飞机场。三、我们准备同王稼祥一同回来。第一批顾问除到长春、沈阳外，还有一部分要随我们回到北平，因此需要在上述各地为顾问准备住处。"周恩来在电报上批示："二、三两项请聂（指聂荣臻）办。二项再发一电令。三项请与杨（指杨尚昆）商办，并于月底前准备好。"

8 月 19 日，周恩来给王稼祥、刘亚楼复电：

稼祥、亚楼：

亚楼十八日电悉。

甲、原则上同意组织伞兵，但请向苏联同志征询下列各项意见：（一）伞兵条件如何，需要训练多长时间方能实际参加战斗，训练的条件又如何。（二）据我们所知，国民党也曾有过伞兵的组织和训练，但从未使用过。我们有人民条件，有游击战争经验，自与他们不同，但伞兵登陆，或者有海上登陆的配合，或者有适当的群众及地形条件进行敌后近距离的扰乱，这样需要多少人方能担当上述任务。（三）与上项任务相适应的运输机需多少架，价钱多少。（四）苏联空军负责同志对我们组织伞兵的意见

[10] 王洞身主编．空军回忆史料．北京：解放军出版社，1992．140－148．

如何，我们的条件是否具备。乙、保护飞机场及其各种设备和资材，当再发电令督促各地注意。丙、招待顾问事，即进行准备。

中　央

未皓（即8月19日）[11]

刘亚楼遵照中央指示，与苏联空军领导进行了磋商，同年11月，周恩来亲自为中央起草组建空降兵部队的决定。1950年2月15日，中国政府向苏联聘请顾问41名，订购降落伞300具。1950年4月17日，中央军委正式命令组建空降兵部队。同年7月26日，中国人民解放军空军陆战第一旅在上海成立。[12]

刘亚楼一行在等待苏联政府批准援助计划期间，经苏方同意参观考察了苏联空军总部、飞行航校、航空工程学院、飞机制造厂、飞行部队基地等。

在莫斯科以西100多千米的一个空军基地，刘亚楼、王弼和吕黎平第一次看到了米格-15型喷气式歼击机。主人说：这个机场，这种飞机目前都是对外严格保密的，唯一的例外，便是对你们几位中国高级军官了。刘亚楼等在座舱里询问了升限、航速、炮火威力、射速及有关这种飞机的战斗性能。主人没有完全如实相告，也就不便追问了。接着刘亚楼等观看了米格-15的飞行情况。这种飞机，在当时是非常先进的战斗机。想不到一年多以后，这种喷气战机就在中苏两国飞行员驾驶下，在抗美援朝战争中大显身手。

1949年10月1日，刘亚楼一行3人（王弼于9月下旬先期回国以安排接待苏联专家一事）在我驻苏大使馆筹备处同戈宝权、徐介藩等一起欢庆中华人民共和国成立。遗憾的是，刘亚楼、吕黎平未能参加开国大典，未能目睹新中国第一次空中阅兵。

10月5日，华西列夫斯基元帅会见刘亚楼一行，通知说："援助中国建立空军的协议书，斯大林大元帅和苏共中央已经批准了，我向你们表示祝贺。苏联第一批专家23人已经集中，很快就要出发去中国，如果没有其他问题，你们就可以乘飞机到赤塔，然后改乘火车回国了。"

刘亚楼将情况电告党中央。第二天，中央回电刘亚楼："与友

⑪ 中共中央文献研究室，中央档案馆编．建国以来周恩来文稿第一册．北京：中央文献出版社，2008. 278-280.

⑫ 王润身主编．空军回忆史料．北京：解放军出版社，1992. 236-244.

方谈定的一切计划都很好，中央完全同意。”10月7日，刘亚楼一行启程回国。[13]

[13] 钟兆云．刘亚楼上将．北京：解放军文艺出版社，2005．163．

中华人民共和国开国大典首次举行空中阅兵，人民空军诞生

1949年10月1日的北京，秋高气爽、晴空万里。中华人民共和国的开国大典在天安门广场隆重举行。

修饰一新的天安门广场显得格外壮丽，城楼上八盏大红宫灯的长长黄色流苏随风飘动，城楼重檐中间挂着“中华人民共和国中央人民政府成立典礼”的巨幅标语。观礼台下边的城墙中间悬挂着毛泽东巨幅画像。广场上，30万群众手执鲜花、红旗，以无比激动与兴奋的心情参加这一举世瞩目的庆典。

下午三时，身着崭新的黄色礼服的毛泽东宣读《中华人民共和国中央人民政府公告》，他以特有的湖南口音向30万群众、向全中国、向全世界庄严宣告：“中华人民共和国中央人民政府成立了！”

下午四时，朱德总司令下达阅兵令，代总参谋长、阅兵总指挥聂荣臻站在指挥车上引导步兵分队首先通过天安门，接着是骑兵、装甲兵、炮兵。

正当威武雄壮的坦克部队隆隆驶向天安门时，天空中也传来了轰鸣声，三机编队的战斗机出现在人们的眼帘。开国大典的空中阅兵开始了。第一组为9架P-51D战斗机；第二组为2架DH-98“蚊”式战斗轰炸机；第三组为3架C-46运输机；后面是一架L-5联络机和2架费尔柴尔德PT-19A初级教练机。

开国大典上毛泽东与党和国家领导人观看空中阅兵

开国大典空中阅兵总指挥是军委

空中机群编队通过天安门广场上空

空中机群与地面步兵方队同时通过天安门

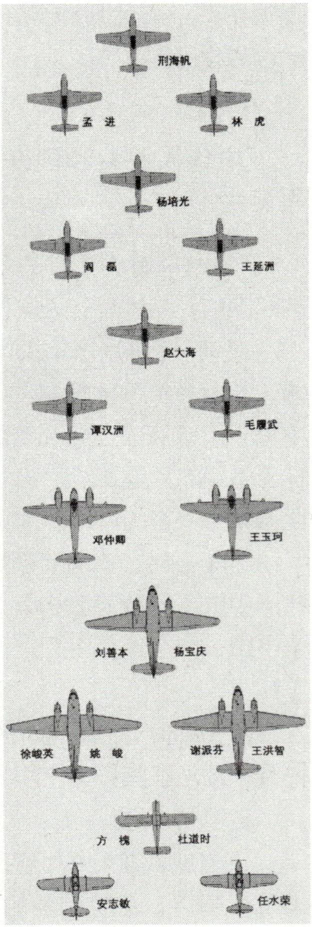

开国大典受阅飞机编队队形

航空局民航处处长、华北军区航空处处长油江。油江在北京饭店楼顶临时设立的飞行指挥所里下达了受阅飞机起飞的命令。

当 P-51D 机群飞过天安门广场上空，油江又给飞机领队邢海帆下令："9 架 P-51D 飞机再通过天安门广场一次。"邢海帆率领 9 架飞机从西面绕回东面，跟着 PT-19A 初级教练机的后面又一次飞过了天安门广场。所以总共 17 架受阅飞机，人们看到的却是 26 架。[14]

共和国历史上首次空中阅兵组织得干净利落。据说天上的飞

⑭周日新主编.魂系航空——深切怀忘油江同志.190-191.

机与地面的坦克同时出现是苏联顾问阿夫舍维奇的主意，他过去是苏联空军中将，曾参加莫斯科红场的阅兵，苏联就是这样安排的，可以显示人民军队的军威。

开国大典阅兵式安排空中阅兵是朱德、周恩来提出，由聂荣臻代总参谋长在1949年8月召开的开国大典准备会议上定下来的。军委航空局局长常乾坤接受了这一光荣任务。具体受阅方案由军委航空局作战教育处处长方槐和油江以及苏联顾问组成的四人小组提出，经批准后，常乾坤局长决定由方槐主抓受阅飞机训练，油江担任空中阅兵总指挥。被确定参加受阅的飞行员安排了近20个飞行日的训练，并于9月23日成功地进行了一次预演。开国大典空中受阅的飞机都是外国制造的。P-51D是美国制造、在第二次世界大战中使用最好的单座歼击机，时速700千米，装一台1490马力的发动机。抗日战争后期，中美组成“中美混合大队”，我国得到P-51D飞机。自1948年辽沈战役胜利后至1949年止，人民解放军共有39架P-51D飞机。DH-98“蚊”式战斗轰炸机是英国德·哈维兰公司制造，国民党政府购进的，该机也是第二次世界大战中著名战机之一。人民解放军缴获了5架这种飞机。C-46运输机是美国制造的，抗日战争后期，曾参加飞越“驼峰”运输飞行。后移交给国民党空军。国民党败退，将一些C-46飞机遗弃在机场上。L-5联络机和PT-19A初级教练机也是国民党空军遗弃的。

苏联空军顾问帮助组织指挥中国空军学员飞行

第一个飞行队的部分人员合影

空中受阅的飞

行员大部分是从国民党空军起义归来的新同志，也有一部分是我们自己培养的新飞行员。其中有后来成为空军副司令员的林虎，他驾驶 P-51D 战斗机两次飞过了天安门上空。

为了防止敌机来袭，这次空中受阅的 P-51D 飞机有 4 架被

1949 年 10 月 1 日的国庆招待会上，毛泽东对飞行员代表说：“现在我们有了空军就好了。”

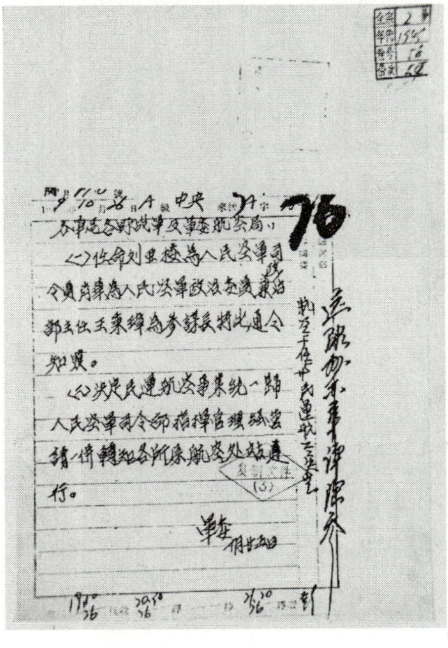

各軍區各野戰軍及軍委航空局：

（一）任命刘亞樓為人民空軍司令員，肖華為人民空軍政治委員兼政治部主任，王秉璋為參謀長，特此通令知照。

（二）決定民運航空事業統一歸人民空軍司令部指揮管理，並請一併轉知各所屬航空處站遵行。

軍委

中央军委 1949 年 10 月 25 日的任命书

特许带弹参加飞行，一旦出现敌机来袭的紧急情况，即从空中前往拦截。

开国大典的空中阅兵，不但大长了中国人民的威风，也使在场参加观礼的外国记者大为震惊。他们通过电波把这一消息传遍了全世界。

为了组建人民空军的领导机关，中央军委于 1949 年 8 月 1 日致电四野首长：“由四野拨来作为成立空军司令部之

基础的十四兵团指挥机构，请即令其开来北平待编。”随后，第14兵团机关共2515人，由参谋处长何廷一、组织部长王平水率领，从汉口启程，8月19日到达北平南苑，等待整编。

1949年9月21日，毛泽东在中国人民政治协商会议第一届全体会议上，向全世界宣告：“我们的国防将获得巩固，不允许任何帝国主义者再来侵略我们的国土。在英勇的经过了考验的人民解放军的基础上，我们的人民武装力量必须保存和发展起来。我们将不但有一个强大的陆军，而且有一个强大的空军和一个强大的海军。”⑮

⑮ 毛泽东．毛泽东选集第五卷．北京：人民出版社，1977.6.

10月25日，中央军委任命第四野战军第14兵团司令员刘亚

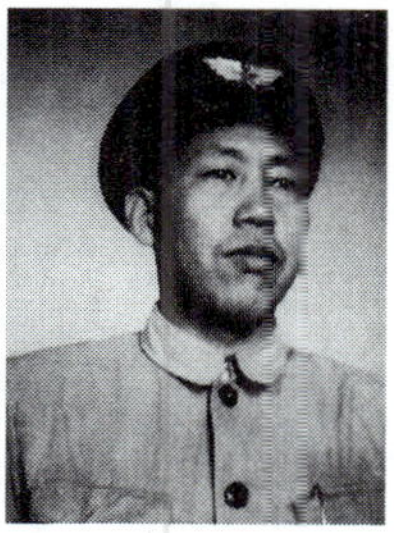

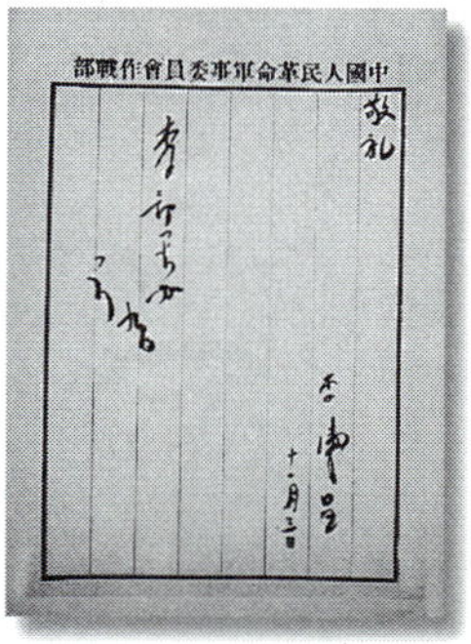

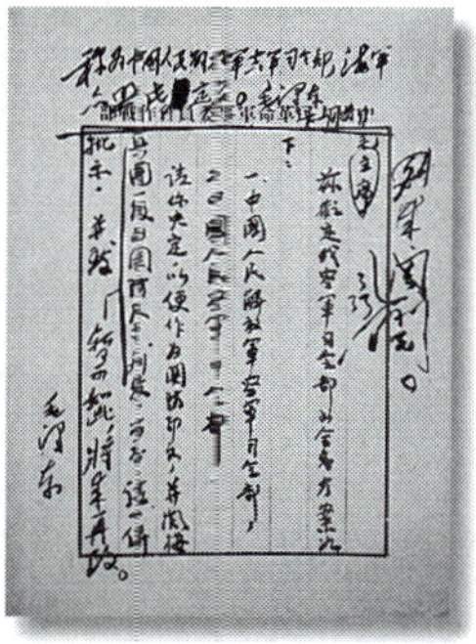

（上左）空军第一任司令员刘亚楼

（上中）空军第一任政治委员肖华

（上右）空军第一任参谋长王秉璋

（下左）1949年11月6日毛泽东关于空军全称方案的批示

（下右）空军司令部旧址

楼为空军司令员，第四野战军第13兵团政治委员肖华为空军政治委员兼政治部主任，第二野战军第17军军长王秉璋为空军参谋长。

11月11日，中国人民解放军空军成立。中央军委电令各军区、各野战

军：中国人民解放军空军司令部现已宣布成立，原军委航空局着即取消。原航空局所有干部及业务均即移交空军司令部接收。任命军委航空局局长常乾坤为空军副司令员兼军事训练部部长，军委航空局政治委员王弼为空军副政治委员兼工程部部长。15 日，中央军委批准空军领率机关组织编制。空军机关设参谋部（后称司令部）、训练部、政治部、工程部、后勤部、干部局、财政处。

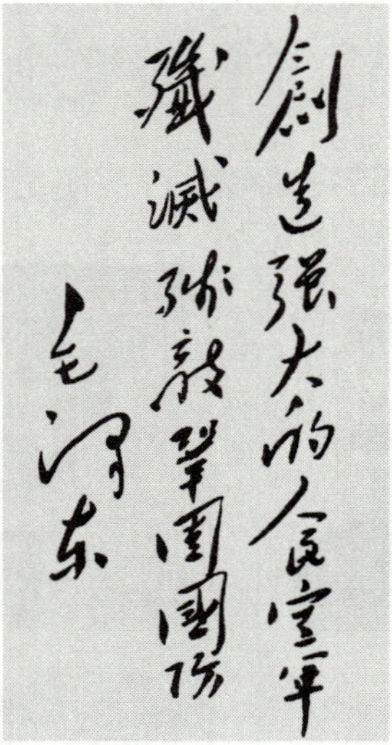

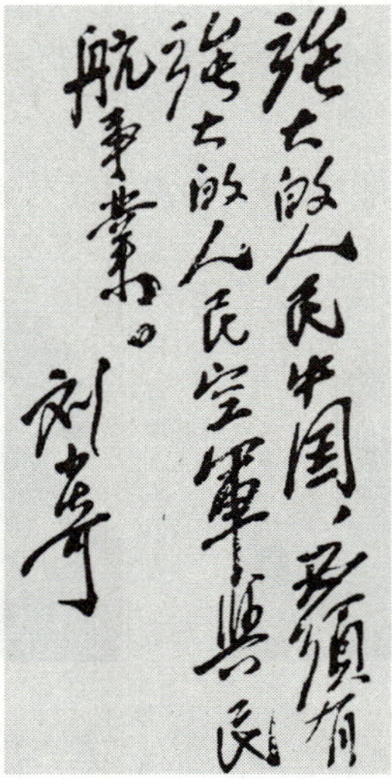

（左）毛泽东为空军题词
（右）刘少奇为空军题词

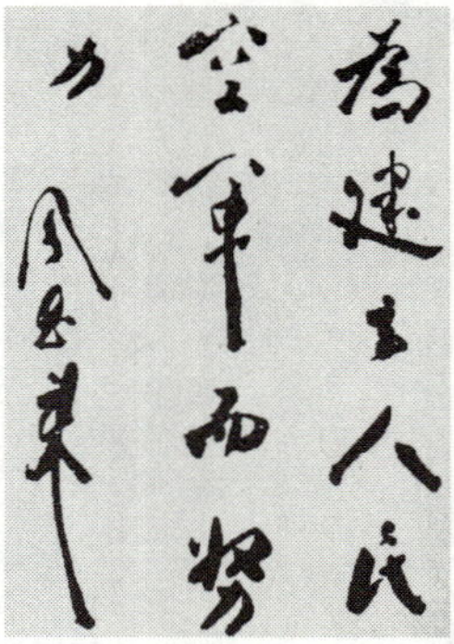

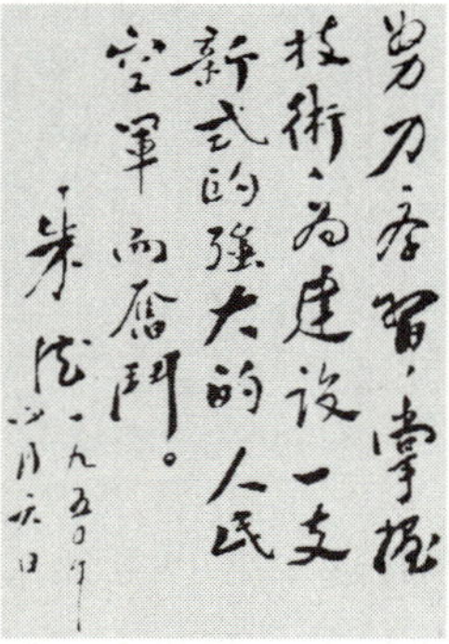

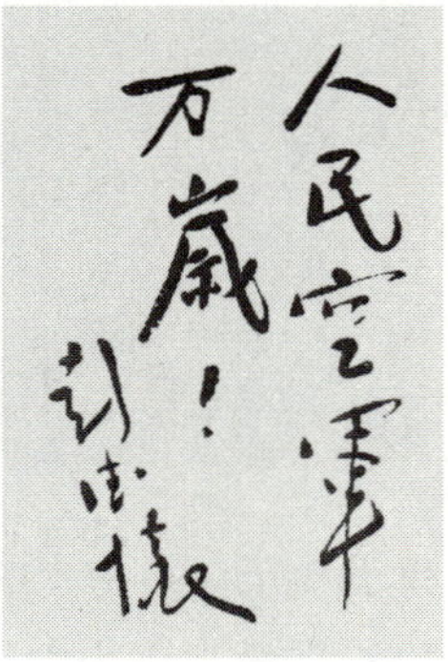

（左）周恩来为空军题词
（中）朱德为空军题词
（右）彭德怀为空军题词

截止 1949 年 10 月底，各地接收旧航空人员共 2312 人，其中空勤人员 61 人，地勤人员 2021 人，工程技术人员 100 人，其他人员 130 人。当时根据中央对这些人员采取“包下来”的政策，采取团结、教育、改造的方针，吸收他们参加工作，争取他们为人民空军建设服务。事实证明，他们中的许多人，在空军长期建设中，作出了应有的贡献，有的成为空军军、师、团的各级领导干部。同时，各地接收的美制蒋机共113架（其中待修的57架），还有日本投降后遗留下来的经修复的破旧飞机46架。各种型号的发动机有1278台，其他航空器材、物资4918吨。

为了尽快恢复接收过来的航空工厂的生产，东北老航校组织力量先后修复了飞机修理厂、航材配件厂、飞机装配厂、氧气厂、通信器材厂等12个工厂，并开始投入生产。为了迅速开辟空中航线，至1949年10月底，修复的机场达40个。先后开辟了北京—长春—哈尔滨—齐齐哈尔—赤塔间，北京—太原—西安—兰州—乌鲁木齐间，北京—石家庄—开封—武汉间，北京—济南—徐州—南京—上海间的航线。根据党中央的指示精神，军委航空局协助组织保障原国民党"中国"、"中央"两航空公司的起义工作。指定天津、青岛、石家庄、徐州、济南、潍县等机场为主要着陆场，上海、南京、武汉等机场为备降场，各机场做好了陆空联络及油料、后勤保障等工作。

建设空军，首先要培养飞行人员和各种专业技术人员。根据刘亚楼等在苏联达成的协议，苏联帮助中国新建6所航空学校。10月6日中央军委批准创办6所航空学校的方案。后经中央军委、毛泽东确定：第1航空学校在哈尔滨，第2航空学校在长春，第3航空学校在锦州，第4航空学校在沈阳，第5航空学校在济南，第6航空学校在北京。12月1日，6所新建航空学校全部开学。[16]

⑯ 刘亚洲，姚峻主编．中国航空史（第二版）．长沙：湖南科学技术出版社，2007．192－197

是日，刘亚楼陪同朱德、聂荣臻以及苏联驻华大使罗申等到南苑机场参加第6航空学校开学典礼。

1949年10月24日，第一批苏联专家23人到达北京。11月中旬，从苏联聘请的苏联专家陆续到各航空学校，至1950年1月，苏联顾问和专家总数达870人。

与此同时，空军部队也开始迅速组建。

1949年10月15日，从苏联引进的飞机开始陆续进口。据被刘亚楼派到边境城市满洲里接转苏联进口飞机的张开帙回忆：

（1949年）10月的满洲里，夜间最低气温已降至零下30度左右。正是在这种严寒条件下，我们开始执行任务。10月14日夜，装运飞机的火车车皮停靠在中国车站，苏联站代表要求我们从15日6时起尽快将这些装有飞机的大箱子从苏联车皮吊到中国车皮上（苏联的宽轨火车只能开到我国境内的满洲里）。在吊装之前，我和顾问先对货物进行检查，经核查无误后，才在苏联送货军官所带来的文件上签字。吊换车皮看似简单，但实际上只要车皮、吊车、吊装工人和火车头中任一环节出错，就不能正常吊换。

……

这项工作一直到1950年二三月间才大功告成。我们终于顺利地完成了进口航空装备的接转工作，保证了六所航校按时开飞。在这冰天雪地的日子里，我们从满洲里进口的飞机共340多架。⑰

⑰ 张开帙．情系人民航空——一个航空工程机务老兵的回忆.北京：蓝天出版社，2008. 33–34.

到1949年底。共进口各型飞机185架，计图 –2 飞机23架，拉 –9 飞机60架，雅克 –11 飞机20架，雅克 –12 飞机12架，雅克 –18 飞机68架，里 –2 飞机2架。到1950年初，已进口各型飞机340架，各型发动机176台。

航空兵部队迅速组建。至1954年初，共组建了28个航空兵师、70个航空兵团，拥有歼击、强击、轰炸、侦察、运输等各型飞机3000多架，建立了一支飞机数量占世界第三位的空中力量。美国空军参谋长范登堡在1951年11月21日一次记者招待会上说："共产党中国几乎在一夜之间就变成了世界上主要航空强国之一。"⑱

⑱ 刘亚洲，姚竣主编．中国航空史（第二版）. 长沙：湖南科学技术出版社，2007. 205.

第二章 烽火奠基

在新中国诞生之前，中国共产党人很早就重视航空在革命事业中的作用，为新中国创建航空工业做了积极准备。中国几代航空人无不期望建立独立自主的航空工业，许多留学海外的航空人才纷纷回归祖国，准备投身建设新中国的航空工业。中华人民共和国的成立，为中国航空工业的创立与发展开辟了广阔的前景，为航空人才的发展创造了光辉的前途。1949 年 11 月中国人民解放军空军的建立，把创建新中国航空工业提上了议事日程。1950 年 10 月抗美援朝战争烽火熊熊燃起，加速了中国航空工业的创建进程。

人民空军成立为创建独立自主的航空工业带来契机，刘亚楼、何长工多次向中央提出创建航空工业的报告

1949 年 8 月 14 日，刘少奇从莫斯科乘火车回国。根据刘少奇和斯大林的口头协定及当时中国恢复生产建设的需要，中苏双方议定，由苏方选 220 名各行各业的专门人才，和刘少奇同车到中国来。这批专家大多是司局领导干部，有个别是副部长级干部或资深的高级工程师，一般都有十年以上工作经验并受过战争考验。由于斯大林做出了“我们可以帮助你们建立飞机装配修理工厂。可以向你们提供最新型的歼击机”的承诺，这批专家中也有航空工业方面的专家，包括苏联航空工业生产工艺与生产组织研究院院长博伊佐夫。8 月 25 日，刘少奇到达沈阳，大部分专家留在沈阳，8 月 28 日，38 名专家随刘少奇去北平。留在沈阳的航空专家有博伊佐夫等 4 人。他们是第一批踏上中国国土的航空工业专家。他们为新中国建立航空工业提供了第一份调查资料。

时任东北老航校机务处副处长、修理厂厂长徐昌裕回忆：

在1949年8月份，正当我因胃穿孔在沈阳住院动手术时，苏联来过四位专家，带头的叫博伊佐夫（Бойцов），是苏联航空工艺与生产组织研究院（НИАТ）院长，以后还来过一次中国。他下面有：戈林（Голин），是搞螺旋桨的；马泽洛夫（МаЗелеВ），是搞发动机的，后来还到331厂工作过；还有一位叫布鲁斯尼金（Брусникин）。这些专家由苏联航空工业部派出，是来帮助中国搞规划的，当时都在机务处工作，由陈国兴任翻译。我曾陪同他们去看过沈阳和哈尔滨的所有航空工厂。他们曾提出过一些意见，也讲过有关飞机制造厂方面的要求和生产准备工作等。开始我们还不太了解什么是生产准备，他们却非常重视这个问题。①

① 航空工业部中国航空工业史编辑办公室．航空工业史料第二十辑．60.

徐昌裕所说的航空工艺研究院全称是航空工业生产工艺与生产组织研究院（НИАТ），成立于1936年。其前身是中央劳动研究院。它是航空工业批生产工艺的领导中心。该院分两部分：莫斯科城内是研究部分，郊区是试验基地和试验车间，主要的试验设备安装在这里。该院负责飞机、发动机、附件、仪表等的结构工艺性、加工方法和生产组织工作的研究，主要单位有飞机工艺部、发动机工艺部、附件工艺部、仪表工艺部、雷达工艺部、航空制造通用工作部、标准化部、生产组织部、情报和推广所。还有三个专用设备制造厂，为航空工业制造专用的焊接机和机床等。

博依佐夫在实地考察之后，提出过一个可供航空工业改建利用的22个工厂名单。其中有：哈尔滨平房工厂，哈尔滨空军修理一厂，哈尔滨工具厂，沈阳空军修理一厂、修理三厂、修理四厂、修理五厂（北陵），沈阳“满飞”厂，沈阳橡胶厂，沈阳锻工厂，沈阳工具厂，南京空军修理二十一厂、修理二十二厂，南京电话厂，南京无线电厂，上海吴淞厂，上海电池厂，上海虬江厂，南昌航空站，大连电机厂，汉口空军修理一厂，北京南苑空军修理厂。这些大都是厂房简陋、设备陈旧、只有几百人的小厂。完全利用这些工厂转向制造不全都合适，但它们却为新中国航空工业筹建六大厂（即后来列入苏联援助156项中的沈阳飞机厂、沈阳发动机厂、哈尔滨飞机厂、哈尔滨发动机厂、南昌飞机厂和株洲发动机厂）提供了很好的条件，加快了筹建速度。航空工业初创时期的建厂工作就是从这里入手的。除株洲发动机厂是利用兵工总局拨给的282厂原址改建的之外，其他几个厂基本上都是从这批工厂中经过挑选，加以改建逐步发展起来的。

首任空军司令员刘亚楼深知：建设强大的空军必须有强大的航空工业做后盾，因此他积极向中央建议加速创建航空工业。多次向中共中央主席毛泽东提出建立航空工业的报告。

第一份报告。空军成立后的第三天，即1949年11月14日，一份题为《关于中华人民共和国航空工业的建设问题》的报告，由刘亚楼、王弼和苏联顾问科托夫（当时驻华军事总顾问）、普鲁特柯夫联名呈送毛泽东主席。这份报告是在博伊佐夫和王弼指导下，由蒋天然、朱火华、徐昌裕（执笔）草拟，随后由刘亚楼主持，对此意见书进行多次讨论修改形成的。这是向中央提议建设航空工业的第一份报告。

报告共分七个部分：

一、现有航空工厂及过去与航空有关的工厂情况调查。

二、中国航空工业需建立19个工厂：

（一）3个飞机制造厂；（二）3个发动机制造厂；（三）13个附件制造厂。

三、必须采取的措施：

（一）从其他工业部门拨给16个工厂，逐步改造为航空工厂；主要的飞机、发动机厂建在东北，其他附件、仪表与成品制造厂可建在关内各地；

（二）充实人员：

1. 从军队动员250名具有一般文化程度的营、团级以上干部，担任领导；

2. 从兵工厂动员200名工程师和技术人员；

3. 从其他工业部门、经济部门中动员1000名共产党员到航空工厂任技师、领班及熟练工人；

4. 调回过去曾在航空工厂工作过的工人、干部和技术领导干部；

5. 设立航空大学，培养工程师，各航空工厂亦附设技术学校，训练干部和工人；

6. 航空工业工人工资可比其他部门高 25%。

四、发展步骤：

（一）1950 年修复各厂的建筑物和设施；利用旧机件开展修理工作；确定中国制造飞机、发动机、附件的种类，向苏联索取资料，并译成中文；按生产过程改造工厂；

（二）1951 年 –1952 年开始制造飞机。

五、组织统一的航空科学研究院。

六、设立专门的基本建设管理机构和组织设计队伍。

七、成立航空工业管理总局，由国防工业委员会或军事委员会领导。

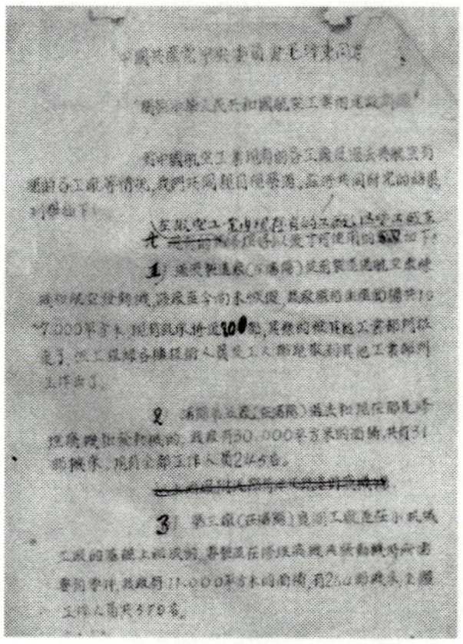

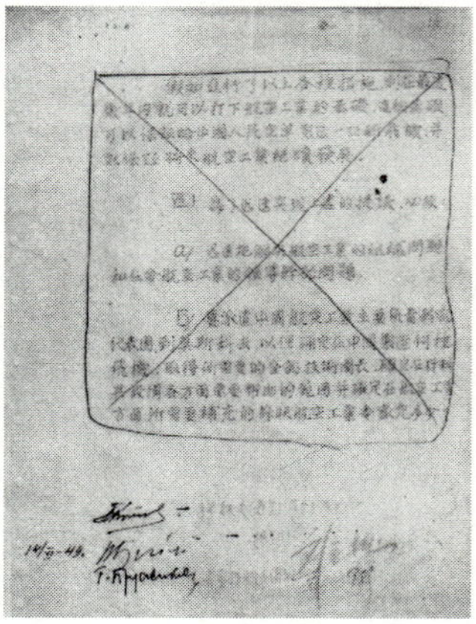

（左）1949 年 11 月 14 日《关于航空工业建设意见书》

（右）1949 年 11 月 14 日《关于航空工业建设意见书》签名页

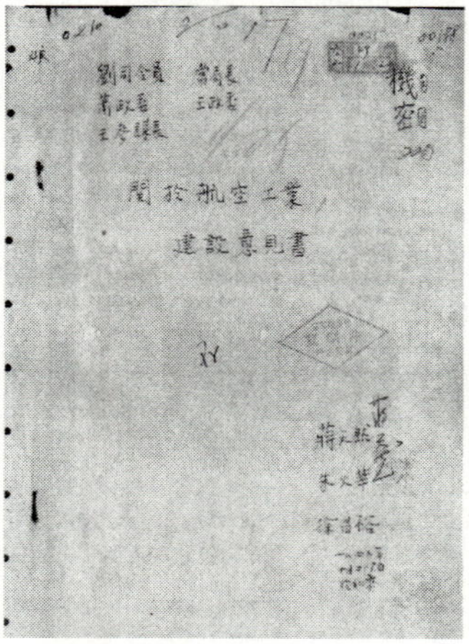
關於航空工業建設意見書

1949 年 10 月 26 日蒋天然、朱火华、徐昌裕所拟《关于航空工业建设意见书》草稿

第二份报告。1949 年 11 月 20 日，苏联顾问伊 · 弗 · 柯瓦廖夫向毛泽东呈送《关于航空工业建设的意见书》。这是建设航空工业的第二份报告。主要内容为：

（一）经对中国航空工业现有的各工厂及过去与航空工业有关的各工厂等情况亲自视察，认为，为建立中国的航空工业必须有如下的工厂：（1）3 个飞机制造厂（制造轻型飞机和教练机、驱逐机、双发运输机或中型轰炸机的工厂），可利用沈阳北陵五厂、哈尔滨平房航空工厂、沈阳满洲飞机制造厂。(2)3个发动机制造厂（制造教练机用的、战斗机用的、运输机和轰炸机用的发动机工厂），为此需利用其他工厂改建或重新建设。(3)13个附件制造厂（电器、仪表、无线电、油泵、螺旋桨、机轮等工厂）。

（二）必须有下列措施：(1)由其他工业部门（如上海等）调拨机床给航空工厂或从国外输入。(2)从军队、兵工厂、其他工业部门动员干部、工程技术人员、熟练技术工人充实到航空工业，以及在原有大学的基础上设立专门培养工程师的航空大学和每个航空工厂附设不脱产或脱产的技术学校。(3)在航空工业工作的工人的工资标准应比其他工业部门平均高25%，以保证创建有经验的专家和航空工业工人队伍。

（三）航空工业工厂的发展步骤：1950—1951年应修复各工厂厂房和各种设备，各工厂要利用现有设备组织进行飞机、发动机及附件、仪表等修理工作，确定制造哪几种飞机、发动机及附件、仪表等，并准备在哪些工厂中制造，引进制造飞机、发动机及附件、仪表的图纸和生产工艺并译成中文，按照生产过程改造工厂并充实专家和设备。当上述条件具备后，1951—1952年就可以开始制造飞机。

（四）应建立统一的航空工业科学研究院。

（五）应组织专门的新的航空工厂建设机构，应编有150人的设计组，负责研究和设计工厂的修复与改造。

（六）最好将航空工业分出来，放到国防工业委员会或在军事委员会领导下，成立航空工业管理局。

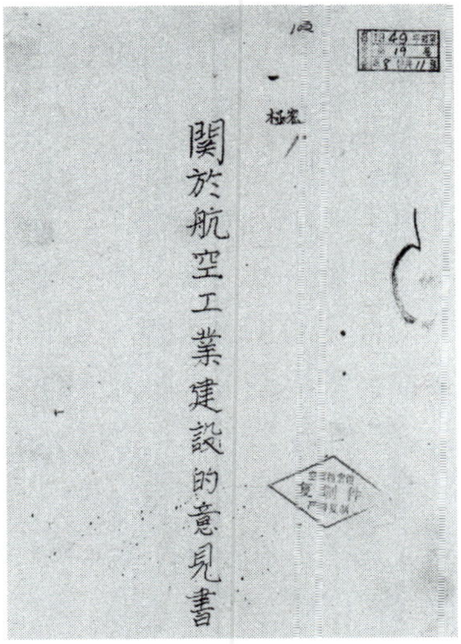
關於航空工業建設的意見書

柯瓦廖夫向毛泽东呈送《关于航空工业建设的意见书》首页

对照两份报告可以看出，

内容大致相同，基本上是博伊佐夫等调研后与中方多次研究的方案，但柯瓦廖夫是何许人？他怎么可以直接写报告给中共最高领导人毛泽东呢？

伊·弗·柯瓦廖夫（1901–1993）时任苏联交通部副部长，是一位铁路专家。1948 年 3 月，中共中央向苏联政府提出派遣专家修复东北铁路网的要求，苏联政府于 5 月 13 日决定派遣柯瓦廖夫为全权代表前往中国东北组织恢复铁路运行工作，5 月 15 日由斯大林签字批准。1948 年 6 月，柯瓦廖夫率领 300 多名由工程师、技师和熟练工人组成的铁路专家组抵达东北，随即开展工作。1948 年 12 月，柯瓦廖夫工作组的任务圆满完成，他们的工作成绩得到中共方面的高度评价，中共中央东北局专门为此向斯大林致信。1949 年 1 月 8 日毛泽东也致电斯大林，对柯瓦廖夫的工作表示感谢，同时希望苏联专家组帮助修复东北以外的铁路。

1949 年 1 月 30 日至 2 月 8 日，柯瓦廖夫随同米高扬秘密访华，在西柏坡与中共领导人举行了一系列会谈。米高扬走后，柯瓦廖夫留在中国东北，成了当时在中国工作的苏联人中职务最高的政府官员。3 月下旬，毛泽东等中共中央领导人和中央机关进驻北平香山后，柯瓦廖夫从东北来到北平，也住在香山附近的一个小山沟里，他曾使用阿洛夫使用过的苏联军部的电台，陆续向苏联政府报告一些有关中国的情况。

柯瓦廖夫与中共领导人过从甚密，也得到中共高层领导的信任。刘少奇访苏，毛泽东访苏，他都全程陪同。毛泽东、刘少奇在电报中称其为“柯兄”，而刘少奇回国时从苏联同车带回的 220 名专家也由柯瓦廖夫带领。毛泽东访苏，为了请柯瓦廖夫陪同，竟为此专给斯大林发一电报。1949 年 11 月 12 日，毛泽东的电报称：“菲里波夫（斯大林的代号）同志：感谢你欢迎我到莫斯科去。我准备于十二月初旬动身。同时请你允许柯瓦廖夫同志与我一道去。他已对苏联专家的工作作了安排，他去不会影响工作。”②

毛泽东访苏时，斯大林对柯瓦廖夫评价并不高，认为此人不懂政治，作为铁路专家，技术也不全面，所以推荐时任苏共中央人事局局长和有色冶金工业部副部长的阿尔希波夫担任驻华总顾问。阿尔希波夫于 3 月 24 日到达北京，取代了柯瓦廖夫。

② 毛泽东．建国以来毛泽东文稿第一册．北京：中央文献出版社，1992. 135.

第三份报告。1949年11月24日，刘亚楼、常乾坤、王弼、王秉璋等向毛泽东呈送《目前空军一般状况的报告》（以下简称“《报告》”）。报告了空军装备和航空工业现状及生产空军装备的建议。关于航空工业的现状，《报告》称：（一）沈阳有一所日本建立的满洲飞机制造厂，厂房面积12万平方米，机床1380台，职工8000名，月产飞机90架。另有30余个飞机配件制造厂。遭美机轰炸后，人员、设备疏散至长春、公主岭等地。另在哈尔滨、齐齐哈尔、白城子等地还设有飞机修理厂。（二）上述工厂遭战争破坏和国民党搬走外，现仅剩有较完整工厂6个，厂房面积16.5万平方米，机床499台，职工1461名。其中5个工厂（修理厂2、配件厂2、氧气厂1）在东北航校领导下，已恢复生产。共修理了日、美制飞机100架。（三）哈尔滨平房有一所飞机修理厂，面积4万平方米，机床800台，职工4000名。（四）北京、上海、南京、南昌、汉口有飞机修理、氧气制造、通信器材修理、配件制造、飞机装配等7个工厂，共有机床800台，已开工修理飞机和零配件。（五）接收伪航空技术人员50名，技工1200名，招收大学航空工程系大学生130名。（六）哈尔滨工业大学、清华大学、北洋大学、南京大学、上海交大、浙江大学、厦门大学、西北工学院及待解放的重庆、四川、云南等11所大学的航空工程系可培养航空专业人员。现有130余名毕业生已吸收到空军航校工作。在陈述了上述情况后，《报告》提出：如果能将现有不大的，而且不完整的航空工业作基础，加以充实完整，并由东北、华北及其他军区军工部拨出一部分好的工厂、机器与干部，则可能在东北建立起我国航空工业的初步基础。首先可以将沈阳北陵、哈尔滨平房及沈阳满洲飞机制造厂充实整理，成为教练机、驱逐机、双发轰炸机、运输机的3个飞机制造厂，如果还能利用东北或华北军区军工部所属之工厂改造成3个发动机制造厂及13个附件厂（以上19个工厂，共需厂房面积58万平方米，机床13900台，工人35800名。工程技术人员5100名），则可以按修理、装配、制造三个步骤，开始进行航空工业生产，并且估计可能在1952–1953年全部自己制造飞机。希望在三四年内可制造教练机、战斗机、轻型轰炸机和运输机共800–1000架。

第四份报告。1950 年 1 月 5 日，刘亚楼与重工业部代部长何长工向中央提出关于航空工业建设意见。建议：(一）成立中央军委的航空工业决策机关——航空工业建设委员会。(二）在中央人民政府重工业部内成立航空工业管理局。(三）确定航空工业建设委员会人选。(四）设立研究院，进行飞机材料、仪器制造、飞机设计、电气制造等研究。(五）第一步先在东北建设航空工厂，第二步选新址建厂，同时扩大东北的工厂，第三步在四川建木质飞机、滑翔机等工厂。

这份报告与前三份报告最大的不同是由空军与重工业部首长联署，明确提出航空工业管理局设在重工业部。

第五份报告。1950 年 3 月 10 日，刘亚楼、肖华、常乾坤、王弼、王秉璋签署向聂荣臻上报《初步建设航空工业意见书》。并请聂荣臻代总长转呈毛泽东、朱德。其主要内容为：(一）方针：从装配教练机及其发动机着手，培养干部，积累经验，为将来大规模发展人民航空工业奠定基础。(二）计划：恢复伪满飞机制造厂，改为苏联新式教练机装配厂；哈尔滨平房工厂改为发动机装配厂；哈尔滨、沈阳、北京 3 个修理厂补充设备，成为苏式飞机中型修理厂；沈阳第 3 厂试造现有飞机用零件，供修理用；沈阳第 4 厂制造内外场飞机与发动机的工具；西南区一部分兵工厂可承造飞机附件及仪表。(三）领导机构：成立航空工业局（或处），领导装配和零件及工具制造厂，隶属空军司令部、

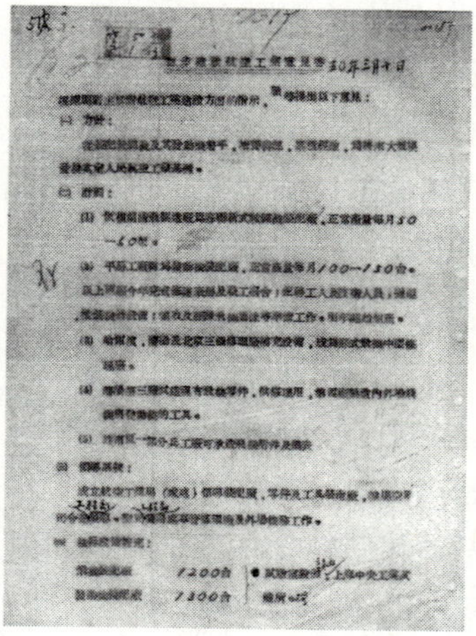

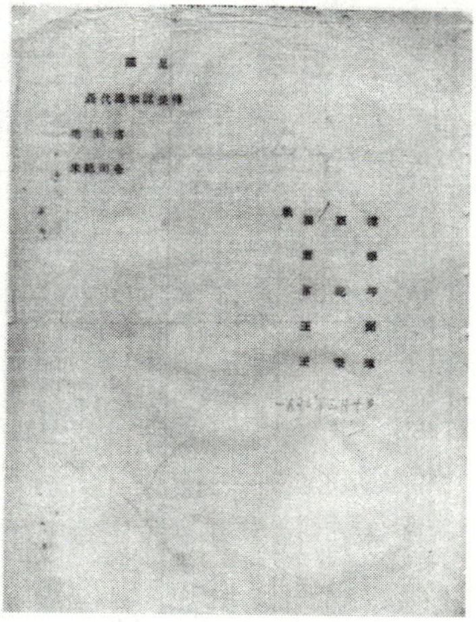

（左）1950 年 3 月 10 日，刘亚楼、肖华、常乾坤、王弼、王秉璋签署向聂荣臻上报《初步建设航空工业意见书》

（右）1950 年 3 月 10 日，刘亚楼、肖华、常乾坤、王弼、王秉璋签署向聂荣臻上报《初步建设航空工业意见书》签名页

工程部领导。空军工程部机务处专管修理厂及外场机务工作。（四）机器设备补充：飞机装配厂 1200 台，发动机装配厂 1300 台，试验室设备请由上海中央工业试验所拨。其他各工厂补充数 500 台，合计 3000 台。（五）人员补充：需补充各类人员共 6305 名。（六）经费：共需人民币 1000 亿元。

这份报告为何又从第四份报告退了回来，提出航空工业局（或处）隶属空军司令部、工程部领导呢？这从徐昌裕起草报告的过程可以看出一些端倪。徐回忆：

1949 年 11 月下旬，空军司令员刘亚楼来电报，让我和朱火华两人到北京，说有任务，具体干什么我们也不知道。到北京后就直接去灯市东口同福夹道当时的空军司令部报到，住在东单三条。

刘亚楼见到我们后就说："中央正在考虑建立航空工业，让你们来这里就是为了收集些资料并向中央写个报告。"

当时由于没有更合适的办公地方，他便决定将他秘书办公的房间作为我们的临时工作室。接着我们便参考苏联专家和华东的蒋天然、昝凌、徐舜寿等人提的一些意见，着手起草建立航空工业的报告。

在起草报告的过程中，有什么问题可直接找刘亚楼商谈。他有时看到我们没事干，就让我们看看电报，或者和我们随意闲聊，而且无话不谈。有时王秉璋参谋长、何廷一副参谋长也来和我们聊聊空军的情况。我们草拟完报告之后，就以刘亚楼、何长工的名义报给了中央，前后报过好几次。

记得 1950 年新年后的一天。刘亚楼把我和朱火华找去说，昨天中央政治局开会了，认为现在国家财政很困难，航空工业花钱多，现在没那么多钱，已决定暂时不搞航空工业了，修理飞机的事还是归空军管。他让我们先回沈阳去，等以后再说。

这样，这次任务就算告一段落，所起草的报告也只好暂时存入档案。③

第六份报告。1950 年 6 月 26 日，刘亚楼、常乾坤、王弼、王秉璋、何长工、钟林（重工业部副部长）、刘鼎（重工业部副部长）联名向中央军委并朱德总司令呈报《开始建设航空工业的

③ 徐昌裕口述．为祖国航空拼搏一生．北京：航空工业出版社，2006. 98.

意见》(以下简称“《意见》”)。主要内容是:(一)对全国航空工厂的分配意见,属于修理性质的工厂(17个)分配给空军,属于制造装配性质的工厂(14个)划归重工业部。(二)建立两个飞机装配工厂。(三)估计第一年内能完成800架初中级教练机的装配(零件、成品完全向苏联购买,个别零件自己制造)。(四)估计第一年内需要投资2-8亿斤小米(折价)。(五)成立专门的航空工业管理机构,在重工业部下成立航空工业局,由中央军委、空军司令部、重工业部三方面派人组织航空工业委员会。(六)分步骤恢复现有工厂。(七)新中国航空工业的前途,从训练装配技术着手,有重点、有计划、有步骤地走向完全自己制造的道路。从制造小型飞机开始,培养技术人员,进而准备制造大型快速的最新式飞机,以完成装备新中国的强大空军,巩固国防的任务。

7月7日,周恩来在《意见》上批示:“请聂总速召集有关方面议定整个兵工、航空、造船、汽车各项工业计划交阅。”

第七份报告。1950年10月28日,王弼和何长工向中央上报《飞机修理厂和制造厂发展计划草案》。“草案”对Рд-10、Рд-20喷气发动机、АЩ-82活塞发动机,МИГ-9、МИГ-15、ЯК-18飞机的修理及其备件制造,以及气压式膜盒仪表、无线电设备、橡胶器件修理与制造的工厂提出发展建设的安排意见。

第八份报告。1950年10月31日,空军和重工业部向中央军委提出航空工业建设意见。“意见”从发展方向、生产规划、任务安排、技术人员来源以及合并全国各大学航空系等五个方面提出了具体意见。在发展方向中提出分两个阶段进行建设:先利用原有工厂建设三个飞机装配厂,以取得经验,再建立喷气教练机及新式驱逐机制造厂,由装配发展到制造。在飞机生产规划安排上,规定:装配的教练机于1952年底出货,喷气教练机于1953年出货,喷气驱逐机于1954年底出货,自制的教练机过六七年后达到85%自制,喷气驱逐机过八九年后达到85%自制。在技术人员来源上提出了以下措施:华东军区航空处所属设计制造技术人员及所有房产交重工业部,空军司令部的航空工程技术干部调重工业部,分批抽调过去从事过航空工程而今散在其他工业部门的技术人员,尽量吸收侨居国外的我国航空工程专家。“意见”

还建议设立研究院和将全国各院校的 11 个航空系，合并为 4 个，即合并为哈尔滨工业大学、清华大学、四川大学、南京大学 4 个航空系。

朝鲜战争爆发，加速了中国航空工业的创建进程，周恩来亲自为创建航空工业奠基

1950 年 6 月朝鲜战争烽火熊熊燃起，加速了中国航空工业的创建进程。

10 月 5 日，中共中央政治局举行会议，讨论朝鲜战局和援助朝鲜的问题。毛泽东、周恩来等主张出兵援朝。

抗美援朝初期，毛泽东在中南海

10 月 6 日，周恩来主持召开党政军高级干部会议，商议部署志愿军入朝作战事宜。周恩来指出说：现在不是我们要不要打的问题，而是敌人逼着我们非打不可。我们的自卫是正义的，正义的战争最后一定会胜利的。现在朝鲜政府一再要求我们出兵援助，我们怎能见死不救呢？④

10 月 8 日，中国人民革命军事委员会主席毛泽东签署发布《组成中国人民志愿军的命令》。任命彭德怀为中国人民志愿军司令员兼政治委员。同日发电报给朝鲜人民民主共和国首相金日成，决定派志愿军入朝作战。毛泽东派周恩来、林彪赴苏，面见斯大林、莫洛托夫，商谈中国出兵朝鲜苏联给予军事援助以及出动空军掩护志愿军作战问题。⑤

这之后，苏联派驻中国的军事总顾问沙哈罗夫大将来到北京。他成了中国向苏联请求援助抗美援朝所需的军事装备、武器，以及在中国境内防空等事务的总联络人。斯大林的很多致毛泽东的电报，都由他转交。

沙哈罗夫大将时任苏军副总参谋长。苏联英雄。卫国战争中

④ 中共中央文献研究室．周恩来年谱 /1949—1976 上卷．北京：中央文献出版社，1997. 84

⑤ 同上书．85.

任苏军总后勤部副部长、加里宁方面军参谋长、预备队方面军参谋长和草原方面军参谋长、乌克兰第2方面军参谋长、任外贝加尔方面军参谋长。参加了1945年8月进军东北对日作战。战后，任总参军事学院院长。1949年1月起任副总参谋长。朝鲜战争开始后，先任驻朝军事总顾问，后来到中国，与中国领导人关系密切。1952年6月起任苏军总监察长。1964年任苏联国防部第一副部长兼总参谋长。1959年成为苏联元帅。

10月18日，刚刚从莫斯科飞返北京的周恩来参加毛泽东主持的中共中央政治局会议，再次研究出兵援朝问题。周恩来介绍了同斯大林、莫洛托夫会谈的情况，鉴于斯大林虽然不同意出动苏联空军入朝掩护志愿军作战，但答应给中国军事援助，中共中央会议决定：中国人民志愿军于10月19日入朝作战。1950年10月18日晚9时，毛泽东签发了志愿军渡江作战的电报。这封电报是发给志愿军第十三兵团司令员邓华、副司令员洪学智、副司令员韩先楚、参谋长解方以及东北军区副司令员兼参谋长贺晋年的。这一命令是由在北京参加政治局会议的彭德怀起草，以毛泽东名义发出的。电报全文是："邓洪韩解并告贺副司令：四个军及三个炮师决按预定计划进入朝北作战，自明十九日晚从安东和辑安线开始渡鸭绿江。为严格保守秘密，渡河部队每日黄昏开始至翌晨四时即停止，五时以前隐蔽完毕并须切实检查。为取得经验，第一晚（十九日晚）准备渡两个至三个师，第二晚再增加或减少，再行斟酌情形，余由高岗、德怀面告。"⑥

⑥ 中共中央文献研究室．建国以来毛泽东文稿第一册．北京：中央文献出版社，1992. 568–569.

10月25日，中国人民志愿军参加了战斗。第一次战役开始，至11月5日结束，共歼敌一万五千余人，将敌人赶到了清川江以南。苏联空军的米格–15于11月8日就在朝鲜上空与美军F–80打了第一场空战，首次开始支援中朝陆军作战。这也是世界上首次喷气对喷气的空战。

中国人民志愿军入朝参战，苏联空军率先参战以及志愿军空军即将参战，把创建航空工业提到十分紧迫的日程。

1950年10月30日，周恩来紧急约见沙哈罗夫，与他商谈中国飞机修理厂与发动机修理厂的建设问题。说明：中国计划在东北现有工厂的基础上进行兴建，拟分两步走，首先做到能够装备和修理飞机，制造某些飞机零件，待将来条件成熟后再发展为飞机制造厂。建议苏联先派设计组来华考察，然后提出建设计划。沙哈罗夫同意总理建议，即告苏联政府派航空工业设计小组来华考察。当晚，周恩来将与沙商谈情况函告毛泽东。[⑦]

1950 年 12 月 18 日，周恩来召集重工业部代部长何长工、副部长刘鼎、空军司令员刘亚楼、空军参谋长王秉璋同沙哈罗夫、苏联来华调查航空工业情况的赤干诺夫等航空工业专家商谈建立新中国航空工业的问题。会后周恩来同陈云、李富春商定由何长工、沈鸿、段子俊组成代表团前往苏联谈判中国航空工业的建设问题。[⑧]

1950 年 12 月 20 日，周恩来在写给毛泽东、刘少奇、政务院副总理兼财政经济委员会主任陈云关于派何长工等赴苏商谈中国航空工业生产问题的信中说："毛、刘、陈：苏联航空工业设计小组已视察了中国四十二个工厂，选中了七个工厂（哈尔滨二，沈阳二，北京一，南京一，南昌一，均属重工业部或空司管辖）为飞机修理装配厂，另九个厂可做订货厂。据苏联同志谈，在机器方面大致可以够用，惟缺重型机器及精制钢，须从苏联订货。工程师一般够用，但须请一些苏联专家来。苏联设计小组今日飞回莫斯科向其政府报告。我们须派一代表团去商谈组厂、订货、请人等问题。人选与陈云、富春商定为何长工、沈鸿、段子俊（即

⑦ 中共中央文献研究室．周恩来年谱/1949-1976 上卷．北京：中央文献出版社，1997. 90

⑧ 同上书．108.

抗美援朝初期，周恩来在中南海

调来任航空工业管理局局长），加在莫斯科之驻苏使馆商务参赞江泽民共四人。一切商谈内容及合同，须中央批准后方得签字。据专家说，计划商量好后工厂开工两个月内，即可修第一架飞机，而我们代表到莫后，据他们估计不会耽搁很久即可谈好计划，因现在中国有一千架军事飞机，五百多架训练飞机，每天都有飞机需要修理。分工方面，大修理和装配属重工业部之航空工业管理局所属各工厂，小修理则属空司修理。同意否，请主席批发。”

周恩来随本信附报了代拟的毛泽东1950年12月20日给斯大林的电报。电报的内容是：“航空工业专家赤干诺夫等同志设计组于中国搜集初步材料后于十九日返苏。我们拟派重工业部副部长何长工同志偕助手二人去莫斯科与苏联航空工业部同志具体研究恢复与组织中国航空工业生产的问题，以及商谈为各工厂所需某些设备和材料之订货并聘请苏联专家等问题。苏联政府是否同意彼等前往，盼告。”同日，毛泽东在电报上批示：“照发。”12月23日，斯大林复电毛泽东：“您可以派何长工同志及其两位助手前来莫斯科与航空工业部商谈恢复与组织中国各航空工厂问题。我们亦准备供应你们所必需的器材和设备以及派遣制造摩托和飞机的专家。”12月24日，周恩来在斯大林的电报上批示：“陈云同志：请你告诉何长工、沈鸿、段子俊三同志进行准备，行前我们找他们一谈。”[⑨]

⑨ 中共中央文献研究室，中央档案馆编.建国以来周恩来文稿第三册.北京：中央文献出版社，2008. 678-680.

抗日战争期间的何长工

何长工（1900-1987），湖南省华容县人。1919年参加“五四”运动，同年派去法国勤工俭学，曾参加过井冈山根据地的创建和二万五千里长征。解放战争期间，何长工先后创办了东北军政大学及四个分校，任副校长、代校长，兼通化军区司令员。他与航空的渊源正是在这个时期开始的。1946年3月1日，中国共产党领导下的人民军队创办的第一所航空学校在通化正式成立就是由何长工受命宣布的。后来相继建立了工兵、坦克、医科等学校。1947 年上半年，中共中央东北局决定成立军工部，他调任军工部部长兼军械部部长，创办军事工业，自力更生地组织研制和生产，为当时东北战场和后来辽沈、平津、淮海三大战役的顺利进行，提供了大量的武器弹药。

中华人民共和国成立后，何长工于 1949 年 10 月调北京组建重工业部，任副部长、代部长。坚决执行中央关于发展我国工业生产的指示，重点抓了航空、钢铁、造船、电机和动力等重工业的组建设，为我国重工业和航空工业的发展奠定了基础。

何长工在主持重工业部工作期间，投入很大精力创立新中国的航空工业。他认为发展航空工业离不开其他行业如钢铁工业、有色金属工业、仪器仪表制造工业的支持，同时航空工业的发展也可以带动其他工业的发展。因此，在组建重工业部时，就把航空工业和其他工业纳入重工业的整体规划之中。

发展航空工业一缺技术，二是资金有限，怎么办？何长工想到了一个办法，就是技术上争取苏联援助，资金则尽可能挤。这个想法得到了毛泽东、周恩来和其他中央领导人的支持。

段子俊（1913-2006），1913 年 1 月 27 日出生于河南济源县。1932 年被党派往苏联莫斯科东方大学学习电讯工程。1936 年加入中国共产党。抗日战争时期，段子俊在延安中央军委三局工作，先后担任科长、处长、通讯器材厂厂长。1939 年 6 月调到枣园，并一直主管共产国际、苏共中央同中共中央之间的机要通讯联络工作。1941 年秋，调任中央军委三局三处处长、联络处处长等。

段子俊在延安枣园（1939 年）

1945 年 9 月，党中央决定彭真、陈云带领人员奔赴东北，叶季壮、伍修权、段子俊等人随行。在东北期间，段子俊历任东北通讯联络分局局长、东北民主联军总部三处处长，创办了光华电器总厂及关东电讯工程专门学校，并兼任厂长和校长；还在原关东工专、关东电专、关东医学院、大连俄专等基础上，创建了大连大学，任校党委书记兼秘书长。段子俊还担任了中苏远东电业股份有限公司董事长及大连建新公司副总经理。1950 年，抗美援朝战争爆发。中央决定紧急调段子俊前往沈阳，担任东北邮电总局党委书记兼常务副局长。

沈鸿（1906–1998），1906 年 5 月 19 日生于浙江省海宁市硖石镇。1938–1949 年在陕甘宁机器厂、晋察冀兵工局、华北企业部任工程师。1949 年后历任中央财政经济委员会计划局重工业处处长，国家计委机械局副局长，第三机械工业部部长助理，电机部、煤炭部、农机部、第一机械工业部副部长，国家机械委员会副主任等职。他是一位通过刻苦自学获得理论知识同时又在实践中应用的实践家，长期从事机械工程的研制和组织领导工作，为中国机械工业的发展，作出了重要贡献；曾领导研制了中国第一台 1.2 万吨全焊接结构的锻造水压机；参加组织领导研制成功中国第一套火车车轮轮箍轧机；组织、领导、研究设计制造了许多重大机械设备，如 3 万吨模锻水压机、4200 毫米厚钢轧机等；1980 年当选中国科学院院士。

段子俊与沈鸿（右）在苏联留影

1950 年 12 月，段子俊奉召组建航空工业局。

1950 年 12 月 19 日下午，段子俊匆忙赶到中共中央东北局驻地。时任政务院财政经济委员会副主任、重工业部部长李富春与他谈话。李富春是段子俊的老上级。1950 年 4 月，李富春被任命为政务院政务委员、中财委副主任兼重工业部长，1950 年 10 月，由于抗美援朝战事需要，他受周恩来委派，以东北局副书记、东北人民政府副主席和东北军区副政委的身份重回东北，全面领导东北地区对志愿军的后勤供应工作。李富春郑重向段子俊宣布：“中央决定成立航空工业局，要调你去工作，而且马上就组团到莫斯科，进行苏联援助我国建设航空工业的谈判。”

李富春于 1950 年 1 月随周恩来赴莫斯科谈判，同年 4 月才回国，对中央高层的决心与苏联情况十分熟悉。李富春就中共中央关于筹建航空工业及赴苏谈判的精神，向段子俊交代：一、以最快的速度解决航空工业建设问题，但必须量力而行，逐步发展；二、在技术准备上，主要靠苏联的力量，争取他们的帮助；三、工作如何组织起来、组织的形式，要认真而慎重地考虑。李富春还面告段子俊，如果段在 1951 年 1 月 15 日前能从苏联回来，路过沈阳，在此地要再谈一次。

段子俊赶到北京，参加周恩来召集的会议。

周恩来召集的会议的主题是中国航空工业的创建和发展道路问题。

李富春 1952 年在北京，他十分关注与支持航空工业的发展

参加会议者有：中国人民解放军代总参谋长聂荣臻、副总参谋长粟裕、空军司令员刘亚楼、重工业部代部长何长工，中央人民政府财政经济委员会沈鸿以及段子俊。

关于中国航空工业的发展道路，在抗美援朝战争开始以前，空军和重工业部曾经设想过，航空工业直接进入飞机的装配、制造（购买苏联的零部件），修理工作归口空军负责，但战争的爆发，使形势发生了重大变化。

经过会议讨论，最后周恩来在做总结时指出：中国航空工业的建设要从中国的实际情况出发，我们是先有空军，而且正在朝鲜打仗，大批作战飞机需要修理。我国是拥有 960 万平方千米的国土和六亿人口的国家，靠买人家的飞机，搞搞修理是不行的。因此中国航空工业的建设道路，应当是适应战争的需要先搞修理，再由修理发展到制造。开始规模搞得小一些，由小到大，主要先解决飞机修理的需要，要保证朝鲜打仗。在设计和建造修理厂的同时，应有今后转为制造工厂的安排。[10] 这一结论，使中国航空工业从一开始就明确了创业发展的正确道路与方向。

这条发展道路与西方航空工业发达国家所走过的道路很不相同。他们是先搞航空科学技术研究和教育，再搞研制、使用、发展改进、提高而不断循环。应该说，新中国接收的航空遗产微乎其微。如果新中国也按西方国家的道路亦步亦趋，一切从头做起，势必发展极为缓慢。航空技术从 20 世纪初取得重大突破，经过近 50 年时间的发展已进入成熟阶段。后进国家既不可能亦无必要从头开始，而应当先买飞机使用，进而发展到自己制造，再发展到自行设计研制。

周恩来在这次会议上还做出了另一项重大决策，就是依靠苏联援助建设自己的航空工业。航空工业属于高技术范畴，新中国成立伊始，基础薄弱，工业科技水平都很低，要迅速建立自己的航空工业，必须借助外援，而且唯一可能提供援助的就是苏联。

周恩来再三叮嘱即将前往莫斯科的三位同志，中国的航空工业是要靠苏联的帮助来建设的。你们要谦虚谨慎，要向苏联同志说明我国没有航空工业基础，要从头建设的道理。周恩来还特别叮嘱段子俊，要在行前向刘亚楼等请教飞机修理等有关问题，了解有关情况，迅速进入角色。

在赴苏前的短短几天里，段子俊频频走访了刘亚楼司令员、王弼副政治委员兼空军工程部部长、何长工代部长、航空发动机专家吴大观等领导和专家。

段子俊于 12 月 23 日、26 日两次走访刘亚楼。刘亚楼是段子俊的老相识。解放战争中在东北他们就相识了。1946 年，段子俊去旅大创办光华电器总厂及关东电讯工程专门学校，并亲自兼任厂长和校长，还是时任东北民主联军参谋长刘亚楼提议并亲自找他谈话的。这次段子俊登门拜访，刘司令员谈了如下几点：

1. 关于组织机构问题。中央已决定由中财委、总参、重工业部和空军组成一个委员会来组织领导航空工业的建设工作。

2. 这次去莫斯科的谈判应是军事性或政治性的商业谈判。从经济范围上看是有条件的，特别是装备应当是有范围的，才好工作。

[10] 中共中央文献研究室．周恩来年谱/1949—1976 上卷，北京：中央文献出版社，1997. 109.

3. 我们的航空工业建设，应是从小到大，先以修理为主，打下逐渐走向制造的基础。要请苏方帮助解决专家、机器设备与器材问题。根据空司建设经验，如果苏方提出单子的话，就可以问他们需要多少钱？是记账还是给他们大豆？总之，可用同志关系来询问价钱，然后转告中央。

4. 修理可分三种。一是大修，送修办法是飞机直接飞去或用火车运去；二是小型修理，场地设在每个航空学校，建制归空司，但工人与技师由航空工业局配备；三是野外修理，每个机场都有，归空司建制。大修厂的任务是从大修到备件制造，把制造的零件分发到外场作小修之用。做零件就是准备制造的开始。要广泛吸收人才，学习苏联经验，就可逐渐独立起来。如没有大的变化，很快就能做出飞机。

5. 顾问请多少？分多少类？也请苏方提出计划，咱们再按情况加以取舍。然后送政府批准。

6. 工资与保卫、保密工作。航空工业的工资应比别的地方略高一些，因不准备再调离了。政治机构要重点审查质量。搞航空这一门，做坏了东西，不仅赔钱，还要受处分。它的分工特别细，借此来保守秘密。保卫工作应特别强调，知道全盘的人应是很少的。[11]

段子俊还拜访了王弼。王弼是党内航空方面最早的专家，而且对苏联情况也很熟悉。他对段子俊提了以下几条意见：

1. 到苏联去关键是要把顾问请好，特别是搞检验的专家，各中心工厂都要有。还要抓好零件订货，包括工具和施工规范等都很需要。

2. 今年翻修工作主要是发动机。最好把大、中、小修的划分弄清楚。包括规章制度、定额的具体资料以及特种设备的修理说明书等都要搜集来。

3. 最好每种飞机都来一个专家小组，直接参加修理工作。至于军械等特设的大修，主要是备份零件要能买到，顾问有否，皆无关系。

4. 机器设备最好向苏订货。不打算在国内抽调别人的，实际抽调也困难。

⑪ 孟赤兵，周日新，李周书等主编．新中国航空工业主要创始人之一段子俊．北京：北京航空航天大学出版社，2010：32．

空军副政委王弼（右）（王兆提供）

5. 苏联航空工业部对我们的情况还是知道一些的。不久前，苏联航空工艺与生产组织研究院院长博伊佐夫等，曾经相当详细地参观了我国的22个工厂。他认为在这些工厂基础上改建航空工厂是完全可以的。

6. 大量需要干部。目前，空军工程部能到大的航空厂工作的（指担任领导）只有蒋天然、顾光旭和张昌福三同志较为合适。

王弼还比较详细地介绍了空军修理厂的设备与人员情况。[12]

⑫ 孟赤兵，周日新，李周书等主编.新中国航空工业主要创始人之一段子俊.北京：北京航空航天大学出版社，2010. 33.

段子俊还走访了重工业部航空筹备组组长吴大观。

吴大观1916年11月出生于江苏镇江。1942年毕业于西南联合大学航空系，到贵州大定航空发动机厂任技术员。1944年，被选送到美国莱康明航空发动机厂进行深造，掌握了活塞式发动机设计的全过程。而后又到美国普惠航空发动机公司学习，了解了喷气发动机部件的加工，开始研究喷气技术。1947年回国后，他看到当时南京国民政府的腐败，已不可能再搞航空发动机行业，于1948年来到北平，在北京大学工学院任讲师，参加了反饥饿、反迫害的罢课罢教运动。后在中共地下党的安排下到了解放区，受到聂荣臻的亲切接见。随着北平的解放，他参加了入城接管矿冶研

1944年12月，吴大观（三排中）等赴美莱康明发动机厂实习

究所的工作。1949 年 11 月，吴大观任重工业部航空筹备组组长，并加入中国共产党。

吴大观向段子俊建议：

1. 重工业部航空组有十几位老专家和学者，都是在旧社会长期搞航空的，应了解现有技术人员的专长，考虑分配他们以适当的工作，要注意大量吸收人才。

2. 对旧人员的来历及政治面目要弄清楚，提高警惕性。

3. 根据飞机的大修任务和我们已有的条件，提出还缺什么机器？缺多少工人？缺少哪些专家？这些都是应当提前考虑的问题。

在 12 月 30 日，何长工同段子俊谈了话。何长工提出：为了取得谈判成功，谈判中要抓住的要点是：

1. 既要使对方了解由修理到制造、由小到大是中国航空工业的建设方针；同时又要使对方了解我们搞飞机修理的紧迫情况。

2.1951 年既要建设工厂，更要赶修各种发动机 1500 台，飞机 300-400 架。修理所需的器材与零件由对方来定。

3. 我们只能提原则要求，具体的东西要全靠他们帮助。如需要多少机器？需要多少技术人员？以及需要哪些技术人员和需要多少面积等等。

4. 争取先聘专家 150 名。刘司令员讲要 400 名，到那里看情况后再说。

在代表团赴苏前，周恩来叮嘱他们：这次赴苏谈判一定要谦虚谨慎，规模搞得小些，主要解决修理的需要，保证朝鲜战场作战。因为我们刚建国，还很穷，搞大了没有力量。谈判时原则上依靠他们，一定要争取苏联同志帮助我们把航空工业建立起来。为了这次谈判，何长工早作准备，学习俄文航空术语，查阅了相关资料。陈云副总理也对他们风趣地说：长工坐飞机上天了，我也要“上马”了。意思是马上要为创建航空工业准备物质条件。[13]

⑬ 孟赤兵，周日新，李周书等主编. 新中国航空工业主要创始人之一段子俊. 北京：北京航空航天大学出版社，2010. 33-34.

毛泽东与斯大林的高层沟通，为代表团赴苏谈判创造了良好的氛围与基础，双方达成了苏联援助建设中国航空工业的第一份政府间的协定

1951 年元旦，何长工率代表团乘伊尔 –12 飞机离京赴苏，经齐齐哈尔、苏联赤塔等地抵达莫斯科。在莫斯科机场，迎接中国代表团的是苏联外交部第一副部长葛罗米柯，而苏方谈判主持人是苏共中央政治局委员、外交部长维辛斯基。

这张历史照片，摄于莫斯科中国驻苏大使馆，前排 4 人为代表团全体成员：何长工（左三）、段子俊（左二）、沈鸿（左四）和驻苏使馆商务参赞江泽民；后排右魏祖冶

中苏谈判代表，中方：何长工，重工业部代部长：段子俊，拟任航空工业局局长：沈鸿，中央财政经济委员会处长：江泽民，驻苏使馆商务参赞。苏方：科瓦利（коваль），外贸部副部长：卢金（лушки），航空工业部副部长：果尔聂夫（горнев），空军副司令员：博伊佐夫（боицов），航空工艺与生产组织研究院（НИАТ）院长，1949 年 8 月来华调研；赤干诺夫（жганов），航空工业总设计院，（1950 年 11 月周恩来邀请来华任调研专家组组长）；孟西特里科夫（моштриков），航空工业总设计院（1950 年 11 月周恩来邀请来华任调研专家）。

在正式谈判前，何长工单独约见了维辛斯基。从 1 月 12 日起正式谈判。

谈判主要围绕三个问题进行。

第一个问题是中国建设航空工业的道路和原则。中方提出了由修理到制造的方针；苏方提出，此次只谈修理，制造是以后的事，可先不考虑。何长工、段子俊反复强调，要有长远观点，强调从一开始就要从布局、土建、设备安装等方面考虑向制造的过渡。最终苏方同意中方意见，达成修理、制造全部工程由苏联负责的共识，待协定签订后，苏方即派8名顾问、100名专家来华帮助建立航空工业。

第二个问题，是修理的规模，双方很快达成了共识：确定1951年修理飞机500架，发动机2000台，主要机种是米格-9、米格-15歼击机、图-2轰炸机以及雅克-11、雅克-18、拉-9等。确定先改扩建6个厂。

第三个问题颇费周折，即工厂的设计在哪里进行。苏方一再坚持在莫斯科设计，图纸送到中国再依此施工。中方则反复强调这样难以符合中国国情。因为基本建设很复杂，要在选点、水文和地质勘探的基础上进行设计。何长工分别对苏方代表做工作，得到来过中国的苏联航空工艺与生产组织研究院院长博伊佐夫的支持，最后，苏方放弃了最初的意见，同意派20名专家到中国进行设计。⑭

⑭ 孟亦兵，周日新，李周书等主编．新中国航空工业主要创始人之一段子俊．北京：北京航空航天大学出版社，2010．34－35．

在谈判过程中，不断把谈判情况电报国内，周恩来始终密切关注，及时做出指示。

1951年1月12日代表团给周恩来、陈云、李富春、聂荣臻并刘亚楼的电报原文是：

1. 今天已同苏联组织的七人委员会详细讨论各问题，唯希亚楼迅速将今年应修飞机之种类及数量和应先修何种飞机务于14日电告，以便15日继续讨论。

2. 议定今年只大修发动机1500台，飞机300架。但工厂修理能力应年修发动机3000台、飞机600架，是否适当，请示。

1951年1月14日代表团电报原文是：

1. 12日会谈圆满，与原计划符合，即基建设计与大修同时进行。

2. 苏方同意积极准备，在二个月后正式开始修理工作。希迅速组织管理机构（建新公司干部到否）进行接收工作。

1951年1月22日代表团给周恩来、军委、财委的电报原文：

十九日电（国）内需在苏定购的机器约计苏国内价格二千三百万美元，余在国内解决，可否望电示。

又电周并财委：

去年李等在莫（斯科）交涉的86个企业，据苏外贸部谈只有8个没问题，其他有改大改小、迁移地址，有停办和延长交货期的。请速召集有关方面讨论后交商务代表团，来莫具体解决并给苏方正式文件。

1951年2月3日，周恩来给代表团的回电原文是：

关于订购飞机所需设备，未经批准即与对方作最后肯定，显较急躁。既然肯定，除望争取所订单内确为我方所需者外，只好先订草案，回国后，经审核批准后，再正式签字，如何？盼告。恩来。[15]

⑮ 段子俊赴苏谈判笔记.

按照周恩来电文指示，代表团连夜修改方案，将原定建设17个厂改为建设6个厂。由此可见，国家是在财力艰难的条件下，精打细算来建设航空工业的。

1月30日，谈判基本达成协议。经双方最高当局审议，2月19日草签了协定。

协定草签后，本来代表团就可以回国了，可是苏联当时有这样的情况，虽然斯大林点头同意了，但各部门具体开展工作，还必须等正式的批准文件。柯瓦利建议中方留下一个人，一方面等待批

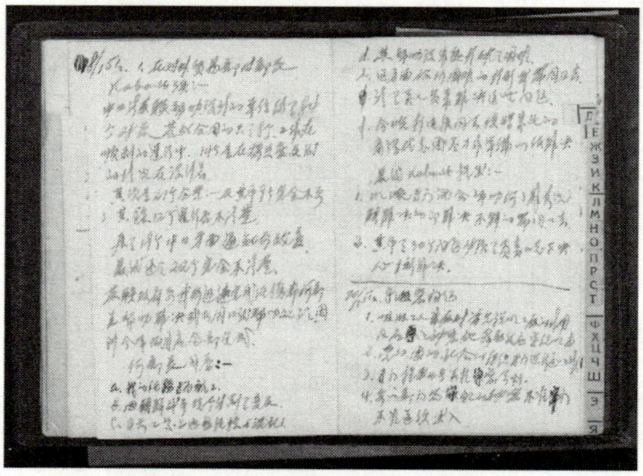

段子俊赴苏谈判笔记1

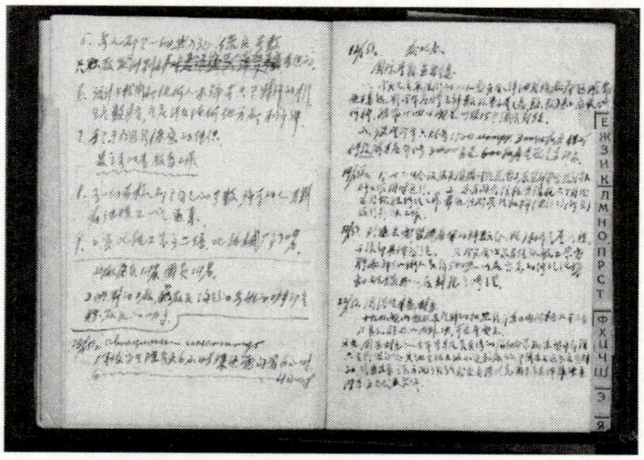

段子俊赴苏谈判笔记2

件，同时继续研究一些具体问题。于是，段子俊被留了下来。何长工、沈鸿于2月26日先行回国。

留在莫斯科的段子俊又与苏方议定了几个问题：一是为了确保在两个月内能够开始修理飞机、发动机，苏联决定先从空军部队抽调一列修理列车来我国。这种列车有35–40节车皮，工作人员在车上食宿，车上安装一般车床、试验设备和小型发动机试车台，并带有较齐全的零备件，能够进行飞机、发动机的中、小修理。二是根据中苏协议，确定对苏方派往我国的8名顾问、100名专家（局总顾问两名，六大工厂各一名，另有20名设计专家）均按一般技术专家待遇。三是根据苏方建议，我航空工业局在莫斯科派驻人员，专门接收资料；在满洲里也派驻1–2人，专门负责接收、转运工作。另外，苏方还多次强调保密问题，并派人讲了一次课。据他们介绍，苏联航空工业从业人员工资比一般机械工业高1–2级，还额外发保密津贴。他们说，在我们这里资料保密工作做得很好，到你们那里万一泄密了，就很不好。意思是希望中国照他们的办法办。[16]

⑯ 段子俊赴苏谈判笔记

段子俊在莫斯科期间，还参观了苏联飞机、发动机修理厂，伊尔–14飞机制造厂，航空材料研究院、工艺研究院以及航空轴承厂等，对苏联航空工业有了初步的了解。

1951年3月10日，苏联政府原则批准了援助中国建设航空工业的协定。

段子俊于3月20日回国。

代表团回国后，由中国驻苏使馆商务参赞江泽民与中国技术进出公司总订货人高竞生办理具体合同及附件。

在这次谈判中，根据苏方意见共需签订6个合同，均报请周恩来电复同意，并经周恩来指定由驻苏使馆江泽民代表签字。同时周恩来指示：在正式签订合同前应由中财委审核。

同年8月8日，中国驻苏使馆一秘曾涌泉向周恩来报告：8月4日苏联外贸部副部长科瓦利面交《关于苏维埃社会主义共和国联盟给予中华人民共和国在组织修理飞机、发动机和组织飞机修理厂方面技术援助的协定草案》，请转我中央人民政府，并请指派全权签字代表。8月17日周恩来批示：请富春同志召集何长

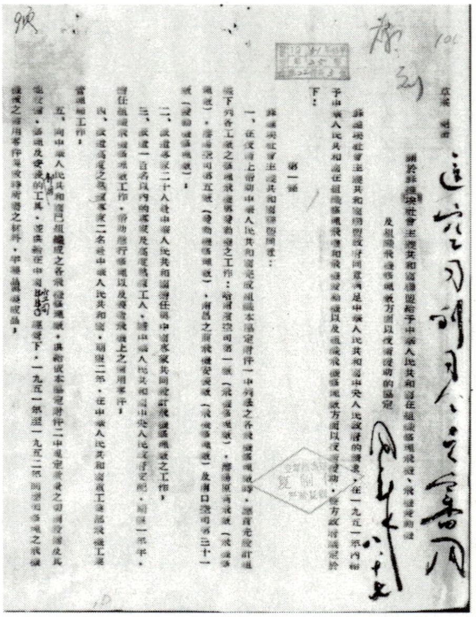

1951 年 8 月 17 日周恩来在中苏协议上的批示

工、空司及外交部有关同志对此协定草案加以审核，如无不同意见，拟告张大使在莫斯科签订此项协定。

1951 年 10 月 30 日，中国驻苏大使张闻天与苏联外贸部副部长柯瓦利代表双方政府正式签署了《关于苏维埃社会主义共和国联盟给予中华人民共和国在组织修理飞机、发动机和组织飞机修理厂方面技术援助的协定》。这项协定包括，援建 6 个修理厂及其所需技术资料、设备、工具、材料和配件等，以及派遣专家、顾问，总金额为 3000 万旧卢布。这个协定是争取苏联技术援助，建设中国航空工业的第一次用法律形式固定下来的正式文件，有着重要的历史意义。

《关于苏维埃社会主义共和国联盟给予中华人民共和国在组织修理飞机、发动机和组织飞机修理厂方面技术援助的协定》全文如下：

苏维埃社会主义共和国联盟政府同意满足中华人民共和国中央人民政府的请求，在 1951 年内给予中华人民共和国在组织修理飞机和飞机发动机及组织飞机修理厂方面以技术援助，双方政府议定如下：

第一条

苏维埃社会主义共和国联盟同意：

1. 在技术上帮助中华人民共和国完成组织本协定附件一中列举之各飞机修理厂时，应首先设计组织下列各工厂之修理飞机与发动机之工作：哈尔滨之空军第一厂（飞机修理厂），沈阳之“满飞”（飞机修理厂），哈尔滨之平房兵工第二十一厂（发动机修理厂），沈阳之空军第五厂（发动机修理厂），南昌之前飞机装配厂（飞机修理厂）及汉口之空军第三十一厂（发动机修理厂）；

2. 派遣设计飞机修理厂专家 20 人前往中华人民共和国与中国专家共同工作；

3. 派遣一百名以内的专家及高度熟练工人，归中华人民共和国中央人民政府支配，期限一年半，担任组织飞机修理厂工作，帮助进行修理以及制造飞机上之备用零件；

4. 派遣高度熟练专家二名，前往中华人民共和国，期限二年，在中华人民共和国重工业部航空工业管理局工作；

5. 向中华人民共和国已组成的各飞机修理厂，供给依本协定附件二中规定数量之切削设备及其他设备，修理及装卸用的工具，并供给在中国空司经管下，1951—1952 年间应加修理之飞机、发动机之备用零件制作时所需之材料、半成品与成品；

6. 派一列飞机战地修理列车前往中华人民共和国，其组成为附有设备之火车车厢二十六节，人员 227 名，期限为一年，以便直接到中国之各飞机修理工厂，帮助修理本协定附件三中的列举之飞机及发动机；

7. 在 1955 年内，供给中华人民共和国为修理本协定附件三中列举之飞机及发动机必要数量的零件；

8. 给予中华人民共和国中央人民政府为进行修理本协定附件三中列举之飞机及发动机所必需之技术文件（包括秘密级及绝密级的设计图、施工图、技术条件、技术指南等）。

第二条

为了给予中华人民共和国在第一条中所规定之技术援助起见，由苏维埃社会主义共和国联盟政府指定苏联航空工业部为总承揽人，由中华人民共和国中央人民政府指定中华人民共和国重工业部为总定货人。

第三条

总承揽人与总定货人之间应签订有关供给设备及在本协定规定之技术援助的合同。

第四条

交付飞机修理厂之设备与修理及装配用的工具之价值及期

限，以及飞机及发动机备用零件之名称与数量，制造零件所需要之材料，半成品及成品之名称及数量等，将按本协定第三条所述之合同规定之。

第五条

依第一条规定派往中华人民共和国之苏联专家之工资，以及对此等专家之补偿费，统依1950年3月27日中华人民共和国中央人民政府与苏维埃社会主义共和国联盟政府所缔结之有关苏联专家在中华人民共和国工作条件协定上规定之办法进行之。

第六条

根据本协定第一条规定给予中华人民共和国之技术援助之价值的支付，包括飞机战地修理列车之折旧费及该列车之运搬费和由苏联轨距改装为中国铁道轨距之费用，统由中国方面依本协定第三条所述合同之条件计算，并依照贸易协定所规定处理两国间换货支付之办法进行之。

第七条

总承揽人向总定货人无偿交付本协定第一条第八款所载之技术文件，仅收因该项文件之制作及运送而发生之实际费用。

第八条

中华人民共和国中央人民政府负有无论其目的如何，无论在中华人民共和国境内和境外，不得向任何第三者交付因本协定而自苏联机关收受之设备、材料及任何消息和文件的义务，并保证妥为保管之。

第九条

本协定自签字之日起生效。

1951年10月30日于莫斯科，共两份，每份均以中文、俄文书就，两种文字之条文均有同等效力。

中华人民共和国中央人民政府　全权代表　张闻天

苏维埃社会主义共和国联盟　全权代表　科瓦利

附件一

中华人民共和国接受援助而组织起来的飞机修理厂一览表

附件二

交付中华人民共和国之机器设备与修理装配用之工具清单

附件三

为进行修理，1951年度给予中华人民共和国的技术援助（包括备用零件与必需的技术文件），按以下所列飞机及发动机一览表支付。

苏方在协定草签后，未等正式签署协定，即付诸行动。派出苏联修理列车（原苏联空军流动修理工厂），1951年4月28日到达中国边境城市满洲里，5月23日到达沈阳。6月10日，20名苏联工程建设专家到达北京开展工作。此后又派出各专业的修理专家、顾问，分驻各大修理厂开展工作，对保证抗美援朝中飞机修理起到了重要作用。

中央人民政府人民革命军事委员会和政务院颁发《关于建设航空工业的决定》，宣告新中国航空工业诞生

这次赴苏谈判，争取到了苏联对中国航空工业建设的援助，对于中国航空工业的创建起到了至关重要的作用。

陈云对这次赴苏谈判结果表示满意，他对何长工说：这次赴苏谈判，两件事抓对了，一是坚持在北京搞工厂设计，二是争取苏联派来了修理列车，资料也都来了，这是很大的胜利。刘亚楼对争取苏联派来修理列车一事尤为赞赏，他说，这样就能做到，

陈云对航空工业创建给予大力支持，这是他（前排左五）1959年7月视察哈尔滨飞机厂

哪个机场的飞机被打坏了，修理列车就能开到哪里去修理。

从苏联回到中国，何长工、段子俊立即投入到中国航空工业创建的紧张工作之中。为了保障在最短时间内完成创建工作，重工业部航空工业管理局在沈阳正式组建。航空工业管理局先设在沈阳办公是周恩来下的决心。因为当时的工作重点在东北，从苏联运来的技术资料，器材物资也先运到东北，而且东北工业基础比较好。以后何时需要迁京，视发展情况确定。人员主要来自三个方面：一个是大连建新公司。大连建新公司是我党在1947–1950年，为争取和加速中国人民解放战争的胜利，在苏军军事管制的旅顺、大连（简称“旅大”）地区，以民办公司的名义组建的一个大型兵工企业。它是我党历史上规模最大，现代化程度最高的大型兵工联合企业。大连建新公司生产的弹药，有力地支援了全国各战场。当年任华东野战军副司令员的粟裕，在总结淮海战役胜利的原因时说过：“华东战场，特别是淮海战役的胜利，离不开华东民工的小推车和大连制造的大炮弹。”大连建新公司在伟大的人民解放战争中，作出了历史性的贡献。何长工是东北军区军工部长，领导这方面的工作。这时候，大连建新公司的大部分干部已经分配了。何长工提出把仍留在建新公司的干部全部转过来，以此为基础建立航空工业管理局。当时建新公司属中央军委管辖，航空工业局属于政府机构。因此，干部的调转要报告军委批准。军委批准了这个报告。

在赴苏谈判代表团离京的第三天即1951年1月3日，周恩来打电报给中共中央东北局高岗、李富春，商调东北军工部大连建新公司的机构和人员。电报称：“为使现在中国的1600架飞机（教练机在内）能够修理和继续使用，经过苏联设计专家的考察，我们有9个飞机修理厂和7个电器等加工厂可以放入计划之中。现苏联设计专家已回国起草计划，我后派何长工、段子俊、沈鸿三人前往接洽。计划商好后，实施一个月即可开始修理，苏方将派来工程技术人员，供给我们器材及一部分我们没有的装备。为保证这一计划能够到期实现，决定在重工业部下成立航空工业局。该局现只有段子俊一人为局长，拟以大连建新公司的全部机构和人员包含编译人员组成航空工业局。明知东北干部困难，但航空工业局如向各地调人，七拼八凑，确难完成任务，故只有调建新公司全部机构，较为适宜。如同意，请通知陈一民来京接洽（陈一民当时为建新公司负责人）”。[17]

高岗、李富春坚决执行总理的决定，陈一民、陈平、方致远等干部和职工，就是那时从大连建新公司转过来的。

第二个来源是从空军调过来的，如徐昌裕、徐舜寿、昝凌、刘多朴以及空军东北修理总厂的李兆翔、熊焰等。

第三个来源是重工业部航空工业筹备处，负责人是吴大观。当时这里集聚了国民党统治时期一些搞航空的人，有吴大观、唐铎、王士倬等，总共有十五六人。

1951 年 4 月 17 日，中央人民政府人民革命军事委员会和政务院颁发了《关于航空工业建设的决定》。

这个决定内容有 6 项，其要点是：

一、航空工业建设在目前阶段上的任务，是以全力保证中国空军部队所有飞机和发动机的修理及飞机零件、配件和工具的制造，尔后再逐步向飞机装配及制造方向发展。

二、航空工业在目前阶段必须实行统一管理和经营的原则，只有在航空工业发展到集中力量制造飞机时，再把修理和制造分开。为此，决定将空军管辖的工厂除 4 个氧气厂外，包括人员、设备、资料、厂房全部移交给重工业部航空工业管理局。

三、航空工业管理局接收工厂后，即将承担空军的飞机修理及零件供应任务，并按经济核算原则办理。

四、为确保产品质量，航空工业管理局和空军司令部分别成立检验机构和验收机构。

五、为加强对航空工业建设的领导，决定成立航空工业管理委员会，置于军委领导之下，以聂荣臻、李富春、刘亚楼、何长工、段子俊、马文为委员；聂荣臻为主任，李富春为副主任。

六、关于两个具体问题的规定：（一）有关航空工厂、仓库、器材、工人等行政领导关系，限空军司令部与航空工业管理局于 1951 年 4 月 20 日前交接完毕；（二）航空工业管理局应保证 1951 年 5 月 1 日开始修理空军司令部急待修理的飞机、发动机。[18]

⑰ 中共中央文献研究室. 周恩来年谱/1949－1976 上卷. 北京：中央文献出版社，1997. 112.

⑱ 中国航空工业史编修办公室编. 中国航空工业大事记（1951－2011）. 北京：航空工业出版社，2011. 3－4.

在中央发布决定的前一周，即 1951 年 4 月 10 日，空军和重工业部召开工厂移交会议。会议由空军工程部政委马文主持。出席者空军方面有：司令员刘亚楼、后勤部部长谷广善、工程部政委谢唯进、工程部修理处长徐昌裕、工程部外场处长张开帙、华北军区空军工程部刘子立、华东军区空军工程部乔坚、中南军区空军工程部丁园、西北军区航空处许明修、空军东北总厂厂长李兆翔，以及空军各有关厂的负责干部熊焰、吴峰、卫兴基、许锡缵、郦少安、黄国光等。重工业部方面有：代部长何长工，航空工业局陈一民、方致远、周晓光、秦国泰、王洛夫、吴大观等。这次会议讨论研究了有关工厂移交的具体问题。刘亚楼在会上传达了中央对航空工业建设的方针：航空工业发展的途径是从修理到装配到制造。中央政治局决定第一阶段，航空工业局的任务是

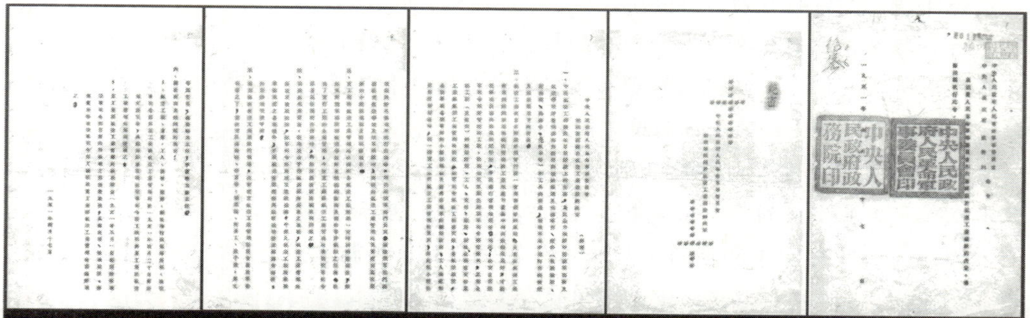

《关于航空工业建设的决定》影印件

中央人民政府人民革命军事委员会和政务院颁发的《关于航空工业建设的决定》

从事修理工作，以保证空军学校、部队训练和战斗飞行。空军将全部工厂交出，过几年航空工业发展到以大规模的制造为主时．再把航空修理厂交给空军。4 月 26 日，空军司令部颁发了《关于公布工厂移交的命令》，将空军 16 个工厂移交给航空工业。5 月 16 日移交工作全面展开。空军由马文、航空工业局由陈一民负责，共同组成交接小组到各地指导移交验收，至 9 月 14 日整个移交工作全部结束。11 月 26 日，空军司令部向聂荣臻上报了《关于空军所属 16 个工厂已全部移交中央重工业部航空管理局》的报告。报告的签发人为刘亚楼、吴法宪、王秉璋。

航空工业局 4 月 23 日公布了空军移交工厂（包括兵工局移交）及本局新编代号共 17 个。其中 111（原沈阳满洲飞机制造厂，

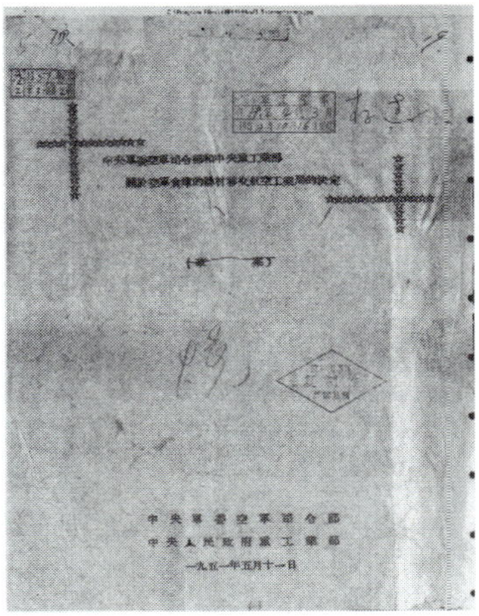

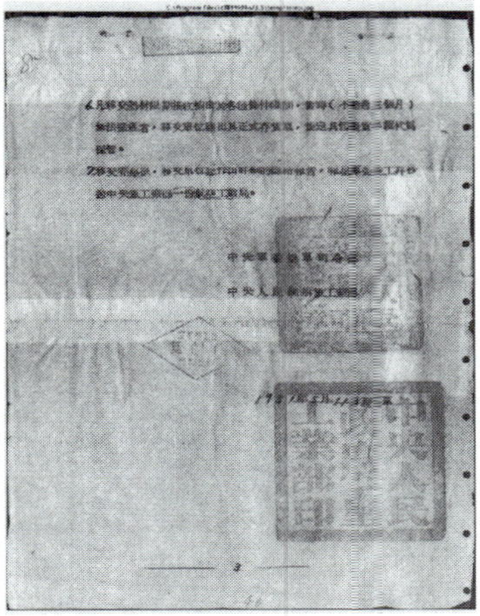

（左）1951 年 5 月 11 日中央军委空军司令部和中央重工业部关于空军仓库器材移交航空工业局的决定首页

（右）1951 年 5 月 11 日中央军委空军司令部和中央重工业部关于空军仓库器材移交航空工业局的决定盖章页

沈阳火箭发动机制造厂）、112（空军 5 厂、沈阳飞机厂）、331（兵工 282 厂、株洲发动机厂）、511（空军 21 厂，南京金城机械厂）、513（南京降落伞厂）的代号一直沿用至今。

《关于航空工业建设的决定》发布的第二天，中共中央电告各中央局、分局、军区并财委：为适应空军建设，根据中央决定，在重工业部设立航空工业管理局，统一负责飞机的一切修理

表1　1951年航空工业从空军和兵工总局接收的工厂

序号	工厂新编代号	原厂名	地址
1	111厂	空军三厂（配件厂，111厂后迁入原满洲飞机制造厂旧址）	沈阳东塔
2	112厂	空军五厂（原满洲航空株式会社修理厂）	沈阳北陵
3	113厂	空军四厂（工具厂）	沈阳铁西
4	114厂	在空军三厂原址（后为111厂的一部分）	沈阳大东区三家子村
5	115厂	空军二厂（锻工厂）	沈阳铁西
6A	121厂	空军一厂（原东北航校修理厂）	哈尔滨马家沟
6B		兵工21厂	哈尔滨平房
7	211厂	空军11厂（修理厂）	北京南苑
8	311厂	空军31厂（修理厂）	湖北汉口
9	331厂	兵工282厂	湖南株洲
10	321厂	南京空军22厂（修理厂，后迁至南昌原国民党第二飞机厂旧址）	江西南昌
11	411厂	空军西南修理厂	四川成都
12	412厂	层板厂	四川成都
13	413厂	鹿皮厂	四川成都
14	421厂	原国民党发动机制造厂	贵州大定（后称大方县）
15	511厂	空军21厂	江苏南京
16	513厂	降落伞厂（原属华东军区军需部）	浙江杭州，后迁至南京空军22厂旧址
17	611厂	西北修理厂	陕西西安

1951 年航空工业局从空军和兵工总局接收的工厂清单

段子俊与夫人兰梅 1951 年摄于沈阳航空工业局门前

工作，由段子俊任局长。同时要求各部门应尽大力予以援助，并及时进行监督指导。这一天，重工业部航空工业管理局在沈阳市民生街 63 号开始办公。

5 月 15 日，重工业部代部长何长工署名转发政务院 4 月 29 日财政齐字 81 号文件，批准航空工业局即日正式成立。

1951 年 4 月 18 日清晨，段子俊、徐昌裕、吴大观从北京乘火车到达沈阳，他们到达航空工业局驻地，开始正式办公，中午空军就有飞机送来修理。[19] 中国航空工业正式起步了。

⑲徐昌裕口述.为祖国航空拼搏一生，北京：航空工业出版社，2006. 106.

第四章 六大厂

在航空工业创建的当年，航空工业管理局以战时的工作效率迅速组建。1951 年 7 月 16 日，政务院决定由重工业部代部长何长工兼任航空工业管理局局长，段子俊、陈一民、陈平任副局长。重工业部于 8 月 3 日以重办何字第 483 号文通知航空工业局：今后对外行文，以局长何长工、副局长段子俊联署。日常局务工作由段副局长代职代行，重要的方针政策，可随时向北京请示决定。航空工业局同时成立分党小组，由段子俊、陈一民、陈平、徐昌裕、方致远 5 人组成。局机关设六处一室，即：计划处、生产处、基建处、经理处、人事处、保卫处及办公室。

航空工业管理局接收从空军划归的工厂 16 个，从兵工总局划归的工厂 2 个，共 18 个厂，职工 8567 人，其中技术人员 554 人，厂房面积 48 万平方米，设备 2865 台，新中国的航空工业在这样的基础上开始了创建与发展。

航空工业局成立伊始，坚决按照周恩来确定的方针：在苏联的援助下，从修理走向制造，而完成这个历史性任务，首先是组建一批骨干航空工厂，于是“六大厂”应运而生

由于抗美援朝战事需要，修理工作是在边筹建、边移交的同时不间断地进行着。

航空工业第一批骨干企业“六大厂”的建设提到了紧迫的日程。

所谓“六大厂”即三对飞机、发动机厂：沈阳一对即 112 厂（沈阳飞机厂，今沈阳飞机工业公司，简称沈飞）与 111 厂（沈阳发动机修理厂，后移交航天工业部门，之后 410 厂代替了 111 厂的地位，410 即沈阳黎明发动机厂，今沈阳黎明发动机公司）；

哈尔滨一对即122厂（哈尔滨飞机厂，今哈尔滨飞机工业公司，简称哈飞）和120厂（哈尔滨东安发动机厂，今哈尔滨东安发动机公司）；南昌与株洲一对即320厂（南昌飞机厂，今洪都航空工业公司，简称南飞）、331厂（株洲发动机厂，今南方动力公司）。

“六大厂”是中苏双方多次对中国航空工业的现状调查研究后决定的。据段子俊回忆：

早在全国解放之前不久，苏联曾派一个代表团来华帮助我国建立空军。代表团中有位苏联航空工艺研究院院长博伊佐夫。他在实地考察之后，为我们提出过一个可供航空工业改建利用的22个工厂名单。其中有：哈尔滨平房工厂，哈尔滨空军修理一厂，哈尔滨工具厂，沈阳空军修理一厂、修理三厂、修理四厂、修理五厂（北陵），沈阳“满飞”厂，沈阳橡胶厂，沈阳锻工厂，沈阳工具厂，南京空军修理二十一厂、修理二十二厂，南京电话厂，南京无线电厂，上海吴淞厂，上海电池厂，上海虬江厂，南昌航空站，大连电机厂，汉口空军修理一厂，北京南苑空军修理厂。这些工厂大都是些厂房简陋、设备陈旧、只有几百人的小厂。完全利用这些厂子转向制造不全都合适，但它们却为我们筹建六大厂提供了很好的条件，加快了筹建速度。航空工业初创时期的建厂工作就是从这里入手的。除331厂是利用兵工总局拨给的282厂原址改建的之外，其他几个厂基本上都是从这批工厂中经过挑选，加以改建逐步发展起来的。[①]

根据周恩来的指示精神，何长工、段子俊、沈鸿在1951年初同苏联谈判中，双方曾默契过一个关外四厂、关内两厂的方案。苏联外贸部副部长柯瓦利还建议这六个厂的编号暂定为：哈尔滨平房厂为1号，哈尔滨空军一厂为2号，沈阳“满飞”厂为3号，北陵厂为4号，南昌航空站为5号，武汉厂为6号。这“六大厂”写进了中苏协议，《关于苏维埃社会主义共和国联盟给予中华人民共和国在组织修理飞机、发动机和组织飞机修理厂方面技术援助的协定》第一条就规定：“1. 在技术上帮助中华人民共和国完成组织本协定附件一中列举之各飞机修理厂时，应首先设计组织下列各工厂之修理飞机与发动机之工作：哈尔滨之空军第一

① 孟赤兵，周日新，李周书等主编. 新中国航空工业主要创始人之一段子俊. 北京：北京航空航天大学出版社，2010. 179.

厂（飞机修理厂），沈阳之‘满飞’（飞机修理厂），哈尔滨之平房兵工第二十一厂（发动机修理厂），沈阳之空军第五厂（发动机修理厂），南昌之前飞机装配厂（飞机修理厂）及汉口之空军第三十一厂（发动机修理厂）。”协议中的“六大厂”两个有变，其一是汉口之空军第三十一厂（发动机修理厂）原计划组建 311 厂，承担活塞式发动机修理任务，后因其厂址狭窄，无发展前途，故改为在株洲组建 331 厂；其二是沈阳之“满飞”，即 112 厂后被 410 厂所替代。

1951 年 9 月 17 日至 22 日，航空工业局在沈阳召开首次五大厂（111、112、121、321、331，后 121 厂分拆为 120 厂和 122 厂，始称六大厂）厂长会议。何长工兼局长、段子俊副局长、波斯别霍夫总顾问在会上作了报告。段子俊在报告中总结了前一段在苏联专家指导下，边学边干所取得的各项成绩；传达了中央关于航空工业 3–5 年内由修理走向制造的方针和任务，并对四季度的生产、保卫工作和向苏联专家学习作了安排。同时提出改进机关工作作风的七条规定。根据苏联专家的建议，会议作出了关于工厂组织机构的决定，要求各厂按局颁发的工厂组织机构系统表（草案），结合本厂实际情况提出实施方案。会议讨论通过了关于飞机、发动机修理定额工时和特种设备的有关决定及第四季度生产计划，并修改了订货办法。会上，还研究了《中级技术人员教育计划》和《初级技术人员教育计划》，决定创办南京、北京、哈尔滨及汉口四所航空工业专科学校，及各厂开办技工训练班。

首次厂长会议根据五大厂的发展方向，对所担负的修理任务作了调整，使其趋向专业化，改变了一个工厂的修理和零备件制造任务五花八门的状况，并具体安排了四季度生产计划，从而大大推动了修理生产。同年四季度，全局共修理飞机 85 架，为三季度的四倍；发动机 140 台。1951 年共修理各种飞机 110 架、发动机 294 台。

那么，被称为中国航空工业的“脊梁”的“六大厂”是在什么基础上组建的呢？

沈阳两厂的渊源可以追溯到张作霖时代。

东北的航空事业发轫于 1920 年。张作霖、张学良父子对东北的航空事业起了奠基作用。1920年7月，张作霖成立了东北三省航空处，设于沈阳东塔永光寺东侧，暂借沈垣三中校舍办公，划定沈阳大东门外旧农事试验场1200亩地修建机场，建成一条500米长的土质跑道。1921年夏，航空处修建的两座机库和办公室、职工宿舍完工，东塔机场投入使用。这是东北第一座规模较大的机场。1930年机场向南展宽300米。1942年又扩建了一座长240米、宽24米的大飞机库和飞机修理厂房。这是111厂的前身。

1921年修建的东塔机场

沈飞的前身最早可以追溯到1930年东北边防军始建的北陵机场。

1930年9月，时任东北边防军司令兼航空司令部司令张学良命令在沈阳北陵修筑机场，并拟以该机场为基础，建立大型航空工厂，自行制造飞机。1931年初，荷兰福克公司派出代表和驾驶员，带着两架飞机来到沈阳。他们一面与东北边防军首脑联系，一面进行飞行表演。1931年4月4日，张学良代表东北边防军与荷兰福克飞机公司出口经理兼代表若许协商合办一个有限公司，并签订了一份合同草案。将这个有限公司定名为东北航空工厂，厂址设在沈阳北陵。工厂从事制造及修理飞机以及其他器具与附件，但不包括发动机；工厂的资本定为中国国币400万元，折合美金100万元。董事会由7名董事组成，张学良为董事长，若许为副董事长，其余5名中，3名为中国人，两名为外国人。双方协议的有效期为8年。中国方面应购买福克轻型轰炸机30架、战斗机30架，并购买荷兰机器，训练中国技工，逐渐扩大生产。

8年期满后，中国可将工厂收回自办。

1931年秋，日本侵略者发动了“九·一八”事变。东北边防军建设的北陵机场被日军侵占。1932年9月26日，日本人在奉天商埠地五经路九纬路三号成立了“满洲航空株式会社”，简称“满航”。

时任东北边防军司令兼航空司令部司令张学良

“满航”以奉天（沈阳）东塔机场为中心，开辟了日本至东北全境的航线，其业务是以军运及民航为主，并进行空中摄影、资源调查、通讯联络等谍报活动以及掠夺大量物资空运回日本本土。同时，在其占据的原东北边防军的东塔航空工厂和兵工学校建起了“奉天航空工厂”。

日军占领东塔机场在此成立“满航”

日本侵略者在原东北边防军建设的北陵机场基础上，续建大型机场。1936年11月8日建成。东塔机场的航运业务转至北陵机场。1937年，建造北陵工厂厂房，之后，将奉天航空工厂的部分设备迁至北陵工厂。奉天航空工厂由“满航”分出，划归满洲重工业开发株式会社，称飞机制造会社。1938年6月18日，在该会社的基础上成立了“满洲飞机制造株式会社”，简称“满飞”。

至此，“满航”全部迁至北陵，专事修理飞机和制造修理飞机用的配件。

1940年，“满航”续建三座厂房。其中一座为发动机厂房，两座为机体装配与修理厂房。工厂设有机体装配场、发动机装配场、附件装配场、机械场。主要修理德、意、日制造的轻型战斗机和轰炸机。还总装日制客机，年产量约 20 架。有员工 1200 人左右，其中 70% 是日本人。

1941 年 12 月，太平洋战争爆发。美、英对日宣战。为了满足战争的需要，“满航”停止了民用客机的总装，而专事军用飞机的修理。员工也随之大减，部分日本工人开赴前线，只剩 500 多人维持“满航”的存在。

1944 年 9 月 21 日，美国出动了B-29型轰炸机空袭了“满飞”和“奉天造兵所”。因北陵地区松林茂密，B-29 飞机未找准“满航”的目标，只向北陵附近投下一枚炸弹，但没有爆炸，所以“满航”没有遭到破坏。但日本人为了保住“满航”，将大部分设备及原材料迁至黑龙江省白城子（今属吉林省），人员也随之调走三分之二，并遣散了部分中国工人。工厂只剩下几十人，变成了日本军用飞机的检修场。

1945 年 8 月 8 日，苏联红军出兵我国东北。苏军进驻沈阳后，将“满航”的一些较好的机床以及其他设备，视为战利品运往苏联。日军逃跑时遗留的运输机，也被苏军推入机体装配厂房内炸毁。

抗战胜利不久，蒋介石调集军队大举进攻东北。1946 年 3 月，国民党军队进占沈阳。1946 年 4 月和 6 月，北陵机场先后驻进国民党空军 28 地勤队和第一勤务大队，组建“北陵空军站”，从事美制 B-25 轰炸机的小修，将场内的破旧厂房做了油库和弹药库。1948 年 1 月，“北陵空军站”划归国民党空军第十三区司令部。把厂内分为南场、北场两部分。南场（现沈飞试飞站）国民党 257 供应中队从事国民党军队的军需补给；北场（现生产区）为空军修护组，专事修理飞机。

1948 年 11 月 2 日，中国共产党领导的人民解放军解放沈阳。我党创办的第一所航空学校——东北老航校部分干部和学员随军南下，到长春、沈阳等地，接收国民党占据的机场、工厂、人员、设备和航空器材。

东北老航校训练处处长吕黎平、机务处处长蒋天然、飞行大

队队长刘风等三人率航校学员，奉命接管了国民党257供应中队和空军修护组。同时，东北老航校机务处也随军迁入沈阳，接收了国民党空军沈阳供应分处，作为机务处机关。随即把国民党留下的几个破烂不堪的军工厂，调整合并为东北老航校机务处下属的修理厂。将原“国民党空军修护组”命名为“东北老航校机务处第五厂”，熊焰任厂长。根据厂内到处停放着被损坏的日制和美制飞机，仓库里还有国民党逃跑时丢下的航空器材和发动机仪表等情况，航校机务处决定，立即着手修复损坏较轻的战斗机，以便尽快地训练和武装飞行员，让他们迅速掌握新式武器，增强人民军队的战斗力。

1948年11月，沈阳飞机厂的前身被东北老航校机务处接收时国民党军破坏的厂房

工厂以东北老航校学员和干部为骨干，同招来的员工一起，在艰苦的条件下，迅速地开展了恢复工作，组建起修理飞机和发动机的生产线，以及特设仪表修理、试验等专业小组。同时，修复了十余座数千平方米的钢架大厂房。于1948年11月25日正式开工生产。工厂决定在年前仅剩一个多月的时间里，争取修好一架P-51战斗机，交航校训练飞行员。于是，挑选了一架损坏程度较轻的P-51战斗机，开始了修理工作，并且围绕这一架飞机的修理任务，组建了发动机修理股等专业单位，准备检修美制发动机和翻修日本制造的发动机。12月30日，终于修好了一架P-51飞机。全厂职工以胜利完成任务的喜悦心情，迎来了沈阳解放后的第一个元旦。

1949 年空军五厂修理的美制 P-51 战斗机

1949 年，人民解放军向全国进军。前方胜利的消息，极大地鼓舞着全厂职工。这时，党的政策也逐步为工人所了解，而且通过修理与组建生产线，工人们从修理 P-51 飞机中学到了技术。因而，工厂依靠仅有 200 多人的技术力量，在七八个月的时间内，就修好了 26 架 P-51 飞机，陆续飞往各训练基地。

1949 年 11 月 11 日，中国人民解放军空军正式建立。东北人民解放军航空学校奉东北军区之命，改称中国人民解放军航空学校。同时取消东北航校机务处，成立空军工程部东北修理总厂。原机务处所属各厂均划归东北修理总厂领导。原机务处第五厂即改为“空军工程部东北修理总厂第五厂”(当时又称东北修理总厂北陵现场)，代号“中国人民解放军空军鲁班部队第五中队”。任务仍是修理日式及美式飞机与发动机。年末，工厂共有职工 318 人，年内共修理 44 架飞机（P-51 飞机 28 架、C-46 飞机 8 架、C-47 飞机 1 架、L-5 飞机 4 架、蚊式飞机 1 架、隼式飞机 6 架、二式高级教练机 1 架）、111 台发动机。

随着职工人数的增加和技术水平的提高，工厂的修理范围不断扩大，除修理P-51 飞机外，还承担了C-46 运输机、雅克 -11、雅克 -18 教练机和米格-15 歼击机的修理工作。修理的发动机有 V-1650、AШ-21 等。在全厂职工的艰苦努力下，对当时空军航校训练所需要的飞机，无论是美式的、日式的，还是苏式的，都起到了积极保障作用。

1950 年 6 月，朝鲜战争爆发。10 月，中国人民志愿军奔赴前线抗美援朝。不久，中国人民志愿军空军也赴朝作战。为了粉碎美帝的空中优势，苏联政府向我国提供了 100 多架米格-15、米格-15 比斯、米格-9 的成套部件，并派人装配和试飞。五厂

空军五厂组装的苏联米格-15歼击机武装了志愿军空军

负责卸火车、运输及参加装配工作。

当时，北陵机场驻进了大批志愿军空军部队。著名战斗英雄王海、李汉、赵宝桐、范万章等都驻防在这里。李汉是驾驶第五厂装配的米格-15飞机，第一个打下美国F-80飞机的战斗英雄。王海一人就击落敌机4架、击伤敌机5架，他驾驶的米格-15飞机被誉为“功勋飞机”，至今仍陈列在北京的中国航空博物馆。

战斗英雄王海和他驾驶的米格-15歼击机

志愿军空军将当时的北陵机场作为后方基地，承担着组装、训练、试飞、作战的任务。

抗美援朝的战争是残酷的，敌我双方伤亡较大，工厂的修理任务也相应增多。飞机经常出勤作战，且机场距前线较远，因此，要消耗大量的副油箱，根据当时的条件，完全靠从苏联运来是有很大困难的。因此，1950年12月，空军决定由国内自行研制，成批生产供给空军部队作战使用。

东北修理总厂把制造副油箱作为一项中心任务交给了五厂。并命令五厂在三个月内必须生产出3000个专供米格型飞机使用的副油箱。工厂接受任务后，既无图纸，又无工具和设备。只好以一副苏式副油箱，测绘一套图纸。又找到一副机翼，作为副油箱的安装对合夹具。但是，没有铝板又给生产副油箱带来了困难。于是，厂长熊焰召集了一些有经验的老工人和刚参加工作的技术人员一起研究，献计献策。最后决定，用白铁皮代替铝板，进行试制。

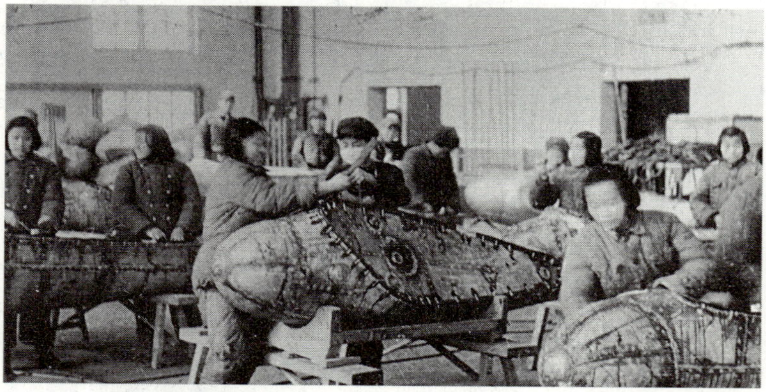

空军五厂大量生产飞机副油箱支援抗美援朝

为了保障副油箱的安全使用，工厂研究并制作了一套试验设备，对焊完的副油箱进行输油、振动和气密试验。副油箱终于试制成功了。经空军工程部和苏联顾问详细检查，并由苏联飞行员上机试飞、投放，一切正常，才决定投入批生产。

经过三个月的日夜奋战，终于生产出3027个副油箱，及时送到了空军各作战部队，得到了空军和总厂的表扬。

接着，总厂于1951年3月7日又给五厂下达了6000个副油箱的任务。工厂立即召集了党政工团干部联席会，进行传达和动员。至5月12日，共生产出近万个副油箱，保证了抗美援朝战争的需要。

由于战争的激化，不仅需要大批副油箱，而且随着飞机的修理范围逐渐扩大，要求工厂能尽快地制造零件、部件，以供修理飞机使用。1951年初，工厂开始制造战争中最容易损坏的飞机零部件，如起落架护板、机炮罩、翼尖、副翼、机头罩和尾翼等。

1951年4月17日，中央人民政府革命军事委员会和政务院颁发了《关于航空工业建设的决定》。决定将空军工程部管辖的工厂，除四个氧气厂外，其余全部工厂的人员、设备、资财、厂房、厂址等移交给重工业部航空工业局管理。

空军工程部随即将东北修理总厂及所属单位移交给航空工业局。第五厂（除北陵机场及四座机库外）于1951年6月29日，正式办理移交书，并更名为国营112厂。空军工程部代表马文、航空工业局代表陈一民、东北修理总厂代表李兆翔在移交书上签字。移交书上，移交人和接收人两栏中，均由熊焰签字，这是因为熊焰既是原五厂厂长，又被任命为112厂厂长。移交后，原部队人员转业。

112厂第一任厂长熊焰

112厂诞生之时，全厂仅有职工697人，机械设备232台。航空工业创立，党中央和政务院高度重视，中财委副主任李富春指示“要物给物，要人给人”，沈阳飞机厂成立不到半年，就调来干部、工人900余人，初步解决了人手不足的问题。在建厂当年的6个月内，工厂修理了38架各型苏式飞机，105台各型发动机。

到1952年底，112厂已成为拥有5000名职工的大型修理厂，至当年年底共修理飞机345架。从此，沈飞一步步成为中国航空工业的“长子”、中国歼击机的摇篮。

112厂热火明天的基建现场

沈阳111厂是根据重工业部1951年5月31日命令，以原空军第三厂为基础建立的，厂长李兆翔。1951年6月29日移交工作正式签字，空军代表马文、航空工业局代表陈一民，东北修理总厂代表李光翔分别在移交表上签字，在沈阳航空发动机修理厂的移交表上，移交人、接收人都是李兆翔，因为此时李兆翔已被任命为沈阳航空发动机修理厂即111厂厂长了。

李兆翔（1914–1999），1914年8月15日生于吉林省长春市。1935年9月进入北京大学数学系学习。参加了“一二·九”运动。

111厂第一任厂长李兆翔

1937年2月参加中国共产党。1937年9月参加八路军。抗日战争胜利后，任吉林军区政治部警卫团主任，独立八团政委，164师190团副政委，后调到东北航校任政治部组织科长，机务处政委。1950年5月任东北修理总厂厂长兼政委。1952年任第二机械工业部航空工业局设计处处长，1953年任航空工业局分党组成员。1956年任航空工业规划设计院院长。1960年10月任航空工业局分党组成员，分工管理基本建设。

1950年空军东北修建总厂部分干部，左起：赵丰廷、姚喜魁、李兆翔、孙士英、王夫英、远扬风、于书勤

1963年任航空工业部生产技术司司长。1969年调到贵州，任贵州航空工业基地后勤组组长、核心组组长。1980年8月任航空工业部顾问。②

1951年8月13日。航空工业局提出报告，建议将沈阳大东区东塔街原“满飞”旧址拨作111厂厂址。报告称：“‘满飞’原有厂房7万多平方米，因年久失修及破坏，现可修38000余平方米，经修复后可作为Рд-10、Рд-20、Рд-45等型喷气发动机的修理工厂。”该报告迅速获得批准。9月，111厂由原空军第三厂所在地三家子村工厂街迁到东塔街，我国第一个喷气发动机修理厂开始形成。

②周日新，孟赤兵，李周书等编著.航空人物志.北京：航空工业出版社，2003.350-351.

据111厂总工程师许锡缵回忆：

沈阳原“满飞”工厂

（111）厂址在东塔原日本满洲飞行机制造株式会社（简称“满飞”）。“满飞”是日本在珍珠港事件中使用的“肉弹”飞机的制造工厂。这种飞机的飞行员平时吃喝玩乐，一旦登机出击，便被反锁在机舱内，飞机有去无回，钻烟筒，炸军舰，飞机连人一起与美军军舰同归于尽。这种残酷的“武士道精神”，曾给美军极大威胁。这个工厂又是张学良办理东北航空时的航空司令部。111厂后来的工具车间（13车间）就是张学良原来的办公地点，焊接车间（5车间）是日本“满飞”的飞机装配车间。③

③三大伟等编.广州第一家庭的传奇人物许锡缵.北京：航空工业出版社，2009.487.

航空工业“六大厂”的另一对在哈尔滨，即120和122厂。

120、122厂位于哈尔滨市南郊平房区，距市区约25千米。平房地区原是日本军国主义侵华时的一个杀人魔窟——细菌工厂的遗址。当年在这个代号为731部队的侵华日军魔窟里，以研究细菌战为目的，曾杀害了无数的中国平民百姓。1948年8月，当第一批创业者按照东北军区军工部的命令开赴这里建厂时，平房地区还是满目疮痍，一片荒野。创业者就是在这样一片废墟上，迈出了开拓建设的步伐。

1945年8月日本投降后，国民党军队接管了哈尔滨。1946年4月28日，哈尔滨解放。中国共产党对军工生产十分重视。1947年初，在东北军区办事处领导下，在沙曼屯成立了星记工厂，并组建顾乡屯新民铁工厂为联合一厂，道外太古一道街裕昌泰染厂院内为联合二厂，南马路恒茂铁工厂为联合三厂。这些工厂都为给军工部生产六〇炮弹，同时成立了南马路正记翻砂厂（铸造炮弹壳）。同年7月成立了哈尔滨实验工厂，刘正栋任厂长。

1947年东北军区军工部在南岗辽阳街成立。由于解放战争的需要，军工生产任务不断增加，其组织规模和生产能力也不断扩大。1948年6月，东北军区军工部部长何长工、土木建筑技术员郭长福等到平房勘察建厂地址。通过实地考察分析，认为这里厂基尚存，地势平坦，交通方便，有电力来源，是建立和发展军事工业的良好基地。在这里恢复建厂，比新建厂要快得多。便选定了原日军8372部队航空队专用飞机场及小型飞机维修厂作为建厂厂址。经请示部党委批准，一个大型军工机械和炮弹制造厂开始修建。

建厂初期基建任务繁重

1948年8月，在东北军区军工部的领导下，成立了平房修建委员会，东北军工部行政处长李如洪兼任主任。8月18日，修建委员会副主任、哈尔滨试验工厂副厂长温其芳等18人开着三辆汽车来到平房，在九趟楼安营扎寨，开始了工厂的筹建工作。

1949年，是平房地区迅速发展的一年。这一年，一面集中力量进行厂房、宿舍的修建工作，一面根据东北军区军工部的命令，把北满地区的军事工厂往平房集结搬迁。

1月5日，哈尔滨试验工厂厂长刘正栋来到平房，主持恢复建厂和工厂合并事宜。不久，东北军区军工部由哈尔滨迁到沈阳，并在哈尔滨成立了东北军区军工部北满分部，任命乐少华为分部部长。这时，平房工厂归北满分部领导，厂名为东北军区军工部北满分部直属三厂，全厂职工 226 人，设备 94 台，主要制造炮弹。

这年 1 月到 3 月，有佳木斯大华铁工厂 100 余人，冀辽热军区兵工厂 400 余人、东北军区军工部哈尔滨实验工厂搬迁到平房，并入直属三厂。此时，厂长刘正栋、副厂长温其芳、张庆森。

从1949年4月至8月，先后又有南岔木材厂、石岘兵工六厂、辑安兵工二厂、牡丹江直属四厂、长春修械所、珲春兵工八厂等 9 个军工厂的部分或全部迁来平房。同时，国家又从华东、上海等地调入一批技术干部和技术工人。并厂后，总计有 2400 多人（其中留用的日本技术人员和工人 200 多人），机器设备 700 多台，由原东北军区军工部珲春办事处政治处主任马树良任厂长，刘正栋改任第一副厂长。这时工厂的技术基础和技术力量已大大加强，成为哈尔滨市除铁路工厂外最大的机械厂。

1949 年 9 月 28 日，东北军区军工部部长何长工、副部长江泽民签发第 15 号通令，将东北地区军事工厂实行统一编号，直属三厂改称第 21 工厂。11 月，马树良调鸡西矿务局任局长，王汝孚由齐齐哈尔第 31 兵工厂调来第 21 工厂任厂长。

1950 年，工厂修复工作继续进行。这一年 10 月，汤钦训从沈阳第 52 兵工厂调来任厂长。副厂长仍为温其芳。

1950 年 10 月，抗美援朝打响，继中国人民志愿军地面部队参战之后，志愿军空军也赴朝参战。在这种情况下，昔日日军的小型修理厂，已无力承担大量作战飞机的修理任务，建立我国自己的航空工业就显得更加紧迫。

1950 年 3 月 13 日，21 厂干部合影

第四章 / 六大厂

1951年4月17日，中央人民政府革命军事委员会和政务院颁发了《关于航空工业建设的决定》，决定除将目前空军司令部所管辖的16个修理工厂全部移交给航空工业管理局外。兵工总局所属第21工厂（当时该厂由东北人民政府工业部军工局和中央重工业部兵工总局双重领导）也划归航空工业管理局领导，并于5月1日改名为第121厂。

1951年7月，根据航空工业管理局命令，哈尔滨马家沟空军一厂（即鲁班部队）职工共667人，主要设备82台，由政委马彪带领迁到平房，并入航空第121厂。这批职工由于从事过飞机修理，具有一定的经验，给工厂增加了骨干力量。

1952年3月22日，根据航空工业管理局通知，将第121厂飞机部分划出，正式建立第122厂，马真任厂长。留下部分成立发动机修理厂，1953年1月20日定名为国营第120厂，邹问轩任厂长。

122厂第一任厂长马真

马真于1917年12月生于山西清徐。1937年4月参加革命，同年9月加入中国共产党。历任山西牺牲救国同盟会分会副大队长、中共山西省榆次县委书记、太原市工作委员会武装部长，中共太原市委委员、劳动局局长，兼太原市工委副书记、市总工会主席。1951年11月调重工业部哈尔滨121厂任生产副厂长。1952年初任哈尔滨飞机厂厂长。1955年9月，调北京工业学院深造。1957年10月调西安庆安机械厂任党委第一书记。1961年1月调任中共中央西北局经委副主任兼军工局局长。1972年调陕西省国防工办任副主任。1977年任国家计委国防计划局局长。1980年调任八机部党组成员、副部长。④

④周日新，孟赤兵，李周书等编著.航空人物志.北京：航空工业出版社，2003.10–11.

至此，120和122厂的生产方向发生了重大变化，由原来生产常规兵器转为航空发动机和飞机的联合修理，开始了建设大型航空工厂的征程。

航空工业“六大厂”在长江以南的一对是南昌320厂和株洲331厂。

122厂在哈尔滨平房区拔地而起

320厂位于江西南昌市新溪桥，厂址是原国民党政府中央南昌飞机制造厂/空军第二飞机制造厂及航空研究院的旧址。

1949年，人民解放军中南军区航空处在该处组建了南昌航空站，当时仅有职工34人，设备30多台 厂房、库房、办公室及宿舍等4万多平方米，有的厂房破损严重，四周杂草丛生，一片荒凉。

120厂就是在这样的废墟上建设起来的

1951年4月，航空工业局通知南京第22厂（原国民党空军的航空配件厂）立即迁往南昌，与中南军区南昌航空站合并组成321厂（1953年2月改称国营第320厂）。1951年7月，吴继周从江西袁州地委副书记任上调321厂任厂长。

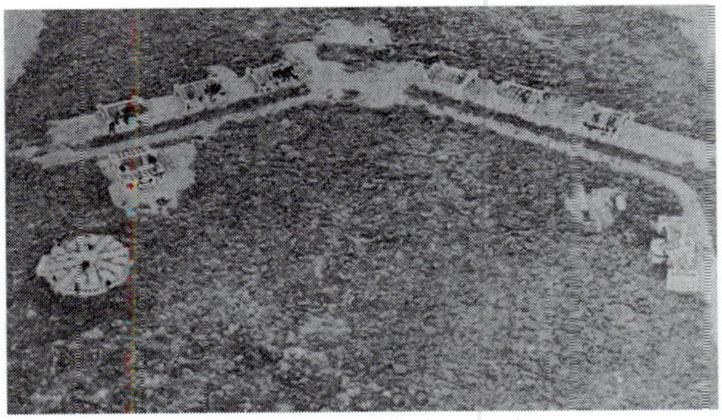

320厂建厂前的废址鸟瞰

吴继周（1915–1990），1915年2月15日出生于江西省萍乡市。1934年8月，考入清华大学机械系（后转入哲学系），1935年4月加入中国共产党。1940年12月到达延安。1941年1月至1945年4月先后在延安马列学院和中央党校一部学习。1945年

320 厂第一任厂长吴继周

4 月，出席中共第七次全国代表大会。1945 年赴东北工作，历任中共沈阳市委委员，区委书记，安东第三、第四地委副书记，东北中央局辽东分局组织科长，安东市委副书记等职。1949 年 5 月南下到达江西省，任中共袁州地委副书记兼专署专员，1951 年 7 月，转入到航空工业战线，任 320 厂厂长兼党委书记。1956 年 6 月调南京航空学院任院长兼党委书记。1970 年 8 月调航空工业部湖南航空工业基地任副主任。1975 年 9 月他再次担任南昌飞机厂党委书记。1978 年起任航空工业部党组成员、顾问。1981 年 1 月兼任南京航空学院党委书记、院长。⑤

⑤ 周日新，孟赤兵，李周书等编著. 航空人物志. 北京：航空工业出版社，2003. 272–273.

株洲 331 厂是在兵工 282 厂的基础上组建的。该厂旧址原是国民党两度筹建而未成的兵工厂，留有 8000 平方米砖木结构建筑和 24 台老旧机床。1950 年 5 月，中南军政委员会株洲兵工厂在此成立，抗美援朝战争开始后，徐州第 3 兵工厂南迁与该厂合并，2000 余名原由渤海、胶东、华中等地集中到徐州的兵工战士南下株洲，参与组成了 71 兵工厂，后更名为 282 厂，1951 年 4 月正式开工，生产 82 迫击炮弹。7 月，航空工业局派人到株洲为 331 厂选址。同年 9 月 8 日，重工业部发出命令，决定 331 厂在 282 厂原址建设。接着，10 名苏联专家陆续到厂。10 月 1 日，331 厂成立，分出一部分炮弹生产人员和设备迁往湘潭另建 282 厂，留下 1000 余名职工，开始投身 331 的建厂工作。钟荣清任

331 厂正在建设中的厂房

厂长兼党委书记，黄少华任第一副厂长。1952 年 7 月，陈再励继任厂长兼党委书记，言乃昌任第一副厂长兼总工程师。

在苏联专家的指导下，“六大厂”的设计建设如火如荼地展开，全国各行业大力支持航空工业

1951 年 6 月 10 日苏联设计专家组组长瓦西里耶夫先期到京，尔后 1 个月，总计 20 位苏联设计专家陆续到京。航空工业局于 7 月 2 日成立设计组，重工业部于同年 8 月 1 日决定成立航空工业局设计处，地址在北京东交民巷重工业部机关大院。由副司长陈平兼任处长。至 1951 年底设计处已达 97 人。1952 年 8 月，李兆翔调任二机部航空工业局设计处处长。

按照正规的基建设计程序，工厂设计应经过初步设计、技术设计和施工图设计三个阶段。由于需要紧迫，且又属于老厂改造，新建面积相对较少，因此苏联专家建议实施快速设计，由初步设计直接进入施工图设计（被称为“一个半阶段设计”），这样大大加快了工作进程。新中国第一批年轻的基建设计人员，怀着为祖国航空业添砖加瓦的饱满热情，给苏联专家当助手，边学边干，从描图开始进而学习绘图和设计，从 1951 年 6 月至次年 6 月，仅一年就完成了六大修理厂的设计。

1951 年从清华大学航空工程系毕业的程不时回忆：

新中国在 1951 年建立航空工业，首先需要建立生产能力，即建立航空工厂。

我当年 21 岁，这一年从清华大学航空工程系毕业。全班 30 多名同学约有 2/3 被分配到重工业部新成立的设计处。重工业部在北京前门外“打磨厂”租下一整座旅馆，供我们这批刚毕业的学生居住（“打磨厂”不是厂名而是街名）。

我们的工作地重工业部则设在北京东交民巷。东交民巷在中国近代史上可是一个有着特殊地位的地方，解放前是各国使馆的驻地，中国人不得入内。东交民巷的西头，是以前美国军队的兵营。北平解放时，解放军入城就特地安排了军队的游行路线经过东交民巷，坦克大炮轰隆隆通街而过。我们到工作单位报到，就

在东交民巷内的一个院落，这幢建筑据说以前是美国花旗银行。

我们第一天上班，看到办公室各处有不少苏联人走动，很出乎我们的意料……

根据中苏航空工业合作条款，苏联派出了一个成建制的支援建厂设计的技术队伍。我们就是和他们一同工作。在我工作的设计小组里的苏联专家名叫沙文可夫，而室主任是更老的专家杜波夫。沙文可夫很活跃健谈，而杜波夫则有些发胖，动作比较迟钝。但是他们到建厂工地去出差，杜波夫仍然和我们一起爬地沟作实地探测，表现出很敬业的精神。

新中国首批选定的三个飞机工厂的地址，都有一段不平凡的历史。在东北的两座，一座曾是日本侵华时建的细菌工厂，另一座是日本"满航"所在地，抗日战争胜利后伪满"皇帝"被押解苏联的起飞机场。在南方的一座，则是在民国初期最早和意大利合资的飞机工厂，抗日战争中曾是中国空军的出袭基地，起飞袭击过江阴炮台等重要目标。但是也经受过日本飞机强行降落，用机枪水平扫射，拔去地面的军旗然后再次起飞的耻辱。我们就是要在这样的负载着耻辱和血泪的地址上，建设起第一批现代化飞机工厂。⑥

⑥ 程不时．飞翔的思绪——中国航空与科技随笔．北京：机械工业出版社，2009. 124–125.

根据从修理走向制造的方针，设计中认真考虑了远近结合的问题。制造厂的厂房同修理厂有所不同，如飞机制造厂的装配车间要安置大量型架，厂房面积要比修理车间大几倍；制造厂还需要建设模线、样板车间，型架制造车间，大型的热处理车间、表面处理车间和动力站等。如果全按制造厂的需要来建设修理厂，投资、时间、设备等条件都不容许；但如不考虑制造厂的需

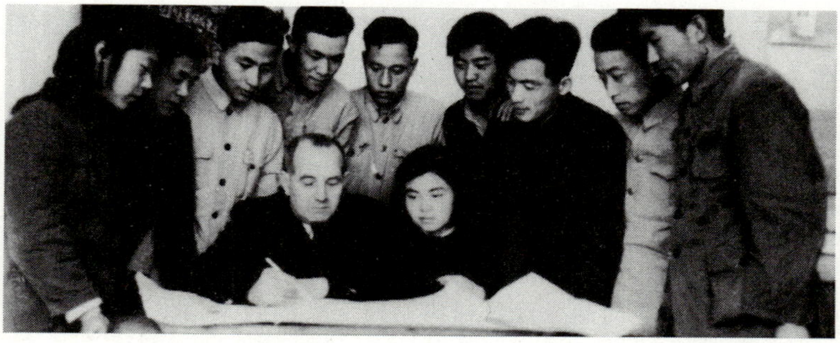

苏联专家与航空工业局设计处设计人员在讨论设计方案

要，新建的修理厂转眼就会成为向制造厂发展的障碍。为此，注意了两者的兼顾：先按制造厂的布局规划其核心厂房（飞机厂的总装、冲压和机械加工、起落架三大厂房）的位置，留出建筑空间，再在核心区外围布设修、造兼用厂房；并尽量利用旧厂房，因陋就简地解决修理阶段的小型热处理、表面处理等条件，准备在将来需要大型车间时拆除重建。这样就较好地解决了近期与远期需要的矛盾。

设计方案既定，就开始紧张的建筑施工。1951 年对六大厂投入航空工业局基本建设资金的 97.7%，1952 年为 83%。六大厂所在省市更是把工厂的改扩建工程列为重点任务。江西省委书记陈正人和省政府主席邵式平都亲自过问，邵式平还自告奋勇，出任 320 厂建厂委员会主任，经常亲临第一线指导，并指派省、市负责干部参加委员会和现场指挥；省政府副主席方志纯、南昌市市长邓飞等直接参与帮助，因此工程进展迅速。自 1951 年 5 月 17 日建厂委员会成立，仅两个半月，10 千米输电线路，6.8 千米供水管道就在 8 月底竣工。3220 米铁路专用线，在南昌铁路局李新华副局长指挥下，6 月 16 日向 3500 名民工作动员，仅 9 天，6 月 25 日便全线通车。3000 多平方米的宿舍和 31 号主厂房，仅 1 个月便抢修完工。从“三通一平”（通路、通水、通电，平整工地）开始，到土建施工、设备安装投产，总共才 4 个月，当年 9 月 21 日就在国民党撤退时破坏了的飞机厂旧址开始修理飞机。工厂的机场跑道也随后在中共中央华东局和上海市以及萍乡煤矿的支援下，于 1952 年 11 月动工，4 个月建成。

1951 年 11 月的一天，徐州第三兵工厂的几百名干部职工，突然接到上级派遣他们到株洲建新厂的命令，第一批人员登上了一列运货的闷罐车。没有座位，只能席地而坐或蜷曲在自己的行李上。车速十分缓慢，而且走走停停。几天后的早晨，火车最终停在茅屋街附近的一个专用列车线上，这时大家才明白已经到了株洲。后来才知道，这地方是湖南省湘潭县株洲镇董家塅。呈现在大家面前的除了几栋国民党留下的一字形工房和十几门锈蚀斑斑的山炮以及一堆炮弹外，其他什么也没有。晚上，百十号人住进工房，工房的地上只铺了些稻草，大家就一个挨一个地睡在地

331 厂创业者们正在开垦荒地（徐青平提供）

上。带家属的则住进了用篾片和泥巴糊的简陋房子里，几家合住一间房，中间用床单隔开。吃饭没食堂，如厕没茅房。喝的是塘里的泥巴水，走的是稀烂的泥浆路。从此，几百人就在这块土地上扎下了根，开始了 331 厂艰难的创业历程。331 厂在湖南省、株洲市的大力支持帮助下，迅速完成了改扩建工程。⑦

⑦ 中国航空工业史编修办公室编. 中国航空工业老照片②. 北京：航空工业出版社，2011. 17.

沈阳 111、112 两厂是支援抗美援朝作战飞机修理的主力。它们一面修飞机、发动机，一面建工厂，两副重担一肩挑。1951 年 7 月进入施工，沈阳市和辽宁省党政军全力支援，仅三四个月就完成了两厂修复工程。厂房建成一部分，就验收一部分，使用一部分；设备边安装，边验收，边投产。大大加快了建设进度。111 厂克服了技术、器材上的多种困难，建成发动机试车台。112 厂为开展配件制造，提前修建了 72 号（钣金、冲压）、73 号（机械加工）厂房。

111 厂建厂初期召开全厂职工大会

广大职工政治热情高涨，都以能参加新中国航空工业的建设为光荣，抱着强烈的事业心、责任心和自豪感、紧迫感，在艰苦的生活和工作条件下投入劳动。120厂、122厂位于哈尔滨南郊平房区，是日军臭名昭著的731部队所在地。原兵工21厂在此建厂时，还是“一片荒草窝，人少兔子多，耗子编队走，乌鸦来唱歌”的景象。1946年初东北老航校顾光旭等5人来此搜集器材时，曾在一地下仓库内感染天花病毒，有人经抢救无效牺牲，有人留下残疾。121厂到此接收建厂时，职工仍要冒着感染鼠疫的危险，穿上高统布袜，每年挖洞灭鼠，消除跳蚤，排除险阻，艰苦创业。

在航空工业内外上下的齐心努力下，航空工业迅速成长。虽然国家仍处于国民经济恢复时期，抗美援朝战争正在关键时刻，国家财力、物力有限，但在优先发展航空工业的方针指引下，航空工业得以集中相对优势兵力，边基建，边投产。

航空工业白手起家，全靠中央、地方、军队和各有关工业部门的大力支持，及时抽调输送了大批优秀的干部、技术人员和工人，组建起了一支比较得力的队伍。

各航空工厂的主要领导人，一部分是随空军修理厂和两个兵工厂移交时转入航空工业的，其中有李兆翔、汤钦训、郦少安、熊焰、许锡缵、黄少华、曾明、邓永清、陈谷音、远扬风等，随后，又相继调入于辉、陈再励、马文、马真、孙志端、吴继周、冯安国、郁振中、范政、邹问轩、邵如群、言乃昌、吴道明、杨待甫、寿松涛、赵品三、马清藻、黄玉翔、苏进程等地师级（个别的系省军级）干部。其中六大厂的主要领导人，都由中共中央直接任命。

为了加强对国防工业建设的组织领导，1952年8月7日，中央人民政府委员会会议作出决议，成立第二机械工业部（简称“二机部”），主管国防工业。任命赵尔陆为部长，张霖之、万毅、刘鼎为副部长，原重工业部所属航空工业局划归二机部领导，代号为二机部第四局，俗称“老四局”，由赵尔陆兼任局长，新调王西萍任第一副局长，主持工作。

赵尔陆（1905–1967），1905年生于山西省崞县（今原平县）。

1926年参加西北革命同志同盟会。1927年参加南昌起义，同年加入中国共产党。土地革命战争时期，任中国工农红军第四军二十八团特务连党代表，中央苏区红一纵队教导队党代表，第二支队支队长，红四军第二十九团团长，红四军军需处处长，红一军团供给部部长，前敌指挥部供给部部长。参加了二万五千里长征。赵尔陆是我军早期从事后勤工作的领导人之一。抗日战争时期，他在晋察冀抗日根据地创建晋东北根据地，领导了冀晋军区的工作，指挥纵队和所属分区部队参加了春季、秋季攻势等战役，收复了许多重要城镇。抗日战争胜利后，赵尔陆担任军调处张家口执行小组我方代表。解放战争时期，他担任华北、中南军区参谋长，组织制订作战方案，协助军区司令员进行作战指挥，并亲自组织了清风店歼灭战、解放石家庄、太原及华南城镇等战役的后勤保障工作。中华人民共和国成立后，赵尔陆历任中南军区第二参谋长，第二机械工业部部长兼航空工业局局长，第一机械工业部部长，国家经委副主任，中央军委国防工业委员会副主任，国务院国防工业办公室常务副主任兼国防工业政治部主任。1955年被授予上将军衔。是第一、二、三届国防委员会委员，第二、三届全国人民代表大会代表，中国共产党第八届中央委员。[8]

这张年代久远、颜色泛黄的老照片，摄于1940年冬的山西。

照片中身着戎装、英姿勃发的三位战友分别是赵尔陆（右）、张连奎（中）和吕东。

当年他们不过二三十岁。中华人民共和国成立后，他们分别成为共和国的部长，有意思的是，他们都先后与“航空”结缘，成为航空（或国防）工业的重要领导人

⑧周日新，孟赤兵，归永嘉等编著.航空工业六十人传.北京：北京航空航天大学出版社，2011. 580-581.

王西萍（1914–1993），1914年12月生于山东乐陵。1936年8月，弃学从军，到西安参加张学良将军倡建的学兵队并秘密加入中国共产党。抗日战争时期，历任中共东北军工作委员会委员、军官支部书记，中共东北军五十一军党的工作委员会书记，中原

1952年调任航空工业局第一副局长的王西萍

局友军工作部秘书、驻鄂西北代表。解放战争时期，历任中共旅大地区党委常委兼秘书长、宣传部长，大连县委书记兼县长，旅大区党委财经委员会委员，关东行署农业厅厅长。1949 年春，他随第四野战军南下，任武汉警备区政治部秘书长、中南军区保卫部副部长、部长。1952 年 8 月投身新中国航空工业的创建与发展。1953 年 1 月，航空工业局成立分党组，王西萍任分党组书记。1955 年 3 月，王西萍任航空工业局局长。他还是第二机械工业部党组成员，部长助理。⑨

⑨ 周日新，孟赤兵，归永嘉等编著. 航空工业六十人传. 北京：北京航空航天大学出版社，2011. 56–57.

四局的办公地由沈阳迁京后，于 1952 年内搬至德胜门内果子市办公。该地原为清朝摄政王载沣的醇亲王府北府。另有两栋三层办公楼。四局办公地占据了醇亲王府的西部，东部是国家卫生部的办公地（现为国家宗教事务管理局）。四局和后来成立的航空工业部在这里办公长达 20 年。据调京履新的王西萍回忆：

1956 年 12 月四局财务处欢送苏联专家格里仁回国在局办公地——原醇亲王府宝翰堂（宝翰堂原为王府的大书房，也是接待客人的地方，1912 年载沣在这里与孙中山先生会晤）前合影

局财务处处长郭维真（前排左四）、格里仁（左五）、周晓光（左六）、厉义市（左七），冷传生（三排右三）（冷传生提供）

1952 年夏，局机关从沈阳迁到北京，分散在福绥境、虎坊桥、东交民巷和西单新陆春旅馆等几个地方，不仅联系不便，而且拥挤不堪。有些苏联资料来了都无处存放。为了很快解决矛盾，1952 年 5 月经何长工部长“牵线”，由王弼同志经办，与重工业学校达成协议，将中财委拨给四局建房用的 200 亿元（旧币）给他们修建校舍，而该校在德胜门内的校舍（包括羊房胡同的实习工厂在内）尽快交给四局使用。为了催要房子，我到四局后又连续三次找过首钢党委（该校当时归首钢管）。最后他们定在东郊红庙建校，便陆续把房子全部腾了出来。这个地方面临后海，原是摄政王府（溥仪就出生在此），环境清静幽美，交通尚称方便，是北京难得的一块胜地。⑩

⑩ 航空工业部中国航空工业史编辑办公室. 航空工业史料第二十辑：王西萍同志对航空工业的回忆片断

1953年1月，根据中央人民政府党组干事会关于同意二机部四局成立党的分小组的电示，二机部党组批准由王西萍、段子俊、油江、范铭、陈一民、徐昌裕、陈少中、张箴、李兆翔等9人组成第四局分党组，王西萍为书记。后来又增加了刁筠寿、方致远。这个领导集体，除后有个别成员调离外，始终是航空工业局50年代比较稳定的领导核心。

组成并扩大航空技术人员和技术工人队伍的问题，也在中央统一组织和各地区、各部门的大力支持下逐步得到解决。

科技人员方面，首先是多方调集解放前成长的专业人才，同时优先分配新毕业的学生，也包括1948、1949年国内大学航空系毕业的学生。航空工业局一成立，原来集中在重工业部航空工业筹备组的吴大观、王士倬、云铎、张阿舟、王修瑞等人和原由华东军区航空工程研究室集聚的一大批人员中包括徐舜寿、黄志千、陆孝彭、虞光裕、王图成、高永寿、程宝蕖、李定夏、齐志焜等在内的大部分人陆续分配到局机关、院校或工厂工作。1950年8月，原中央航空公司和中国航空公司（简称“两航”）在香港的人员举行起义归来，其中，沈远帆、林树棠、廖琮懋、董绍庸等近百名专业人员后来先后调入了航空工业部门。空军汇集的专业人才中，为了支援航空工业建设，有王裕齐、昝凌、陆颂善等很大一部分人也相继输送到了航空工业。新中国成立前培养的分别在有关高等院校任教（少数人曾先在工厂任职）的沈元、陆士嘉、张桂联、王培生、季文美、余承业、张幼祯等一大批专业人才，后来都参加了新中国的航空教育事业。以上高中级科技人员，很多是解放前夕拒绝去台湾，或者负笈海外，解放前后历尽艰险回到祖国的留学生与航空从业人员，他们后来成为航空工业各专业技术、学科的带头人或著名教授，对航空工业的创建和发展作出了重要贡献。

1952年3月1日，航空工业局在向中央呈送的工作报告中，提出请求有关方面支援干部、工程师267名，高、初中学生300人（准备自己进一步培训）。3月5日，政务院发出调令，决定从中央各部和各大行政区抽调人员支援，要求：

铁道部支援技术人员50名，技术工人100名；西南区支援技术人员 30 名，技术工人 215 名；华东区支援技术人员 150 名，技术工人 110 名；华北区支援技术人员 10 名，技术工人 100 名；东北区支援技术人员 44 名，技术工人 460 名；交通部支援技术人员 21 名，技术工人 100 名；天津市支援技术人员 10 名，技术工人 100 名；重工业部电讯工业局支援技术人员 8 名，技术工人 117 名。以上合计技术人员 323 名，技术工人 1302 名。调令中并特别规定，技术工人中，劳动模范要占 2%。这对航空工业是及时的重要支持。

1952 年 4 月 1 日，经东北人民政府批准，调配技术干部 220 名、工人 330 名、翻译 30 名支援航空工业。这些人员均来自东北各工业部门和铁路部门。

1952 年 5 月 18 日，中央军委在聂荣臻主持下听取航空工业局关于五年发展计划汇报以后所作出的一系列决定中，在人员方面，责成军委总干部部抽调领导干部 70 人、工科大学生 300 人交中央财经委员会，并指明要特别照顾航空工业；还决定直接调给航空工业局俄文翻译人员 200 人。

1952 年 7 月 31 日，周恩来在听取李富春的汇报后，要求从兵工局和汽车厂分别抽调 1500 名和 1000 名技术工人给航空工业局，再调 300 名领导干部参加航空工业建设，并决定今后每年从大学毕业生中分配 2000 名给航空工业部门。

1951 年夏季，上海交通大学航空系屠基达、顾诵芬等 20 几名毕业生被分配到航空工业。屠基达等 5 人被分配到哈尔滨 122 厂。他记述道：

1951 年 9 月，我们一行五人，新中国成立后第一批国家统一分配的大学生，来到了北国风光的哈尔滨平房的国营 121 厂。这里的气温明显比南方凉多了，对我们这些南方人来说，第一次到了“北满”，一切都显得新鲜。

为了接待我们，厂里已事先为我们在北厂安排了一间较好的宿舍，房子里甚至有一个用暖气管烧冷水的小浴池，对比于那时不少家宿舍没有暖气而是烧坑的，我们这间宿舍，可能是第一流的了。当晚到了北厂宿舍，我们打开自己随身带去的行李卷，带着终于到了新家的踏实感，很好地睡了一觉。第二天

1951年8月上海交大航空系同学到北京重工业部报到，何长工部长会见了他们，介绍了重工业部和航空工业局的有关情况。图为部分同学在北海公园九龙壁前的留影，左起：麦启泰、陈淦堂、屠基达、郁文洪、苏肇璞、顾诵芬

起来走二十多分钟到南厂食堂吃了早饭，就到厂里去报到。人事科的同志首先带我们去见了工厂厂长兼总工程师汤钦训，他是一位和蔼可亲的知识分子老干部，见到我们来厂，有着出自内心的高兴和欢迎，亲自向我们介绍了工厂的情况，然后说你们五位都到技术科去工作。厂长办公室和技术科办公室都是小平房，相距不远。到了技术科，有两位副科长，为首的是年已40多岁的老工程师徐坚副科长，另一位是部队修理厂过来的年轻的张万庶副科长。他们已事先知道我们的情况，就当场把我们五人一分为二，三个人在飞机组，二个人分到发动机组，而且立刻由徐科长郑重其事的把我们带到技术科的苏联专家办公桌前，向他介绍，指着我们三人用洋泾浜俄语说：“ЭТОСАМОЛЕТ”，指着另外两人说：“ЭТО ДВИГАТЕЛЬ。”我们第一次见到苏联专家，就一一与他握手并用才学的俄语单词向他问候。看来，苏联专家也早知道要来五个大学生了。⑪

⑪ 屠基达．难得几次飞——飞机设计师屠基达纪事文集．北京：北京航空航天大学出版社，2007. 1–2.

中央的支持和各地区、各部门的大力支援，表达了对航空工业的殷切期望，同时也是“航空工业优先”政策的有力体现。当时全国模范工厂——53兵工厂的厂长高方启、党委书记莫文祥就是在这时为支援航空工业建设而分别调到112厂和111厂担任厂长的。

高方启（1915–1966），1915年2月1日出生于河北省深县高家庄。1934年9月考入天津市省立工学院电机工程系。1937年7月回到深县参加抗日救亡运动，并于1939年7月参加抗日游击队。1940年3月，进入晋察冀边区华北联合大学社会科学院学习，并加入中国共产党。抗日战争胜利后，先后任张家口铁路工厂厂

长、大连中长铁路工厂机师、东北军区工程部科长等职。1948 年 11 月 2 日沈阳解放，高方启随军进驻沈阳参加接收九〇兵工厂枪弹所。1949 年该所改称 53 厂，他任该厂第一任厂长。1953 年 10 月，被授予第二机械工业部东北地区劳动模范和模范厂长。同月，调任 112 厂长。⑫

53 兵工厂模范厂长，1953 年调任 112 厂长的高方启

莫文祥（1923—2013），山东夏津人，1923 年生。1938 年参加革命，同年加入中国共产党，历任八路军一二九师支队通讯员，河北抗战学院指导员，八路军一二〇师政治部宣传干事，晋绥军区政治部秘书、巡视团副团长，东北民主联军总政治部干事，四野军工部第三兵工厂政委，沈阳 53 工厂监委（政委）、党委书记。1952 年调入航空工业，曾任沈阳 111 厂厂长，沈阳 410 厂长、党委书记，沈阳市市委委员。1951 年获沈阳市劳动模范称号。1958–1961 年在北京航空学院特别班学习。1961 年后，任 112 厂厂长，沈阳市第二工业部部长、市委书记处书记。1972 年任沈阳市革委会常委兼国防工办主任、党的核心组组长。1978 年 4 月任航空工业部副部长、党组副书记，1981 年 9 月任航空工业部部长、党组书记。⑬

53 兵工厂党委书记，1952 年调任 111 厂长的莫文祥

冶金专家荣科，机械工程专家程华明、马世英，航空发动机专家王玉京，非金属材料专家范棠等也在此期间由有关部门和地方支援调入航空工业，在局机关或工厂担任技术领导或专业技术工作负责人。

在所输送的工人中，很多是能工巧匠。特别是来自上海的老工人，如调 112 厂的陈阿玉等，都有丰富的实战经验，操作技艺精湛，在航空工业发挥了很大作用。以上来自五湖四海的领导干

⑫ 周日新，孟赤兵，归永嘉等编著. 航空工业六一人传. 北京：北京航空航天大学出版社，2011. 648–649.

⑬ 周日新、孟赤兵、李周书、归永嘉编著. 航空人物志. 北京：航空工业出版社，2003. 618–619.

112 厂青年技术人员送给即将回国的苏联专家、厂总装车间主任里雅博夫的合影，前排左起：林永华、唐昆、李溯雪、宋国杰；后排左起：徐东川、顾元杰、刘福根、佟国威、王淡高（李溯雪提供）

部、技术人员、工人和学生都以能参加航空工业建设为荣，一声令下，就告别原所熟悉的工作，走上陌生的岗位。许多人从大都市上海和江浙鱼米之乡来到冰天雪地的沈阳、哈尔滨，尽管气候、食宿很不适应，但毫不计较，为了一个共同的目标，积极投身创建航空工业的艰苦斗争。

航空工业成为建设的重点，国家除投资和进口设备外，在聘请苏联专家和分配大学生等方面也都给予优先照顾。加上航空工业自己招收职工和大规模开展教育培训，到 1952 年底，航空工业的职工人数便由年初的 1.2 万人猛增到 3.1 万人（其中六大厂占 86.2%），增加 1.6 倍。若没有中央迅速调集人才的果断措施和兄弟部门的慷慨支援，没有被调集者对事业的献身精神，要在这么短的时间内建立起航空工业的队伍，是根本不可能的。

“六大厂”披挂上阵，边筹建，边修理，苏联战地修理列车驶入中国，修理工作迅速展开，有力地支援了抗美援朝前线

苏方在中苏协议草签后，未等正式签署协议，即付诸行动。派出修理列车（原苏联空军流动修理工厂）驶入中国。

这是中国为确保能够尽快开始修理飞机，支援抗美援朝战争，租用的苏联一列飞机战地修理列车，期限 1 年。

1951 年 4 月 28 日，车号为 10074ΠA PM−19 的修理列车驶抵中国边境城市满洲里。

苏联飞机战地修理列车是在二战时期驰骋在苏联广阔原野上

一支异军突起的航空“轻骑部队”。来到中国的列车从属于苏联克拉西诺空军集团军的第26276部队，共有26节车厢。列车长是尼古拉耶夫中校，总工程师是伊萨科夫，列车官兵共227人，均为现役军人。列车上装备有战地修理飞机（雅克-11、米格-9、拉-9等机种）及其发动机的机床、工夹具、试验器和辅助设备。车上备有消耗材料、某些零备件和技术资料。列车如同一个流动工厂。分飞机、发动机、仪表特设、电镀、热处理等车间，配备主任、技师、机械师等。此列车可大修机身、机翼，更换蒙布、涂油、涂漆、铆接装配、水平测量、测重心等，同时也可进行发动机搪缸、研磨活门、更换涨圈、镀铬和野外试车等，小而全，技术相当全面。列车进入我国满洲里，经过换轨后，于5月23日到达沈阳，停放在空军五厂（即后来的112厂）铁路专用线上。列车上的办公室和一些设备搬迁到空军五厂工房里。

当时由于活塞式发动机修理工作分工由哈尔滨发动机厂负责，所以在当年10月，列车上的汽缸搪磨、电镀和发动机试车等三节车厢运抵哈尔滨，停放在121厂铁路专用线上。随车到达的是杜布亚阔夫率领的50名官兵。

列车来华后，根据列车长尼古拉耶夫的建议，调整了修理厂机构，并起草了若干适用制度，以满足修理工作的开展。列车上的主要负责人分别担任了我修理厂厂长和车间主任的顾问。修理厂组织了整套人员向列车人员学习。

据112厂第一任总工程师许锡缵回忆：

流动工厂的苏联总工程师是伊萨科夫。他当时30来岁，是苏联格鲁吉亚人，留了小胡子，是一位性格开朗、诙谐、精明能干的小伙子。

他经常说，他是斯大林的同乡。在格鲁吉亚，他的名字是伊萨金；在俄罗斯，他就叫伊萨科夫。他经常介绍他们在西伯利亚如何在帐篷里用炉子取暖修理飞机，如何一半在外，一半在帐篷里装卸机翼，如何掩蔽伪装，躲避敌人的轰炸，等等。虽然他们的列车工厂规模较小，但是有作业计划，有技术组织措施计划，每天有作业会议，有施工（工艺）规范，有派工单，厂长有经济分析会议，等等一些当时比较先进的科学管理方法。因此，他们的工作效率比较高，工作有条不紊。而且他们当时就实行了成本核算、经济管理。厂长就是抓经济核算。无论是修理中国的飞机或在大连的一些苏联飞机，他们一律计价收费。⑭

⑭ 王大伟等编．广州第一家庭的传奇人物许锡缵．北京：航空工业出版社，2009. 486-487.

中苏双方合作很愉快。曾在现场工作的梁赞勋回忆：

苏方活动修理厂官兵共有百余人，同五厂生产车间、科室的职工一起工作，尽管语言不通，但专业知识相通，在技术工作上很容易互相理解，相处十分融洽。北陵机场跑道的另一边，随时传来喷气式战斗机频繁起落升空作战的吼声。工厂里，制造飞机副油箱的铆钉枪声震耳欲聋。这一切，使人们感到处在生产、战斗的第一线，充满紧张、严肃、战斗的气氛，职工情绪振奋，生产积极性高，工作协调有序。

与此同时，我们和苏联朋友，也不乏活泼、友好、幽默的场面。记得有一次宁珮同志谈起，一位苏联士兵问起一个他们非常关心的问题："嘿！同志，你知道，在你们这里，哪里可以买酒吗？"宁珮同志回答："哦，我真不知道。"那个士兵一本正经地说："我真不知道你们是怎么活的！"逗得大家哈哈大笑。⑮

⑮ 梁赞勋.1951年从苏联开来的修理列车.《航空档案》，2011年，(12). 70.

1951年列车共修理雅克-11、米格-9等飞机38架，АШ-82ФН、АШ-21等发动机105台。在中国组建航空工厂刚刚开始，对修理苏制飞机非常陌生的时候，苏方用修理列车实施技术援助是极为必要与及时的。

1951年9月3日，中苏两国补签了租用一年修理列车的正式合同。

1952年3月18日，何长工、段子俊报告陈云、李富春副总

1951年112厂领导与苏联修理列车官兵合影。

前排左起：许锡缵、孙大文、熊焰、尼古拉耶夫（熊晓虹提供）

理，考虑到中国人员已初步掌握了一些基本修理技能，苏方正式派到各修理厂的专家也已先后来华，苏联列车人员可以按期回国。并提出购买列车上的全部装备及资料，将其列入中国航空订货总货单内。5 月 12 日苏方答复同意我方意见。

1952 年 5 月 27 日，以中国重工业部代表、航空工业管理局沈阳办事处主任刘四勿、112 厂厂长熊焰、121 厂厂长邹问轩为一方；以苏联克拉西诺空军集团军代表斯特列霍夫和列车长尼古拉耶夫为另一方共同签订了列车器材移交证书。移交证书经中国重工业部加盖红色大方形印章和苏联克拉西诺空军集团军司令克拉索夫斯基上将和中国重工业部代部长何长工签字后生效。

苏联修理列车列车长尼古拉耶夫中校（熊晓虹提供）

交接手续结束后，苏联修理列车全体官兵于 1952 年 7 月回国。

在此列车上的人员是苏联援助中国从事飞机修理的第一批军职人员。当朝鲜半岛燃起的战火蔓延到鸭绿江边，直接威胁中国安全的时刻，他们迅速赶来支援我们开展飞机、发动机修理工作，做出了积极贡献。在中国工作时期，他们纪律严明，衣着简朴，以固有的军人气质，战斗的姿态，像完成自己的任务一样，同中国人员并肩努力工作。这些都给中方人员留下了深刻的印象。

飞机、发动机修理工作开始时，都是从苏联订购 1：10 和 1：100 等成套零备件进行换件和小修。随着送修飞机的损坏程度越来越严重，待修飞机数量的日益增多及报废飞机、器材的积累，便有了从报废飞机上拆件串换拼修的需要与可能。串件拼修到了一定程度，无件可串，便必须开辟新的零部件来源了。1953 年修理的喷气式发动机，每台更换的零件品种数平均比 1952 年增加了 50%，件数增加了 90%。由苏联供应零备件常不能保证及时、对号，自制配件就成为迫切的需要。如果没有一定的零备件制造能力，日趋复杂、繁重的修理任务是难以完成的。同时，按照“从修理走向制造”的方针，自己制造零配件也是应该自觉努力的方向。为此，1952 年初，航空工业局便号召各厂“为熟练修理技术，加强配件制造能力而斗争”，并要求尽量多安排下一步准备仿制机种的配件，掀起以雅克 -18、米格-15 飞机为重点，贯彻零件制造与整机制造相结合的配件制造高潮。为此采取了一系列措施，如在向苏联订货时，有意识地少订拟仿制机种的零备件；摸清外购原材料的需求开展订货；加强生产准备工作；加开二班或三班；实行新品试制奖励制度等。

经过一年努力，到 1952 年底，320 厂已试制成功雅克 -18 飞机机翼翼尖、襟翼、各种作动筒和锁钩、水平安定面、方向舵、升降舵、起落架、尾轮等 27 项，雅克 -11 飞机机翼翼尖、襟翼、螺旋桨罩等 20 项，以及拉 -9 飞机的 12 项零部件。

1953 年，331 厂试制成功 M-11 发动机主要部件汽缸、涨圈、空气压缩机等，并投入使用。气缸试制成功后，使发动机修理完成数量立即提高 3 倍。1954 年 3 月，该厂零备件制造已扩大到 322 种，占 M-11 全机零部件总数的 55 %。111 厂 1953 年试制成功 Pд-20 发动机涡轮叶片并经试车合格，大量生产，还试制生产了 Pд-45 发动机的整流支板、导气圈、喷雾器等零部件。112 厂试制成功米格-15 飞机前起落架、安全活门、单向液压油锁、襟翼作动筒、高压油滤、刹车作动筒、收放开关、主起落架罩、机炮整流罩等 50 多项。

122 厂一开始就接受了飞机修理任务，先是修理雅克 -18 教练机。后来这种飞机修理与制造转到南昌飞机厂。122 厂则从 1952 年 4 月开始修理各种轰炸机，先后有图 -2 轰炸机、伊尔 -10 强击机和伊尔 -28 轰炸机等。1952 年当年就修理完成 8 架雅克 -18 教练机，11 台 AШ-82 发动机，67 台 M-11 发动机和 6 台 AШ-21 发动机。

1951 年 9 月，屠基达成为 122 厂技术科的技术员。技术科已有 60 多人，大部分是年轻人。业务上，什么修理技术都管，从飞机到发动机，设计、工艺、冶金（热表处理、理化试验）全在内，还包括特设仪表。他的顶头上司是齐志焜。初创时期的 122 厂，主要任务是修理朝鲜战场上受损的飞机。

屠基达回忆那个令人难忘的年代：

工厂的生产和抗美援朝的前线是连在一起的，有的来修的图 -2 飞机，在朝鲜战场上被打穿了机体，有的还喷有朝鲜人民军的军徽。眼看来的一架架破旧飞机修理后飞返部队，我们在宿舍里常常自豪地议论，我们实际上是不穿军装的战士。而且的确，厂里也有些半军事化的味道，为了庆祝 1951 年国庆，下了班以后，由科工会主席喊口令，认认真真的练了一个星期的立正稍息、列队前进，迈着整齐的步伐，唱着“五星红旗，迎风飘扬……”的歌练国庆游行，十分认真。到了国庆那天，我们凌晨两点就起床了，按照通知，一律穿上新发的黑棉袄，带上干粮，用半个多小时走到平房火车站，集中坐运货车皮的专列到了哈尔滨参加游行，那个劲头真大呀。⑯

⑯ 屠基达．难得几次飞——飞机设计师屠基达纪事文集．北京：北京航空航天大学出版社，2007.5.

121 厂 1951 年至 1952 年初修理 10 架雅克 -18 飞机，M-11、АШ-82 以及 АШ-21 发动机 84 台。

1952 年苏联专家来 121 厂指导工人修理发动机

航空工业早期修理水平的提高表现在：

一是修理机种的增加和修理数量的上升。自 1951 年航空工业建立，到航空工业进入制造的前一年，即 1953 年底，所修理的机种由 1951 年的 13 种，增加到 25 种，由日式、美式发展到苏式，累计修理飞机 861 架，发动机 3989 台。

二是修理技术的提高。由外购备件换件修理发展到自制配件进行修理；修理周期日益缩短。111 厂提高了喷气式发动机火焰筒的修理水平，使 126 台因缺火焰筒而停修的发动机得以修复出厂。

122 厂修理的图 -2 机群

1951 年 11 月 320 厂修复的第一批雅克 -18 飞机

三是修理范围的扩大和深化。由飞机、发动机主机的修理扩展到飞机、发动机附件和军械、仪表、电器、无线电设备等特种设备的修理。几个飞机、发动机修理厂和 511 等厂都先后建立了特种设备修理车间。

六大厂于 1951 年创建当年，就形成了修理能力，交付出合格产品。第二年全年完成基建投资 4774 万元，共修理各型飞机 297 架（其中喷气式飞机 47 架），各型发动机 2020 台（其中喷气式发动机 924 台）。工业总产值 5105 万元，销售收入 3041 万元，实现利润 584 万元。至此，航空工业六大修理厂的建设宣告完成，保证了修理工作全面展开，有力地支援了抗美援朝作战，并为走向制造准备了物质、组织、技术和思想条件。

新中国的航空工业从修理起步，打了一个漂亮仗。截止到 1957 年末，共修理各种飞机 3291 架，发动机 14248 台，以及大量的机载设备，不仅保证了抗美援朝和空军训练的需要，也为航空工业从修理走向制造创造了条件。

第五章 重点工程

1953 年，同整个国家、整个国防工业一样，航空工业的发展史揭开了崭新的一页，那就是开始执行 1953–1957 的第一个五年计划。这一计划的实施，为航空工业的创建与发展奠定了良好的基础。

1952 年 7 月，中共中央和毛泽东主席批准了中央军委报送的国防建设五年（1953–1957）计划，要求五年内初步建设起国防工业，以保证部队平时武器装备的需要和保持必要的武器、弹药储备。①

1953 年 1 月 22 日，毛泽东主持中共中央会议，讨论并通过了国防工业"一五"计划。毛泽东在会议总结时说："无论抗美援朝战争的结果如何，都要搞国防工业建设与军工生产。朝鲜战争证明，已不能靠夺取敌人的装备来武装自己了。"②

① 谢光主编．当代中国的国防科技事业上卷．北京：当代中国出版社，1992．10.

② 同上书．11.

航空工业局在完成修理任务、支援前线的同时，制造工作有序铺开，航空工业 5 年计划随之出台：3 年出教练机，5 年出喷气式歼击机

实现周恩来关于"中国航空工业的建设道路是先修理、由修理发展到制造。"这一指示，是创立伊始的航空工业局的首要任务。航空工业局领导人经常冥思苦想：中国人怎样才能尽早地用自己的双手制造出自己

航空工业局设计处基建设十八员在北京广安门北线阁办公地与苏联专家合影，左三邦爽西、左四总图专家古利亚耶夫、左五段又镁（段又镁提供）

的飞机？生产建设上如何安排？分几个步骤？要创造怎样的条件？于是他们在积极组织完成战争急需的飞机修理任务的同时，深入调查研究，向苏联专家请教。

1951 年 8 月 11 日，段子俊就如何加快航空工业由修理走向制造的问题，专门向苏联专家基建设计专家组组长瓦西里耶夫进行咨询。瓦西里耶夫的意见主要是：

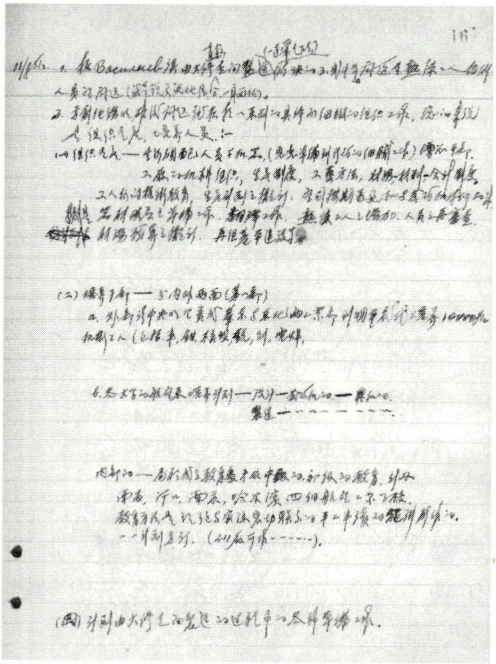

1951 年 8 月 11 日段子俊向苏联专家瓦西列夫进行咨询记录

一、根据中国的实际情况，航空修理厂与制造厂最初建设时不宜分开，而应把两者结合起来统筹考虑。这样可以使由修理到制造的过渡加快 3–4 年，因为现有的 5 大修理厂都具备制造厂的条件，又靠近城市中心，已有的交通、水电、管线条件大多可以利用。

二、在生产上，从一开始就应使修理与制造结合进行。在搞修理的同时，开展零配件制造，与将来要制造的飞机相适应。这样，边修理、边组织零配件制造的过程，也就是各类人员和各项规章制度成长和建立的过程。最后，飞机出来了，成批生产的各种条件也随之具备。

三、这种修造结合的工厂全部走向制造后，再另建修理厂。

四、根据中国现有条件，应当先上雅克 –18 教练机，各方面条件能得到保证，一年即可制成飞机。后上米格 –15 飞机，即使全力以赴也得 3–4 年。

五、按中国目前情况，走向制造所需的最关键条件是熟练工人和技术人员，而且基本建设要有效地进行，生产、工艺等一整套制度要抓紧建立，特别是要重视开辟国内器材的供应来源。③

③ 孟赤兵，周日新，李周书等主编．新中国航空工业主要创始人之一段子俊．北京：北京航空航天大学出版社，2010．41－42．

根据上述意见，段子俊终于形成了一个用3至5年时间实现由修理过渡到制造的设想方案，在征得重工业部领导的支持并经部党组同意后，1951年8月，何长工、段子俊联名向中央军委作了报告。

仅隔两天，李富春、陈云即先后主持会议对他们的报告进行了审议。随后，聂荣臻、陈云、李富春又先后召开军委和航空工业委员会会议，听取何长工、段子俊关于航空工业3－5年的计划方案。会议一结束，聂荣臻、李富春就根据他们的建议，正式向毛主席、中央书记处呈送了利用现有工厂，在3至5年内改建成飞机制造厂的报告，其中包括建厂方针、生产规模以及选厂原则等。周恩来阅后批示：拟予同意。毛主席最后批准"照办"。这个3至5年计划方案的重点目标是3年出教练机，5年出喷气式歼击机。

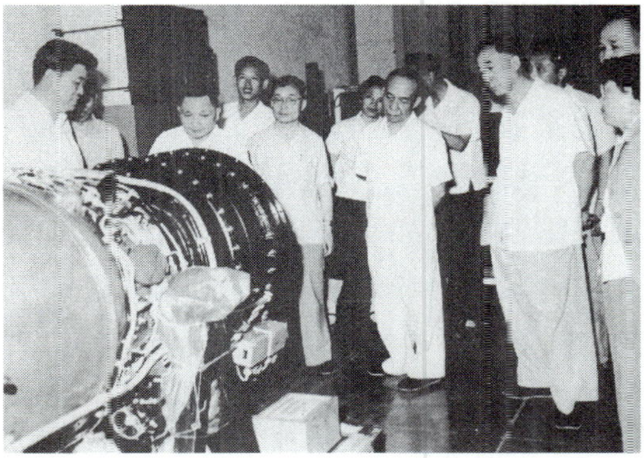

1964年6月25日李富春（前左四）与邓小平（前左二）、薄一波（前左五）视察410厂

为了抓紧落实周恩来关于航空工业由修理走向制造的指示，12月5日，段子俊又来到北京，向李富春汇报。12月8日，段子俊根据李富春的指示，在向苏联总顾问波斯别霍夫和设计专家组组长瓦西里耶夫咨询的基础上，主持制定了航空工业3－5年建设计划草案。草案提出：根据1951年8月21日毛主席批示"照办"的航空工业发展方针，拟定实现这一计划的时间为5年。在前3年的建设重点是完成喷气式飞机和初级教练机及其发动机由修理到制造的任务，即在1952－1954年底或1955年初制造出米格－15飞机及Рд－45发动机，争取分别月产125架和125台；制造出雅克－18飞机、M－11发动机，分别月产50架和100台。后两年的重点是完成活塞式轰炸机及其发动机由修理到制造的任务，制造出图－2飞机，月产25架；АШ－82发动机，月产150台；

拉 -9 飞机，月产 100 架。

段子俊先向李富春详细汇报了这一方案。

12 月 10 日，周恩来召集会议，专题审议航空工业 3–5 年建设计划。参加会议的有聂荣臻、李富春、何长工、段子俊等。李富春在这次讨论中作了重要发言。他说，拟在 3–5 年内由修理过渡到制造的计划看来是合适的，再快了也不可能。航空工业转向制造以后，拟建立 8 个修理工厂，连同修理任务交给空军。急需的人才要下决心自己办学培养。凡有条件的工厂都要举办训练班，还要办一所专门的航空大学（即北京航空学院）。经过讨论，周恩来最后指示：按照你们提的计划办（指 3–5 年计划草案）。这个计划完成后，每年就可生产 3600 架飞机了。实现这个计划看来需要折合 50 多亿斤小米（航空工业局计划草案提出：1952 年 13.1 亿斤；1953 年 25.05 亿斤；1954 年 7.54 亿斤；1955 年 7 亿斤；1956 年 0.87 亿斤。合计 53.56 亿斤）的资金，国家准备拿出 60 亿斤。航空工业走向制造后，修理任务归谁，今天暂不确定。周总理还说，办航空大学是应当的。海军需要的飞机，计划中也应考虑在内，海军与空军的飞机装备比例是 20% 和 80%，海军组建 21 个团，空军组建 88 个团。④

④ 孟赤兵，周日新，李周书等主编. 新中国航空工业主要创始人之一段子俊. 北京：北京航空航天大学出版社，2010. 43–44.

中央决定为航空工业建设指明了方向，规定了具体要求，任务繁重，意义重大。

1952 年 4 月 6 日，航空工业局由沈阳迁至北京西城区福绥境 38 号办公。

4 月 10 日，李富春召集何长工、段子俊及航空工业局波斯别霍夫和戈尔捷也夫两位苏联顾问谈话，听取关于发展中国航空工业的意见。总顾问波斯别霍夫反映了航空工业技术人员缺乏，设备、动力、原材料不足等问题，希望李富春亲自过问。李富春指示航空工业局，以专家为主，就以下问题研究提出意见：

一、按照航空工业的发展计划，提出现在与将来所需技术人员的专业及数量；

二、由修理走向制造所需原材料的种类与数量；

三、各厂所需设备的种类与数量；

四、局机关的机构设置；

五、基本建设计划应提出总的方案和概算。

4月17日，航空工业局分党组根据李富春4月10日指示精神，研究决定了以下问题：

一、上报第二期建设工程方案（1953–1955年），厂房面积共约45万平方米，主要设备6999台；

二、为适应生产配套需要，第三期建设工程（即附件厂等）1954年开始勘测，1957年交付使用；

三、确定上报所需技术人员数：从事修理的724名，从事制造的4240名，共4964名；

四、确定上报所需原材料，按铝合金、碳素钢、合金钢、铜、煤油、汽油、滑油、重油等的逐年需要量。

4月22日，中财委主任陈云和副主任李富春听取了航空工业领导关于发展航空工业的汇报，并作了重要指示。

陈云于1959年7月到122厂视察（122厂档案馆提供）

在研究航空工业如何走向制造和六大厂的建设方针时，李富春指示：

一、走向制造必须具备以下条件：（一）整套技术资料；（二）整套技术设备；（三）必需的生产面积；（四）保证原材料供应，迫切需要有关工业部门配合发展，并兴建电器、仪表等工厂；（五）要有人才；

二、六大厂的建设方针是，在六大厂的基础上，补充必要的干部、设备和生产面积，一面承担修理任务，一面进行零件制造。从现实着手，积累点滴经验，抓紧向苏联专家学习；

三、抓紧充实干部，特别是技术干部；要充分发挥六大厂现有能力；建立健全各项管理制度，使工厂逐步正规化；做好接收民航的3个工厂的准备工作；把航空工业职工的工资提高一些；

四、建议军委开会研究航空工业的发展步骤与内容。

陈云指示说："走向飞机制造最困难的是技术人员和原材料问题。如果原材料不能立足于自己国内，那才是最大的困难。"他又说："由落后到先进，由简单到复杂，合乎客观规律，急躁是不行的。飞机是由零件组成的，一定要把制造零件的基础打好，否则反而会慢，欲速则不达。"陈云还特别强调："在建设上，把航空工业放在优先地位，我看不会犯政治路线错误。"表达了中央对建设航空工业的最大决心。[⑤]

⑤ 孟赤兵，周日新，李周书等主编.新中国航空工业主要创始人之一段子俊.北京：北京航空航天大学出版社，2010.45.

4月29日，中央军委根据陈云和李富春的建议，在聂荣臻主持下召开会议，专门研究航空工业的发展问题。参加会议的有军委秘书长粟裕、空军参谋长王秉璋、何长工、段子俊等。会议听取了何长工的汇报。经过认真讨论后，聂荣臻做了下列指示："完全同意陈云、富春同志的意见。当前航空工业局应集中全力保证飞机修理任务的完成，这是战争急需的首要任务。一定要在不影响飞机修理的原则下，来搞零件制造，由少到多，逐步走向全部制造。关于需要军委解决的问题，军委一定要办好。"粟裕补充说："制造的重点应放到米格飞机上来。"

抗美援朝战争时期的聂荣臻

5月18日，中央军委作出了《关于航空工业建设的决议案》。主要内容如下：

一、过去一年的航空工业建设在苏联专家帮助下，是有一定成绩的，今后发展的五年计划是与整个国防建设相适应而且是必要的。航空工业局应拟定出五年计划的实施方案呈报中央重工业部与中央财委审核并监督执行；

二、几个问题决定如下：

（一）从修理发展到制造的原则是对的，请苏联专家继续进行工厂的设计；

（二）基本建设，1952年总投资为11875万元，还可适当调整；

（三）干部问题，责成军委总干部部抽调老干部70人、工科大学生800人交中央财委，特别要照顾航空工业局；

（四）以清华、北工、川大的航空系为基础，组成一个国立航空工业大学，设飞机、发动机、特殊设备、热加工工艺等4系；

（五）航空工业局所运输的国内外器材、设备，均可按军运办理；

（六）将沈阳51兵工厂拨给航空工业局；

（七）航空工业局各飞机修理厂必需常驻试飞员及外厂机械员两套成为工厂编制；

（八）由军事系统调100名翻译人员给航空工业局，此外在各俄文学校选100名毕业生调航空工业局。[6]

6月5日–15日，航空工业局召开第二次厂长会议（六大厂厂长参加）。会议主要解决三个问题：一、零件制造与材料供应计划；二、确定生产管理制度；三、确定本年各厂的生产指标。会议期间重工业部何长工代部长对当前国际形势及航空工业的任务作了分析和指示。段子俊在会上作了航空工业局工作报告。段子俊根据当时飞机修理中出现的质量问题，经征询苏联专家的意见，他在会上首先提出了“航空产品质量第一”的方针，他在报告中说；“在目前工厂生产的基础上，推行‘质量第一’的运动已是时候了，绝不能再拖延下去。……推行‘质量第一’的运动还必须在全国开展增产节约的号召下进行。”“航空产品质量第一”的方针对日后航空工业的发展产生了深远影响。从那时起至今，航空工业在生产、科研和基本建设中，一直强调、坚持“质量第一”的方针。[7]

6月14日，李富春召集王秉璋、吕克伯、何长工和段子俊开会，并有航空工业局总顾问波斯别霍夫、戈尔捷也夫参加。在这次会上，李富春要求航空工业局继续抓好以下工作：

一、空军修理任务要研究确定一个基本数；

二、5年后，飞机可年产2500架。根据军委要求，战斗机、轰炸机、教练机的比例按10∶3∶4进行安排；

三、六大厂转入制造后，修理任务如何转移，应作研究；

四、冶金、化工、机械部门如何配合航空工业的计划要求，

⑥孟赤兵，周日新，李周书等主编.新中国航空工业主要创始人之一段子俊.北京：北京航空航天大学出版社，2010. 45.

⑦同上书. 46–47.

请何长工分别与他们研究后，将意见报中财委；

五、已决定调给航空工业1000名大学生，要尽快按学科提出具体需要数字；

六、对已发出的人员调令的执行情况要进行一次检查；

七、关于基建设计方面需要的人员，请何长工找有关方面帮助解决。

6月24日，张闻天大使自莫斯科发来特急电报，报告苏联外贸部和航空工业部对中国航空工业建设的意见如下：

一、对航空工业的技术援助分为两个阶段，第一阶段是帮助掌握飞机修理和制造零备件；第二阶段是帮助掌握大规模制造技术。

二、六个飞机修理厂建成后，一般飞机零备件已可自己制造，不需要再向苏联订货。应说明掌握备件制造是由修理走向制造的关键，大规模制造备件是具备大规模制造飞机的基本前提。

三、中国制造飞机应采取现代化生产方式，建设大规模的飞机制造工业，以保证国家需要，不应用手工方式，建设一些小厂，生产能力很小，失掉国防建设的意义等。

6月27日周恩来作了批示：请李富春提出意见，提请中央考虑。

7月25日，李富春约请航空工业局总顾问波斯别霍夫、副总顾问戈尔捷也夫及何长工、段子俊谈话。再次向苏联专家咨询由修理走向制造所需原材料供应以及技术人员和设备等问题。波斯别霍夫建议：把沈阳51兵工厂（原址九〇兵工厂，410厂现址）改建为航空发动机制造厂。他说，这样能大大提前喷气发动机的制造进程；否则，在111厂原址转向制造是很困

410厂原址九〇兵工厂

难的。这是波斯别霍夫极为重要的建议，采纳他的建议，促成了410厂的诞生。

他还建议抓紧铝加工厂的建设。李富春在和专家谈话后说，航空工业需要的5000名技术人员，1953至1955年3年，每年给1000—1500名大学毕业生。以后你们就要立足于自给了（指自办北京航空学院）。今年分配给你们大学生1400名，高职毕业生250名。设计方面需要的250名技术人员请按专业开个单子，以便从其他部门解决，还要从军队和政府中抽600名老干部参加航空工业建设。

7月31日，周恩来召集有关人员再次研究航空工业发展中的重大问题。段子俊参加了这次会议。首先由李富春全面汇报了航空工业的建设情况，并着重讲了苏联专家的建议和意见。接着，周恩来再次讲明发展航空工业的方针和原则，并指示说：航空工业的建设规划，去年年底已经定下来了（指1951年12月10日总理召开会议所定的方案），要继续按已定方案抓下去。同时，还要着手轻型轰炸机厂的建设，争取1957年底正式投入生产。关于向苏联索取资料、明年向苏订货、续聘专家以及现有100名苏联专家的延聘等问题，按航空工业局提出的意见办。请富春同志下决心从兵工局抽1500名技工，从汽车厂抽1000名技工给航空工业局。今后决定每年从大学毕业生中分配2000名给航空工业。再调300名老干部参加航空工业建设。关于抽调翻译人员问题与空军司令部商量解决。急需的286台精密机床，从全国设法解决。⑧

⑧ 中共中央文献研究室．周恩来年谱/1949-1976上卷，北京：中央文献出版社，1997. 252.

孟赤兵，周日新，李周书等主编．新中国航空工业主要创始人之一段子俊．北京：北京航空航天大学出版社，2010. 43.

周恩来率领中国政府代表团访苏，确定了意义重大、影响深远而又十分神秘的苏联援助中国第一个五年计划建设的“156项”

8月17日，周恩来率领中国政府代表团访问苏联，成员中包括陈云、李富春和各工业部、各军兵种负责人等共60余人。代表团的任务除解决当时中苏之间存在的重大问题（如旅顺、大连、中长铁路归还问题等）外，主要是谈判关于苏联援助中国第一个五年计划的建设问题。航空工业局副局长陈平和设计处任华为代表团随员。8月20日，周恩来率代表团与斯大林会谈。斯大林表示愿意尽力在工业资源勘探、设计、工业设备、技术资料和派人到苏留学等给中国以帮助。9月3日，周恩来与斯大林进行第二次会谈。斯大林表示愿意为中国实现五年计划提供所需要的技术装备、贷款等援助，并派出专家帮助中国建设。[9]

⑨ 中共中央文献研究室. 周恩来年谱/1949—1976 上卷，北京：中央文献出版社，1997. 256—258.

8月26日，航空工业局制订出航空工业五年计划草案，报送陈云、李富春、薄一波并转呈周恩来和毛泽东。航空工业五年计划草案的主要内容是根据中央关于“航空工业在3—5年内应从修理阶段转入制造阶段，进行发动机和飞机的大量制造并扩大修理能力的目标”的指示制订的。计划制造米格–15喷气歼击机、雅克–18初级教练机、图–2轻型轰炸机、雅克–11中级教练机和另一种型号的喷气飞机，以及其相应的发动机。计划建设项目如下：

1952年8月17日，周恩来率领中国政府代表团抵达莫斯科，成员中包括陈云、李富春等共60余人，主要是谈判关于苏联援助中国第一个五年计划的建设问题

一、六大修理厂（111、112、120、122、321、331）改建为制造厂，并另外新建一套飞机和发动机厂（喷气飞机型号待定）。

二、建设5个修理厂（第一、第二、第三、第四、第五厂）。

三、建设7个附件工厂，包括仪表、电器、发动机附件、特设、螺旋桨、机轮、电嘴工厂等，并要求其他部门提供材料和各种成件等。

四、培养干部和进行科研，建设科学研究院和实验室。需增加职工12.5万人（其中技术人员1.5万人），并聘请500名专家。5年共需各种设备2.3万台。总投资为167550万元。

1952年11月，中方根据周恩来修改的航空工业“一五”计划与苏方进行谈判。后又经几个回合谈判，最后确定苏联援建航空工业项目为13个。

1953年5月15日，李富春和米高扬分别代表两国政府在《关于苏维埃社会主义共和国联盟政府援助中华人民共和国中央人民政府发展国民经济的协定》上签字。根据这个《协定》，苏联将援助中国建设与改建91个工业企业项目，加上1950年签约援助中国的50个，总共141个项目。1954年10月，苏联政府再次应中国政府的请求，又追加15个项目。这样，“一五”期间，苏联援助中国总共156个重点项目（简称“156项”）。

1954年10月12日，苏联援助中国“156”项协定在北京签字。周恩来与米高扬在协定文本上签字，毛泽东、朱德、刘少奇与苏联领导人赫鲁晓夫、布尔加宁出席签字仪式

颇具神秘色彩的“156项”的由来，薄一波在《关于重大决策与事件的回顾》中有过一段较为详细的叙述：

“一五”计划共安排大中型建设项目（即“限额以上项目”）694个，实际施工的达到921个，内有156项是由苏联援建的。德意志民主共和国、捷克斯洛伐克、波兰、匈牙利、罗马尼亚、保加利亚等6国也为我国的经济建设提供了帮助，共援助我们建设工业项目68项。

老实说，在编制“一五”计划之初，我们对工业建设应当先搞什么、后搞什么，怎样做到各部门之间的相互配合，还不大明白。因此，苏联援建的项目，有的是我方提出的，有的是苏方提出的，经过多次商谈才确定下来。大致是分五次商定的：第一次，1950年商定50项；第二次，1953年商定增加91项；第三次，

1954年商定增加15项，达到156项；第四次，1955年商定再增加16项；第五次，口头商定再增加两项。五次商谈共确定项目174项。经过反复核查调整后，有的项目取消，有的项目推迟建设，有的项目合并，有的项目一分为几，有的不列入以上项目，最后确定为154项。因为计划公布156项在先，所以仍称“156项工程”。这“156项工程”，实际进行施工的为150项，其中在“一五”期间施工的有146项。

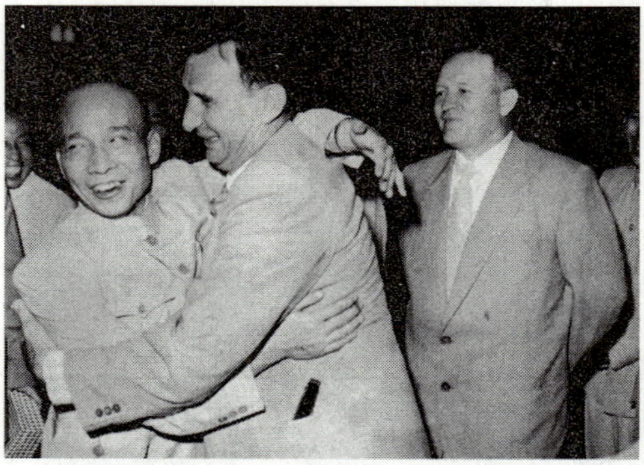

国务院副总理李富春与国务院总顾问、苏联援华专家组总负责人阿尔希波夫在一起

这150项施工项目的构成是：军事工业企业44个，其中航空工业12个、电子工业10个、兵器工业16个、航天工业2个、船舶工业4个；冶金工业企业20个，其中钢铁工业7个、有色金属工业13个；化学工业企业7个；机械加工企业24个；能源工业企业52个，其中煤炭工业和电力工业各25个、石油工业2个；轻工业和医药工业3个。不难看出，苏联援建的这些项目，主要是帮助我国建立比较完整的基础工业体系和国防工业体系的骨架，起到了奠定我国工业化初步基础的重大作用。⑩

⑩ 薄一波．若干重大决策与事件的回顾．北京：中共中央党校出版社，1993. 296−297.

由此可见，“156项”是一个统称的概念。国家计委整理援建项目数时，经过剔除分两期建设而又重复计算的项目和决定撤销的项目等的调整后，“一五”计划苏援重点建设项目的总数为156项。1955年4月7日在《人民日报》上公布了这一数字。在这156项中，航空工业最终确定为13项，即：

1. 建设沈阳喷气歼击机制造厂（112厂），年产米格−15Бис歼击机1000架和零备件；

2. 建设沈阳喷气式发动机制造厂（410厂），年产BK-1A型发动机2000台；

3. 建设南昌教练机制造厂（320厂），年产雅克−18型教练机 500 架和 10%零备件；

4. 建设株洲活塞式发动机制造厂（331 厂），年产 M-11фр 型发动机 1000 台，并修理同型发动机 600 台；

5. 新建西安飞机附件厂（113 厂），年产米格－15Бис 和雅克－18 飞机附件 8. 5 万件；

6. 新建西安发动机附件厂（114 厂），年产 ВК-1А 和 М-11фр 型发动机附件 2. 5 万件；

7. 新建兴平电器厂（115 厂），年产为飞机发动机配套的电气附件 8 万件；

8. 新建宝鸡航空仪表厂（212 厂），年产仪表 7.5 万件；

9. 新建兴平机轮刹车附件厂（514 厂），年产 1000 架歼击机和 500 架教练机用的刹车轮毂；

10. 改建哈尔滨飞机厂（122 厂），扩大其修理范围；

11. 改建哈尔滨东安发动机厂（120 厂），扩大其修理范围；

12. 改建首都机械厂为喷气式飞机修理厂（211 厂），规模为年修理 400 架米格－15Бис、米格－9、雅克－17 飞机；

13. 改建沈阳喷气式发动机修理厂（111 厂），年修理各型喷气发动机 2000 台。

这 13 项中的后两项后来转给了航天工业部门。⑪

国家对国防工业乃至航空工业的重视从“156 项”中可以看得很清楚。国防工业占了 44 项，近 1/3；航空工业 13 项（含航天，因当时航天工业尚未分出），又占国防工业的近 1/3。比重是相当大的。国家给予航空工业“一五”基建投资为 10.94 亿元，占全国基建总投资的 2%，占国防工业基建投资额的 30%。“一五”时期是中国航空工业名副其实的“黄金时代”。

从以上项目可以看出，有关航空工厂都是技术先进、设备精良的，是当时国内最好的机械企业。这些企业，不但是航空工业“一五”建设重点，也成为航空工业第一批重点企业，时至今日，仍然是中国航空工业的“脊梁”。

为了落实航空工业的“一五”计划，1953 年 9 月 29 日，航空工业局向国家计划委员会汇报第一个五年计划，国家计委主席高岗主持会议，朱德、李富春、赵尔陆、肖劲光、王秉璋、安志

⑪ 孟赤兵，周日新，李周书等主编. 新中国航空工业主要创始人之一段子俊. 北京：北京航空航天大学出版社，2010. 49-50.

文及冶金部、一机部、化工部的负责人出席。航空工业局领导人王西萍、段子俊等参加了这次会议。由王西萍汇报基本建设计划，段子俊汇报材料供应问题，段子俊在发言中汇报了航空材料目前情况和存在的问题，特别提出希望各有关部门大力支持，更希望得到中央政府和国家计委的关注。会上李富春讲了话，高岗做结论，他们都强调原材料要逐步实现立足国内，高岗表示全力支持，并决定近日召开材料供应的专题会议。10 月 23 日，高岗责成安志文主持召开有一机部、重工业部等有关部门参加的专题会议，解决航空工业所需的材料供应问题，段子俊参加了这一会议。1953 年 12 月 8 日，国家计委以（53）计发亥 40 号义批复同意航空工业第一个五年计划。[⑫]

⑫ 孟赤兵，周日新，李周书等主编. 新中国航空工业主要创始人之一段子俊. 北京：北京航空航天大学出版社，2010. 50–51.

航空工业要完成"一五"计划规定的建设项目，工程设计任务十分繁重。包括：要以苏联专家为主，中国设计人员配合协助，完成第二批苏援制造厂建设项目的工程设计；同时要由中国设计人员负责，在苏联专家指导下完成一大批飞机、发动机和机载设备老厂的改扩建工程设计。为此，苏联方面派出第二批设计专家来华，最多时达 50 人。

1953 年秋季，苏联航空工业设计院（ГАП）院长奥尔洛夫来华，他听取了前任专家组组长瓦西里耶夫的工作汇报，参观了"六大厂"，与苏联驻华经济联络处商讨并征得中方同意后，作出以下四条决定：1. 在北京成立"特别设计处 СПБ–216"，任命奇金为处负责人，与四局设计处共同完成"一五"期间航空工业建设项目的设计；2. "特别设计处 СПБ–216"受驻华经联处和莫斯科航空工业设计院的双重领导；3. 所有设计项目一律采用两阶段设计：即扩大初步设计和施工图设计；4. 苏联派专家在中国帮助收集原始资料，并要求中方组织力量密切配合。

到 1954 年 4 月 1 日，320、331、112 和 410 四个工厂的初步设计结束，120、122 两厂作为修理厂建设，经苏联航空工业设计院院长奥尔洛夫为首的 8 人鉴定委员会鉴定合格，同时宣布"特别设计处 СПБ–216"正式成立。

苏联航空工业设计院派出的成套专家组相当于该院的中国分院，可以直接、方便地从莫斯科得到技术信息和资料，这对于在设计中采用苏联最新的技术十分有利，从而使设计水平一直立足于比较先进的技术基础之上。如发动机试车台的消音装置，飞机附件高空试验装置，以及生产上必需的复杂的非标准设备，苏联专家则能及时地“拿来”他们现成的技术资料。

苏联派来约 40 名设计专家在我国设计人员的配合下完成了“一五”计划苏联援建项目的全部设计，如果完全在苏联设计，则直接生产人员就要 450 人，另外还要一批辅助性工作人员。

苏联专家还帮助我们设计了一些中苏协议之外的建设项目，包括空军的飞机修理工厂，储存量为 1.2 万吨的燃油库等。

成套苏联专家在中国进行设计，为培养中国的设计力量创造了十分有利的条件。

同时，四局设计处补充了大批大学毕业生，1954 年 12 月升格为“第二机械工业部第二设计院”，刁筠寿任院长，李兆翔任副院长兼总工程师；全院 938 人。1956 年 4 月，二院改称“第二机械工业部第四设计院”，李兆翔任院长，郑爽西任总工程师。1956 年底，四院已达 1560 人，其中工程师 50 人，技术员 613 人。

从成立“特别设计处 СП Б -216”开始，就建立了总设计师制度。总设计师为建设项目工程设计的全面负责人，由苏联专家分头担任，中方对应配置了“总设计员”。1956 年，工程设计工作由苏联专家负责制改为苏联专家顾问制，中方总设计员升格为总设计师。

飞机工厂的苏方总设计师有费季切夫、佐洛季科，中方总设计师有汤礼智（负责 112 厂）、高镇瀛、沈萌太；发动机工厂的苏方总设计师有帕斯图霍夫、戈尔斯基、博格列佐夫，中方总设计师有刘正惠（负责 410 厂）、潘大醴、谢庭震、张伟光；附件仪表厂的苏方总设计师有科马洛夫、布里兹加洛夫、索科洛夫，中方总设计师有许锡振、黄鸿阶、姚亦安、罗俊义、李希斌。⑬

汤礼智（1929–2007），1951 年毕业于清华大学航空工程系。随即投身新中国航空工业的创建与发展，长期从事我国航空工程建设设计工作，参与和主持三大飞机厂即 112、122、320 厂设计施工，曾担任四院副总工程师。

刘正惠（1927– ），1927 年 8 月 26 日出生于河北省石家庄市。

⑬ 院史编辑办公室编. 航空工业规划设计研究院院史（1951–1986）. 22.

1951年毕业于清华大学航空工程系。随即投身新中国航空工业的创建与发展，长期从事我国航空工程建设设计工作，参与和主持航空发动机厂设计施工，独立自主设计火箭导弹研制基础设施，领导建成航空发动机高空模拟试车台和火箭橇试验滑轨两大国家重点工程。1990年被国家建设部授予“中国工程设计大师”荣誉称号。

中国基建设计人员与苏联专家合影，左二汤礼智、左五李兆翔、左七刘正惠、右三段又镁、右四孙庆元（段又镁提供）

苏联专家、附件厂总设计师科马洛夫与中国基建设计人员研究工程建设问题，左为许锡振

许锡振（1928－），1928年9月7日生于广州市。1948年2月在上海交通大学加入中国共产党。曾任交通大学青年团总支书记、上海学联副主席、全国学联执行委员。1950年大学毕业后调北京新民主主义青年团中央任干事，1952年调到二机部四局工作，历任科长、总设计师，三机部四院所长、总工程师兼副院长。主持了我国第一批航空机载设备厂和导弹厂的设计。

在四院办公地，到处是一派热火朝天、紧张而充满活力的场面。据四院设计师薛元章描述：

工作是紧张而充实的，而生活也是丰富多彩的。那些年，从学校分配、部队转业、从湖南、延边招来的描图员都是年轻人。每天晚饭后，在礼堂和二层办公楼之间的场地上，总是熙熙攘攘，有唱歌的、有跳舞的，充满着青春的气息。也许是年轻人的习性，一时外号满天飞，鸭子、鸡子、兔子、小豹子、小老虎、包子、馒头、窝窝头……如今已步入老年，有的人的名字想不起来，而外号却记得一清二楚。到了掌灯的时刻，大家又各就各位，有加班的、有突击学习俄文的，有上夜校的……院内一片寂静，而办公室灯火通明。附近居民称谓“水晶宫”。[14]

⑭ 薛元章．难忘的岁月手稿

在中、苏人员的紧密合作下，苏援重点建设项目的设计工作进展迅速，1954 年，建筑工程施工全面展开。

1956 年，多数援建厂进入施工图的收尾阶段，比协议规定的进度提前两年。与此同时，苏援重点建设项目以外的工程设计工作也由中国设计人员先后完成。通过“一五”计划基建设计工作的实践，中国航空工业的工程设计队伍也全面锻炼成长起来。

“一五”计划期间苏联援助建设的一批工厂都是航空工业的骨干企业，规模大，机械化、现代化的程度较高，采用苏联当时航空工厂设计的成熟技术。这些技术许多是国内首次采用，并因这批工厂的建设而得以在国内推广。其中有跨度为 36 米的大型飞机装配厂房，柱网为 12×12 米的发动机装配厂房，喷气式发动机试车台，喷气式飞机试飞用的机场及指挥系统，大型现代化的铝、镁合金铸造厂房等，在国内都是第一次设计建设。经过五十多年生产使用的检验。证明这些厂房能够适应生产，安全可靠，许多厂房至今仍是航空工业第一流的工业建筑。这批工厂的建成，为航空工业从修理转向制造提供了物质基础。

调集人才，打开国库，举国家之力支持航空工业的建设与发展

“一五”时期，国家对航空工业的支持是全方位的。

首先是人才的支援。1953 年冬至 1954 年夏，在航空工业由修理走向制造、大规模建设制造工厂的关键时刻，在中央的统筹组织下，各方再次伸出援助之手，进一步调配加强了航空工业的干部队伍。华北、华东、东北、中南、西北等地区分批抽调输送了省、军级干部牛荫冠、武光、吕鸿安等以及 70 多名地、师级和近 200 名县、团级干部，以加强航空工业的基层领导。其中以

华东地区支援最多，地、师级干部有刁筠寿、王其恭、李溪溥、崔光炜、齐克非、李德崇、胡锡川、王槐秋、沙汉、霍瑛、王新、周洪恩、邵晓萍、谢杰三等40多名。其他地区的地师级干部有王实先、刘亚欣、郭固邦、刘南生、丁哲民、李中垣、李明、苏智、范元甄、齐鲁、崔涛等。此后，随着航空工业发展的需要，又陆续调入省级和地师级干部刘刚、李明实、陆纲、马诚斋、肖云、余侠平、蒋祖同、陈其羽、苏韦、陈达明等。这些人才后来都成为航空工业及其企事业单位的领导中坚，在各自的岗位和领域作出了自己的贡献，许多名字，后文还要提及。

从1955年起，航空工业自行培育的人才开始接上，已能通过正常的院校教育和在职锻炼培训等渠道源源不断地补充所需技术人员、干部和工人了。

关于设备的支援，有一个广为流传的“打开国库”的故事就足以说明问题：在410厂建设期间，航空工业局副局长油江多次带领工作组长期驻厂，与全厂职工一道工作。1954年经过一个多月的调研，与厂领导和苏联专家编制发动机的试制进度计划和措施计划，严格贯彻执行。1955年初，正值工厂建设的关键时刻，由于工厂建设进度提前，苏联成套设备供应不上而卡了壳，油江随同赵尔陆部长向李富春汇报了这一情况，李富春决定打开国库让410厂挑选设备，随后

410厂建厂施工一角

410一座新厂房建成

410厂总工程师程华明和苏联专家到位于天津的国家仓库挑选了关键设备共786台，对410厂的提前建成发挥了重要作用。

关于“打开国库”的详细情况，时任航空工业局副局长、主管基建工作的范铭回忆：

1955年1月下旬的一个早晨，赵（尔陆）部长在电话里告诉我：李副总理指示，决定打开国库，解决沈阳发动机制造厂的设备问题。你去找物资总局王逢源局长。“打开国库”像一声惊雷，使我欣喜若狂。王逢源，东北人，是我的老同事，又是一位性格爽朗、真诚、办事认真的老军工。

我立即去了物资总局。老战友相逢，感到非常亲热。“好家伙！你还是那么性急，又要提前出飞机了！”王逢源用这种热情的语言迎接了我。我说：“这事不能不急呀！但怎么个办法，我可不知道。”王说：“李副总理指示打开国库，就是让你们挑选。能用的就拿，挑完了算账。东西都在天津一总库。”我说：“这件工作还得请苏联搞工艺的专家参加，才能识别设备的性能、精度和能不能代用。这是翻你的老家底啦！”王逢源哈哈大笑说：“这有什么关系？为了提前出飞机嘛！你把人组织好，我给开介绍信。”当天下午我就召集四局基建处和设计院的同志布置了这件工作，是410厂总工程师程华明及其顾问去仓库挑选的。后来统计，总共挑了近800台设备，其中有一些还是从西欧进口的，都分给了410厂和112厂。⑮

⑮ 范铭．回忆与思考．131.

参与410厂设计的四院设计人员薛元章回忆：

国家破例打开国家储备仓库，让工厂去挑选，而在之前，我们提前给出了所需的设备清单（记忆中挑选出的金属切削设备有东德产的DLZ型精密车床，捷克产的BPH型精密平面磨床、DIXI型精密卧式镗床、匈牙利产的UF-21型立式铣床等，解决了盘、轴、机匣、涡轮叶片榫头加工和拉刀磨削等关键工序所需。这也是410厂第一批进口的好设备）。当设备选定后，我们又及时赶赴现场，连续作战，完成了各个机械加工车间的工艺施工图，工厂及时安装测试投入试制，由于在一个厂长统一指挥下安排生产、基建任务、一厂两跨的做法，优质高速地建成了现代化的大型航空企业，410 厂在 1956 年 6 月即试制成功涡喷 5 型发动机并顺利转入批生产。⑯

⑯ 薛元章:《难忘的岁月》手稿.

航空工业局副局长范铭

范铭（1917–2009），1917 年 7 月出生于山西省大宁县。1937 年 1 月任山西省民族解放先锋队总交通，同时转党。从抗日战争期间到新中国成立，先后任县委书记、地委组织部长、宣传部长、地委书记等职。1952 年 11 月调第二机械工业部航空工业局任副局长，1953 年 6 月起主管基本建设工作。1965 年，调任国家建委委员、党组成员兼国防局局长。1973 年任陕西省建工五局局长。1979 年 5 月任北京市规划局党组副书记兼北京市建筑设计研究院党委书记。

根据集中力量打歼灭战和有效利用国家投资的原则，“一五”基建计划是按缓急先后梯次安排的。

320 厂职工学习文化理论

为适应 3 年制成教练机的急需，南昌 320 厂和株洲 331 厂列为第一梯队项目，是航空工业 1953、1954 年基本建设的重点。地方党政领导全力支持。江西省人民政府主席邵式平提出：“江西是老革命根据地，南昌是八一起义的地方，武装夺取政权的第一枪在南昌打响，新中国自己制造的第一架飞机也要出在南昌。”他关心并过问 320 厂的建设情况，及时帮助解决建设中遇到的问题。基建器材在中央未调拨之前，先由地方垫拨，保证了工程的进展。

331 厂的建设同样得到了湖南省的极大支持。工艺装备制造是发动机试制和成批生产中的关键，因而工具加工能力的形成，就成为发动机厂建设中的首要一环。由于国家根据二机部和四局的建议决定把 M-11 发动机的试制安排比“一五”计划原定进度提前一年，工艺装备的制造任务必须在 1954 年 6 月以前完成。而该厂新建的 7400 多平方米的工具厂房于 1952 年 9 月破土动工，预计要到 1954 年 7 月才能完工。为此，工厂进行了紧急动员，在地方政府的帮助下，集中力量，昼夜进行突击施工，终于在 1954 年 4 月 6 日使该厂房提前建成投入生产使用。新工具车间的及时建成，在 M-11 型发动机的试制中起到了关键作用。经过努力，320、331 厂于 1955 年基本建成，满足了新机试制的需要，1956 年底全面竣工验收。

331 技术人员在苏联专家指导下进行故障检验

沈阳 112 厂和 410 厂是紧随南方两厂之后的第二梯队重点项目，1954 年开工建设。辽宁省和沈阳市选调最强的施工队伍投入工地，市委第一书记焦若愚亲自担任两厂建设总指挥，省委书记黄欧东也经常到两厂施工现场检查督促，帮助解决有关问题。

410 厂要改造为航空发动机制造厂，基本建设工作量很大，时间又紧迫。在省市支持下，进厂建筑工人平均每日 5000 多名，平均技术等级在五级以上，技术人员 200 人左右；施工的机械化程度也较高，可不避寒暑，常年施工。3.4 万平方米的机械加工厂房只用了 108 天，2 万平方米的冲压焊接厂房只用了 66 天，就抢在冬季结冻以前赶完主体工程，进入室内施工。到 1956 年 9 月，该厂共完成厂区建筑工程 50 项、20.3 万平方米，为初步设计的 93.6%，安装各类设备 7300 多台，其中主要生产设备达到设计规定的 99.1%。从 1953 年到 1955 年，国家从各地调给 410 厂包括地、师级干部 32 人在内的干部、工程技术人员、大中专

410 建设中的新厂房

毕业生、技术工人等各类人员 8883 人。这样一个投资 2 亿多元的大型现代化企业，开工兴建刚一年多，从 1955 年第二季度就开始部分投入生产。1956 年第三季度，410 厂基本建成。同年 12 月，410 厂经国家以“优”级质量总评全面验收。

1953 年，随着第一个五年计划的全面执行，被列为苏联援建我国 156 项工程之一的 112 厂基本建设进入了一个新阶段。10 月 24 日，四局拟定了 112 厂为米格−15БИС 喷气式飞机制造厂的总体设计任务书，明确了于 1957 年前，建成年产 1000 架飞机的制造厂，并完成第一架喷气式歼击机的试制任务。1954 年 1 月 13 日，国家计划委员会批准 112 厂为喷气式歼击机制造厂，并给工厂的建设计划投资 1.92726 亿元。

工厂在苏联专家的帮助下，发挥了广大职工的积极性和创造性，采取了基本建设与生产并进、修理工作与试制工作并进的快速建厂方针，开始了大规模的基本建设。

1953 年，在施工力量不足，材料准备还不充分的情况下，根据苏联飞机工厂的一般要求，提前设计了 72 号镀金厂房、73 号

苏联专家与 112 厂党委书记吕鸿安（左一）一起参加建厂劳动

机加厂房的施工图。采取了边设计、边发图、边施工的办法，集中了主要力量，进行重点突击，与施工单位通力合作，统一行动，仅用75天的时间就突击完成了两大厂房的外部建筑工程。1954年建筑工程规模最大，年内完成了47号生产准备厂房、48号工程大楼、厂区各种管道和94号中心变电站等工程。1955年是工厂由修理走向制造的关键一年，又是设备投资最大的一年。广大基建职工在副厂长刘南生的指挥下，年内新建、改建15个主要厂房，

112厂修整扩展跑道

1955年建成的112厂49200平方米的70号装配厂房，这里装配了中国制造的第一架喷气式飞机，是国家领导人视察112厂必看的地方

仅用7个月的时间完成了工厂最大的建筑——70号装配厂房，该厂房面积4.92万平方米，均为钢结构，其中总装车间有36米跨度，17米高。建设速度之快、质量之好，在我国建筑史上是罕见的。1956年11月底，112厂基本建设已基本达到《初步设计》的要求。12月17日，以辽宁省委书记黄欧东为主任委员的国家验收委员会在厂举行了总体验收签字仪式。对全厂建筑安装工程质量鉴定总评为“优”。工厂以三年零九个月的时间，提前一年零三个月（以工业建设实际完成进度与《初步设计》比

较）完成了全部建设任务。[17]

哈尔滨 122、120 两个轰炸机及其发动机修理厂，也在 1956、1957 年先后完成了有关工程的大规模扩建工作，实际上基本具备了活塞式飞机及其发动机的制造能力。

1954 年 6 月 122 厂 70 号锅炉房始建，同年 12 月投入使用（122 厂档案馆提供）

1953 年的 3、4 月间，哈尔滨还是冰天雪地、寒气逼人。当时 122 厂的专用铁路线尚未来得及延展，市区通往厂区的土路凹凸不平，交通十分困难；厂区道路更是尘土飞扬，食宿条件也相当差。但是，上级一声令下，几路基建大军浩浩荡荡按时开进了工厂。从南厂到北厂方圆近 5 平方千米的建筑土地上，脚手架林立，建筑材料堆积如山，人来人往，运输车辆频繁穿梭，一派热火朝天的景象。

122 厂 20 世纪 50 年代四大建筑，左上文化宫，右上大食堂，左下办公楼，右下医院（122 厂档案馆提供）

建设者在十分艰苦的条件下，日夜奋战，连续施工。1953 至 1955 年的三年中完成的主要改建、新建项目就达 53 项。其中 18 号装配工房是于 1955 年投入开工的重点工程，建筑面积为 22934

⑰ 沈阳飞机制造公司史志编辑办公室．沈阳飞机制造公司史（1951–1983）. 35–42.

平方米，实际投资468万元，经过7个月的紧张施工于同年12月竣工投入使用。这座总装配大型厂房跨度36米，由苏联专家临场指导。房梁为钢结构，连接形式既有铆接又有焊接，技术要求又十分严格，对铆点和焊点要一个一个进行检验。吊装也是一大难题，架体重，安装位置又高，为此建工部特地从外地调来一台巨型吊车，才顺利完成吊装任务。

122厂18号装配厂房建成后曾进行过包括轰5轰炸机在内的多种型号总装配

经过5年建设，122厂于1957年4月通过国家验收，总评为“优”。终于在一片废墟上建成了大型的轰炸机厂。[18]

120厂经过4年大规模的基本建设，工厂规模有了很大扩展。据1956年底统计：全厂占地面积1497650平方米，其中厂区占地面积643105方米，为42.94％。宿舍区占地面积854545平方米，为57.06％；房屋建筑面积187988平方米，比1952年增加80417.3平方米，其中厂房建筑面积51480.8平方米，比

⑱ 国营第122厂厂史编辑办公室．国营第122厂厂史（1947–1983）．44–49．

彭德怀副总理视察156项工程之一的哈尔滨120厂

1952 年增加 29275.4 平方米。附属工程 16 项，其中主要有铁路专用线 2388 延长米；厂区道路总面积 50890 平方米；全厂机械设备 790 台，比 1952 年增加了 298 台。[19]

[19] 国营第 120 厂厂史编辑办公室. 国营第 120 厂厂史（1948－1982）. 16.

1954 年 120 厂机械加工现场

至此，航空工业第一批 3 套飞机、发动机制造厂先后建成。而 5 个机载设备厂即 113、114、115、212、514，集中建于陕西关中地区。除 514 厂稍晚外，4 个厂自 1955 年 10 月开始兴建，1957 年底建成验收。新中国的飞机、发动机制造业，机载设备行业宣告诞生了。

第六章 中国制造

航空工业“一五”计划是根据中央关于“航空工业在3–5年内应从修理阶段转入制造阶段，进行发动机和飞机的大量制造并扩大修理能力的目标”的指示制订的。随着大规模基本建设工程进展顺利，第一批3套飞机、发动机厂即“六大厂”的竣工，以及相应的机载设备厂的建成，航空制造业包括飞机、发动机和机载设备三大行业初具规模，形成了相当的制造能力。按照计划，航空工业在“一五”期间相继试制成功3种飞机及其发动机，完成了从修理到制造的过渡。

航空工业职工不负使命，迅速试制成功新中国第一架飞机

新中国制造的第一架飞机初教5是按苏联雅克–18飞机全套技术资料制造的双座、活塞式初级教练机，曾先后被命名为“一号机”、“红专501”。该机由雅科夫列夫设计局设计，1945年首飞。该机是中国早期从苏联进口的主要教练机，到1954年共进口256架，1950年7月，苏联政府同意将雅克–18飞机及发动机制造权转让给中国。

雅克–18飞机机身采用构架式的蒙布结构，平直型下单翼，后三点式起落架，最大平飞速度248千米／小时，最大升限4000米，最大航程1000千米，装有M–11型活塞式航空发动机。发动机起飞功率118千瓦（160马力），重180千克。飞机和发动机分别由南昌320厂和株洲331厂试制和生产。

选择雅克–18作为新中国自制的第一种飞机，是由于它结构较简单，工艺难度相对较小，而且会有一定的产量需求。当时空军正在发展，各航校普遍选用了这种教练机。用它作为定向制造

的第一步，较有把握迅速成功，满足使用要求，收得实效，并增强走向制造的经验和信心。

320 厂经过两年多对 240 多架雅克 –18 飞机的修理，已经积累了不少经验。在修理过程中，通过测绘仿制，不断扩大自制配件的品种范围。到 1953 年“五一”节前夕，已制成除机身骨架和中翼以外的全部零部件 44 种。工厂将这 44 种自制零部件配上修复的苏制机身骨架和中翼，组装成一架整机，进行飞行考验和技术鉴定。这架命名为“320 号”的飞机，于 1953 年“五一”节进行试飞，先后飞了 50 个起落、18 个飞行小时，情况良好。此举锻炼了队伍，取得了宝贵经验，大大激励了全厂员工。

1953 年下半年，320 厂开始采用模线样板标准样件等正规工作法制造飞机部件，进一步保证了飞机的外形准确和部件协调互换，从而向整架飞机制造迈出了关键的一步。开展飞机制造的各项条件趋于成熟。1953 年底，当二机部部长赵尔陆到 320 厂视察时，工厂便正式提出了将该机试制进度提前一年的建议，得到了赵尔陆的首肯。

1954 年 4 月 1 日，320 厂接到局 [航寅 807 号] 电文，由航空工业局代局长王西萍转达第二机械工业部的命令：“根据你厂发展现状及空军建设的需要，第二机械工业部已正式批准你厂提前成批生产雅克 –18 型初级教练机的制造计划。即由原计划 1955 年第三季度正式生产提前至本年第三季度开始生产。保证在本年内生产 10 架。于“八一”建军节及国庆节先交付空军两批。并初步计划明年内生产该型飞机 60 架。”同时指示，要在原有工艺装备基础上进行，以后再逐步补充；要特别注意质量；要核对图纸资料，保证互换协调；要认真做好静力试验和试飞的各项工作；并准备派工作组来厂；要在进入制造的同时完成当前的修理任务。

1951 年至 1956 年间，320 厂聘请苏联专家 45 名。先后分两批来厂。第一批是指导建厂和修理雅克 –18、雅克 –11、拉 –9 等飞机的专家。第二批是指导试制雅克 –18 的专家。这两批专家来自列宁格勒和高尔基城的对口工厂，专业对口，技术水平较高。

1954年2月，全套苏联雅克－18飞机技术资料到厂。工厂首先按新到的成套理论图纸和蓝图对本厂已制作的模线样板进行了全面检查校核，接着又按苏联全套共30个系统、2653份设计图纸对工厂在备件制造中所测绘的图纸逐页进行仔细核对，结果有13个系统、1586份图纸完全符合要求，按此制造的零、部件，可以正式采用，占全机图纸的40%；其余17个系统、1067份图纸的零、部件需要另行试制。这就大大减少了试制的工作量，加速了全机试制的进程。

4月3日工厂接到局正式计划后，立即组织计划、生产、技术部门，在苏联专家指导下，连夜编制试制总进度计划。由于试制成功后当年要分批交付部队，因此决定将试制和当年交付产量合成为零批一次投产，并立即进行图纸资料核对复查和器材、工艺装备等准备工作。4月中旬投入零件制造，7月初完成总装配，“八一”完成试飞，并计划交付3架（包括静力试验一架），至“十一”前完成4架，第四季度再完成3架。工厂党委根据部、局的命令和工厂的计划，于4月8日进行了紧急动员部署，提出了“为制造祖国第一架品质优良的飞机而奋斗”的战斗口号。从此，雅克－18整机试制的战斗序幕揭开了。

1954年6月18日，胜利通过了由主任工程师、设计科代科长张阿舟主持进行的全机静力试验。

这是新中国航空工业首次进行全机静力试验。工厂决定由张阿舟负责。

张阿舟（1920－2009），1920年4月14日生于江苏省丹阳县（今丹阳市）。1941年毕业于中央大学航空工程系。1945年赴英留学，1949年获英国布列斯托大学博士学位。1950年投身新中国航空工业的创建与发展，是中国飞机结构强度理论和试验研究开拓者之一。在制造共和国第一架飞机中，立特等功；在飞

张阿舟（右）在英国留学时与同学合影（孙平凡提供）

机设计，飞机静、动强度，结构动力学和机械故障诊断等方面均有重大创新和突破。

为了做好周密的组织准备工作，首先要消化苏联雅克 -18 成批生产的静力试验任务书和有关技术资料。然后按照苏联资料准备杠杆、试验假件、试验架、立柱和加载设备，并自己设计制造测力计、夹具和辅助设备。最后，以设计科为主，从检验科、工艺科以及起重、搬运、警卫干部中挑选部分人员组成现场试验队伍，并详细规定了每个人的职责范围、岗位责任，宣布严格的现场纪律和试验人员守则，进行了多次的模拟预试练兵，以保证试验中不因突发事件而惊慌失措。从 4 月 5 日开始至 5 月 10 日止，完成了各项试验准备工作。

01 架飞机推进静力试验临时场地后，经过紧张的现场准备于 5 月 12 日开始进行试验。在进行全机破坏试验时，张阿舟担任现场指挥。他站在一个高工作台上，居高临下，纵观全场，精心指挥。全体试验人员，按各自的分工进入试验现场。工厂和上级领导以及有关人员都在试验场地的看台上，密切注视着静力试验的进行。

试验开始了，场内人们屏住呼吸，鸦雀无声，张阿舟报告了试验情况。接着，发出了加载命令，各加载点的试验人员有条不紊地投入工作：加载、读数、测量、记录……当加载达到 105% - 110%时，试验场上发出了一声轰隆巨响，外翼前梁破坏，完全符合设计要求。至 6 月 18 日，陆续完成了中翼、副翼、襟翼、机身、发动机架、水平安定面、垂直安定面、升降舵、方向舵、主起落架、尾轮架、手操纵、脚操纵等 14 个部件，57 种设计情况的静力试验。试验结果，各种部件均已达到设计载荷，符合苏联资料，证明我国自己制造的雅克 -18 飞机质量完全符合设计强度的要求。

航空工业局副局长徐昌裕也在静力试验现场。多年后他回忆：

在搞雅克 -18 时，我对静力试验是什么都不知道，后来就蹲在厂里从头到尾看。做试验时，总顾问也去了。当加载到快要断裂的时候，我感到很紧张，怕不合格。总顾问却很有信心地说不要紧，可以过。结果的确合格了。[①]

从7月初开始，张阿舟登机参加飞机试飞，体验和记录了最大平飞速度、最大升限等飞行性能。

7月3日，由试飞员段祥禄驾驶首次升空试飞，获得成功。新中国制造的第一架飞机诞生了，比第一个五年计划原订进度提前了14个月。

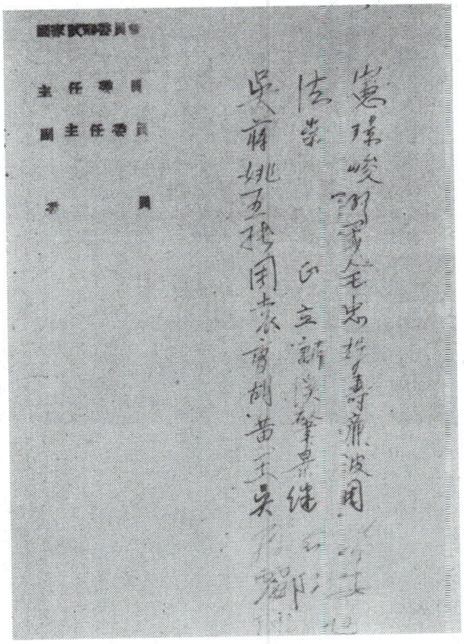

初教5国家试飞委员会成员签名

经过国家试飞员试飞检查，1954年7月20日，国家试飞委员会予以审定，认为“飞机性能符合苏联资料及技术要求，可作为空军航校教练机之用，可以进行成批生产。”8月26日，中央军委予以批准。

时任空军训练部训练处长的姚峻参加了新中国第一架飞机初教5国家定型试飞鉴定工作，国家试飞委员会主任为空军副政委吴法宪，副主任为蒋崇璟、姚峻，委员有王弼、张彧、周正全、袁立忠、曹麟辉、胡溪涛、黄肇濂、王景波、吴继周、孙志端、郦少安、陈旭。对于能亲自参加新中国第一架飞机国家鉴定，姚峻深感荣幸。临行前给

①徐昌裕口述.为祖国航空拼搏一生，北京：航空工业出版社，2006. 115.

初教5飞机

正在北京航空学院攻读飞机设计专业的妻子周素雯写信说：“我可能去南昌，试飞我国第一架雅克－18。希望你努力，将来也让我去试飞‘雯式’的第一架，我希望这个理想变成现实。”姚峻对国产飞机、中国自己设计制造飞机的热切期望溢于言表，对年轻妻子克服重重困难在航空高等学府深造给予了极大支持与鼓励。

赵尔陆部长（左一）、航空工业局副局长段子俊（左六）在初教5试制成功庆功大会上

1954年7月26日，由赵尔陆部长主持，在320厂举行庆功大会，并向毛泽东主席发了报捷电。

赵尔陆部长为初教5飞行剪彩

8月1日，毛主席签发了给320厂职工的嘉勉信，全文如下：

第二机械工业部转国营320厂全体职工同志们：7月26日报告阅悉。祝贺你们试制第一架雅克-18飞机成功的胜利。这在建立我国的飞机制造业和增强国防力量上都是一个良好的开端。希望你们继续努力，在苏联专家的指导下，进一步掌握技术和提高质量，保证完成正式生产的任务。

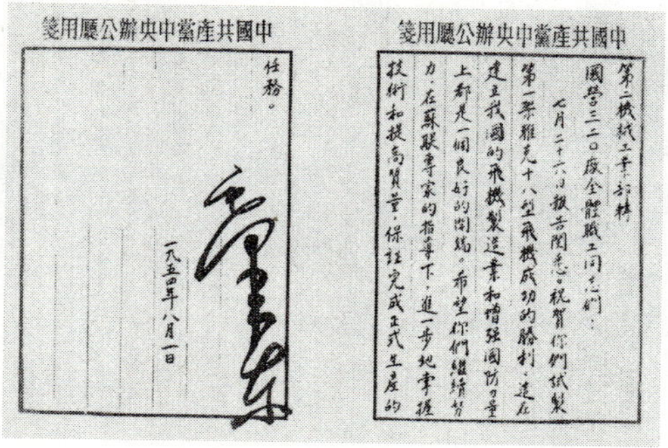

中國共產黨中央辦公廳用箋

第二機械工業部轉國營三二〇廠全體職工同志們：七月二十六日報告閱悉。祝賀你們試製第一架雅克十八型飛機成功的勝利。這在建立我國的飛機製造業和增強國防力量上都是一個良好的開端。希望你們繼續努力，在蘇聯專家的指導下，進一步地掌握技術和提高質量，保証完成正式生產的任務。

毛泽东

一九五四年八月一日

毛泽东主席给南昌飞机厂职工的嘉勉信

据了解，这是毛泽东在1954年向国防工业企业连发三封嘉勉信的第一封。其后还给247厂和331厂发过嘉勉信。

关于毛泽东写嘉勉信的原委，王西萍

回忆：

雅克-18的图纸资料是1954年2月到齐的，5月开始试制，7月初便完成了试飞，7月下旬通过国家鉴定。这是新中国制造出来的第一架飞机。消息传来，群情振奋，《人民日报》登出了消息，上上下下都充满着难以抑制的喜悦心情。当时毛主席有位秘书曾对我说：“这可是件大喜事呀！应当请毛主席题词，给工厂鼓励鼓励。”我说：“那当然最好不过。此事就拜托你了。”事后据这位秘书回话：毛主席说，这些生产技术上的事由他题词好不好？还是请主管部门先起个草，由他看看再说。就这样，我马上起草了一封贺信底稿，经分党组同意，就立即送中南海。不久，我们就接到了毛主席签署给320厂的嘉勉信。两个月后，毛主席又给331厂签署了同样内容的嘉勉信。②

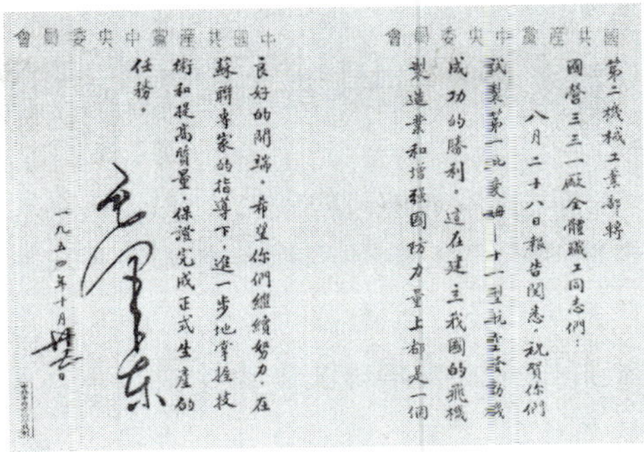
中國共產黨中央委員會

第二機械工業部轉
國營三三一廠全體職工同志們：
八月二十八日報告閱悉，祝賀你們試製第一批愛姆—十一型航空發動機成功的勝利，這在建立我國的飛機製造業和增強國防力量上都是一個良好的開端，希望你們繼續努力，在蘇聯專家的指導下，進一步地掌握技術和提高質量，保證完成正式生產的任務。

毛泽东
一九五四年十月 日

毛泽东主席给株洲发动机厂职工的嘉勉信

苏联专家与航空工业局领导、320厂领导合影，徐昌裕（前排右一）、320厂第一副厂长孙志瑞（前排右二）

9月28日，新华社以《我国自制飞机成功，首批自制飞机飞上了祖国的天空》为题，向全世界宣告：中国人从此有了自己制造的飞机。

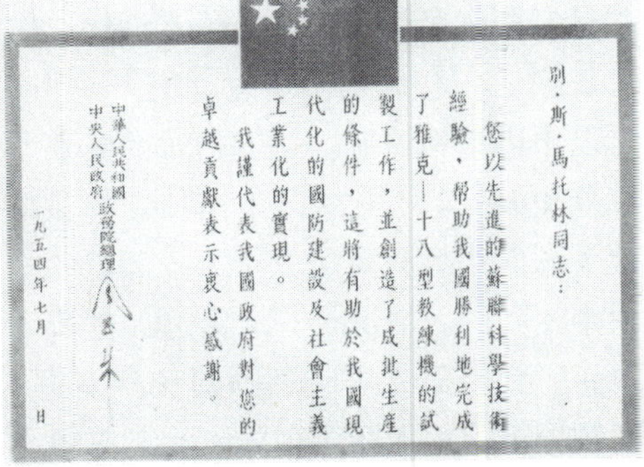
別·斯·馬托林同志：

您以先進的蘇聯科學技術經驗，幫助我國勝利地完成了雅克—十八型教練機的試製工作，並創造了成批生產的條件，這將有助於我國現代化的國防建設及社會主義工業化的實現。

我謹代表我國政府對您的卓越貢獻表示衷心感謝。

中華人民共和國
中央人民政府政務院總理 周恩來
一九五四年七月 日

周恩来给苏联专家马托林的感谢信

② 航空工业部中国航空工业史编辑办公室．航空工业史料第二十辑：王西萍同志对航空工业的回忆片断

这里有个插曲，320厂第一架飞上天的初教5配装是苏联制造的M-11фр发动机。这时随同赵部长赴南昌参加飞机首飞典礼航空工业局副局长、主管发动机的油江坐不住了，多年后他回忆：

我记忆最深刻的一件事是：我国第一架飞机试制成功时，赵尔陆部长、王西萍局长和空军领导同志带着苏联顾问和我去320厂开庆祝会。到南昌的当晚我睡不着觉，第二天早晨我就向赵尔陆部长和王西萍局长提出建议：我与发动机顾问立即去331厂。赵部长说："不忙嘛！等几天再去。"我说，现在第一架飞机的发动机还是装苏联的，国产的M-11发动机尚未试制成功，我能坐得住吗！赵部长听后同意我的意见说："好哇！去吧。"我和苏联顾问戈尔捷也夫即去331厂，一直到发动机试制成功，经过国家批准我才敢回北京。那时我就下了这样的决心：第二种飞机试制时，发动机必须赶在飞机的前面，不能让国产飞机再装不上国产的发动机。③

③周日新主编.魂系航空——深切怀忘油江同志. 2009.200.

1954年8月中国第一台航空发动机在331厂制造成功，油江及厂领导同苏联发动机专家等在发动机台架前合影，前排左起：郭固邦（厂党委第二书记）、言乃昌（厂总工程师）、苏联专家、油江、戈尔捷也夫、牛荫冠（厂长兼党委书记）；后排左王玉京（厂总设计师）

331厂试制的M-11фр发动机于1954年8月16日通过国家鉴定试车考核。自1951年冬到1954年3月，该厂共修理了M-11фр型发动机575台，并试制和生产了该机322种零组件，这些零组件都已经过400小时长期试车和装在修理发动机上使用的考验，经领导机关批准，可以不再重新试制。这就相对地减少了整机试制的工作量。但当四局1954年3月27日下达将新机试制进度提前一年的命令时，整个试制周期只剩下6个月，而苏联全套制造技术资料于当年4月中才到厂。情况十分之紧迫。在新到任的厂长兼党委书记牛荫冠、厂党委第二书记郭固邦和湖南省支援的30多名地、县级干部领导下，加上四局副局长油江率领的工作组和苏联专家协助指导，331 厂建立了强有力的试制指挥系统，协力奋战，终于在 7 月 29 日装出首批发动机，并顺利完成了鉴定试车。

牛荫冠（1912–1992），1912 年 8 月出生于山西省兴县蔡家崖村。1933 年夏考入清华大学，1935 年 12 月参加中国共产党。他是著名的“一二·九”运动的领导人之一。1949 年 5 月，牛荫冠随中国人民解放军南下开辟新区。6 月，江西省人民政府成立，他任江西省财政经济委员会副主任兼财政厅长，1951 年 9 月任江西省政府副主席。1954 年初，牛荫冠被调到航空工业局 331 厂任厂长兼党委书记，并任湖南省委委员。1955 年秋，牛荫冠奉调 112 厂任厂长，并兼任辽宁省委委员。1962 年，牛荫冠被调到国家商业部任副部长、党组成员，后任全国供销合作总社副主任、党组副书记、主任、党组书记。

1949 年到 1954 年，牛荫冠与夫人赵辉在江西省政府工作期间与女儿赵若江合影

郭固邦（1918– ），1918 年生于山西原平县。1938 年 2 月参加革命，同年 6 月加入中国共产党。新中国成立后，任湖南省湘潭地委秘书长兼组织部长、地委第二书记。1953 年 5 月郭固邦被调株洲发动机厂工作，先后担任厂党委第二书记、厂长、书记兼厂长。1975 年被调任湖南省机械工业局局长兼党委书记、省经济委员会副主任、副书记、省机械委员会副主任兼机械局局长。

1954 年 9 月 18 日，M–11 经中央军委批准转入成批生产。10 月 25 日，毛泽东主席向 331 厂全体职工签发了嘉勉信。

毛泽东主席的嘉勉信给 320、331 厂和全体航空工业从业人员以极大鼓舞。国家还给 320 厂和 331 厂颁发奖金 8 万元。

初教 5 飞机在 1954 年试制成功的当年就制成 9 架，M–11фр 发动机则交付了 16 台。到 1958 年停产时，初教 5 飞机共生产 379 架，M–11фр 发动机共生产 515 台。1978 年最后 13 架初教 5 从部队退役。初教 5 对空军的训练工作做出了重要贡献。

国产亚声速喷气式歼击机上天，中国一举跨入“喷气时代”

初教5飞机的试制成功是中国航空工业走向制造的先导，进一步制造实战所需的歼击机，就成为航空工业直接为壮大空军战斗力服务的重要目标。喷气式歼击机性能先进，技术难度大，配套关系复杂，远远超过初级教练机。在苏联的支援下，中国航空工业跨上这第二个台阶，只用了两年时间。

按中苏两国的协定，112厂从1953年开始改建。1953年10月24日，航空工业局制定了112厂为米格-15Бис歼击机制造厂的总体设计任务书。

12月23日，苏联向中国转让米格-15Бис飞机等航空装备生产特许权。当日，中苏双方签订了《关于提交国防企业产品的生产特许权样品和技术资料的换文》。《换文》附件1规定：按武器和军事技术物资明细单提交中华人民共和国政府生产特许权。技术资料及样品包括：米格-15Бис飞机和ВК-1А发动机。

12月23日，二机部部长赵尔陆向中央军委提出从空军拨给新米格-15Бис飞机1架，新ВК-1А发动机1台，作为112厂和410厂制造样品使用。31日，彭德怀批示：请王秉璋照办。

1954年1月13日，国家计划委员会批准112厂为喷气式歼击机制造厂，到1957年建成一个具有年产1000架米格-15Бис能力的歼击机制造厂。

正当112厂密锣紧鼓地一边改扩建，一边投入试制米格-15Бис的时候，1954年10月，苏联政府建议中国停止试制米格-15Бис，而改为试制性能更好的米格-17Ф。

米格-17是米格-15的后继机。米格-17的原型机于1949年3月开始试制，1950年1月13日首次试飞。1951年9月1日开始批量生产。1952年10月开始装备部队。米格-17飞机的主要改进之处是：在米格-15Бис的基础上，加装了推力更大的发动机ВК-1Ф；机翼后掠角改为45度；加长了机身并加大了减速板的面积。米格-17飞机的设计指标虽然是高亚音速，但试飞中曾有两次超过音速。米格-17Ф是米格-17的白天作战改型，主要改进之处是安装了带有加力燃烧室的发动机，因而飞行性能有所提高。米格-17Φ于1951年首飞，1953年4月投入批生产。应当说，米格-17Φ是当时苏联空军现役装备的最新最好的歼击机。苏联自己装备这种飞机还不足一年，就交给中国生产，没有苏联当局高层决策拍板是不可能的。

1954年10月12日，中苏两国签订了《关于苏联援助中国国民经济的协定补充议定书》。其中第二号附件修改和补充了1953年5月15日《协定》中的航空项目，确定112厂改为生产米格-17Φ喷气式飞机制造厂，生产1000架；11月25日苏方又以备忘录通知确认112厂生产米格-17Φ喷气式飞机，预定1955年第二季度提交其技术资料，1955年7月交样机。

苏联政府此举，显然是极其友好与善意的表示。这是斯大林逝世后，赫鲁晓夫主政的苏联在向中国航空工业方面伸出的第一个“橄榄枝”。

赫鲁晓夫为何要有这一举动呢？

1953年3月5日斯大林突然去世，临终前没有明确指定接班人，这使苏联领导层出现最高权力之争。同年9月，赫鲁晓夫担任苏共中央第一书记，其地位远远不能同斯大林担任的总书记相比，急需得到中共的支持。据俄罗斯解密的档案记载，1954年9月赫鲁晓夫首次来华前主持召开苏共中央主席团会议，决定对华大幅增加援助作为礼物。苏共元老伏罗希洛夫元帅发言称这是苏联经济难以承受的，赫鲁晓夫则坚持己见，说非如此不能使中国人感受到友谊。果然，在这次来华参加新中国成立5周年庆典期间，赫鲁晓夫改变了斯大林过去的大国沙文主义

1954年9月30日，中国中央人民政府主席毛泽东等中国党和国家领导人会见苏联共产党中央委员会第一书记、苏联最高苏维埃主席团委员赫鲁晓夫率领的来我国参加建国五周年国庆典礼的苏联党政代表团

做法，废除了中苏关系中一些不平等约定，议定从旅顺撤军和交还基地。对于提供常规武器，苏联也改变了斯大林时期主要提供次一级产品的做法，改为提供现役新装备样品和生产技术。

赫鲁晓夫在《赫鲁晓夫回忆录》中也间接印证了这一情况：

早在斯大林的建议下，我们就给了中国人民解放军许多武器：大炮、坦克、机枪、步枪、自动冲锋枪、飞机。中国所得到的武器，基本上都是当时苏军所装备的武器。不过，苏军在个别种类兵器方面正在向新式装备过渡；在战争时期，特别是在战后军队建设过程中，总是有一些型号武器被取消生产，另一些型号武器被投入生产，我们在对华关系中总的原则是什么呢？随着一种武器的改进，我们便用它来装备自己的军队，然后把它推荐给中国用以武装人民解放军。我们认为这种态度是兄弟般相互关系的基础，我们关心的是让中国强大，让它的军队达到现代发展水平，我们在竭尽全力提高本国军队战斗力的同时，也同样关心提高中国军队的战斗力。④

赫鲁晓夫又回忆道：

1954 年决定派遣我们的党政代表团前往北京参加中华人民共和国成立五周年庆典。根据苏共中央和苏联部长会议的决定，由我率领这个代表团。代表团阵容很大，而且很有代表性，团员有布尔加宁、米高扬、什维尔尼克、福尔采娃、谢列平、纳斯列季诺娃等人。代表团出访日期定在中国人民革命胜利和劳动人民政权建立纪念日——10 月 1 日。我们到达中国。人们兴高采烈地迎接了我们。我们也为了能够在中国土地上逗留、会见中国人民的领导人、同他们会谈而十分高兴。除了一般性防御问题，我们没有什么特别问题要向北京提出。为了巩固国防，中国今后必须促进经济发展，特别是发展工业。⑤

赫鲁晓夫在访华期间还与布尔加宁、米高扬一道到沈阳参观了沈阳 410 厂。

1954 年 10 月，航空工业局油江、徐昌裕副局长及两名苏联顾问分别赴沈阳 112 厂和沈阳 410 厂调研，编写出米格-17Φ 飞机和 BK-1Φ 发动机的试制计划报告。

10 月 22 日，周恩来电示中国驻苏大使馆，就缩短米格-17Φ

④ 尼基塔·谢·赫鲁晓夫．赫鲁晓夫回忆录（全译本）（第三卷）．北京：社会科学文献出版社，2006. 2252.

⑤ 同上书．2256.

飞机试制时间问题，向苏方提出了要求。11 月 8 日，赵尔陆将试制米格-17Φ 飞机计划以及代拟致苏联政府的备忘录各一份呈报中央军委、国家计委及国务院三办，请求批准。

11 月 20 日，中国空军从苏联进口米格-17 飞机 96 架。

11 月 23 日，中央军委批准制造米格-17Φ 机和 ВК-1Φ 发动机新计划。聂荣臻函告赵尔陆并抄致王秉璋，中央军委批准四局分党组给中央军委、计委、国务院三办上报的《关于制造米格-17Φ 飞机和ВК-1Φ 发动机的新计划》。并指示：在米格-17Φ 的资料未到前，仍按原计划试制米格-15Бис 的部件，不试制全机。需由空军调拨的即将实习期满的技术人员 200 余名，试飞员 5 名，试飞主任 1 名，苏式的新发动机 2 台，按计划照办。请薄一波请示总理批准其他问题后，按计划进行。该计划中提出，为确保在 1956 年第三、四季度分别试制成功 ВК-1Φ 发动机和米格-17Φ 飞机，需要同苏联进一步商谈以下三个方面的问题：

1. 增聘苏联专家和顾问，其中 112 厂增加 39 名，至 1955 年达到 70 名；沈阳 410 厂增加 52 名，至 1955 年达到 70 名。

2. 要求苏联提前供应试制所需的原材料、半成品、标准样件及发动机的部分精密工装。

3. 要求苏联政府将一部分专用设备及仪器由原定 1956 年提供提前到 1955 年提供。

1954 年 12 月 2 日，二机部航空工业局王西萍代局长和段子俊副局长抵达莫斯科。张闻天听取汇报后，于 7 日将中国备忘录转交苏联莫洛托夫外长，同时还递交了中国 4 个飞机、发动机厂的厂房主体工程照片。

代表团在苏期间同苏联航空工业部对外联络司正、副司长进行两次会谈。在第一次会谈中，苏方一般性答复同意以下 4 点：1.1955 年 5 月 1 日前交付米格-17Φ 飞机和 ВК-1Φ 发动机技术资料；2.1955 年供应 160 台设备；3. 为中国设计轮毂厂；4. 设计一个可能转为制造厂的伊尔 -28 飞机修理厂。第二次会谈取得以下结果：苏方提供两套技术资料；供应 50 套 ВК-1Φ 发动机锻铸件和毛坯；供应 15 架份米格-17Φ 飞机散装件，作为试制样品；供应 10 架份飞机锻铸件和毛坯以及 8 架份特设成品。这次谈判，基本达到了预期目的。

苏联方面反应迅速。1955 年 3 月 18 日，米格-17Φ 飞机图纸、工艺资料及标准样件等共 37 箱，全部运抵 112 厂，国务院三办薄一波主任批示，为了集中力量更快地完成米格-17Φ 的试制。决定自本年第三季度起，112 厂停止米格-15Бис 的试制。

自苏联米格-17Φ 飞机技术资料运抵之日起，112 厂开始了紧张的试制工作，国产型号为歼 5(1964 年正式命名)，又称“56”式歼击机，东风 101 号歼击机，44 号机。歼 5 是中国制造第一架喷气式歼击机，是中国航空工业从修理走向制造的标志性机种。

112 厂按照周恩来亲自制订的航空工业修理走向制造的方针，几年间修理了 9 种飞机共 664 架。从 1952 年起，为结合修理工作的需要，进行了一些飞机零件和部件的试制，4 年中制成了米格-15 等飞机的零件、组合件及部件共 140 项，包括起落架护板、炮罩、翼尖、机头罩、副翼、尾翼等大部件，从而培养了技术力量，为歼 5 的试制提供了条件。

1955 年 9 月 13 日，中央调 331 厂厂长牛荫冠来 112 厂任厂长职务，原厂长高方启改任第一副厂长兼总工程师。

牛荫冠这次来到 112 厂，他在党委会上说：“中央派我来的目的，就是抓紧出飞机，为祖国争光，前人没干的事，我们干！”

苏联提供的米格-17Φ 飞机成套技术资料到厂后，工厂随即组织力量翻译，并制订了提前在 1956 年国庆节前完成新机试制任务的计划。6 月底，米格-17Φ 飞机资料复制工作基本结束。7 月 1 日，开始组织新机试制人员学习资料，在学习中，遇到问题就请教苏联专家。参加学习的领导干部和工程技术人员共 853 人，工人 4769 人，经过 3 个月的学习，大部分都能独立工作了。9 月，大批苏联飞机零件、工装到厂。

苏联为帮助中国试制喷气式飞机，除提供全套图纸、技术文件和大部分工艺装备外，还提供两架样机、15 架份飞机散装件、10 架份锻件及原材料、8 架份外购件、15 架份标准件。另外还派来一批苏联专家。工厂为了缩短试制周期，尽快掌握技术，根据厂长顾问赫拉莫夫的建议，采用了四个阶段平行作业的快速试制方法。

1955年航空工业局与沈飞领导与苏联专家合影，前排右起：熊焰、何戈、徐昌裕、厂长顾问赫拉莫夫、牛荫冠、总工程师顾问卡列夫、高方启、刘南生；后排右起：赵泰兴、郇振中、布里特旦夫、库拉科夫、亚文、罗曼诺夫、格拉德科夫、列斯内赫、孙文深

该方法是根据一架飞机的全部制造工艺流程，将其分成四个阶段：第一阶段用苏联提供的部件装配成飞机，112厂于1955年9月到1956年一季度，装配5架飞机，全部交付给空军。第二阶段是用苏联提供的组合件装配成部件，再装配成飞机，这个阶段装配4架飞机，于1956年二季度全部完成。第三阶段是用苏联提供的零件装配成组合件，再装配成部件，最后装配成飞机，这个阶段装配4架飞机，于1956年三季度完成。第四阶段是用国产零件装配成组合件，再装配成部件，最后装配成整架国产飞机，此阶段投入3架，7月13日，国产“中0101”号飞机总装完毕。

在四个阶段平行作业中，每个阶段苏联都供应工厂一定数量的物资。在第一阶段中，供应了准备进行初装、总装的部件及发动机、特设、附件等，使工厂一开始就可以掌握初、总装技术。第二阶段，提供了进行铆接的组合件，如机翼梁架、上壁、下壁、机翼蒙皮以及铆接所必需的装配型架、精加工台等，使工厂能够掌握工艺装备的使用方法和部装技术。第三阶段中，提供了准备铆接成组合件用的零件及其必需的组合件型架，如梁架装配组合架、18框装配型架等，能够使工厂在一开始试制就能铆接组合件。第四阶段则为112厂真正的试制，苏联只提供部分材料及工具，如型胎、冲压模、机床夹具等，使工厂能迅速制造出零件来，再铆接成组合件、部件，直到装配成飞机。

四个阶段平行作业法的优越性，首先是它可以将不同的工艺过程同时展开，平行交叉地进行，缩短了试制周期。特别是节省了工艺装备的制造时间，使用苏联的大部分工艺装备，可以不等自己的工装制造完，就能生产，在生产中再补齐工装。当时从苏联运来的模线样板有 16768 块，为全机 43250 块的 38%；标准样件、模具、型架等工艺装备 13226 项，为全机 37071 项的 35.6%；如果这些工装全部自制，则大约需要一年时间。其次是迅速培养出大批成套的技术力量。试制过程中，在苏联专家的指导下，很快培养出一批工装设计人员，使工厂的工装设计能力迅速提高；在冶金技术方面，试制前工厂拥有冶金技术人员 512 人，试制结束后达 951 人，各种铸、锻、热处理工艺文件绝大多数都可以自己编制；飞机结构技术人员也绝大部分能达到独立工作的程度。除此之外，其他如检验、机械、动力等部门的各级领导干部在数量上也有所增加，在管理能力上也有了相应提高。再次是保证了产品质量。特别是经过二、三阶段解决不协调问题与处理技术文件，提早发现了质量上的问题，预防了各种质量事故的发生。最后是建立了各种合理的企业管理制度。如技术管理、生产管理、计划管理制度等。

四阶段平行作业法也存在一定的缺陷。最突出的就是时间紧迫，技术力量的成长得不到充足的时间巩固和发展，致使工厂在大批投产新机前，技术人员的素质还不能完全适应需要。其原因是大部分人员没有从头全面编制过工艺文件，缺乏实际锻炼，有的还不能参照图纸编制部件装配表。加之大批运用苏联工装，而自己只设计过部分补充制造的工装，所以，其他工装图纸还未设计过，因此，尽管快速试制出了飞机，112 厂还不能称为具有全部制造能力的飞机工厂。同时由于试制过于“顺利”，冲昏了一些人的头脑，也为即将到来的“大跃进”中试制米格-19 的出现重大质量问题埋下了伏笔。

1955 年 12 月 5 日，刘少奇、邓小平视察 112 厂，观看了用苏散装件装配的米格-17Φ 飞机的试飞。刘少奇说：“当我们有了自己优质的战斗机，反侵略战争胜利就更有把握了。”邓小平说：“为了建设强大的人民空军，我们就要有自己的航空工业，而且

刘少奇、邓小平视察112厂，与试飞员、苏联专家及厂领导合影

是现代化的航空工业。”

试制米格-17Φ飞机第一批两架（中0101供试飞，中0102供静力试验）总装完成后，工厂立即转入试飞前的准备及进行静力试验工作。

静力试验是按照各种飞行状态的设计载荷，在地面考验飞机强度的一种试验。1954年8月，工厂组建静力试验室，刘昌琼任主任。1956年5月30日，改建的3100平方米的22号静力试验室竣工。1956年6月15日，中0102正式开始试验，7月26日试验完毕。历时42天，试验结果，各种部件、组合件均达到苏联静力试验任务书的要求。飞机全机静力试验是中国首次进行。加载到设计载荷的105%方破坏，达到了设计要求。在试验组合件时，因为准备得不周密，有四个组合件（座舱盖、减速板、主起落架和襟翼锁钩）因加载数据不准和试验方法错误，第一次试验没有成功。后来对上述缺点加以改进后，重试结果达到了要求。

歼5飞机主任试飞员吴克明也观看了全机静力试验，他回忆：

在观看飞机的强度试验中，静力试验至最大承载时，不到4米长的半个机翼的翼尖居然向上翘了几乎一米，这真使我开了眼界。虽然我在学习空气动力学和飞行原理时，从理论上了解升力的特性，但在飞行实践中，往往由于拉杆而增大过载，感到人被压得喘不过气来，从而想当然地认为这时的机翼也一定是给压得弯下去了。但通过观看静力试验，纠正了这种错觉，给自己上了生动的一课。[⑥]

⑥ 国营松陵机械公司史志编辑办公室．国营松陵机械公司史料第一辑．149.

国家验收委员会成员于 6 月 30 日到厂，对静力试验的全过程进行了审查，并听取了工厂厂长和驻厂总军代表关于新机试制过程和质量情况的汇报。随即审查了工厂提交的产品图纸、技术条件、超差代料等问题。之后，组织了飞行试验。

1956 年 7 月 19 日职工在于洪机场观看歼 5 首飞

经过整整一年的努力，用了 20 万多个工时完成的国产第一架喷气式歼击机，终于开始了试飞。

1956 年 7 月 19 日，牵引车拖着新机在晨曦中来到沈阳于洪机场（因当时 112 厂的北陵机场正在翻修）。工厂派出了 300 多名职工观看了试飞。执行这次首飞任务的试飞员是吴克明。

试飞员吴克明

吴克明，1929 年 3 月生于浙江省萧山县。1949 年 12 月被分配到济南航校学习飞行，1951 年 1 月入朝参战，他曾在朝鲜战场上击落过两架美国 F-86 飞机，荣获朝鲜人民民主共和国军功章和国旗勋章。吴克明于 1955 年 11 月被调到 112 厂试飞大队担任歼 5 飞机主任试飞员。

吴克明驾驶国产歼 5 中 0101 号首飞获得圆满成功。

吴克明这样回忆他驾驶中 0101 飞机首飞的情景：

1956 年 7 月 19 日，是个难忘的日子。北国盛夏的清晨，仍然凉爽宜人，我像往常一样驱车来到沈阳于洪机场（此时 112 厂的跑道正在扩建，所以暂借于洪机场试飞）。机场内和平日无异，但细心的人能看出，今天人们有些紧张而肃穆。航行调度室向我正式下达了试飞任务书之后，我便向那架已经做好飞行准备的我国制造的第一架56式歼击机走去。银白色的机体在晨辉的照射下耀眼夺目，在机务人员的精心照料下，铝制蒙皮上连一丝划纹都找不出来。跨进座舱，仪表板上、操纵台上……一个接一个印刷着祖国文字的标牌特别醒目地映进我的眼帘，一种自豪感不禁油然而生。伟大的祖国，终于有了自己制造的作战飞机了。

吴克明登歼5飞机准备首飞

我熟练地接通了电源、无线电以及其他设备。得到了指挥塔台的允许后，我就启动了发动机。顷刻，高速的喷气流吼叫着，大地也随之颤抖，我目视各种仪表的指示，证明发动机等工作正常。于是就把飞机滑行到起飞跑道上，做滑行试验。我操纵机轮刹车，做低速滑行转弯，飞机顺从地在跑道上左右转动，接着又做了直线快速滑跑。飞机在高速滑行时，有很好的俯仰和方向操纵性，这些更使我坚定了信心。最后，我将飞机滑向起飞线，并把发动机的推力加到最大，接着松开自动刹车，飞机立即像一支离弦的箭，以最大的加速度向前冲去，十几秒钟后便轻轻地离开地面直冲霄汉。在万里蓝天上，它像雄鹰，而雄鹰哪有它飞得快、飞得高！？它像海燕，而海燕哪有它矫健、灵巧！？此时，我真想开足发动机的马力，让它飞得最高，让它飞得最快……但是，理智告诉我：这是初次试飞！地面上有为它付出辛勤汗水的千万名职工在盼着“初战胜利”的捷报。当预定的试飞计划完成后，我带着余味未尽的心情，操纵着得心应手的银色战鹰，轻轻地降落在跑道上的“T”字布旁，并滑向停机线。通过座舱盖的有机玻璃，我看见工人们挥舞着“青年突击队”的大幅红旗，列队站在跑道旁迎接他们自己亲手制造的战鹰凯旋。我关闭了发动机。战鹰默默地停下来，我迅速打开座舱盖走下飞机，人们把我当成了胜利的象征，花束在晃动，人们在欢呼。连在数十里外一直静候在电话机旁的牛荫冠厂长，得知56式飞机胜利返航的喜讯后，都立即用电话向我表示热情的慰勉，我忙回答说："这是党自力更生路线的胜利，是工厂领导和全体职工忘我劳动的成果。"⑦

⑦ 国营松陵机械公司史志编辑办公室．国营松陵机械公司史料第一辑．150-152.

首飞成功后，工厂随即进入了紧张的综合科目飞行试验。在15天时间内，经过19次综合性能试飞，并对试飞中发现的故障进行了调整和排除，结果证明：中0101号飞机在最大速度、最大高度，特种设备、发动机等各项性能、数据已全部达到试飞大纲规定的要求。

8月2日，国家验收委员会责成试飞员吴克明完成最后一次验收试飞。从而全部完成预定的试飞项目。

9月8日，国家验收委员会在厂举行了验收签字仪式。国家验收委员会主任、空军第一副司令员王秉璋宣布验收结论："112厂已经试制成功56式机，并可以进行成批生产，交付空军及海军航空部队使用。"

王秉璋（1914-2005），河南省安阳县人。1931年参加中国工农红军。1935年加入中国共产党。历任任红五军团通信队队长，红一军团司令部作战科科长；八路军一一五师司令部作战科科长、参谋处处长，冀鲁豫军区第六、第十一军分区司令员、冀鲁豫军区豫东指挥部司令员；晋冀鲁豫军区第十一纵队司令员、

1956年9月8日王秉璋中将在歼5试制成功文件上签字

第二野战军第十七军军长。中华人民共和国成立后历任空军参谋长，空军第一副司令员兼参谋长，空军第一副司令员兼国防部第五研究院院长，空军第一副司令员兼第七机械工业部部长，空军第一副司令员兼国防科学技术委员会第一副主任，1955 年被授予中将军衔。中国共产党第九届中央委员。

在歼 5 试制成功国家签字仪式上，三秉璋（左五）、张连奎（左六）、徐昌裕（左二）

歼 5 于 1955 年 4 月 8 日投入试制，1956 年 8 月 2 日完成第一架全部采用自制零件的飞机试飞，9 月 8 日通过国家验收。试制周期为 481 天。

在沈阳飞机厂试制歼 5 的过程中，苏联专家发挥了重要作用。112 厂是有苏联专家较多的航空企业之一。从 1951 年 7 月起就有苏联专家来厂，至 1956 年达到 56 人，包括厂长顾问赫拉莫夫，总工程师顾问卡列夫，主要车间和科室的专家等。

在试制喷气式歼击机的进程中，卡列夫主办了模线样板——标准件工作法学习班，他和其他专家讲课，使工人很快掌握样板的制造技术，成功地制造了水平尾翼等模线样板 800 多块。焊接专家谢基科夫帮助中国工人掌握技术，保证了第一个前起落架支柱于 1954 年 4 月制造成功。镁铝合金专家阿布拉莫夫在工作中突感心胸闷痛，下午看完病后，又立即赶回车间工作，结果不幸于午夜因心肌梗塞逝世。

为感谢苏联专家对 112 厂试制工作的帮助，国务院总理周恩来于 8 月 13 日和 9 月 30 日，分别给厂总工程师顾问卡列夫、总设计师代表克拉西沃夫及生产长顾问列斯内赫颁发了感谢状；二机部部长赵尔陆于 9 月 8 日给总工艺师顾问沙丈诺夫等 39 名苏联专家颁发了感谢状；厂长牛荫冠给其他苏联专家颁发了感谢信。

9 月 9 日，《人民日报》以《我国试制成功新型喷气式飞机》为题在头版作了报道：“新华社 9 月 8 日消息，今天下午 4 时，在某地举行了喷气式飞机制造成功的国家验收签字仪式。这种飞机，经过静力试验和动力试验试飞，证明质量优良，性能良好。制造这种飞机的工厂全体职工在苏联专家的帮助下，提前一年零五个月完成了飞机的试制任务，这种飞机即将成批生产。”

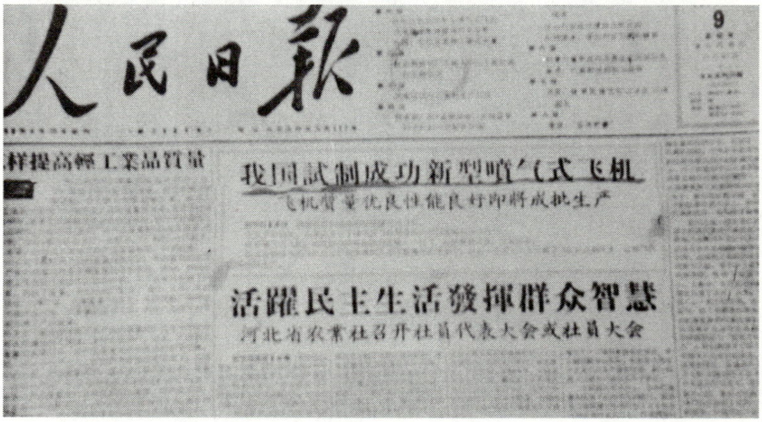

人民日報

9

样提高輕工業品質量

我国試制成功新型噴气式飞机

飞机質量优良性能良好即將成批生产

活躍民主生活發揮群众智慧

河北省农業社召开社員代表大会或社員大会

《人民日报》报道歼 5 飞机试制成功

9 月 10 日，军委副主席聂荣臻元帅乘专机赴沈，参加国产第一架喷气式歼击机试制成功庆祝大会。上午 10 点，聂荣臻元帅在赵尔陆部长和史良部长的陪同下，为飞行表演的国产第一架喷气式歼击机中 0101 号剪彩。接着观看了飞行表演。沙千里、赖际发、万毅、王秉璋、陈沂、梅嘉生、杜者蘅、焦若愚、黄炜华等参加了庆祝大会。聂荣臻代表周恩来给工厂发了 20 万元奖金，

聂荣臻、史良在歼 5 飞机试制成功庆功大会上

以资奖励。

当天，中共中央国务院给112厂和410厂发来贺电，贺电说：“祝贺你们提前一年零五个月试制成功56式喷气歼击机和提前一年零四个月试制成功56式喷气发动机。希望你们在苏联专家的指导下，再接再厉，为进一步提高我国航空工业的技术水平、确保航空产品质量和取得成批生产的经验而努力。”

苏联航空工业部部长捷明杰夫也发来贺电。

歼5飞机总装生产线

歼5飞机试制成功，实现了周恩来1953年提出的空军所需歼击机在1956年、1957年两年间由国内自给的设想，结束了空军飞机来源完全依赖国外进口的历史。9月27日，首批10架国产米格-17Φ飞机装备空军。

歼5飞机所用BK-1Φ发动机，国产型称涡喷5型发动机，是中国自己制造的第一种涡轮喷气式发动机，单转子涡轮，离心式压气机，带加力燃烧室，最大状态推力约26千牛（2650千克力），加力状态推力约37千牛（3800千克力），净重989千克。

410厂的涡喷5发动机试制工作，是在老厂111厂的通力合作下进行的。当时两厂实行“一长两跨”的独特管理方式，即老厂（111厂）与新厂（410厂）在一个党委领导下，两厂各级正职领导人均由同一人担任，厂长莫文祥、总工

在中南海瀛台航空馆，陈少中（左五）与航展工作人员在国产喷气式歼击机歼5前合影，左三为马慧敏、右二李国富

程师兼第一副厂长许锡缵、副厂长程华明等统筹老厂与新厂的工作。包括修理、新机试制和新厂建设工作。

许锡缵（左二）与苏联专家在一起

许锡缵（1913–1999），1913年5月出生于南京。1936年毕业于上海交通大学航空工程专业班。1938年10月加入中国共产党，并留在国民党空军搞地下工作。1949年末，任上海空军21厂（飞机修理厂）总工程师及第一副厂长兼党委副书记。1951年起调任沈阳112厂副厂长兼总工程师，111、410厂第一副厂长兼总工程师，组织试制了我国第一台喷气发动机涡喷5。1957年，许锡缵在当时的政治运动中经历了曲折与坎坷，先后被调任北京航空学院研究部主任，航空工艺研究所副所长，航空研究院副总工程师，北京航空测试设备厂总工程师、厂长，1980年，调到航空工业部任外事局副局长兼中国航空技术进出口公司副总经理。

朱德副主席视察410厂，前右为程华明

程华明（1917–2006），1917年12月10日生于湖北省大冶县。曾就读于浙江大学电机系、机械系。1945年参加革命。曾任华北军区修配厂厂长、军委总后勤部工厂管理处副处长。1953年投身中国航空工业的创建与发展，在航空工业发动机行业奋斗了33年，其中在厂总工程师岗位23年，主管生产技术工作，共领导了包括涡喷5等5型发动机的仿制，2型发动机的改型，3型发动机的延寿，5型发动机的修理。参与领导自行设计3个型号的试制。组织领导了7种型号共1.8万台喷气发动机的生产。

111厂自1951年冬季开始，两年多已修理过4种2000多台喷气发动机，试制、生产了近3000种零部件，培养锻炼出一支8000余人、专业齐全的职工队伍。在准备试制米格-15Бис飞机阶段，工厂集中精力对其发动机BK-1A（涡喷5甲）开展零备件制造工作，该机有68%的零部件与BK-1Ф通用，是涡喷5发动机试制的工作基础。在410厂建设于1954年春破土动工前，BK-1Ф发动机的技术资料已从年初开始在111厂翻译复制，1.2万多种工艺装备也先由老厂开始制造。新厂第一批厂房建成后立即集中全厂最好的设备、最强的人员，组建了5个新的工具车间，新、老厂合作，在1956年3月将所需工艺装备全部制造完毕，为全面完成新机零部件加工创造了条件。

410厂青年职工讨论技术问题

410厂得到了苏联专家的有力帮助，并推行与112厂相似的“交叉平行作业”法，后续工序提前获得锻炼，加快了整机试制进度。工厂还采取了工程师马世英倡议的“先锋批”的做法，即利用廉价的代用毛料提前进行重要零部件的试制练兵，一方面锻炼加工技术，一方面发现和解决工艺装备、设备和管理方面存在的问题。如前轴的“先锋批”加工经历75天，到正式试制时只用了15天。新厂投产前一年，已在老厂试制成功新机零组件611项，占全机零组件的36%。1956年2月新机零组件全部试制出来。5月28日，首批涡喷5发动机顺利通过100小时试车考核。6月2日，国家验收委员会作出鉴定结论：产品性能良好，可以转入成批生产。国

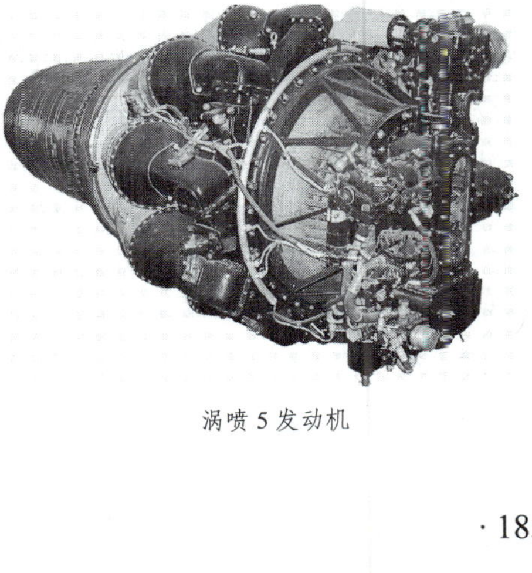

涡喷5发动机

产涡喷 5 发动机试制成功，比原计划提前了一年零 4 个月。

本来 112 厂生产的歼 5 飞机预定参加 1956 年国庆空中阅兵，但是天公不作美，那一天因下雨空中阅兵全部取消，到 1959 年国庆节，112 厂生产的 55 架歼 5 飞机列队首次飞越天安门城楼上空，接受党和国家领导人的检阅。

歼 5 飞机至 1959 年 5 月停产时，共生产 767 架。

为歼 5 飞机试制立功的 112 厂总装车间三工段 40 名青年突击队员合影（沈飞航空博览园提供）

歼 5 飞机的试制成功并迅速批量生产、装备部队，使中国一举跨进了喷气时代，成为继德、英、美、苏、法、瑞典之后第七个拥有喷气技术的国家。

喷气时代的标志在于掌握喷气技术，能够研制喷气式发动机和装备该发动机的飞机。

从世界上第一架飞机诞生之日起，提高飞行速度、飞行高度和载重量就一直是人们研制新飞机所追逐的目标，20 世纪 30 年代以前，可以说是“活塞时代”，即活塞式发动机独霸天空的时代。但是到了 30 年代末，飞机的速度一直徘徊在每小时 700 千米左右，这差不多是装有活塞式发动机（增加气缸以提高功率的同时增加了自重）和螺旋桨（螺旋桨的效率随飞行速度的提高而下降）的飞机的极限。

喷气时代的标志，便是喷气式发动机作为新型动力装置的诞生。

这两种发动机是截然不同的结构原理。简而言之，活塞发动机是一种热力机构，靠活塞的往复运动驱动螺旋桨产生拉力而使飞机前进；而喷气发动机的原理是：空气从飞机进气道进入发动机，先经压气机压缩后进入燃烧室与燃料混合燃烧；膨胀的燃气经尾喷管向后高速喷出，从而产生巨大的反作用力推动飞机前进。喷气发动机可以使飞机速度超越声速。

喷气发动机的发明是两个人在各自国家独立完成的。两个人不仅素不相识，之间没有任何信息交流。而且两个国家当时是交战国，技术上严格保密。德国发动机设计师奥海因与英国发动机设计师惠特尔分别独立研制出了喷气发动机，并且装上军用飞机上了天。看似“巧合”却非“巧合”，这一点，恰恰证明了科学技术新突破的必然性。

1944 年 3 月，纳粹德国率先将以涡轮喷气发动机为动力的密塞施密特 Me262 歼击机投入西部战场，几乎同时，英国喷气式歼击机“流星”也出现在英吉利海峡上空。德、英两国率先跨入喷气时代。

1946 年，美、苏两国也分别研制出第一代喷气歼击机 F-84 及米格-15 而进入喷气时代。

1952 年法国研制出“秃鹰”双发喷气歼击机，瑞典于 1953 年研制出“萨伯”-32 喷气歼击机从而进入喷气时代。

二战结束后，喷气式发动机的发展异常迅速，带动航空技术发生了质的飞跃，使飞机速度、高度及载重量直线上升。不仅军用飞机面貌一新，在民用飞机领域，由于喷气式客机的出现，使现代民航运输业出现了重大转折，人们惊呼：喷气时代真的到来了。

喷气式歼击机歼 5 试制成功并投入批生产，中国空军的航空装备开始立足于国内。歼 5 飞机成为五六十年代中国空军和海军航空兵的主力装备。

多用途运输机试制成功，航空工业胜利完成修理走向制造的历史使命

320厂和331厂建成后，初教5飞机及其发动机的远景订货量大大小于工厂的设计年产量，生产能力有很大富余。

鉴于国家对运输机的需要，1956年4月，320厂厂长王实先向党中央、毛泽东送交了320厂工作报告，内中提出："工厂生产任务年年不饱满，希望能根本改变这个情况，工厂现有生产能力据苏联专家初步核算，可以年产雅克－18飞机750架（初步设计为500架），如雅克－18需要量不大，可同时生产多种用途的小型运输机安－2。"4月7日，工厂接王西萍来电，电文说："根据部指示撤销原发雅克－11飞机试制任务，并初步确定试制安－2农业用飞机，关于安－2试造问题，待部具体指示下达后再行通知。"6月19日，工厂接局（56）四计密字第177号文转告部的通知："关于安－2机试制问题已得国防部复文，对民航局要求供应的安－2飞机业经国家计委李富春主任批准生产：部确定安－2在320厂试制生产。工厂目前即进行可能准备的工作。"10月，320厂接到部、局最后决定试制安－2飞机的命令和指示，指示要求：按国家规定安－2飞机五年总产量100架，最高年产量30架安排试造工作。

四局正式通知320厂、331厂试制生产安－2飞机及其发动机АШ－62ир，分别命名为"运5"和"活塞5"。1956年末，苏联全套技术资料及包括安东诺夫总设计师代表斯米尔诺夫在内的5位专家到厂，两厂开始试制工作。

运5飞机是小型、双翼货运机，半硬壳式金属结构，单台发动机，后三点式起落架，载重2133千克，巡航速度240千米／小时，最大航程845千米，续航时间6小时10分，有较好的低空飞行性能，可在土跑道上起降，经济性较好，能适应中国农业地区幅员辽阔的特点和需要，故曾命名为"丰收2"型。

运5飞机结构虽较简单，但比初教5飞机复杂得多。320厂在试制中不是照抄照搬苏联图纸，而是结合工厂的实际，运用初教5飞机生产和飞机修理中所积累的经验，在吃透消化苏联资料

的基础上进行了局部改进设计，尽量选用国内航空机载设备厂已开始试制生产的成品，自行设计图纸占苏联原图总数的 17.8%。

320 厂在这方面得到了斯米尔诺夫的支持与帮助。斯氏原是安东诺夫设计局起落架组组长，他在厂工作两年半时间里帮助 320 厂解决结构、系统、强度、试飞及改型设计不少技术难点。他鼓励并支持我国设计人员，结合中国国情进行结构更改和材料代用。他说：“安-2 飞机是老产品，结构设计不完全合理，只要更改得科学、合理、有利，就应该支持开绿灯。”安-2 转入批生产后，他又指导跳伞和救护型的试制以及旅客机、专机、领航机和高空机的改型设计工作。除此，他还应邀赴 112、122 厂指导初教 6 飞机起落架和“和平-402”中型客机的设计。1958 年 8 月，他借回国机会，从苏联带回 1947 年出版的《陆上飞机强度规范》、1947 年出版的《设计员指南》、安 -10 大型客机的全套技术说明书和“小蜜蜂”飞机部分图纸等资料，并代表安东诺夫总设计师送给我们。这些资料在当时对我国研制新机有很大的借鉴价值。112 厂就是参照这些资料成功地改进设计了初教 6 等飞机的起落架减摆器。从斯米尔诺夫专家的作用，可以看到，在从仿制向自行设计的过渡时期，聘请科研、设计专家对加快自行设计的步伐得益甚多，比修理时期聘请工艺专家更为重要，意义更为深远。

320 厂在工艺上更是大胆探索，如采用“基准孔工作法”代替初教 5 飞机试制的“标准样件工作法”，以苏联工艺为参考，自主编制工艺文件，并建立起一套比较完整的新机试制工艺审定制度和技术协调办法。这些做法取得良好效果。

运 5 飞机剪彩

1957年10月，320厂制成2架运5飞机。032002号飞机送112厂静力试验室进行静力试验，于11月27日完成全部试验项目，达到设计要求。

运5首飞成功

032001号飞机于12月7日开始试飞，试飞员为陈达礼。设计科长高镇宁、检验科长何文治处理试飞中的技术问题。12月10日按试飞大纲试飞合格。12月23日通过国家鉴定。

1957年12月24日，320厂召开了运5飞机制造成功庆祝大会，国家临时鉴定委员会主任委员、空军第一副司令员王秉璋，第二机械工业部副部长刘鼎，江西省省长邵式平等先后在庆祝大会上讲了话，新制造的运5飞机，由试飞员陈达礼进行了飞行表演。12月25日，《人民日报》在第一版以显著位置报道了我国航空工业新的重大成就，第一架多用途民用飞机诞生。

庆祝运5飞机试制成功

1958年3月27日，运5经国家军工产品定型委员会批准定型。同年5月在北京全国农具展览会上展出。

331厂自1956年9月开始试制活塞5型发动机。该机为单排、9缸发动机，起飞功率736千瓦（1000马力），比M−11发动机结构复杂。但工厂利用既有条件，积极改装和自制部分设备，只添购了18台急缺机床，就完成了试制任务。1958年6月通过鉴定，转入成批生产。该发动机还可用于苏式里-2运输机，保证了民航里-2飞机对备份发动机的需要。

《人民日报》报道运5飞机试制成功

运5飞机在试制定型的当年就生产了90架，接近国家要求5年内生产100架的总量。至1968年320厂停产转往石家庄522厂时，共生产728架，并按多种用途进行了改装。先后有运5甲型旅客机（5座及11座），运5乙型空降兵机，运5丙型水上飞机，运5丁型轰炸领航教练机和运5农用机等；其中除运5丙型水上飞机外，产量均超过百架。曾改装进行过人工降雨、空中摄影等作业。有78架援助阿尔巴尼亚、朝鲜、越南、尼泊尔等国，其中有越、尼两国元首乘坐的专机。

第七章 『一五』胜局

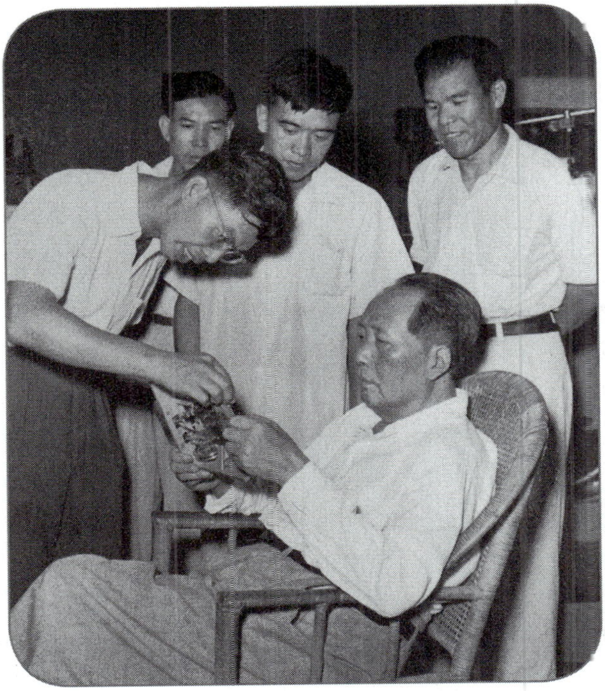

航空机载设备在航空工业创建初期曾被称为“辅机”，以区别于“主机”的飞机和发动机。机载设备包括仪表、电器、电子、火力控制、救生、飞机附件、发动机附件等设备（仪表、电器、无线电等设备，曾被统称为特种设备，简称“特设”）。机载设备是航空工业除飞机和发动机以外的又一个重要组成部分，对提高飞机（发动机）性能有重大的作用。中国所制造的第一架飞机初教5和第一架喷气式歼击机歼5上皆装用苏联制造的机载设备。机载设备立足于国内是航空工业自主发展的重要标志之一。

中华人民共和国成立之前，机载设备几乎是空白，只有少量的初级维修、科研和教育活动，比飞机、发动机的状况更为落后。1951年航空工业局建立时所接收的18个工厂中，只有一个杭州降落伞厂是机载设备厂。

谋篇布局，急起直追，建立航空机载设备行业，逐步立足于国内配套

在航空工业修理起步阶段，限于国家财力，首先建设的是飞机、发动机修理厂即“六大厂”，机载设备没有安排建设。这是造成机载设备处于被动，落后于飞机、发动机行业的重要原因。当时所需“特设”主要靠更换苏制成品和备件，后来在各飞机厂、发动机厂设置了“特设”修理车间或工段、小组，开展修理工作。由于没有机载设备制造能力，在飞机、发动机修理中，常因“特设”问题而卡壳。

1951年10月，航空工业局生产技术科徐舜寿向副局长段子俊反映，有9架雅克-18飞机因仪表问题而出不了厂。这使局领导第一次痛切感到必须迅速建立机载设备工厂，以适应航空工业修理、制造的需要。

随着飞机修理工作量不断扩大，机载设备的修理任务日趋繁重。1953年全年的修理量已达万件，关键零件串换殆尽，而苏联备件供应不足，曾有450架飞机因缺特设备件而停飞。各修理车间虽开展一些关键元、器件的试制，仍难以为继，纷纷告急。为此，四局分党组于1953年3月、6月和11月三次研究加强“特设”工作，采取多项措施，紧急安排机载设备厂的建设。

在航空工业局成立初期，并没有专门机构主管“特设”工作，而是由生产管理处兼管。1952年4月，航空工业局由沈阳迁至北京，生产管理处下技术科负责“特设”业务。直至1953年11月12日，航空工业局正式成立特设处，下设电器、仪表、配套、降落伞4个科，机载设备才有了专门的管理机构。同年底，特设处更名为第三生产处（第一生产处为飞机。第二生产处为发动机）。①

① 周日新，杨曾复主编．机载记忆，2011. 389.

1954年底又指派四局副局长陈少中分工专责领导机载设备工作。

陈少中1952年在航空工业局

陈少中（1921–2008），1921年生于四川省犍为县。1938年加入中国共产党，1938–1940年先后在延安中央组织部训练班、中央马列学院学习。1940–1946年历任参谋、副科长、情报组长、秘书、联络科长等职。1946–1952年历任吉林省吉北地委城工部部长，长春市工委武装部部长，工业局局长、建设局局长，东北空军工程部副部长等职。在空军初建、抗美援朝之际，为空军装备的修理力量建设打下了基础。1952年初调入航空工业，历任二机部航空工业局副局长、航空工业部司长、副部长等职。长期主管航空机载设备行业的工作，他对航空工业的创建与发展，特别是机载设备行业和航空进出口工作的奠基与发展做出了重要贡献。

第三生产处的管理人员，除几位老工程师外，新进了一些刚刚走出校门的大学生，给机载设备工作的开展带来了朝气。蔡美生回忆：

一年多以后我被调到第三生产处（辅机处）工作，这是局领导培养我们青年人的方法，即新来大学生先在调研科锻炼一个时期了解整个航空工业概况后，再到业务处去工作，这对干部的成长有好处。我早有耳闻第三生产处（简称三生）有昝凌、沈祖显、张增模、杨光中等十大工程师，我庆幸有机会和他们一起工作，能学到很多技术知识。三生分配我当仪表工厂主管，后称为主管工程师，当时仪表工厂主管工程师共有4人，费伯奇同志是最年长者，他工作认真，态度和蔼，任劳任怨，不求名利，辛苦一辈子，两年前病逝在汉中；蔡延震、金击强和我都是刚毕业的大学生，蔡延震敢想敢干，朝气蓬勃，可惜在干校劳动时，因车祸英年早逝；金击强勤奋好学、吃苦耐劳，记得当时单身宿舍在机关附近的大杂院里，房间不大，有的房间要住一二十人，金击强找了一间废弃的小厕所，打扫干净，搭个小床当个独居的“小别墅”，后来我知道，他之所以如此做，是为了给自己创造一个能刻苦学习的环境。几十年过去了，此举留给我深刻印象。在费大哥的带领下，我们4人是团结友爱的好伙伴，是个善于进取，敢想敢干的小团体。[②]

② 周日新、杨普复主编. 机载记忆. 2011. 267–268.

建设机载设备行业，根据国内的实际条件，首先要接收和利用一批老厂进行改造，为机载设备行业的创业打下基础。

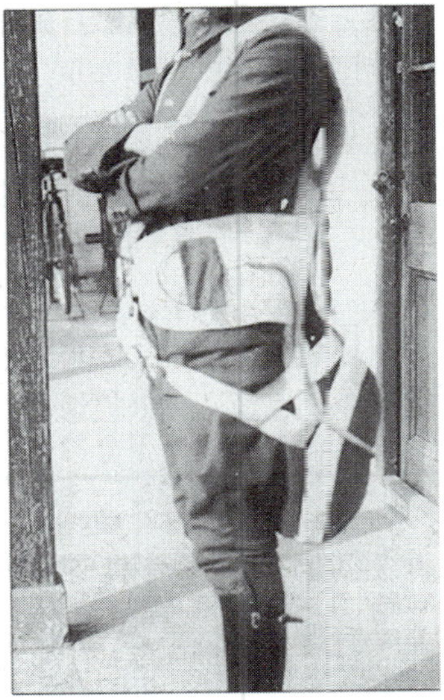

杭州降落伞厂生产的坐式降落伞

航空工业局接收的唯一机载设备厂——杭州降落伞厂于1934年成立，当时称保险伞研究制造所。抗战期间，该所曾迁至长沙、乐山，1947年迁回杭州。十几年间，该所主要使用国产材料仿制美欧降落伞和修理旧伞，一说总计完成19000多个。[③]

③ 姜长英. 中国航空史——史话史料史稿. 北京：清华大学出版社，2000. 122–124.

1949年，杭州降落厂被我空军接收，当时人员很少，设备主要是几台缝纫机。1950年8月9

日，空军司令员刘亚楼将筹建降落伞工厂和恢复杭州降落伞工厂生产等情况报告周恩来。为此，周恩来除致电布尔加宁请苏联政府允许中国仿制苏联样式降落伞外，并对刘的报告批示："此厂已由富春与荣臻谈好。先由总后勤部派员接收整理，然后交军工局管理。"8月16日，毛泽东对该报告批示"照办"。1951年该厂移交航空工业局后迁至南京，命名为513厂。

1952年5月，航空工业局接收了民航太原机械修理厂（原主要从事发动机修理），创设仪表、电器修理车间，称为221厂。1954年1月，二机部批准将南京511厂特设修理车间单独划出，改称221分厂。同年7月，该分厂迁往太原，并入221厂，组成中国第一个正规的航空仪表厂。

1953年7月，接收天津市电工西厂，改建后承担航空电器任务，命名为115厂（1956年115厂迁入陕西省兴平县新建，天津原址保留部分人员及设备，建为105厂）。

1953年11月，接收改建新乡市平原机械厂（原从事农具制造），承担飞机附件任务，命名为116厂。

1954年5月，接收上海的6家公私合营电器、仪表配件厂，合组为公私合营华林电器厂，1956年2月改为国营118厂。

1955年11月，将沈阳112厂的特设修理车间改为212分厂，以作为新建仪表厂212厂的预备厂之一。1957年8月，将112厂远在厂区之外的锻造车间（沈阳市铁西区老113厂和原兵器工业第三研究所、第三技校的房产设施）改建为118分厂，后改称117厂，成为航空电插销专业厂。

接收和利用这批老厂十分必要，它们为机载设备行业的创业打下了基础。有的厂成为机载设备行业日后发展的"老母鸡"，支援建设了一批新厂。这些厂在简陋的条件下，一面进行必不可少的技术改造，一面凭借老工人的手艺，不断扩大配件的制造范围，取得了很大成绩。

513厂在厂长王世贤的带领下自1951年9月起就开始进行试制110型救生伞。当时苏联资料和正式样品尚未收到，为了早日完成任务，513厂从东北空军部队要来了一具旧的苏式МПЛК45У救生伞作为样品，开始了第一具救生伞的制造。当时的条件十分简陋，伞衣所用的纺织材料是从市场上买回来的真丝绸，金属零件是从国外制造的旧伞上拆下来的，保护开伞所用的百结管是从美式弹簧床上拆下来的，而机器设备只有家用脚踏式缝纫机。10 月中旬，王世贤和修理工朱炳乾带着新中国制造的第一具降落伞去沈阳空军部队进行试验。战士们看到我国自己生产的降落伞时非常高兴，对伞的质量也非常信任，在未经假人投放试验之前，就在运输机上由真人试跳了。所幸一切顺利，试跳时伞开得很好，试验获得成功。同年 12 月又用同一具伞在南京大教场机场上空进行了第二次真人试跳。后来因为发生了一系列的产品质量问题，所以直到 1955 年 110 型伞才批准定型，投入正式生产。

513 厂生产的新中国第一具降落伞

513 厂职工敲锣打鼓欢迎试跳员成功归来

其他各厂也在 1954 年取得苏联产品图纸后开始试制完整产品。

太原 221 厂是在阎锡山“马槽”里建设起来的航空仪表厂，据刘民卿回忆：

（1951 年）经军委民航局和太原市委协商，同意在大营盘西侧阎锡山马槽和饲料房改造建厂。当时困难重重，没有建厂条件，要什么没有什么，无厂房、无办公室，只有三个 30−40 米长的关马的马槽和 12 间住人和放饲料的平房，摆在工厂领导和职工面前就这些条件，看到这局面真是发愁，怎么办？立即行动改造现有这些破旧房，清理马槽，着手建几件简易厂房，任务非常艰难，白手起家。发愁没有用，只有发扬革命精神，自力更生，艰苦创业，全体职工积极行动起来，用自己的双手来建设工厂。经过几个月的努力，完成了基础的改造任务，又新建了几个简易车间，从厂门口直通北面修了一条土路，把机械设备运来工厂进行安装，在马槽内安装了机器，在厂周围墙上安装了通电的电网以防敌特破坏。当时许多阎锡山部队和特务人员逃往台湾，敌特潜伏下来经常搞破坏活动。我们的任务就是做好保卫，使建厂工作顺利开展。④

④ 中国航空工业集团公司离退休人员管理局等编．辉煌60年．北京：航空工业出版社，2011. 144.

朱德视察太原航空仪表厂，右二张载根

1954年，221厂在厂长于辉领导下，仅用半年时间，率先试制出第一批航空仪表——空速管和磁罗盘。1956年和1958年，国家副主席朱德两次视察221厂，称赞该厂是“马槽里飞出金凤凰”。

于辉在221厂

于辉（1915–1998），1915年出生于江西上饶。1929年参加中国工农红军。参加了二万五千里长征。中华人民共和国成立后，历任221厂党委书记兼厂长、132厂厂长兼党委书记、331厂厂长兼党委书记，湘西013基地主任兼书记，湖南省国防工办副主任，航空工业部副部长。

116厂于1954年初，接受部、局下达的与米格–15、雅克–18等飞机配套的9项新品试制任务，迈出了转入飞机附件生产的第一步。又先后接受了米格–17、安–2、米–4等飞机、直升机附件的其他试制项目，成为最早的航空机载设备生产厂家之一。

1955年，115厂试制出三类五种电器。与此同时，采取了充分挖掘主机厂潜力的措施：航空工业局在安排1954年任务时，除要求112、320等飞机厂分别试制空气调节器、沉淀过滤器等附件产品外，还布置各发动机厂也试制油泵等机载设备，其中：111厂5种，120厂9种，331厂3种；1955年，进一步安排111厂为建设中的113厂提前试制4种喷气发动机燃油附件，331厂为113厂、114厂试制7种附件。

116厂1953年转入航空产品的生产

建设机载设备行业，必须重点建设一批机载设备新厂。

“一五”计划中被列入苏联援建的“156项”的13项航空工业项目中，机载设备占了5项，即113、114、115、212、514厂，从而开始了机载设备行业的正规建设。从1955年下半年起，在112、410厂的建设高潮过去后，这5个厂就成为航空工业基本建设的重点。

航空工业选择厂址必须考虑国防工业的战略布局。“一五”期间建设的几个机载设备工厂，如113、114、115、212厂，曾在北京、天津和东北等地选定厂址，进行了建厂准备工作，有的已经开工建设，后来根据战略布局的要求，上级决定改在陕西地区另行选址建设。同时，确定一个工厂的厂址，除符合国防工业战略布局要求外，还要充分重视对厂址的技术经济要求和地区的建厂条件。要充分考虑交通运输是否便利，电力和其他能源的供应条件如何，考虑供水和排水的可能性和气象、水文、地质、地震、地形和地理环境等自然条件，还要考虑所在地区的经济文化条件，特别是工农业发展水平。“一五”期间建设的一批工厂大都建在大、中城市或其附近地区，建厂条件和工厂生产条件一般都比较好。

关于这5个机载设备厂的设计工作，许锡振回忆：

（航空工业局）设计处建立初期实行的是苏联专家负责制，

负责113、114和115厂的苏联总设计师是科马洛夫同志，我当时的主要任务是配合他的工作。

当我走上新的工作岗位后，首先便和科马洛夫同志和其他苏联专家一起到西安113、114厂厂区视察。西安是中国的古都，唐朝便在这里建都，城墙保护得很好，并有许多名胜古迹，如城内的钟楼、鼓楼、大雁塔、小雁塔、郊区的华清池、秦皇陵等。第一个五年计划期间，许多国防工业都在这里建厂，西安成为西北地区的工业重地。113、114厂厂址位于西安市西郊未央区，那里原来是一片古墓地，建厂初期，工厂雇用了当地工人，用洛阳铲（尖咀、园筒形的长柄铁铲）进行探墓工作，工人们把铁铲直插入地下深处，分层取出土样检验，以查清地下情况。我们到达厂区时，探墓工作正全面展开，工地上聚集了众多的探墓工人，一片忙碌景象。据了解，厂区的古墓是经历了许多朝代陆续建成的，分布多而密，而且不少是多层和重叠的墓穴，最深的达10米以下。专家们详细了解情况后，对在不同性质厂房位置下的古墓，提出了不同的开挖方案，并规定了开挖后用素土回填夯实的严格技术要求，以保证建筑物地基的稳定可靠。

由于西安地区除了是地震区外，还处于湿陷性黄土地带，土质见水后便会下沉，造成建筑物的破坏，这也是厂房设计上除抗震外要注意的重点问题。为了了解土壤的特性，专家们向工厂领导提出了土壤浸水试验的技术要求，并要他们把试验结果报告送到北京去，以作为设计的技术依据。⑤

⑤ 许锡振．难忘的岁月．110–111.

5个机载设备厂的基本建设工作十分迅速。以西安113厂为例，该厂仅用11个月的时间就基本建成。

1955年11月在北京广安门北线阁办公地欢送机载设备附件厂总设计师科马洛夫回国合影，专家组组长奇金（前排左三）、许锡振（左四）、科马洛夫（左五）（许锡振提供）

1955年2月3日，第二机械工业部航空工业局批准了航空发动机附件制造厂即

113 厂 1955 年工作大纲。根据国务院（55）国议习字第 79 号命令:“国营航空发动机附件制造厂于 1955 年开始建设，1957 年建成”的要求，工厂于 2 月 24 日成立了建厂委员会，113 厂首任厂长苏智对基建工作实施全面领导，从而拉开了基建工程的序幕。

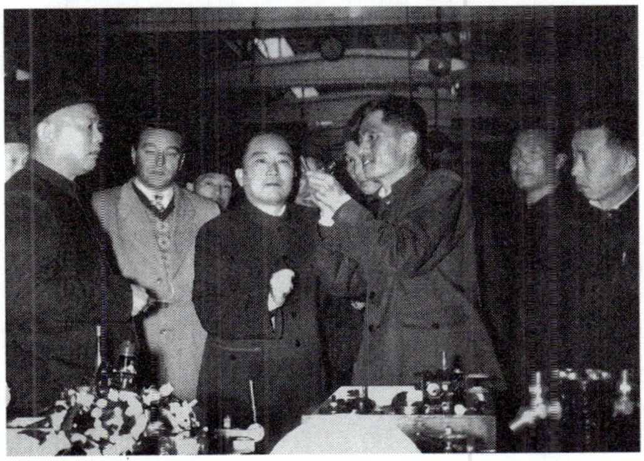

1958 年苏智（右三）向李先念介绍工厂试制的产品

苏智（1920-1985），1937 年加入中国共产党。1952 年被调陕西省财委任处长。1953 年中共西北局抽调一批干部支援国防建设，苏智被任命为西安 113 厂首任厂长。1962 年 12 月，苏智被调 514 厂任厂长，1972 年被调西安 430 厂任革委会副主任、主任。1979 年 3 月任铜川市委书记。1981 年 10 月调任咸阳地委书记。

1955 年 11 月 9 日第一座建筑——办公楼开始建设。随后，第一个厂房——3 号厂房于 12 月上旬也得以动工。在基建工地上，有 8 个系统的施工单位在施工。建厂委员会加强协调与管理，使各施工单位做到按照总体建设要求，统一计划进度，统一行动安排，统一现场操作，互相支援，互不干扰。同时，工厂也在工地派驻代表室，使存在的问题得到及时有效的处理解决，从而保证了甲乙双方关系和谐，配合默契。

自 1955 年 11 月 9 日，厂区第一个建筑物 19 号办公大楼开工到 1956 年 10 月 15 日厂区最后一个建筑物 1 号厂房建成，全厂除道路、围墙外，共有 26 个建筑物，仅用 11 个月的时间全部建成，并于 1956 年 7 月 25 日-11 月 6 日，先后对 18 座主要生产（办公）厂房组织了交工验收，保证了所有车间的开工生产。

1957 年 11 月 14 日-16 日，以第二机械工业部副部长刘寅为主任，陕西省副省长杨玉亭，中共西安市委书记冯直、副市长丁志明，航空工业局副局长段子俊为副主任，省、市有关部门负责人及二机部第四设计院院长李兆翔等为委员的国家验收委员会对

113 厂基建工程通过验收

工厂的基建工程进行检查验收，认为“工厂的设计采用了苏联先进的技术成就，工艺设计装备符合现代化技术水平，建筑安装工程的施工质量，总评是优良的，全部工程已能满足生产的所需……”，国家验收委员会同意验收，并正式移交生产使用。到 1962 年，113 厂先后试制生产了歼 6、运 5、轰 5、轰 6、直 5 等 5 个机种发动机的 20 余种附件，还参与自行设计、试制了直升机、强击机和高速歼击机发动机燃油附件。

1957 年底，除 514 厂外，其余 4 个厂全部建成验收，它们的建设进度快，质量好，设备完整。

由于部、局提前作出了老厂支援新厂建设的决定，安排有关飞机、发动机厂和已有的机载设备老厂，帮助新建的机载设备厂试制产品，进行技术和工艺装备等方面的准备，同时为新厂成套培训各类人员。如 111 厂在为 113 厂试制涡喷 5 发动机的成套燃油附件的同时，为该厂培养输送了 849 名干部和工人，所以，这些新厂的厂房建成验收后，很快就能进行机载设备产品的成批生产，及时赶上了飞机、发动机成批生产的需要，并成为机载设备各专业的骨干工厂。

212 厂总工程师谢绍明 1955 年在苏联某航空工厂实习留影

1954 年 9 月，航空工业局为了给新建的 113、114、212 厂提前培养领导干部和技术骨干，选派了一批干部赴苏实习一年。其中 114 厂 15 名，由宋协隆带队，在基洛夫城两个附件厂实习；113 厂 21 名，由卫兴基带队，分别在莫洛托夫城、奥姆斯克城、西姆城三个发动机附件厂实习；212 厂 24 名，由齐鲁带队，分别在喀山和萨拉托夫的仪表厂实习。

在建厂同时，为加强管理，1956 年 8 月陈少中副局长主持召开了仪表、电器、附件厂总工程师会议，制订了设计、工艺、检验和新品试生产等四个生产技术管理条例，为机载设备生产建立了科学化管理的初步基础。

1956 年 11 月 23 日，航空工业局分党组作出《关于加强仪表、电器、附件工作的决定》，指出，自从 1954 年底一批飞机和发动机制造厂陆续建成，有的新飞机已经试制成功投入生产，有的正在加紧试制，但航空辅机产品仍需由苏联供应。而且 1956 年，由于生产需要，我国曾两次提出追加辅机产品订货要求，均未如愿。为此局分党组决定：“一方面要求加快辅机工厂的建设，另一方面要求挖掘主机厂的潜力，开展辅机产品的试制工作，从而加快航空辅机产品的发展。”主机工厂承担辅机产品试制，也主要是为了辅机新厂建成后能更快地投入生产，以早日解决主机厂的配套问题。这样，到 1957 年底，10 个辅机厂基本建成，形成了一定的生产能力。

“一五”计划末期，各机载设备老厂，也都完成了改扩建任务，增强了机载设备制造能力。

至 1957 年底，航空工业建成新老机载厂共 12 个，即仪表厂

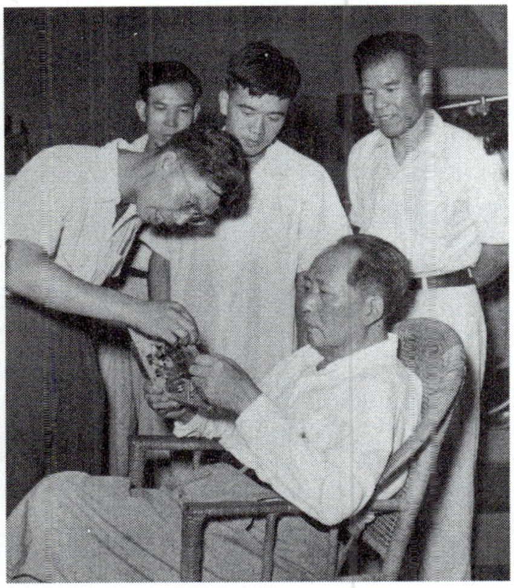

（左）1958 年在中南海飞机馆展出的机载产品

（右）1958 年 7 月 2 日毛主席视察中南海航空馆，李国富向毛主席介绍仪表产品

221、212、119；电器厂 115、118、105、117；附件厂 116、113、114、514；救生设备厂 513。机载设备行业职工总数 30421 人，金属切削设备 3743 台，厂房面积 28135 平方米。

在新、老厂的共同努力下，航空特设的国外订货逐步转为国内配套，外汇用量迅速减少，由 1953 年的 2599 万卢布降为 1954 年的 568 万卢布和 1955 年的 993 万卢布。到 1958 年底，歼 5 飞机所需机载设备已有一半以上由国内配套，1959 年国产成品已占 90%。1960 年中苏关系破裂时，除个别缺门如螺旋桨等有待进行专项建设、稍晚补齐外，大部分均可国内制造，进入了机载设备国内自主配套的新阶段。

在航空工业物资供应方面，航空工业局副局长方致远组织建立了物资统一调度制度和调度网络，在各主要钢材、有色金属、非金属、成品配套厂派驻了驻厂代表，对保证航空产品的物资供应起到了重要作用。

方致远（1917–2007），1939 年 3 月加入中国共产党。1942 年参加新四军。1947 年在东北军区光华电气、建新公司等军工企业任经理部副部长。1951 年航空工业局成立时，任经理处处长。1952 年 4 月，任局财务处处长，同年 11 月，又改任供应处处长。1956 年被任命为二机部供应局与航空工业局副局长。主要分管物资供应工作。1972 年起任航空工业部物资局局长。

第一个五年计划时期的这批新、老工厂，构成了中国的航空机载设备行业雏形，并成为该行业进一步发展的坚实基础。

创办各类航空学校，为航空工业培养高素质的科技人才和管理人才

航空工业创建伊始，最缺乏的是各类人才。航空工业局对航空教育工作非常重视。

中国航空工程教育的摇篮是 1917 年 8 月，由海军部在福建马尾设立的飞潜学校，陈兆锵兼任校长，余笃伍为学监。海军飞潜学校按专业设置甲、乙、丙 3 班。海军马尾船政局所属海军艺术学校中英文甲、乙两班各 50 人，通过考试，基本被编为飞潜

学校甲、乙两班。还在福州公开招收中等学校毕业生和同等学历者50名。海军飞潜学校学制为8年4个月，即100个月。设置飞机、潜艇、轮机制造专业。飞机制造专业设置的课程有航空动力学、飞机设计和制造、航空发动机、航空材料、电机学等。由巴玉藻、王助、王孝丰、曾贻经等人负责各科教学。这是我国第一所比较正规的、培养航空人才的航空学校。第一届甲班飞机制造专业的17名学生，于1923年毕业。海军飞潜学校毕业生都比较优秀，能够胜任工作并得到重用，有的还被派往国外留学。1926年5月，由于经费等原因，马尾海军飞潜学校与海军学校、海军制造学校合并统称为福州海军学校。此后，航空专门的工程教育基本中断了10年。⑥

从20世纪30年代开始，中国的一些高等学校逐步开设了航空组、航空门或航空系，如清华大学（1934年）、交通大学（1934年）、中央大学（1935年）、北洋大学（1935年）以及后来的浙江大学（1940年）、厦门大学（1944年）、云南大学（1944年）、四川大学（1945年）等。其中最早的是清华大学，该校1932年在设立机械工程系之初，就设有飞机及汽车工程组。1934年，飞机及汽车工程组改称航空工程组，这是我国最早创办的航空工程专业。清华航空工程组的发展得到了世界著名学者、空气动力学大师冯·卡门教授的支持与帮助。1935年，根据冯·卡门的推荐，清华聘请美国教授华腾多夫博士开讲航空讲座。1936年航空组第一班毕业生学生共有10名，即宁榥、方俊鋆、盛健、杜宗正、李登梅、岳劼毅、王修琛、吕凤章、李绍威、方佩。⑦

上海交通大学机械工程学院在教师黄叔培、杜光祖等的积极努力下开办了第一期航空工程专业，由该院其他专业的12名学生报名转为航空工程专业的第一期学员。这些学员是：王裕齐、叶玄、华文广、朱越生、刘曾适、陈文龙、佘秉枢、陈绳祖、徐昌裕、袁冕先、蒋共和、许锡缵。⑧

据不完全统计，到1949年底，国内各大学航空系科毕业学生约有千人，其中条件最好的清华大学航空系的毕业生不到200人，加上一部分出国留学、实习人员，总人数在两千人左右。

新中国航空工业创立之后，为了从根本上解决航空人才匮乏

⑥周日新，孟赤兵，归永嘉等编著．中国航空图志．北京：北京航空航天大学出版社，2008. 25.

⑦宁榥．回忆清华大学创建航空工程系时期．北航校友通讯 1995 二册

⑧王大伟等编．广州第一家庭的传奇人物许锡缵．北京：航空工业出版社，2009. 465.

问题，国家决心创办一批航空专业学校，实行了建厂同时建校、抓生产建设同时抓人才培养的方针。

调整航空院系，组建航空学院。这种调整共进行两次：1951年11月4日，教育部和重工业部决定成立航空工程学院。初步调整，清华大学、北洋大学、西北工学院和厦门大学航空系合并，成立清华大学航空学院；云南大学航空系并入四川大学航空系；原中央工业专科学校航空科和华北大学航空系合并成北京工业学院航空系。同年12月10日，周恩来在听取李富春汇报，研究航空工业三至五年由修理过渡到制造的发展计划和建立航空工业所需经费和培养人才问题时，明确同意开办一所航空工业大学。⑨

⑨ 中共中央文献研究室．周恩来年谱/1949–1976上卷，北京：中央文献出版社，1997. 203.

1952年5月18日，中央军委做出《关于航空工业建设的决议案》，对航空院系做了更大的调整，将清华大学航空学院和四川大学、北京工业学院航空系合并成立北京航空学院；原中央大学、交通大学、浙江大学航空系合并成立华东航空学院，该院后来迁西安，与西北工学院合并为西北工业大学。1952年10月24日，中央人民政府教育部部长马叙伦签发正式成立北京航空学院并由第二机械工业部领导的决定。1952年还成立了南京航空工业专科学校，1956年升格为南京航空学院。这样，航空工业就有了3所航空高等学校。

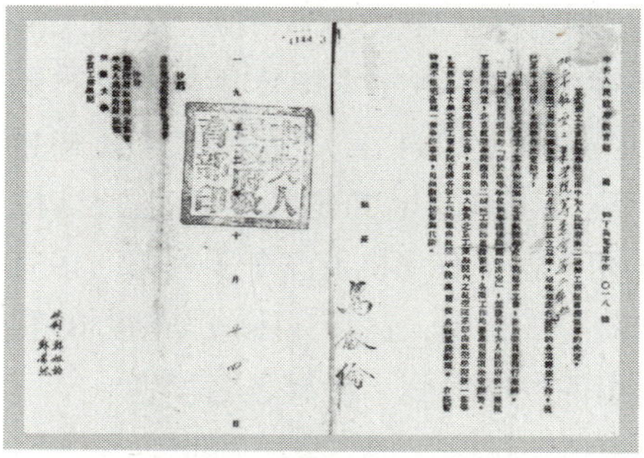

教育部部长马叙伦签发正式成立北京航空学院并由第二机械工业部领导的决定

1952年成立的北京航空学院

西北工业大学前身之——西北工学院

这样大规模、大力度、全国范围内的院系调整也只有在新中国，在党和国家的主导下才能完成。而被调整的航空院系的教师们是以欢欣鼓舞的心情迎接这一盛事的。宁榥写道：

清华园在沸腾。十来个教师，百八十个学生的航空系，旧制度，小圈圈；怎能适应新中国蓬勃发展的形势呢！必须变。

1951年在工字厅欢迎“厦大”、“北洋”和“西工”航空系的代表。一生二熟，成了朋友。三校师生和器材、图书随即分批集中清华。可是宿舍、教室不够；教材，教学法陈旧，仍不符合形势要求。需要根本改革教学体制。

20世纪50年代的南京航空学院校门

院系调整结果，华北工院、清华、云大、川大和重庆技专的航空系科合并，1952年10月25日成立了北京航空学院。当时分驻三个摊子：第一部在清华，第二部在城内，第三部在西郊。党调配来老革命干部领导建校。

基建开始了，苏联专家来了。在党的关怀教导下，建立各级行政、教学组织；订出教学计划，教学大纲及一系列规章制度；采购订货，展开大规模实验室建设；城里城外交叉上课。不懂就学，没有就买，需要就造，不好就改，各项工作进展很快。

1953年，新校舍初具规模。1954年巍然像样。三个摊子迁进校园。成百的干部，成千的学生来自祖国各地，生活在紧张热烈的革命大家庭里。破旧立新，至此告一段落。[10]

⑩ 宁榥．北航片断回忆，北航校友通讯2002年总第九册

北京航空学院和华东航空学院隶属于第二机械工业部（国防工业部）领导。1954年和1955年，政务院分别任命武光为北京航空学院院长，寿松涛为华东航空学院院长。两所航院初期规模分别为5000人和3000人，设置飞机、发动机、航空仪表、电器、机械加工等专业，学制五年，培养目标为飞机设计与工艺工程师。

沈元（左六）陪同苏联专家勘察北航校址（谭典元提供）

苏联专家与北航院长武光（中）、副院长沈元（右）研究工作

武光（1912–），原名张青甫，1912年10月出生于河北省深泽县。1930年在北平参加革命，同年加入共产主义青年团，翌年转入中国共产党。历任中共北平市委委员、共青团北平市委书记、中共北平市委副书记、中共华南分局委员、粤西区党委第一书记兼粤西军区政委等

职。1954年6月，被任命为北京航空学院第一任院长兼党委书记。是北京航空学院主要创始人之一。

1952年10月25日，是中国人民志愿军赴朝参战两周年的日子，这一天，在北京工业学院礼堂举行了北京航空学院的成立大会。36岁的沈元被任命为北京航空学院副院长。会上宣布北航1952–1953学年正式开学，并筹备启动北航的大规模基本建设。当时，选定为北航校址的元大都“蓟门烟树”城门以北至柏彦庄湧寿寺小庙之间的约1平方千米的一片乱葬岗和荒滩地。

北京航空学院开工典礼大会会场

沈元（1916–2004），1916年4月26日生于福建省福州市。1940年毕业于清华大学航空系。1945年获英国帝国理工学院航空系哲学博士学位，后曾在英国罗罗公司考察航空发动机制造技术。

中华人民共和国成立后，沈元长期在清华大学航空系、清华大学航空工程学院、北京航空学院任教并任北京航空学院副院长、院长兼院党委副书记，是北京航空学院主要创始人之一。

沈元一家（谭典元提供）

国家为了办好北航，迅速调集了清华大学、北洋大学、云南大学、西北工学院、华北大空工业专科学校等8所院校的航空系科的教师组成了最初的创业队伍。开学时，全校共有本科生737人（包括495名新生），研究生26人，教师108人，职工126人。

除高等学校外，航空工业局直接创办了一批航空工业专科学校、中等专业学校和技工学校，以培养中等专业技术人才和技术工人，适应航空工业由修理走向制造的急需。1951 年 9 月，航空工业局在首次召开的厂长会议上就决定开办 4–5 所航空工业学校，各厂自行举办技工训练班，要求各厂将教育工作当做中心任务来抓。

航空工业局分别在北京、哈尔滨、沈阳和汉口（后迁南昌）建立了航空工业学校。这些学校培养中级技术人员和管理人员，招收初中毕业生入学，学制为 3 至 4 年。由于中华人民共和国成立前办的职业学校寥寥无几，没有什么经验可资借鉴，因而创办航校接受了苏联专家的帮助和指导。

沈航首任校长杨志廷与苏联专家

1952 年 4 月航空工业局决定创办沈阳航空工业学校（今沈阳航空航天大学，简称沈航），8 月成立学校筹委会，四局人事处处长杨志廷任筹委会主任。10 月 5 日，校名定为沈阳航空工业学校。校舍临时定在沈阳市大东区珠江路 2 段 2 号原兵工局护士学校旧址。东北局和东北人民政府选调 2000 名初中毕业生进校学习，经考试留下 1050 人正式入学，1953 年 2 月 1 日举行开学典礼，全校教职员工 327 人，其中教师 65 人多数是 1952 年毕业的大学生。首任校长杨志廷，是参加过长征的老红军。教务长周华仁是 20 世纪 30 年代北大物理系毕业生，曾任重工业部航空工业筹备组成员。

苏联专家指导沈航学生实习，教室右上方所悬挂的苏联领袖像为时任苏联部长会议主席的布尔加宁元帅

自 1952 年 10 月起先后有顾问兼专家组组长谢尔盖耶夫等 6 名苏联专家到沈航指导与帮助工作，谢尔盖耶夫是苏联一所航空中等专业

学校的教务副校长，本人是电器专家。他们为学校规划了专业分工，制定了教学计划。苏联航空中专学制为 4 年，根据我国航空工业急需人才的实际状况，学制改为 3 年，各个教学环节按比例适当压缩。[11]

1952 年 11 月，航空工业局下达沈阳航空工业学校设计任务书，学校规模 2400 人，总建筑面积 5.4 万平方米。新校址选在北陵公园西侧，在长 800 米，宽 400 米的土地上建设，距 112 厂不到两千米。1953 年，沈航校舍建设得到沈阳市政府大力支持，列为重点工程 316 工地，由市第三建筑公司施工。当年设计，当年建成。1954 年 1 月，新校舍正式启用。

1954 年沈航学生在进行制图课考试

1953 年沈航 322 班分班在校门前合影，背景是教学主楼，如今连同校区已不复存在，前排左二为本书作者

几所航空工业学校的建设和教学很快走上正轨，教学质量逐步提高，加之国家和全社会对航空事业的重视，航空工业学校接收生源质量也较高。培养出中级技术人员投身到航空工业建设中，发挥了很大的作用。1955 年，各航空工业学校第一届毕业生为 1418 名，全部输送到航空工业各主要企事业单位。这批学生，

[11] 沈阳航空工业学院院史编写办公室．沈阳航空工业学院史 1952—1985. 1987. 1-6.

都是从部队选拔的具有初中文化水平的优秀青年，对于正在改扩建，从修理走向制造又急需中级人才的航空工厂来说，犹如“雪中送炭”，受到热烈欢迎。在20世纪50年代，航校毕业生约占各航空工厂技术管理人员的60%–80%，是不容忽视的一支生力军。

为了培养正规的技术工人，航空工业局从1951年起就十分重视技工教育。至1953年已创办正规技工学校13所，招收初中毕业生，学制2–3年，培养3–4级技工水平的工人。西安航空技校是1953年由工厂的训练班改建而成的，该校艰苦创业，勤工俭学，成绩十分突出，在教师、学生共同努力下，制造了普通车床、机电设备。还生产了精密度较高的陀螺平衡机，送到莱比锡国际博览会展出。该校勤工俭学的经验受到毛泽东的称赞。

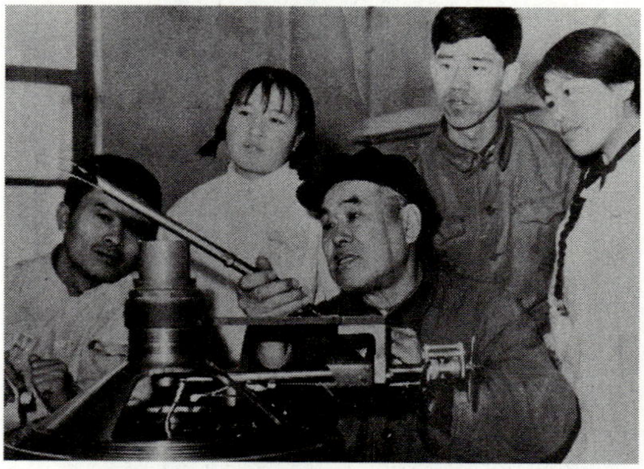

410厂青年工人向老师傅学技术

除上述三种正规学校外，航空企业还开展了形式多样的职工教育。第一批建设的航空“六大厂”，普遍采取了边建厂、边生产、边培训的方针，开展职工岗位培训。对技术工人，主要组织他们学文化，学习设备说明书和设备保养，学习机械制图，看懂图纸和工艺规程；对技术人员，组织他们向苏联专家学习，熟悉掌握技术资料、标准和规范；对管理人员，则组织他们学习企业管理知识。据不完全统计，“六大厂”参加各种学习的职工达11万人次，从1955年以后，职工教育逐步正规化，至1956年，正规职工业余学校达26所，其中7所业余工学院是全国第一批经教育部批准备案的。

为了使创建中国航空工业的伟大事业得到健康的发展，在航空教育上，20世纪50年代初还采取了两个特别的措施。一是在北京航空学院举办了干部特别班，选送工厂领导骨干进大学脱产培训。第一期于1957年2月开学，1959年9月毕业。特别班共举办4期，毕业学员60余人。其中有马真、莫文祥、言乃昌、李溪溥、郇振中等。二是派干部工人赴苏联工厂实习。派出的人员包括厂长、总工程师、生产技术领导干部乃至车间主任、工段长，甚至一线工人。航空工业部门在 1954 至 1957 年间共派出 913 人去苏联实习。这些措施，在培养人才方面收到了显著成效。其中 112 厂副厂长熊焰等 7 人去共青城飞机厂实习米格-17ф 的生产；莫文祥等 7 人去莫斯科发动机厂实习发动机生产等团组都取得了很好的效果。

1955 年 7 月 8 日，熊焰率沈阳飞机厂领导第一部实习组一行 9 人前往苏联共青城飞机厂学习考察，杨绍孔（右一）、庄树山（右二）、王新（右三）、熊焰（右四）、叶正大（右五）、孟庆功（右八）、易志斌（右九）、章华（右十）（熊晓虹提供）

还有些在航空工业局工作的机关干部，为适应飞速发展的航空工业需要，经组织批准，自己报考北京航空学院进行航空专业的深造，如局调研科负责人江同曾在清华大学法学院经济系学习两年，办公室秘书顾德邻也曾在大学学习过，1955 年他们经过高考进入北京航空学院飞机系学习，1960 年毕业后又回局机关工作。

1948 年初夏江同（站立者）与同学在清华园（何卫提供）

江同（1927—2012），1927 年 1 月生于江苏苏州。1946 年 8 月在上海加入中国共产党。1947 年 9 月至 1949 年 3 月在清华大学法学院经济系学习。1949 年参加解放军四野南下工作团。1952 年 8 月，投身新中国航空工业创建，被分配到航空工业局任秘书、调研科副科长。1955 年至 1960 年到北京航空学院飞机系学习，毕业后回航空工业局工作。1963 年成立航空工业部后，先后任飞机生产技术处主管工程师、副处长；航空研究院新机研制部飞机处处长等职。1978年后，调任航空工业部外事局副局长、中国航空技术进出口公司副总经理、民用飞机办公室副主任等职。是中国航空技术进出口公司创始人之一。

在国家的大力支持下，经过部、各级领导的努力，航空工业在“一五”期间基本建成航空教育体系，培养了大批人才。建立起3所高等学校、8所中等专业学校、11所技工学校。专业设置分别为29个、17个、19个（1种），拥有校舍83.2万平方米，主要机床2460台，实验设备较全，教职工11760人（其中教师3732人），在校学生39323人。毕业研究生96人，大学本科生1314人，专科生2157人，中专生5558人，技校生21637人。还创办了包括7所业余工学院、18所其他业余学校和1个干部特别班，以培养在职的职工。职工参加各种不同层次的业余学习约37万人次，52613人，占全行业职工总数的52.6%，其中扫除文盲5512人，达到初、高小毕业5645人，初、高中毕业4595人，共15752人。通过签订师徒合同培训新工人7875人。经过这些培训，全行业职工中技术人员的比例由初期的6.7%上升到14.2%，技工学校毕业生占生产工人总数的63.6%。

新中国航空工业从修理起步，接着又迅速走向制造，1954年就制造出第一架飞机，1956年制造出第一架喷气式歼击机，进入喷气技术新领域，在当时世界上亦居于先进之列，部队也因而得到了国产的先进航空装备。这样快的发展速度是史无前例的。飞机制造的产量逐年成倍增长。到1957年，共生产交付新飞机438架，为计划的3倍；发动机953台，为计划的3.5倍；机载设备也逐步跟上，已试制出176项产品，保证了总项数40%的配套。全行业的工业总产值年均增长45.5%。

从1951年4月航空工业局成立到1957年底，是新中国航空工业顺利创建和提前、超额完成第一个五年计划的时期，是快速发展、奠定初步基础、在发展历程中占有重要地位的时期，被誉为航空工业发展中的“黄金时代”。这个时期取得的成就是巨大的。经过6年多的艰苦创业，建立起企业单位27个，事业单位24个，建筑面积354万平方米，金属切削设备11160台，固定资产79671万元，职工总数105616人（其中工程技术人员14962

人），形成了初步的规模，成为进一步发展基础。其明显的特点是：建立起飞机、发动机和机载设备相配套的初步框架。11个苏援工厂中，飞机和发动机厂各3个，机载设备厂5个，大体形成三者鼎足而立，共同组成保证航空工业自主发展的基础产业。

航空工业“一五”为什么会取得如此成功？王西萍认为：

分析航空工业“一五”计划，所以能高质量、高速度地完成，最根本的一条是党中央的决心、重视与支持。其次是苏联的援助和全国的支援。那时中苏协定的156个项目被视为神圣不可侵犯。尤其是航空工业的项目，更加受到重视，到处开绿灯。像江西、辽宁、陕西、四川、河南、甘肃等地的省委领导以及冶金、化工、机械、建工、铁道等部门的有关领导，当年都为航空工业操过心，出过力。那时，我们有事找到地方，省、市领导同志总是热情给予支持和帮助，要人给人，要物给物，要地给地，只要是地方能解决的，对航空工业无不全力以赴。记得当年在温江选定厂址时，田里的麦子长得齐腰，一望无际。不久，132厂，一座崭新的飞机工厂就在那里出现了。除了以上这些客观原因之外，还有精神上的一个重要因素。那时航空工业队伍有一种普遍心理，不留恋大城市，不留恋大机关，特别是青年技术干部，都愿意到基层，到生产第一线，哪怕是艰苦的地方，也在所不辞。局机关不少青年人曾多次向我提出过这种要求。丁祥麟、朱永祺还跑到我家里倾吐他们要求去基层的心愿。这种人心向上、以事业为重、不贪图享受的风气，正是一个国家、一个民族兴旺发达的象征。这种精神力量过去为我们顺利完成“一五”计划增添了翅膀。⑫

在组织航空工业全体职工胜利完成“一五”计划的工作进程中，四局领导班子的坚强有力地领导也是一个重要因素。王西萍回忆：

四局领导班子成员中与我共事最久的是段（子俊）、油（江）、王（弼）、范（铭）、徐（昌裕）、陈（少中）、方（致远）、李（兆翔）8位同志。四局的领导班子总的说是团结的。在这个班子里，不能说没有发生过这样那样的矛盾。有的成员之间，有时争论还相当激烈，但争论过去就算了事，彼此能做到相互尊

⑫—⑬航空工业部中国航空工业史编辑办公室.航空工业史料第二一辑：王西萍同志对航空工业的回忆片断

重，相互谅解，特别在原则问题上基本能够团结一致，相互支持。班子成员多数是30–40岁，是一个壮年的班子。为了把航空工业搞上去，整个班子齐心协力，敢作敢为，颇有一股初生牛犊不怕虎的劲头。当时被部内一些同志称之为“少壮派”。⑬

1957年，王西萍、段子俊两家与四局苏联总顾问波斯别霍夫人合影，夏端（左一；王西萍夫人）、波斯别霍夫人（左二）、王西萍（左三）、兰梅（右一；段子俊夫人）、段子俊（右二）（段继延提供）

第八章 科研启航

航空工业是高技术产业，科学技术研究是航空工业的原动力，并对其发展具有决定性的影响。航空工业的产品——飞机、发动机、机载设备和武器系统，是现代科学技术的结晶。航空科学技术研究所达到的水平，是一个国家科学技术和工业发展水平的重要标志之一。当代世界航空领域产品水平的飞跃发展与商业竞争，归根到底是科学技术的竞争。世界工业发达国家无不以高端人才和庞大资金投向航空高技术领域的科学研究，以抢占技术上的优势地位和经济上的巨额效益。中国的航空科研是在极其微薄的基础上起步的。

国民政府时代，也曾力图发展航空工业，并建设了一批飞机制造厂，但航空科研起步更晚，中国航空科研比飞机制造业还要薄弱

在中华人民共和国成立之前，中国航空工业的早期发展走的是仿制、装配、生产的道路，后来才开始建立科研机构的，而且十分弱小。这是中国航空工业发展的先天不足。此时中国的航空科学技术研究，曾有下述航空科研机构：一是隶属于航空委员会的航空研究院，二是清华大学航空研究所，三是建造的一些小型风洞。

航空委员会航空研究所于 1939 年 7 月 7 日在成都成立，由航委会副主任、国民政府空军副总司令黄光锐兼任所长，王助任副所长。王助是研究所的实际负责人。

王助（1893−1965），字禹明，1893 年 8 月 10 日生于北京。1909 年 8 月，他被当时清朝政府筹办海军大臣载洵、萨镇冰选中，在他们出洋考察时被派往英国留学。后王助受中国北京政府海军部的派遣转赴美国，进入麻省理工学院航空工程系学习。1916 年

王助

6月，获航空工程硕士学位。毕业后到刚刚成立的波音公司就任总工程师。主持设计一种新型C型机，美国海军订购50架，总金额为575000美元。王助为波音公司掘得第一桶金。王助于1917年底辞去波音总工程师职务回国，投身中国航空工业的建设。1918年2月，在福建马尾海军船政局内，创办我国第一个正规飞机制造厂——海军飞机工程处，巴玉藻为处长，王助为副处长。1919年8月，海军飞机工程处研制出中国第一架水上飞机——甲型1号初级教练机。王助后又主持设计制造了“江鸿”号水上教练兼侦察机。1934年，王助任中美合资的中央杭州飞机制造厂第一任监理。

航空研究所成立的初衷是设想利用国内资源，解决中国空军飞机航空器材的补充问题。研究所成立的初期，业务部门下设器材、飞机、空气动力3个组。王助兼任飞机组组长。在王助的领导下，研究所先后研制以竹为原料的层板蒙皮和层板副油箱，研制出的木结构代替钢结构的飞机以及蒙布、油漆、涂料等，解决了中国空军航空器材的急需。

1941年8月，中国航空研究所扩建为中国航空研究院，王助为副院长，他还是实际负责人。研究院设器材系和理工系。理工系分空气动力、结构、飞机设计、试飞、发动机5个组，还设有飞机试造场和飞机工厂。王助兼任理工系主任。王助除主持院的全面工作外，还充分发挥自己在飞机设计方面的才华与经验，亲自参加飞机设计工作，在他的领导下，航空研究院先后研制了4种飞机：研教-1型教练机。这是一架双翼机，木质结构，蒙皮机翼，该机成功地进行了试飞，性能符合要求。研教-2型教练机。这是一架单翼机，竹木复合结构，层板蒙皮，经试飞，性能符合要求，移交工厂生产。研教-3型教练机。这也是一架单翼机，但采用王助潜心研究的V字型尾翼，布局新颖。研运-1号

航空研究院研制的研教-2型教练机

滑翔运输机。这是一架无动力以隐蔽方式进入敌后的滑翔运输机，可运30名全副武装的伞兵及正副驾驶员2名，亦可用来运货。结构选材尤为独特，该机除起落架、仪表及操纵部位外，全部采用竹木复合结构，这在世界上是独一无二的大胆创举。可惜的是，这架巨型滑翔运输机于1946年初才制成，抗战已经结束，航空研究院的工作不受重视，飞机的研制工作进展受阻。王助辞去航空研究院副院长职务，到中国航空公司任职。

1939年7月到1946年1月间，航空研究院研究员、副研究员最多时达38人，佐理员66人。此外，还聘请名誉职称的委托研究员11人，其中有英国学者李约瑟、留美航空专家钱学森。

早年清华大学机械工程馆

昆明清华大学航空研究所设计的5英尺风洞

北平清华大学航空研究所成立于1936年底，由顾毓琇和庄前鼎分任正副所长。1939年研究所迁往昆明。在昆明时期的主要工作有：设计建造五英尺小风洞；空气动力学研究；高空气象研究；结构和材料研究；设计研制成功光弹测量仪器；直升机研究和滑翔机设计制造；开办飞行训练班等。该所的论文和研究报告共有 108 篇，其中 4 篇在国外发表。

1934 年，航空委员会从意大利买进一个航空风洞，安装在南京大学航空工程系。该风洞是单回流式风洞，试验段是开口的，剖面圆形，直径 1.2 米。风洞的收缩比为 5，气流速度为每秒 55 米。1936 年中，风洞开始运转，测量过流场分布。1937 年风洞设备迁往重庆。1942 年秋，重庆中央大学利用这个风洞的原有设备，建成一个 1 米 ×1.5 米直流式风洞。

清华大学于 1935 年到 1936 年自行建造了两座风洞。1935 年开始建造的风洞是国内最大的，地点在南昌，1937 年投入使用。风洞为迴流式，正常直径为 4.57 米，最大气流速度每秒 55 米。1938 年 3 月，被日本飞机炸毁。1936 年建造的风洞，直径 1.5 米，同年 4 月开始做试验。

1947 年至 1948 年，清华大学在北平建造了一个铁壳风洞，椭圆形剖面，试验段尺寸为 0.762 米 ×1.016 米，气流速度每秒 40−50 米。

成都航空研究院还有两个风洞。第一个为单迴流式木结构，开口式椭圆试验段尺寸为 2.1 米 ×1.5 米，收缩比为 5，最大风速每秒 67 米。第二个风洞和第一个风洞相似而略小。

国民政府时代留下的最宝贵财富，就是一批从事航空事业的科技人才。这批航空专家后来在新中国航空工业的建设中发挥了重要作用。

世界航空技术进入喷气时代不久，国民政府航空委员会为了适应航空技术发展的潮流，也痛感于抗战中中国航空落后所酿成的血的教训，下决心选派人才出国学习。1943 年从各大学航空系毕业生中遴选人才派往美国学习航空新技术，其中在波音公司的有方城金等人。1944 年更派出 20 多人到麦克唐纳公司实习，成员有向维萱、朱越生、陈基建、黄志千、陆孝彭、高永寿、虞光裕、张承煦、历声林、张桂联、徐舜寿（先在维德尔公司实习，半年后转入麦克唐纳公司）等。这批人是参加舰载战斗机 XFD−2 “恶魔”设计和XFD-1“幽灵”生产改型的。后因美方索价太高而未成，这批人员中大部分又转赴英国格罗斯特公司设计喷气战斗机。1944年9月由大定发动机厂派出25人（其中有吴大观）赴美国莱卡明发动机公司实习发动机技术，另外，国民政府也与英国罗罗公司签订了购买Nene喷气发动机制造权合同，派出了顾光复、王玉京、余承业、王裕平、赵鸿尧、陆淑逸、王图成、彭成一等前往该公司实习。总计派出国外学习的有200多人。1949年，这批人员陆续回国，大多数都留在了解放区。①

①姜航空工业部中国航空工业史编辑办公室．航空工业史料第四辑：华东航空工程研究室始末

华东军区航空处航空工程研究室成立合影

1949年9月17日，上海成立的华东军区航空工程研究室，就是这批航空专家参加新中国航空工业建设的最初组织形式。全室共46人，由王裕齐任主任，李扬群任副主任。研究室人员主要来自国民党空军、国民党南昌航空研究院和原国民党派往美国、英国各飞机公司实习的航空专业人员和国内大学航空工程系毕业的大学生。这批人员中的徐舜寿、黄志千、昝凌、陆孝彭、高永寿、许锡缵、王祖浒、虞光裕、齐志焜、俞振亚、汪方典、黄家敖、韩志华、胡昌寿等成为航空工厂、研究所、设计所和航天科研单位的技术骨干和领导干部；另一部分如王裕齐、余承业、程宝渠、李定夏、高永寿、徐鑫福、黄克累、曹金涛、张寿宝、王裕平、云铎等人成为北京航空学院、南京航空学院、海军学院和哈尔滨军事工程学院的教授或院系领导，他们对航空科研和航空教育的发展起了重要作用。②

②顾诵芬等编．中国飞机设计的一代宗师徐舜寿．北京：航空工业出版社，2008. 75-76

在新中国第一架飞机即将上天之时，中国航空工业领导人就较早地认识到：建设独立自主的航空工业，必须发展航空科研

新中国航空科学技术的研究，是在成套引进苏联飞机制造技

术并开始成批生产之后，逐步建立和展开的。科研工作的进程，先是紧密结合仿制的需要，开展材料、制造工艺和试飞的研究；尔后，进行飞机、发动机、机载设备和武器系统的改进改型和自行设计；再后，根据近期、远期发展新产品的需要，有计划地开展新原理、新技术、新材料、新工艺的预先研究。这种先有生产、后有科研，先开展产品设计，再逐步开展系统的预先研究的状况，是中国航空工业不同于发达国家航空工业的一个特点。

综观世界航空工业发展历史，航空技术的每一次重大突破，都是航空科研发展结出的果实。因此，世界航空工业发达国家，都优先发展航空科研，不惜投入雄厚的人力和财力，并假以时日。

在飞机发明者莱特兄弟的时代，一些航空先驱们往往身兼科学研究、设计制造、试验试飞等多种角色，那是因为早期飞机的简陋。在莱特兄弟之前，英国的乔治·凯利，德国的奥托·李林塔尔，美国的谬塞尔·兰利等，他们都做过航空科学研究，并取得重要成就。飞机发明之后，欧洲各国为进一步支持航空工业的发展，先后建立航空研究院，把发展航空科技放在重要位置。英国于 1905 年成立皇家航空研究院；德国于 1907 年成立哥廷根实验空气动力研究院。1915 年，美国成立航空咨询委员会（NACA，1958 年改为 NASA），并于 1917 年建立了兰利研究中心。后来又建立了刘易斯研究中心和艾姆斯研究中心。

兰利中心主要从事航空航天技术基础研究（航空占 60%）。研究领域包括空气动力、声学与降噪、空气热力学、航空电子、环境监测、传感器与数据获取技术、远程飞机、专用飞机等。其试验设施很多，其中亚声速风洞 5 座、跨声速风洞 9 座、超声速风洞 5 座、高超声速风洞 37 座；环境试验设施 2 座；撞击及投掷试验设施 2 座；结构载荷疲劳试验设施 2 座；声学试验设施 1 座；工程飞行模拟器设施 5 座以及中心科学计算机组 1 个。

刘易斯研究中心成立于 1939 年，是动力装置研究中心。1943 年，建成两座供涡轮喷气发动机研究使用的试验设备，在这里试验了美国第一台涡轮喷气发动机。1944 年建成美国第一座高空模拟试验风洞，第一个课题就是验证发动机的涡轮增压器的高空性能，使美国在二战中后期的军用活塞发动机的性能有了较大提高。

艾姆斯研究中心成立于1940年，是美国西海岸航空研究中心。成立的目的在于加快发展航空技术，争取在二战中取胜。该中心拥有大量试验设施，仅各类风洞就达30多座。另有结构动力学试验室1个、工程飞行模拟设施16个、中央计算机设施2套。

苏联十月革命成功后，列宁支持、重视航空研究。在1918年12月成立了以著名学者茹可夫斯基为首的中央空气和流体动力学研究院（ЦАГИ），从事空气动力学和流体动力学的研究。ЦАГИ是苏联和俄罗斯的航空工业各学科研究机构的摇篮。在它的发展过程中，研究院内部不断形成新的研究方向。从20世纪30年代开始，有些研究领域逐渐分离出去成立了新的研究机构，如中央航空发动机研究院、全俄航空材料研究院、飞行研究院、航空工艺研究院等。20世纪40年代的卫国战争之初，为完成战略转移，又分离出去建立了西伯利亚航空研究院。

ЦАГИ是世界上最大的航空科研中心之一，它有一批世界级的学者和许多世界级的科研成果。

ЦАГИ拥有大约80多个试验设施供空气动力学、推进器、飞行动力学、航空声学、飞机性能、飞机稳定性和操纵性、热动力学、流体动力学、气动弹性、强度和耐疲劳方面的研究。在这些试验设施中，有近60个风洞。

按中国当时的基础和条件，是无法按照美国和苏联的模式，率先建立强大的航空科研基础的。只能根据中国国情，在建立自己航空工业体系的同时，逐步把航空科研这一课补上去。

二机部部长兼航空工业局局长赵尔陆，以及局领导人王西萍、段子俊、徐昌裕、油江都亲身参加并感受到了新中国第一架飞机上天的欢悦。但是他们也清醒地认识到，这是在苏联进行成套技术援助，提供飞机所有图纸及技术资料，在苏联专家事无巨细、手把手地“言传身教”下取得的成功，是只知其然而不知其所以然的成功。没有航空科研，没有设计机构，就是无源之水，无本之木。他们认识到：发展航空科研已经是刻不容缓了。

1954年6月2日，赵尔陆接见苏联航空工业设计院长奥尔洛夫及在华工作的设计专家组组长奇金，询问中国建立航空研究院的问题。专家建议需要建立材料、空气动力和发动机试验室，以培养人才，准备将来独立发展航空工业。这是中国航空工业领导人第一次向苏联专家提出建立航空科研问题，奥尔洛夫等苏联专家给予了积极回应。

中苏协议原定112厂试制米格−15Бис飞机，有关工作已着手展开，1954年10月，苏方又提出改产更先进的米格−17Φ歼击机。这就进一步引起四局领导人的思索：中国这样一个大国的航空工业，总得自己搞产品研究设计，不能依靠人家提供一个、仿制一个；凡是苏联航空工业有的，中国也应当有。于是，争取苏联援助发展航空科研的问题就提上了议程。1954年底，四局领导人王西萍、段子俊在赴苏为新厂建设催交设备的过程中，向苏联航空工业部技术司司长切尔尼柯夫（后来华任四局总顾问）等进行了咨询。切尔尼柯夫对中国建设航空科研力量表示热情支持，并应中方之请，提交了有关科研机构建设条件的全面建议。

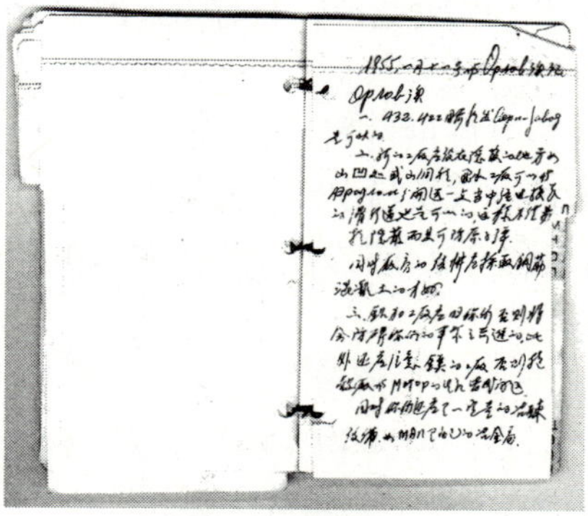

段子俊笔记：1955年1月11日在莫斯科与奥尔洛夫谈话记录

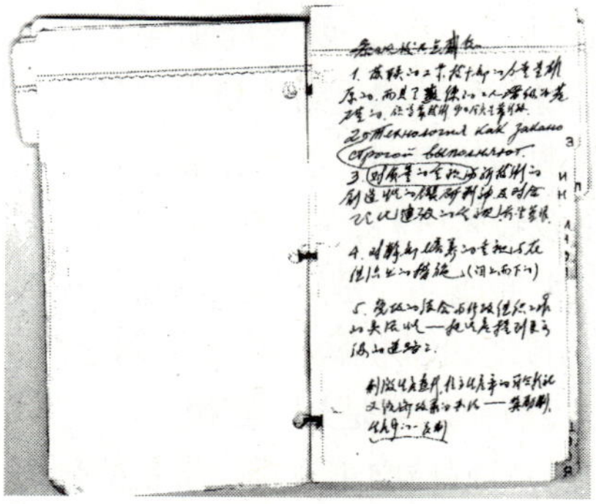

段子俊笔记：参观后的几点感想

1955年1月11日，苏联航空工业设计院院长奥尔洛夫邀请王西萍、段子俊、任华到苏联航空设计院参观，这是中国人第一次走进这坐落于莫斯科市区神秘单位的大门，奥尔洛夫将院内各部门负责人介绍给中方人员，以加强联系。奥尔洛夫还引领中方人员参观了同在莫斯科市区的航空发动机厂。关于发展中国航空科研问题，奥尔洛夫在座谈中明确指出：搞好航空工业必须具备三个条件：第一，要有健全的科研机构，包括材料、工艺、计划研究、飞机、发动机、特设附件及空气动力学研究院；第二，要有培养技术干部的教育机构、学院、专科学校；第三，要有一套工厂。他认为中国航空工业当前最迫切的、最需要解决的是研究机构的建立和人才培养。工厂和教育已有一定基础，科研是最薄弱的一环。应当从航空科学研究、航空工业生产、航空人才培养三条战线上同时展开。③

③ 2012 年 2 月 9 日对任华的采访。

接着，中方于 1955 年 1 月 20 日通过驻苏使馆正式向苏联提出航空科研建设问题（即中国大使馆商务参赞 1955 年 1 月 20 日第 E4/55 号函）。同年 3 月 31 日，苏方作出答复，提交了《关于中国航空科学研究院组建问题的备忘录》，建议：第一步建立综合性航空科学研究院，下设航空材料研究所、空气动力与强度研究所、飞行试验研究所、发动机研究所、特设与无线电研究所、生产组织与工艺研究所、情报推广所及实验工厂；第二步将上述研究所独立成为研究院，估计需要建筑面积 15 万至 35 万平方米，人员 5000 至 7000 人，动力 5 万至 13 万千瓦，投资 10 亿至 25 亿卢布。同年 4 月 30 日，二机部部务会议听取汇报后，要求四局按苏方备忘录的建议意见提出正式报告。1955 年 5 月 16 日，四局分党组扩大会议就此进行讨论后，向部党组报告提出：

我国航空工业建设，必须从下列三条战线上同时展开：第一，航空科学研究（即建立航空研究机构）；第二，航空工业生产（即建设航空工厂）；第三，航空人才培养（即开办航空院校）；航空工业在第二、第三条战线上，现已具备了一点基础，但在第一条战线上，则迄今未见提及。这一落后现象应当迅予消除，否则必将大大限制中国航空工业的迅速、独立与健全发展。

《报告》同时提出了建立科研机构的安排设想。

1955 年 9 月 1 日，四局领导人同在华苏联专家举行航空工业发展问题座谈会。参加会议的有：王西萍、油江、范铭、陈少中、李兆翔；苏联专家有：四局总顾问切尔尼柯夫（他于 1955 年 5 月来华）、诺维可夫、奇金、潘可夫、费基切夫、巴斯图霍夫、谢霍夫、卡巴诺夫、卡马洛夫、米里亚也夫、聂恰也夫、科诺夫。关于航空科研发展问题，苏联专家建议第一期建材料、工艺、空气动力科研机构，第二期建各专业的研究所和试飞基地。

9月15日，王西萍向赵尔陆部长报告，建议建立材料、工艺、特设与雷达、发动机、空气动力与强度、飞行试验等6个研究所，以及技术报导与经济交流编辑室和5个（科研）生产基地，总投资7.5亿元。10月10日，四局参照苏联3月《备忘录》所建议的两步发展方案正式提出《关于中华人民共和国航空科学研究院问题的备忘录》文稿呈报上级，以便向苏联进行交涉。至此，初步形成了发展航空科研的轮廓思路。

1956年1月14日，中共中央在北京召开知识分子问题会议，周恩来作报告，要求改善对知识分子的使用和安排，以利于发挥其专长。他并宣布，中央已着手制定12年科学发展远景规划。毛泽东也到会讲话。1月25日，毛泽东在最高国务会议上说："我国人民应该有一个远大的规划，要在几十年内，努力改变我国在经济上和科学文化上的落后状况，迅速达到世界上的先进水平。"过了5天，在政协二届二次全体会议上，周恩来明确提出了"向现代科学技术大进军"的号召，并要求国家计划委员会、中国科学院和有关部门，在4月份以前，制定出1956到1967年的12年科学技术发展远景规划。从此拉开了向科学技术进军的序幕。

1956年5月，在制定全国十二年科学规划会议上，周恩来与科技专家在一起。中间左起：宋任穷、聂荣臻、李富春、周恩来、郭沫若

1956年6月14日，党和国家领导人在中南海接见制定12年科学规划的科技专家。前排左起：周恩来、毛泽东、林伯渠、朱德、陈云、聂荣臻、邓小平

在周恩来的直接领导下，国务院组成了国家科学规划委员会，责成国家计划委员会组织科学技术专家和工程技术人员共600多人，分头研究各行各业的发展规划。中央的号召鼓舞了全国人民，

也完全符合航空工业发展科研的客观要求。航空工业迅速响应。

1956年1月5日，李富春给各部党组书记写信提出："为了保证我国科学事业高度发展，使科学研究工作能够满足工农业生产和国防建设的迫切需要，我以为必须对科学研究规划采取根本性措施。这个规划必须是向科学和技术进军的规划，必须是迎头赶上世界先进科学技术水平的规划。"1月13日，赵尔陆打电报给正在苏联谈判的张连奎副部长，要求根据中央的指示精神，与苏方谈判加速7个航空科研机构的援建问题。

1月16日，王西萍连续两天同局总顾问切尔尼柯夫交谈。切氏对科研工作较有经验。他指出，中国航空工业如果没有自己的科学研究工作，单是根据苏联技术资料复制，就会永远落在后面，应该迎头赶上。他建议中国航空工业的科研工作分两步走：1956年–1959年为第一阶段，主要是培养力量；1960–1965年为第二阶段，在苏联的帮助下设计飞机。这样，在12年规划期的最后两年（1966–1967年），中国独立设计出自己的最先进的飞机和发动机是完全可能的。他还建议设立材料、空气动力、发动机、特种设备、飞行试验、工艺与生产组织等研究院，以及12个实验设计局和技术情报局。他的建议对进一步统一思想，提高认识，全面筹划航空科研工作起了重要作用，形成了中国航空工业初期科研规划的蓝本。

在此基础上，四局在1956年1月21日，就制定出了《航空科学研究工作十二年规划》。规划提出设立7个研究院和10个设计局；分三个阶段开展工作：第一阶段（1956–1957年）为准备阶段；第二阶段（1958–1962年）为赶上生产技术水平阶段；第三阶段（1963–1967年）为超过生产技术水平阶段。总投资18.77亿元，技术干部24720人，其中工程师14570人，技术员10150人，四级以上工人6244人，1962年完成基本建设。

1956年4月，来华帮助中国制定12年科技发展规划苏联科学家代表团团员、喷气发动机专家米哈依洛夫博士就航空工业局科研规划提出如下意见：1. 科学研究应走在前面。苏联革命胜利后很快就建立了中央流体力学研究院。空气动力的研究决定航空科学技术的发展。2. 必须建立产品设计局，并与工厂分开。因厂长主要是抓生产，保证质量。但是设计局应建立在有关工厂附近，以便相互合作，迅速出成果。3. 中国一面派人去国外学习，一面在国内开始研究设计，采取三不等原则：不等国内大型风洞建成，不等国内材料，不等国内仪表制成。

在第二个五年计划苏联援建项目中，首次纳入了航空科研机构的项目，但苏方对中方提出的要求，并没有全部接受

由于“一五”计划期间苏联援助建设项目进展顺利，为了加快航空工业建设。二机部和四部局考虑提前建设第二批航空工业项目。1954 年 12 月二机部部长赵尔陆向国家计划委员会主任李富春等建议将中苏协定中的 422、432 两个飞机修理厂改换为轰炸机制造厂和歼击机制造厂，并相应建设发动机制造厂和辅机工厂 12 个。1955 年 8 月中央批准航空工业新建 10 个项目，即 172、430、132、420、133、125、232、135、242 等 9 个工厂和 1 个航空综合研究院。

1955 年 10 月 28 日，以国家经委副主任孔祥祯为团长，二机部副部长张连奎、电力部副部长王林（谈判其他项目）为副团长的代表团赴苏谈判，就关于提前第二个五年计划的建设项目问题，中国向苏联提出备忘录，要求提前建设喷气歼击机、轰炸机和大口径炮厂等 20 个国防工业项目。中方共提出 5 个备忘录，其中国防工业为 3 个。苏方提出了一个由专业化工厂组成的谈判项目表，包括 19 个航空工业项目和 3 个航空科研单位。19 个航空工业项目是：172 轰炸机制造厂；430 发动机制造厂；132 歼击机制造厂；420 发动机制造厂；242 自动驾驶仪及陀螺仪表厂；232 航空电气机械仪表厂；783 航空无线电仪表厂；135 航空电气机械制造厂；125 电动机及发电机制造厂；780 歼击雷达制造厂；124 飞机附件厂；133 发动机附件厂；544 起落架及液压系统厂；549 飞机标准件及金工零件厂；583 发动机标准件及金工零件厂；533 叶片制造厂；781 轰炸瞄准雷达厂；729 射击雷达厂；504 航空大型铝镁铸件及中小型锻造基地。3 个航空科研单位是：航空

材料研究院、航空工艺研究院、试飞研究院。

在谈判中苏方提出：这19个项目的产品方案（名称及产量）由苏方在莫斯科提供，厂址选择及设计任务书的编制，由苏联驻北京的设计人员帮助我方完成，并将选厂报告及设计任务书送交莫斯科，作为苏方编制初步设计工艺部分的依据，改变以前的设计责任制。这22项目的初步设计工艺部分由苏联在莫斯科完成提交给中国；各专业的初步设计和全部施工图由中国自己的设计院承担；设计质量和进度也由中国方面负责，原在北京的"特别设计处СПБ-216"将改为顾问组，不再对设计进度和质量负直接责任。

此次谈判从12月13日正式开始。1956年1月，尚在莫斯科谈判的张连奎根据赵尔陆的电报，将中共中央指示向科学技术进军的精神和中方关于加速7个航空科研机构援建问题的意见向苏方提出后，没有得到积极回应。1956年1月30日谈判结束，谈判的协议草案经代表团向国内汇报后，2月初由孔祥祯团长在苏草签了协议。

4月7日，中国和苏联政府签订了《关于苏联援助中国发展国防工业、生产人造液体燃料和进行地质工作的协议》。在协议第一号附件国防工业清单中，航空工业占15个工厂、3个研究所共18项。具体项目是：

1. 轰炸机制造厂（172厂），年产图-16飞机800架；
2. 轰炸机发动机厂（430厂），年产АМ-3型发动机3200台；
3. 歼击机制造厂（132厂），年产米格-19飞机2000架；
4. 歼击机发动机制造厂（420厂），年产РД-9Б发动机8000台；
5. 陀螺仪表和天文仪表厂（242厂）；
6. 航空电气仪表厂（232厂）；
7. 航空电动机构制造厂（135厂）；
8. 电动机及发电机制造厂（125厂）；
9. 飞机轰炸军械附件厂（124厂）；
10. 发动机附件厂（133厂）；
11. 起落架及液压系统厂（544厂）；

12. 飞机标准件及金工零件厂（594 厂）；
13. 发动机标准件及金工零件厂（583 厂）；
14. 叶片制造厂（533 厂）；
15. 大型铝镁铸件厂（504 厂）；
16. 航空材料研究所；
17. 航空工艺和生产组织研究所；
18. 试飞研究所。

工厂建设进度，设备供应期限为 1958–1959 年（其中 544、594、583、533、504 等厂后来未单独建设）；研究所为 1959–1960 年。

《协议》还规定，苏联在最新科学技术成就的基础上实行专业化，按期完成各企业 70%–80% 的设计工作，其余的 20%–30% 的设计工作，由苏联帮助中国设计机构完成。苏联提供各企业设备总值的 50%–70%。苏联无偿地把附件所列的企业生产的产品制造特许权给予中国。

在中苏政府签订的对中国国防工业建设援助协议中，空气动力与强度、发动机、特设与无线电等航空研究机构的援建项目均未能列入。

1956 年 6 月二机部赵尔陆（前排右三）随李富春赴苏联谈判“二五”援助问题时与苏方代表合影

1956 年 6 月 19 日，以李富春为团长的中国代表团一行 85 人（二机部赵尔陆、郑汉涛、樊雨生、罗坦、蒋崇景、王晓光、油江等参加）赴苏谈判，主要目的有两个：一是商谈中国“二五”计划轮廓草案；二是请求苏联援助问题。代表团国防组航空小组从 7 月 18 日 –8 月 9 日与苏方会谈，要求苏方帮助设计空气动力研究院、发动机研究院和飞机设备研究院三个项目，是这次谈判中的内容之一。赵尔陆曾亲自与苏联航空工业部杰明捷夫谈判组建三个研究院问题。除飞机设备研究院并入飞行试验研究院外，其他两项未获成功，苏方让过两年后再提。整个代表团的谈判都未能形成正式协议。

当年赴苏谈判的四局副局长油江回忆：

1956年6月，中央派出中国国民经济“二五”计划代表团，到苏联进行谈判。由李富春同志任代表团团长，赵尔陆同志是国防工业方面的总代表。我和任华同志作为航空工业方面的代表，随代表团赴苏。当时代表团决定，叫我们各行业的代表分别把各自的“二五”计划的援助项目送交苏方对口工业部，然后进行谈判。

我代表中国航空工业局把计划送到苏联航空工业部。接待我的是苏联航空工业部的对外联络司司长德沃连钦科，当时在场的除任华同志、王伟同志（担任翻译）外，还有蒋祖同同志。那位联络司长把计划粗略地翻阅了一下，极不礼貌地说：“你们搞的航空工业计划太大了，而且有些项目不需要，两个大研究院和大型锻件厂就不必搞，你们现在连汽车还未搞出来，这些厂、所需要的设备从哪里来？我看不必要也不可能。”他那种傲慢的态度，使我非常气愤。因此，我毫不客气地回答他：“我奉我国代表团李富春团长的命令，将我们国家第二个五年计划中航空工业计划部分的副本送给你部，以便你们了解，准备谈判。正本由我们团长送给你们部长会议。你不愿接受我可以收回。你有什么权力指责我们的国家计划？”他听了我这几句硬话，赶紧说：“我不是这个意思，我是说这个计划太大了。”我说：“大、小是两个国家谈的问题，你要指责，我就收回这个副本。”结果他还是收下了。后来的谈判换了一个副司长。谈判虽然换了人，也比较礼貌些，然而那三个较大的项目，总是以“无此必要”或“成套设备比较复杂，供应困难”等为借口，硬不同意列入援助项目。我们每谈判一次，都向赵尔陆同志汇报并向航空工业局分党组写了书面报告。

当时除了谈判，还安排代表团的同志们到对口单位参观。苏方有个限制，凡是他答应的项目，才同意你去参观其有关的厂、所，不援助的项目就不给看。这条禁令，据说是不能突破的。所以苏联航空工业邀请我们参观的厂、所名单，都是我们过去赴苏同志们参观过的那几个。我虽首次到苏，也知道这几个厂、所的情况，看不看是不关重要的。而我希望看的空气动力研究院、发动机研究院和大型锻件厂，却不让看。我非常气愤地将他们邀请参观的单子退回去并拒绝参观。我将情况报告了赵尔陆同志，我说："苏联航空工业部不允许我到需要参观的厂、所去参观，却邀请我去看那些不需要看的地方，我只好一个都不看。"当时，赵尔陆同志亦气愤地说："你有你的自由，你参观不参观都不犯错误，但我赵尔陆是不看苏联航空工业部的单位的。"这样，我们整个代表团对苏联航空工业部的所属单位，一个也未看。

油江1956年访苏期间在莫斯科列宁墓前

赵尔陆部长和苏联航空工业部部长捷明杰夫会谈时，郑汉涛、王晓光、任华同志和我都参加了。赵部长当面提出，希望参观援助建设的两所一厂，而杰门捷夫极力绕弯子，谈困难，对我提出的三个关键项目不作答复，搞得大家不欢而散。回来我又谈判多次，其他项目都定下来了，唯独这三个项目未谈成。因为航空工业的项目已谈完，我即向赵部长汇报情况并请求回国。[4]

④周日新主编.魂系航空——深切怀念油江同志.216–218.

随团翻译任华回忆了苏联航空业部长捷明杰夫1956年在莫斯科会见赵尔陆时的情景：

会见时的气氛虽然此较融洽，赵部长给捷明杰夫送了礼品。但当赵尔陆同志提到苏援建的第二批项目是根据米格–19的生产要求设计的，并建议将这批项目改按米格–21的生产来设计时，这位苏联部长竟板起面孔，公然矢口否认苏联已有米格–21飞机，反而追问道："是谁告诉你们的？！"其实，关于苏联试制成功米格–21型飞机一事，西方杂志已早有报道，可这位部长在外交场合还来演这场掩耳盗铃的把戏。[5]

⑤航空工业部中国航空工业史编辑办公室.航空工业史料第五辑.140–141.

会后赵尔陆说："看来，苏联并不是无私的援助啊！他们想在这些问题上卡我们，让我们的航空工业成为他们的附庸，不许我们搞科研，反对我们搞设计，不要我们独立自主。我们必须争这口气。回去后就是要搞科研，要搞设计，要自力更生，咬紧牙关，艰苦奋斗……”并立即决定向部党组建议：将北京西郊的二机部第四研究所拨给筹建一年多、但所址尚未选定的航空材料研究所（六所），以加速建设。自此以后，苏方的态度一直未有实质性改变。这就使中国国防工业、航空工业的领导人悟出了一个道理：苏方感兴趣的是把中国航空工业建成苏联产品的复制厂，他们是不愿让中国发展独立自主的产品研究发展能力的。因此，中国要发展航空科研事业，只有依靠自己，走自力更生的道路。

急起直追、大上科研的决心是好的，但在具体计划部署上也不能不考虑中国现实的条件与苏方提供援助的可能。

“一五”计划期间，航空工业建设的第一批工厂主要分布在沿海地区。为了改善地区布局，并增加产品品种和产量，克服薄弱环节，“二五”计划确定在西北、西南等地区建设一套中程轰炸机厂（172、430厂）和第二套歼击机厂（132、420厂），相应地建设一批机载设备厂（并继续建设514厂），包括242、232、135、125、124、133等航空陀螺自动驾驶仪、电动机构及火控计算机、航空电机、飞机轰炸军械附件、发动机附件工厂，加上老厂改扩建和科研机构的建设，“二五”计划的基建总投资比“一五”计划增加一倍以上。而航空科研机构全部是新建。

实际上从1956年春天开始，中国国内在经济建设上已经出现了急躁冒进的倾向，急于求成之风开始蔓延。周恩来、陈云、李富春注意到这个问题，并采取措施降温，但各部门报上来的“二五”计划指标仍然偏高。李富春就“二五”计划国外援助的可能性考虑：此次提请国外援助的项目多，不可能都为国外所接受。李富春带去的请求苏联援助的项目为236项。经过谈判确定为217项。在各专业小组进行商谈时，苏联方面各部的态度一般是积极的。在苏方内部汇报时，各部愿意承担设计并供应项目约占项目总数的80%。李富春在与苏联国家计委商谈中国“二五”计划轮廓草案时，苏方对计划的方针、任务和基本道路没有意见，但是感到这个计划相当紧张；对于中国请求苏联援助的答

李富春与夫人蔡畅 1956 年春在北京

复，既表示诚心诚意援助中国，也解释了苏联在这方面存在一定的困难。6 月 27 日，李富春致信毛泽东、党中央，提出：

……国防开支在第二个五年计划时期中，开支可否压缩在五百亿元以下，一般的国防建设和普通装备的要求是否也可以放慢点，这样不但可以解决经建和国防的矛盾，而且可以使国防建设能集中力量于发展导弹、原子弹的研究及飞机和无线电的发展上。建议中央讨论一次作出决定，否则第二个五年计划是不好制定的……⑥

⑥ 房维中，金冲及主编．李富春传．北京：中央文献出版社，2001. 485−488.

1956 年 11 月 10 日，周恩来在中共八届二中全会上指出：1955 年基建投资 82 亿元，1956 年为 140 亿元，增长太快，于是各方面都紧张，重点没有保证。要求 1957 年计划应在“保证重点，适当压缩”的方针下考虑安排。据此精神，二机部党组决定：不该上马的坚决不上，应该下马的坚决要下。关于航空工业，赵尔陆在 11 月 24 日提出初步意见：一、1956 年 4 月 7 日中苏协定的 15 个项目共计投资 15.9 亿元，其中有的项目可以推迟到“三五”，总投资可以减为 13.1 亿元；二、搞清苏联新设计的工厂，进度适当改变；三、国内设计项目，改扩建 4 个厂（122、120、331、320），生产直升机和安 −2 飞机。

到 1956 年末，经济建设中急躁冒进导致年终决算出现了自 1953 年以来第一个财政赤字年度。后来由于毛泽东对反冒进提出批评，改变了中共八大一次会议确认的既反保守又反冒进的方针，第二个五年计划最终没有正式制定出来。⑦

⑦ 同上书．499.

关于以什么样的心态对待苏联援助，周恩来在 1956 年 10 月 11 日主持国务院常务会议讨论李富春《关于苏联援助我国第二个五年计划建设项目谈判情况的报告》时说：我们要去掉依赖思想，争取苏联的帮助。如果苏联有困难，或在某些方面留一手，就要依靠我们自己想办法，主要是自力更生，争取外援。有了苏联援助当然好，没有苏联援助“也要建设社会主义”。这“并不是不尊重苏联，不团结苏联。苏联的帮助是重要的，但起决定作用的是中国人民，这和尊重、团结苏联是两回事”。我们“不仅要争取社会主义国家的援助，而且要争取从资本主义国家、亚洲国家学到东西”。又说：“凡是与苏联专家闹问题的，要‘有理三扁担’”，因为，“我们把人家请来了，关系搞不好主要是我们的责任。对专家的意见要认真地处理，能做的做，不能做、有困难或暂时不能做时，应向专家说明，冷淡不理和盲从都是不对的。各部对专家的工作要做一次检查。苏联专家帮助我国建设社会主义是很积极的”。⑧

1956 年 8 月 30 日，航空工业局总顾问切尔尼柯夫向王西萍提出尽快成立飞机、发动机、仪表和附件设计室的建议。他称，为在 12 年内赶上世界科学先进水平，在飞机设计方面可分为两个阶段：一是准备阶段，包括干部准备、资料准备和熟悉掌握生产过程、拟订各种指导性文件、征求国内有关方面科学家的意见等，乐观估计需一年至一年半时间；二是飞机设计阶段，根据中国情况，设计对象可能是一种喷气式教练机，介于雅克 -18 与米格-15 之间，是一种过渡性质的教练机。按理，发动机设计应该走在前面，但根据中国情况，可先利用已用的发动机。在发动机设计方面可分为三个阶段：一是 1956-1957 年抓干部培训；二是 1957-1958 年，以苏联资料为基础，设计发动机的若干部件；三是 1959-1960 年，设计自己的发动机，应召开专门的会议决定。关于设计室，开始时应建在批生产厂，依靠工厂的帮助。以后，随着设计室的壮大，要逐步独立起来。设计室不应由工厂领导，否则，设计室有可能丢开自己的任务而服务于厂长的意图。航空工业局接

航空工业局苏联发动机专家索科洛夫（前排中）与吴大观（前排右一）等人合影

⑧ 中共中央文献研究室．周恩来年谱/1949—1976 上卷，北京：中央文献出版社，1997. 626.

这张沉封50多年的老照片再现了20世纪50年代中国航空工业“黄金时代”时欢送航空工业局总顾问切尔尼柯夫回国的隆重场面，部、局、大厂的主要领导云集，前排左起：王西萍（航空工业局局长）、部顾问、张连奎（二机部副部长）、切尔尼柯夫夫人、切尔尼柯夫、杨春甫（二机部副部长）、诺维柯夫（局副总顾问）、日卡尔金（局副总顾问）、沈斌、孙信一；二排左起：陈少中（左一；航空工业局副局长）、徐昌裕（左三；航空工业局副局长）、刁筠寿（左四；航空工业局副局长）、方致远（左六；航空工业局副局长）、左七高方启（112厂总工程师）、诺维柯娃（左八）、日卡尔金娜（左九）、夏端（左十）、田幼兰（左十一）；后排左起：魏祖冶（左一）、杜匹次（左二）、王玉京（左三）、李兆翔（左四）、郭固邦（左五；331厂厂长）、牛荫冠（左六；112厂厂长）、段子俊（左七；航空工业局副局长）、王弼（左八；航空工业局副局长）、油江（左九；航空工业局副局长）、张德全（左十）、王毅（左十一）、王澍田（左十二）（张德全提供）

受了切尔尼柯夫的上述建议。

1957年9月中国政府派出的聂荣臻为团长的赴苏谈判代表团，期间提出援助中国组建航空科研机构一事。苏方同意分两期建设空气动力（含发动机）研究院，第一阶段可建造试验面积为4米×2.3米，直径2.6米，0.6米×0.6米3个风洞，但不同意建螺旋风洞。

1959年2月7日，周恩来在莫斯科与苏联部长会议副主席米高扬签订1959–1967年中苏经济合作协定，其中第3号附件规定援助航空工业的有空气动力研究院和发动机研究院，随后，航空工业局派出以徐昌裕、李兆翔为正副组长的14人专家小组于2月27日赴苏具体谈判。代表团的成员有叶正大、康毅、周鹤龄、高锡康、朱念璋、刘正惠、高镇瀛以及国防部五院的张天禄、允瑞。

徐昌裕回忆：

对于这次谈判，苏方比较重视。我方主要代表只是一个副局长和一个设计院院长，而他们为首的却是一个航空工业部的副部长，叫别良斯基，还带了很多人参加，都是些研究院的头头和军兵种参谋长、总工程师等，大校上校一大片，场面好大。这个别良斯基是对外军援的总管，他管的那个部门专管军事技术的转让和出口。

1959 年 2 月 徐昌裕（右二）、李光翔（中）、康毅（右一）、刘正惠（左一）等赴苏联谈判航空科研建设

我们提出的项目，主要是帮我们建几个研究院，既包括飞机设计的试验，又包括空气动力、发动机方面的理论研究。这样，飞机的空气动力、高雷诺数的空气动力和发动机的空气动力都包括在里面了，列出了好大一个单子。他们一看就说："噢！太大了，你们第二批建设的规模太大了，这些项目的转让费用初步估算要花 30 亿卢布，你们负担不起。"我们是 1959 年 2 月份去的，正是"大跃进"的时候，我们的口气很大，告诉他们说："我们中央讲了，要全力以赴，有的是钱。"他们说："就算你们有那么多钱，我们也没有那么大的力量，要集中一千人，来帮你们设计这几个研究院，我们现在负担不了。"最后他们说："既然你们坚持提出的要求，那就这么办吧。"看来他们是在应付我们。[⑨]

刘正惠、高镇瀛回忆：

航空与火箭科学研究院项目由我方于 3 月 5 日提出设想方案。方案主要内容是要在较短时间内建设一个全国性空气动力研究中心，包括有各种尺寸的亚、跨、超声速风洞和各种特殊风洞共 16 个；此外，还要建设一个发动机研究中心，包括涡轮喷气

⑨ 徐昌裕口述. 为祖国航空拼搏一生. 北京：航空工业出版社，2006. 183-184.

式、冲压式、火箭和以原子为动力的各种发动机研究试验设备，如高空试车台、液体和固体火箭发动机试车台等共20项。总投资预计达30亿卢布，预计在“二五”期间建成。这个计划相当庞大，但确实是航空、航天科研的需要。苏方负责技术谈判的中央空气流体动力学研究院（ЦАГИ）和中央航空发动机研究院（ЦИАМ）和苏联航空工厂设计院的技术专家表示这个方案规模太大，要求过急，援建难度大，建议分期实施，先搞一期工程，并要求我方多承担设计工作量，争取在1967年建成。经过3月23日和26日的谈判，苏方专家把原方案调整、补充、修改成为包括亚、跨、超声速风洞、特种风洞共11项和包括有连接管式及自由轴流式推力为20吨的涡喷式、冲压式发动机高空试车台、推力为50—150吨液体、固体燃料火箭发动机试车台、发动机压气机、涡轮等部件试验台等大型试验设备共18项。编制人员约1万人，设备价值约11亿卢布。这样一个航空与火箭科学研究院，规模也是相当可观的，可以满足我国航空、航天科研相当长时期的需要。因此，当时我方认为，苏方技术专家提出的规模方案基本上可以满足我们的要求，所提建议也大都是合情合理的，但对苏方坚持不同意援建螺旋风洞、颤振试验风洞和火箭滑轨三个项目表示不同意见，留待以后争取。经过进一步弄清情况后，即报送国内部、局领导审定，然后又报请周总理和李、聂副总理批示同意。[10]

⑩ 航空工业部中国航空工业史编辑办公室．航空工业史料第十辑．151–152.

双方对此提出备忘录，苏方就第一期工程项目提出建议方案，投资12亿卢布。7月1日中国政府以备忘录通知苏方同意这一方案。此后，中苏政治关系恶化，苏联借口研究院规模太大、技术复杂、无成熟经验，无法给予援助。还提出，如果要保证援助，则编制设计图纸就需组建3个设计分院，增加300名工程师，等等，实质上是否定了已经达成协议的建议方案。中方期望得到苏联援助已不可能。

在向科学技术进军精神鼓舞下，航空工业加快了材料、工艺、试飞及空气动力研究所的建设

四局于 1956 年 11 月，具体规划了第二个五年计划期间的科研建设项目，其中，已列入 1956 年 4 月 7 日中苏协议的航空材料、航空工艺与生产组织、飞行试验等 3 个研究所计划在 1960 年建成；情报研究所在 1958 年建成；同时决定自行筹建苏方不肯援建的空气动力研究院与航空发动机研究院，拟在 1965 年建成；以上共需高校毕业生 1719 人，投资 5.61 亿元。另外，决定建设包括飞机、发动机、机载设备等各类产品设计所 13 个，共需高校毕业生 2799 人，投资 1.446 亿元。

按照这个规划，航空工业在第一个五年计划期末，实际组建了第一批 7 个科研机构，即：航空材料、航空工艺与生产组织（简称航空工艺）、飞行试验、科技情报等 4 个研究所和飞机、发动机、航空仪表等 3 个产品设计室。其中，飞机和发动机设计室分别在 112 厂和 410 厂组建，与生产紧密结合，发展迅速顺利，其余各单位的建设大多经历过反复选址、搬迁等过程，在比较困难的环境中逐渐成长。

除专业研究所、设计室之外，航空工业还开始建立厂属的产品设计机构。1957 年初，南京 513 厂建立了厂属降落伞设计室，设计与生产结合更为紧密，当年就设计、研制成功第一个投物伞，为中国降落伞和各类救生装备的自主发展开辟了道路。

建立航空材料研究所。

新中国首批航空科研机构的筹建是从航空材料研究所开始的。鉴于航空产品试制生产中原材料方面的技术问题较多，经过研究酝酿，1955 年 4 月 15 日，二机部决定先建立航空材料研究所，5 月 25 日定名为第二机械工业部第六研究所，由四局直接领导，任命魏祖冶为主任（所长）。

魏祖冶（1919–1997），1919 年 11 月出生于湖北大冶。1939 年 12 月赴延安抗日军政大学学习。1942 年 3 月加入中国共产党。组织了多个兵工厂的建设。1950 年，被派往中国驻苏联大使馆商

务处担任技术代表。1951 年回国后，担任航空工业局计划处副处长、处长。航空材料研究所第一任所长。1978 年被调到航空工业部任科技办主任、外事局局长兼中国航空技术进出口公司第一任总经理。

魏祖冶回忆：

1955 年，航空工业局上报部关于建设航空材料研究所的报告，经部党组批准同意建立并属航空工业局直接领导。当时我在局计划处工作，王西萍同志和我谈话，要我到航空材料研究所去工作。他指出：这个所很重要，白手起家，现在要从基本建设开始，将来会有很大发展。我认为中国没有自己的航空设计和研究机构，就不可能真正建成完整的航空工业。我在 1954 年去苏联订购零备件时花了几千万卢布，甚至布带、油漆、桐油、棉布都要向苏联订货，主要因为我们没有研究机构，没有材料的标准。有一次在订货谈判时，苏方人员看了货单后说："苏联的桐油是从中国进口的，你们还要向我们来订货？"从这里可以看出，一个国家如果没有自己的航空科研机构，航空工业的命运就可能掌握在外国人手里。这一年 4 月份，我接受了任务去进行建所的筹备工作，由四局抽调了几个干部临时在四局院内开始办公。⑪

⑪ 航空工业部中国航空工业史编辑办公室．航空工业史料第四辑．49–50.

同年 7–9 月，苏联航空材料研究院专家马留金、马特维耶夫、阿列克森科等陆续到华，协助筹建。航空材料研究所曾先后在沈阳铁西区和北京德外苇子坑、东黄城根等处选址，但直到 1956 年 5 月 26 日举行成立大会时，尚未能最终选定，严重影响建设进程。1957 年，二机部通知，将北京西郊冷泉村原兵器工业的第四研究所所址，包括房屋建筑 4 万多平方米、各类干部职工 600 多人以及有关设备物资等拨给该所，加快了该所的建设进程。

1958 年 8 月 航空材料所所长魏祖冶（左二）、航空材料研究所钛合金研究室主任颜鸣皋（右一）访问全苏航空材料院，进行为期一个月的考察，这是在该院领导举办的欢迎仪式上（魏平提供）

建立航空工艺与生产组织研究所。

1957 年 7 月 1 日，航空工艺与生产组织研究所（即九所，后改称625所）在北京东黄城根北京工业学院旧址正式成立。该所于1956年11月，由许锡缵负责在航空材料所内以二机部四所三室为基础筹建。1958年5月，二机部批准使用“第二机械工业部第九研究所”代号，任命许锡缵、扈惠民为副主任，马全生为副主任兼总支书记。1958年12月任命邓永清为所主任，骆斐然为党委书记，熊焰为副主任。该所所址几度变迁，原定在通县一机部六局六所所址，后又决定迁至西安430厂附近。1960年1月，定点在通县八里桥。

苏联专家与北京航空工艺研究所科技人员

建立飞行试验研究院。

1956年4月7日，中国与苏联政府签订了协议，确定飞行试验研究院是援建项目之一。根据这个协议和四局“航空科学研究工作十二年规划总说明”的要求，同年6月，苏联派专家来华进行调查研究，为飞行试验研究院的建立着手进行设计作准备，并参与院址的选择工作。经选址委员会对内蒙古、吉林、甘肃、陕西、北京5个地区进行考察，最后，经中央军委批准，将位于阎良的空军十一航空学校校址作为飞行试验研究院的院址。

与苏联专家为飞行试验研究所选址时合影，沙汉（左一；局基建处处长）、尼古拉也夫（左二）、郑家西（右二）、孙济兵（右三；部基建局局长）、段又镆（二排右四）（段又镆提供）

1957年12月14日，中苏两国政府正式签订关于建设848号工程项目（援助建设飞行试验研究院）的协定。1957年底，苏联向中国提交了《飞行试验研究院初步设计工艺部分》技术文件。

1958年3月，第一机械工业部批准《中华人民共和国第一机械工业部审核飞行试验研究院初步设计工艺部分议定书》。1959年1月，苏联提交了技术设计工艺部分的全套技术文件。

苏联设计技术文件规定飞行试验研究院的主要任务是：进行飞机、直升机、动力装置、飞机设备与航空军械等综合性飞行试验；进行空气动力、动力装置、强度和振动试验；调整飞机及其部件；研究高空、高速飞行时的动力装置、军械、飞机设备和雷达设备的工作情况以及其他问题；研究高度、速度、短时间加速度、长时间加速度、温度及其他因素对人体的影响，研究和完善保护飞行人员生命健康的个体防护和集体防护设备；研究试飞方法；设计、制造试飞用的测试设备；研究航空技术维护等综合性研究。

设计技术文件确定飞行试验研究院的建设规模为：总人数2938人，其中科技人员1513人；工程项目84个。应设立相应的科学研究单位有飞机、动力装置、机载设备、军械、航空医学等试验室和飞行部；技术生产单位有飞行试验测试仪器设计制造试验室、生产修理工段、测量仪器检验室、电子计算机站和科学技术情报室等。机场除原有的跑道外，为大型飞机试飞，并行建设一条4000-6000米长、80米宽的新跑道。主要设备：飞机40架，其中5架为发动机的飞行试验台；测量雷达4部；摄影经纬仪12部；350千米长的测量带、测量站6个。建立试飞员学校，专门培训试飞员。整个研究院按机场、试验区、科研区、生活区划分，试验室按使用和环境要求布点，形成合理的总体布局。总投资1.49亿元，建设周期7年。

1958年，在北京成立了飞行试验研究院筹备处。按照军委决定，1959年6月25日，空军十一航校正式移交给飞行试验研究院。根据建院工作的需要，空军与一机部共同商定，调周天行任飞行试验研究院党委书记、熊焰任飞行试验研究院副院长。至此，飞行试验研究院的筹建工作宣告结束，开始进入初建阶段。按照“一边建设，一边研究，迅速发展，逐步建成”的建院方针，开始了全面建院工作。首先抽调大批干部，建立和培训干部队伍和技术队伍。聘请了苏联专家尼·格·希达耶夫来院讲授试飞科学知识和飞机飞行试验方法。另一方面，加紧创造试飞条件，迅速修复了机场设施。空军支援了米格-17Φ和米格-19C飞机各一架，并调来第一批试飞员，在苏联专家的指导下，进行教学试飞，使飞机专业的科技人员和试飞员初步掌握了飞行试验技术的概念。

建立航空科技情报研究所。

率先组建的航空科技情报研究所于1956年2月11日正式成立。定名为第二机械工业部四〇研究所，赵哲民负责这个所的筹建工作。该所的前身是四局机关的情报编译室，成立于1952年7月。1957年2月，王槐秋任四〇所所长，赵哲民、钱存学、朱星任副所长。该所最早创办的刊物是《国际航空》、《航空工程译丛》和《国外航空技术报导》等。

建设空气动力研究所超声速风洞。

为了自行设计超声速歼击机的需要，必须要有空气动力研究试验的基本手段——超声速风洞。1957年3月5日，发动机设计室主任吴大观、飞机设计室主任徐舜寿，联名就提早进行实验空气动力学研究向上级机关领导提出书面报告。报告根据苏美两国经验，建议航空科学研究以空气动力为重点，航空工业在“二五”期间应建设一座口径较大的低速风洞和较大的跨声速风洞，以适应新机研制的需要。这一建议受到上级机关的高度重视。

1957年9–10月，以聂荣臻为团长的中国工业代表团访苏，谈判引进军事技术。其中建设空气动力研究院是一个议题，苏方同意帮助中国建立空气动力研究机构和超声速风洞。

1958年7月6日，空气动力研究院（此建制未被上级正式认定，1959年3月改称112厂空气动力研究室）在112厂成立。中共沈阳市委第一书记焦若愚兼任院长，高方启、徐舜寿兼任副院长，刘南生任专职副院长。我国第一个空气动力研究机构就此诞生。该院成立后，即筹备建设超声速FL-1风洞。

9月19日，第一座超声速FL-1风洞按照哈军工院长陈赓大将从莫斯科大学引进的苏联AT−1图纸建造。至年底，即完成全部土建任务。1959年初开始洞体安装。9月，风洞洞体、控制系统、测重系统和气源系统都安装完毕，并分别进行了调试。风洞进行了通气调整，试车成功。至此，超声速风洞基本建成。

1960年1月，该风洞用干空气完成了跨声速流场校测，在马赫数0.6−1.2范围达到要求。2月中旬，完成8号喷管（马赫数3.5）的空风洞侧壁马赫数分布的校测工作，校测结果达到设计要求。2月20日，超声速风洞正式投入使用。

1960年2月投入使用的FL−1超声速风洞

FL−1风洞截面尺寸为0.6米×0.6米，马赫数范围为0.6−3.5，具有5000立方米（开始为3000立方米）的气源系统，一整套电力拖动式自动控制系统和自动测量与记录设备。

FL−1超声风洞气罐群

组建飞机、发动机、航空仪表设计室是关系到航空工业长远发展的大事，航空工业局调集国内最优秀的航空人才加盟其中，成绩斐然，其中尤以徐舜寿领衔组建的飞机设计室在出成果、出人才方面最为突出，堪称“飞机设计师的摇篮”

1956年8月2日，四局王西萍局长发布《关于成立飞机、发动机设计室的命令》（简称“《命令》”），决定在112厂和410厂分别建立飞机和发动机设计室，任命徐舜寿为飞机设计室主任设计师，黄志千、叶正大为副主任设计师。任命虞光裕为发动机设计室主任设计师，张世英为副主任设计师。后又任命吴大观为发动机设计室主任。关于两个设计室的领导问题，行政上委托112厂和410厂领导，业务上由四局领导。《命令》规定飞机设计室的主要任务是：集中一批技术力量，全面学习苏联的产品设计资料和有关基本规范，掌握设计计算程序和方法，一方面在工厂进行生产实习，熟悉产品的工艺过程。然后在此基础上，开始部件或整机产品的实习设计，为将来建设飞机、发动机设计所准备条件和培养干部。《命令》强调，开展航空科学研究和设计工作是关系到我国航空工业发展建设的问题，是一项极其重大的政治任务。要求航空工业所属各部门、各企业，均应积极地给予支援和帮助，使飞机、发动机设计室的工作得以迅速与顺利进行。

根据这一命令，我国第一个飞机设计室和发动机设计室分别于同年10月、11月先后在112、410厂正式成立。飞机设计室随即聘请北航教授张桂联、哈军工教授马明德为该室顾问工程师。

飞机设计室旧址

10月19日，为了尽快开展航空仪表的研究设计工作，四局决定：在局机关院内先成立航空仪表设计室筹备组，由昝凌负责。1957年3月正式成立航空仪表设计室。蔡克非任主任，昝凌任副主任。在仪表设计室筹备期间，昝凌向四局领导提出了《关于发展我国航空仪表设计工作的建议》。

为了组建这三个设计室，航空工业局下了很大的决心，在具体组建工作上，副局长徐昌裕发挥了重要作用。

徐昌裕回忆：

我对飞机制造方面的静力试验和试飞等都比较熟悉，雅

克 -18 和米格 -17 这两种飞机制造的全过程我基本上都参加了。我深刻感到，我们老是按照苏联的图纸做，自己不搞设计不行。这个想法我是一直存在的，在分党组里也经常议论这个事。在促进我们建立自己的设计机构上，我也尽了我的力量。分党组王西萍、段子俊都同意这个意见。所以在 1956 年便成立了三个设计室。那时设计室为局属厂管，机构放在厂里，但决策权在局里，由局里直接管，把一些骨干都放下去了。比如，徐舜寿，原来在我们飞机处工作，他是学航空的，中央大学机械系特别班毕业、后来到美国学习过。顾诵芬，1951 年上海交大毕业的。程不时，1951 年清华大学航空工程系毕业的。屠基达，也是上海交大毕业的，原来在哈尔滨 122 厂工作，后调到 112 厂，后来 132 厂缺人，又把他调去了。还有发动机方面的吴大观，仪表方面的昝凌等。这些尖子也都集中到了沈阳的两个厂子里（仪表设计室在局里面）。这都是经过请示局分党组以后由我去筹备的。[12]

⑫ 徐昌裕 1990 年录音

为了组建三个设计室，航空工业局从全国调集了近两百位航空科技人才和在飞机、发动机设计上可能有发展前途的年轻人。从国外留学归来的设计人才有徐舜寿、黄志千、叶正大、陆孝彭、吴大观、虞光裕等，选拔的年轻人有顾诵芬、程不时、管德、屠基达、陈一坚等。

徐舜寿与夫人宋蜀碧

徐舜寿（1917–1968），是新中国飞机设计事业奠基者之一，我国飞机设计的一代宗师。1937 年毕业于清华大学。1944 年赴美，曾在麦克唐纳飞机公司从事舰载战斗机设计工作。中华人民共和国成立之后，创建中国航空工业时，他任航空工业局第一技术处飞机科科长。1956 年 8 月受命组建我国第一个飞机设计室。他踌躇满志，以极大的热情投入到飞机设计领域，奋发工作。从专业设置、干部配备、业务建设到人员培训一一细致地作了安排。

黄志千（1914–1965），1937 年毕业于上海交通大学机械系。1943 年赴美，参加了 B–24 轰炸机的设计。1946 年赴英国参加“流星”飞机的设计，1949 年 6 月归国。1951 年起投身航空工业建设。主持多种飞机设计工作，是歼 8 飞机总设计师。

叶正大（1927– ），1927 年生于上海。1948 年被选派苏联学习。1955 年 3 月毕业于莫斯科航空学院，1956 年被分配到沈阳飞机厂工作。

虞光裕（1918–1970），1941 年毕业于中央大学航空工程系。1944–1949 年赴美、英实习。1951 年到沈阳发动机厂工作。主持多种发动机设计工作。

吴大观（左二）与虞光裕（右一）

昝凌（1912–1967），1912 年 9 月出生于天津市。先后在南开大学、清华大学数学系肄业。1945 年赴英国多家航空仪表公司及科研机构学习。中华人民共和国成立后，投入航空工业的创建与发展工作，主持设计成功我国第一套飞机自动驾驶仪等航空仪表，是我国航空仪表科研机构的创始人，飞行自动控制技术的开拓者之一。

1958 年昝凌在莫斯科列宁墓前（昝酖秀提供）

飞机设计室的机构非常简单，在主任设计师下设立了各专业组。下面这个名单可以看出，飞机设计室的确是人才荟萃。总体设计组，组长程不时；空气动力学组，组长顾诵芬；强度计算组，组长冯钟越；机身设计组，组长屠基达；机翼设计组，组长沈尔康；起落架设计组，组长吴孟伟；操纵系统设计组，组长陈今；发动机、燃油系统组，组长陈嵩禄；液压冷气系统组，组长郭松林；高空救生组，组长吴石青；特设组，组长周兴文（后为胡诞园）；军械安装设计组，组长胡除生；文件、标准检验组，组长胡除生。后来，理论外形专业设在总体组内，颤振专业设在气动组内。

徐舜寿在为设计室配备人员这件事费尽心思。他曾想把国内搞过飞机设计的人全都集中起来，但因为种种原因而未能完全如愿。

飞机设计室到1957年8月底，全室总共108人，其中技术人员92人（大学34人、大专33人、中专25人），平均年龄22岁。这是徐舜寿精心打造的中国第一支飞机设计团队。

在研究决定飞机设计室首先设计一种什么飞机时，航空工业局总顾问切尔尼柯夫在1956年8月30日向王西萍建议经过一年至一年半的准备，设计一种喷气式教练机。该教练机介于雅克－18和乌米格－15之间。

9月12日，徐昌裕在112厂主持召开飞机、发动机设计工作座谈会。112厂副厂长熊焰，410厂副厂长程华明，飞机设计室徐舜寿、黄志千、叶正大，发动机设计室虞光裕以及两厂的苏联专家等参加。会议对飞机、发动机设计工作发展的技术途径、方针、人才调集、计划安排等进行了研究讨论。一致认为，自行设计应尽快开始。

10月9日，徐舜寿等人向四局呈报《关于开展飞机设计工作的报告》，提出设计并制造最大时速700千米，航程1000千米，升限12千米以上，全金属结构，前三点起落架的亚声速喷气教练机的方案。

最后经上级机关批准，设计飞机的目标确定为亚声速喷气教练机歼教1。

徐舜寿提出了飞机设计的指导思想："熟读唐诗三百首"，即广泛收集消化世界上各种飞机的资料，择优而从之；"不要唯'米格'论"，既要吸收米格飞机长处，又不要成为米格飞机的仿制品。例如，他提出采用两侧进气方式，就一改米格飞机从机头进气的格局，这种方式为雷达技术的发展和飞行员视界的扩大留下了空间。这种两侧进气方式后来为强 5、歼 8 Ⅱ飞机所采用，后来苏联的米格-25 也采用了两侧进气方式。

由于我国第一次采用两侧进气方式，为防止进气道喘振，黄志千带着两侧进气的模型到哈尔滨军事工程学院 1.5 米低速风洞作了吹风试验，证明方案是可行的。

歼教 1 飞机设计方案是：具有前三点式起落架的高亚声速教练机，串列双座，全金属结构，带有机炮一门及炸弹挂架，可以进行战斗机训练，飞机最大马赫数 0.77，续航时间 2 小时 51 分，升限 14500 米，空机重量 3149 千克。

歼教 1 在设计中考虑了气动弹性问题。管德回忆：

因为歼教 1 飞机的最大 M 数已近 0.8，所以气动弹性问题必须考虑。徐舜寿主任叫我和陈嵩禄搞这个专业。为了帮助我们进入这个专业，他为我们买来了当时只有的四本书，即 Bisplinhoff 等著的《气动弹性力学》、冯元祯著的《气动弹性力学引论》，还有苏联的《飞机构造与强度》；他还为我们请了顾问工程师：曹鹤荪、张桂联、黄玉珊、陈基建，使我们可以请教。

歼教 1 飞机的气动弹性分析，开始是用黄志千副主任带回来的《英国空、海军飞机设计要求》中的刚度要求，对各个部件进行检查，其中水平尾翼不能满足刚度要求，做了加强。

接下来，就是机翼的颤振计算。

那时，因为计算能力的限制，只能用给定简单振型——机翼弯曲用抛物线、扭曲用直线。

非偶合弯曲、扭转固有频率，用 Scanlan 书中的 Rayleigh 法求出。非定常空气动力计算用了三种方法：美国的 Theodosen 方法（空气动力随减缩频率变化，Scanlan 书中给出了数据表）；英国的经典方法，空气动力不随减缩频率变化，是固定的常数；苏联的格罗斯曼方法，准定常，忽略加速度。

按照 Scanlan 书中给出的计算步骤，求出了 V—g 图，求出了颤振速度。

徐主任把我算的结果拿给黄玉珊教授看，他评价不错。他说这是中国人第一次算出的颤振速度，原来没有人算过，这是第一个。⑬

⑬ 2012年7月6日作者对管德的采访

1956年10–12月歼教1进行草图设计。1957年初经二机部和空军副司令员王秉璋、常乾坤的审查，进行修改设计。1957年3月开始技术设计。9月完成打样工作并制成木质样机。根据以刘亚楼为主任的样机审查委员会的意见再次修改设计。

1958年在沈阳飞机厂歼教1木质样机前合影，段子俊（前排右五），熊焰（右一），虞光裕（左一）、吴大观（左二）、黄志千（左三）、陆孝彭（左五），叶正大（二排左一）、顾诵芬（左四）、程不时（左五）、陆颂善（左七）（熊晓虹提供）

1957年12月，歼教1进行详细设计。为“早送银燕上青天”，飞机设计人员节假日不休息，昼夜苦干50天，于次年3月末完成生产图设计。

歼教1全套技术数据送苏联咨询，并由苏联代作高速风洞试验，经苏联中央流体力学研究院副院长斯特鲁明斯（后掠翼气动专家）等专家审查，认为歼教1飞机气动力计算是正确的，起落性能会比计算的更好。建议将平尾展弦比适当减小些，性能会更好。1958年4月，我国邀请的苏联雅科夫列夫设计局设计师马尔道夫到112厂，审查了歼教1图纸，认为设计良好。

1958年4月国家军工产品定型委员会批准研制歼教1飞机。112厂决定研制3架飞机，第一架和第三架供试飞用，第二架用做静力试验。

歼教1总体组组长程不时回忆：

当时的设计队伍的成员虽然学过航空专业，但设计飞机毕竟是第一遭，谁也不知道具体应该如何进行。我在完成总体设计之后，每天在各设计组之间穿梭，解决冒出来的各种协调问题。当时有个别人不理解设计是一种在思路上“从总到细”的过程，而不是一种“从细到总”的堆砌，对此觉得很不习惯。有的人过了几十年也没有掌握设计的规律。

歼教1的设计工作热气腾腾地展开，各方面的设计平行进行，涌现了大量的信息流，提出了许多需要了解、协调、讨论、决定的问题。当时每天处理的问题平均达到十条。几十年后我与一位美国设计师交谈，他告诉我，在型号研制期间，他每天要开9个会，每个会半个小时，解决一个问题。这样看来，中外在飞机设计中涌现出的需要及时协调解决问题的密度大体相近。

在绘制歼教1设计图纸的同时，进行了大量的技术计算和试验，包括在我国刚开始装备的电子计算机上的计算，以及在风洞中进行的空气动力试验，都证明了设计的正确性。

美国的第一架喷气式飞机F-80刚在地面试车阶段，进气道就突然被吸瘪了，站在一旁的飞机总设计师差一点被吸到进气道里去。F-80在试飞中共摔过7架飞机，摔死了他们最好的试飞员。而我们同样采用两侧进气的歼教1，不但地面试车没有发生过吸瘪进气道的问题，以后在试飞中也没有出现过致命的事故。

歼教1飞机完成总装

我负责指导木工车间制造歼教I的全尺寸木质样机。制造这样大尺寸的样机，这在全国也是第一次。当时从上海来支援东北的一位只有30多岁的八级木工陈炳生挑起了重任，带领工人们只用了100天就优异地完成了制造任务。[14]

⑭程不时．飞翔的思绪——中国航空与科技随笔．北京：机械工业出版社，2009．135–136．

与飞机设计同时，发动机设计室为歼教1飞机设计的发动机，是以410厂刚刚试制成功的BK–1Φ（国产型号为涡喷5）为原准机，按相似律缩小，推力16.5千牛，推重比3.2，型号名为喷发1A。发动机于1957年3月开始设计，6月完成全部图纸，

欢呼歼教 1 成功

11 月投入 4 台份试制，1958 年 5 月制造出第一台喷发 1A，通过 20 小时试车考核，发动机推力为 1430 千克（设计指标 1600 千克），因未作发动机高空试验，拟在 3000 米以下高空飞行。1958 年 6 月底交付配装于歼教 1 飞机。

7 月 26 日，歼教 1 飞机 101 号由空军试飞员于振武（后任空军司令员）驾驶首飞成功。设计周期 530 天，试制周期 148 天。在试飞中，歼教 1 的最大平飞速度达到 715 千米 / 小时，高度达到 3700 米，爬升率 15 米 / 秒。试飞员对歼教 1 的初步评定是：发动机的温度稳定，座舱宽敞，视界、起飞安定性、巡航时间等部分性能优于苏联的乌米格-15 教练机。歼教 1 飞机尚有一定的故障需要排除，在速度 570-580 千米 / 小时时，飞机有抖动现象。

叶剑英元帅观看歼教 1 飞行

8 月 4 日，军委副主席叶剑英、空军司令员刘亚楼专程来沈阳参加了歼教 1 祝捷庆祝大会，观看了飞行表演。祝捷大会有几万人参加，航空工业局长王西萍、副局长徐昌裕参加了祝捷大会。

新中国第一架自行设计的喷气式教练机试飞成功的消息报到中南海以后，得到了党和国家领导人的高度赞扬。原打算在当年国庆节时飞过天安门接受检阅，由于当时国际环境复杂，台海局势紧张，经过认真考虑后认为，这种新型飞机不宜公开。周总理说：“告诉这架飞机的设计人员，要他们做无名英雄。”

职工拥抱歼教1试飞员于振武

1958 年 8 月末，第一架歼教 1 飞机飞至北京沙河机场，在途中曾发生过襟翼拉杆断裂的故障。9 月中旬，第三架歼教 1 飞机飞至北京沙河机场，并在该机场进行了四五次训练飞行。

11 月 7 日，两架飞机歼教 1 在北京南苑机场进行飞行表演，向中央领导汇报，叶剑英、刘亚楼观看了飞行表演。

11 月中旬，第一架歼教1飞机由敖厚德驾驶，在返回沈阳的途中于辽宁绥中上空出现异常，立即在锦州机场着陆检查，发现发动机一个涡轮叶片边缘掉了一块，随即停飞，用火车运回沈阳，没有再进行试飞。几天后第三架歼教 1 飞机由吴克明驾驶飞回沈阳，按原定科目继续试飞，结果表明飞机设计与制造都是成功的。

喷发 1A 发动机

但是，歼教 1 没有下文了。

歼教1的首飞时间比捷克生产的同类型飞机 L−29 喷气式教练机早 8 个半月（L−29 于 1959 年 4 月 5 日首飞），而且主要性能超过 L−29 飞机。但 L−29 系列飞机却一直用到 20 世纪 80 年代，总产量超过 5000 架，几十个国家空军装备使用。

实践证明，徐舜寿在歼教 1 飞机的决策上是正确的。歼教 1

首飞成功后为什么没有继续往前走，逐一解决发动机以及试飞中出现的问题直至设计定型、生产定型、交付部队使用呢？

中国航空博物馆收藏的捷克生产的L-29喷气式教练机，我国曾进口4架

须知，歼教1是我国自行设计、由新组建的朝气蓬勃的设计团队和共和国航空工业的“长子”——沈阳飞机厂所精心打造的第一架真正意义上的国产飞机，为什么它的命运和1958年全民办航空所制造的十几架飞机的命运竟完全相同，首飞后即被打入冷宫，以至中断研制呢？

决定歼教1命运的首先是使用部门。空军当时拥有从苏联进口的雅克-18初级教练机254架，320厂生产交付的初教5（仿制雅克-18）379架用做初级训练，进口苏联乌米格-15飞机（有部分是捷克斯洛伐克生产的）357架用做高级训练。在歼教1研制之初，空军曾表示要10架试用。但由于空军改变了三级（雅克-18或初教6—歼教1—乌米格-15）训练体制计划，仍坚持两级训练体制，并要求将歼教1飞机的速度提高到900千米/小时，以代替乌米格-15教练机。这就使歼教1处于两难的尴尬境地：要么下马，要么重新研制一种时速900千米的喷气教练机。而后一种选择也几乎是不可能的。

那是个狂热而喧嚣的年代，每天都在放“卫星”；一个高潮接着一个高潮，敲锣打鼓报捷就完事大吉。空军要求将歼教1的速度提高到900千米/小时，以代替乌米格-15。这实际上开了一个新项目，必须重新设计。飞机设计室已上马了“东风107”、强5和初教6几种飞机，根本无力再进行新飞机设计。

但歼教1的发动机问题解决起来难度要更大一些，但并非没有可能，喷发1A发动机叶片断裂故障是涡轮叶片振动和燃烧室出口温度场不均匀造成的。这种故障本来是通过试验可以加以排除的，但发动机设计室和410厂上马了“红旗2号”发动机设计和米格-19发动机仿制任务，工作十分饱和，加上还未认识到发动机应该走在飞机前面这一规律，竟没有将喷发1A发动机研制走下去，甚为可惜。

航空工业局领导人对歼教1的研制是积极支持的，局长王西萍曾表示：歼教1发动机出不来，我死不瞑目！但他也无法左右“大跃进”中“超英赶美”一个先进型号接着一个更先进型号的形势，无法左右使用部门的意见。1958年11月26日四局发给410厂厂长刁筠寿的电报表露了四局领导人矛盾与无奈的心态，电报说：“由于对我国第一台自行设计的喷气发动机试制成功后的定型的重大意义认识不足，在试飞以后的4个月时间里，上级没有安排生产该机的计划，410厂没有按时供应发动机，因而使整个试车和试飞无法进行。”

歼教1飞机的设计成功经验值得记取。歼教1为以后的飞机设计建立了程序；摸索出一套工作方法，积累了设计、计算和试验资料；更重要的是，培育了我国第一代飞机设计师。

飞机设计室最初办公地点是在工厂的一排简陋的小平房里，但是从事的飞机设计事业是开拓性的，加之设计室主任设计师徐舜寿所倡导的科学风气，使一代设计人员经受了严格的锻炼而迅速成长起来。许多在飞机设计室工作过的青年才俊如今已两鬓斑白，他们回忆起当年的日子，依旧激情满怀。

20世纪60年代之后，我国陆续建立了多家飞机设计机构，其主要设计骨干几乎都是从飞机设计室出来的，其中有许多位成为蜚声航空工业界的著名飞机设计师，有的获选为中国科学院、中国工程院院士，如歼8系列飞机总设计师顾诵芬，副总设计师、气动弹性专家管德，强5飞机总设计师陆孝彭，歼7改型总设计师屠基达，“飞豹”总设计师陈一坚，运10副总设计师程不时等，真可谓群星灿烂。其中也有遗憾：黄志千因飞机失事遇难；徐舜寿在“文革”中受尽迫害，英年早逝；飞机强度专家冯钟越因积

风华正茂的设计师们在歼教1飞机前合影，左起：陆孝彭、叶正大、徐舜寿、王汇青、程不时、顾诵芬、汪子兴

劳成疾而离世，而且这三位设计师的卒年都是51岁，可惜可叹。

歼教1失败的教训同样值得记取：歼教1是我国自行设计并首飞成功的第一架喷气式飞机，同时也是我国航空工业首飞后下马的第一架飞机，也是被发动机问题拖了后腿的第一架飞机，也是由于使用部门犹豫不决、朝令夕改，从而被断送前途的第一架飞机。

时至1975年，空军又向三机部提出需要初级喷气式教练机，询问能否恢复歼教1飞机。但歼教1图纸已入三线的档案库，工艺装备也全部销毁，歼教1飞机再也恢复不起来了。据此，部安排512厂设计所设计新的初级喷气式教练机。6月，三机部将放置在601所的一架歼教1飞机调给512厂设计所供设计参考。后该所与320厂设计所合并为320厂第一设计所，这架歼教1飞机也转入320厂。

20世纪80年代，空军又要最大速度为800千米/小时的喷气式教练机，于是又研制了K-8飞机和教8飞机。在研制中，K-8、教8的气动布局与歼教1相近，取得了成功，现已对外出口和陆续装备部队。

耐人寻味的是，对于最终被我们自己遗弃了自行设计的“头胎子”——歼教1，苏联航空工业部还给段子俊副局长来过电报，对歼教1表示兴趣，说可以派一组专家来帮助我们完成试飞。最终只能不了了之。

中国航空博物馆馆藏歼教1飞机

目前，歼教1飞机101号已被中国航空博物馆收藏。它在洞库中的一角，静静地供人参观的同时也在无声地诉说着那段既令人振奋又有点苦涩的历史。

第九章

飞机乎导弹乎

1956年元旦，北京初雪，在中国人民解放军副总参谋长陈赓大将的安排下，刚刚回国不久的著名科学家、导弹专家钱学森在总政排演场给军队高级军事干部讲第一场导弹武器知识概述的讲座，以后又连讲两场，贺龙、陈毅、叶剑英、聂荣臻元帅都来听讲，中国军方借助钱学森回国的契机，刮起了钱学森旋风、导弹旋风。[①]

① 叶永烈．钱学森．上海：上海交通大学出版社，2010．208−210．

此刻，中国航空工业正在快马加鞭地仿制喷气式歼击机，并将从仿制走向自行研制，大力发展科研。钱学森旋风、导弹旋风的吹来，也许会给势头正旺的飞机发展带来一些变数……

中共中央着手制定十二年科学发展远景规划，拉开了向科学技术进军的序幕。在国防组的讨论中，出现了飞机与导弹之争……

1956年春，中央着手制定十二年科学发展规划，在周恩来的直接领导下，国务院组成了国家科学规划委员会，责成国家计划委员会组织科学技术专家和工程技术人员共600多人，分头研究各行各业的发展规划。

在国防工业系统航空部分的讨论中，出现了飞机与导弹之争。

V−2，世界上第一枚弹道导弹1944年9月8日发射，轰炸伦敦

当然这个“飞机和导弹之争”并非空穴来风，而是来自国际航空航天界一股思潮的影响。

1946年，被美军缴获的德国研制的世界上第一枚弹道导弹V-2在美国新墨西哥州举行试发射前夕

德国在第二次世界大战期间就研制成功了世界上最早的V-1飞航式导弹和V-2弹道式导弹，并曾用来袭击英国。战后，美国和苏联从获得的德国技术的基础上发展自己的导弹，英、法也于20世纪40年代末期研制导弹。

20世纪50年代中期，世界导弹工业蓬勃发展，研制出各类导弹180余种，苏联和美国还相继研制成功洲际导弹。国际上有一些军事专家认为，导弹可以取代飞机。特别是1957年苏联发射第一颗人造地球卫星后，赫鲁晓夫曾在回答记者提问时说："现在可以将战斗机和轰炸机送到博物馆里去了。"美国总统艾森豪威尔也曾认为："陆军导弹的性能日益提高，战术轰炸机已没有必要。"这在全世界引起了"飞机与导弹之争"。

重航天武器，轻航空武器，甚至否定有人驾驶飞机作用的思潮，一度严重影响了航空技术发展。美国为解决航天技术落后于苏联的状况，于1958年将NACA改组为航空航天局（NASA），由于国家战略和政策的变化，许多航空研究机构和工程项目都转向航天研究，用于航空工程项目的投资也急剧减少，NACA/NASA在1956–1970年的这部分投资仅为前15年的23%。这种项目管理上的混乱给航空技术的发展带来严重影响。1970年前后，C-141运输机的设计上出现错误，F-111战斗轰炸机进气道设计有严重缺陷，先后多次发生机毁人亡的重大事故。1971年，美国空军系统司令部对此问题调查后认为，在有效地发展航空及宇宙航行系统方面，美国地面设备不足正在阻碍技术发展。

直到1976年3月，NASA总部及其研究中心、国防部、运输部、联邦航空局发表了题为《航空学展望（1980–2000年）》

的研究报告，这个经一年调查撰写的报告，提出了一系列重要观点和建议，并被美国政府采纳，从经济、技术、政策和组织上采取行动支持航空技术的发展。1976 年以后，美国经全面规划，陆续建成一批用最新技术武装的航空科技工程项目，如 36 米 ×24 米风洞、数字式气动力模拟器、航空推进系统试验设施等，保证了航空技术以较快速度发展，并在世界上全面领先。

这一现象在其他航空发达国家几乎同时发生，如 1957 年 4 月英国的《国防白皮书》正式声称：“有人驾驶飞机作为战略攻击和防空武器最终将被导弹所代替”，“‘闪电’飞机是最后一代有人驾驶的截击机”。在这种“要导弹，不要飞机”的思想指导下，英国在那段时间里前后砍掉了正在研制中的超声速歼击机和轰炸机计划。法国于 1957 年 2 月举行的秘密会议决定优先发展原子导弹和无线电导弹，决定将飞机生产限制在一定数量。从 1957 年起，在已经研究并试验好了的好几种新飞机中，只在每一类型飞机选出一种进行成批生产。②

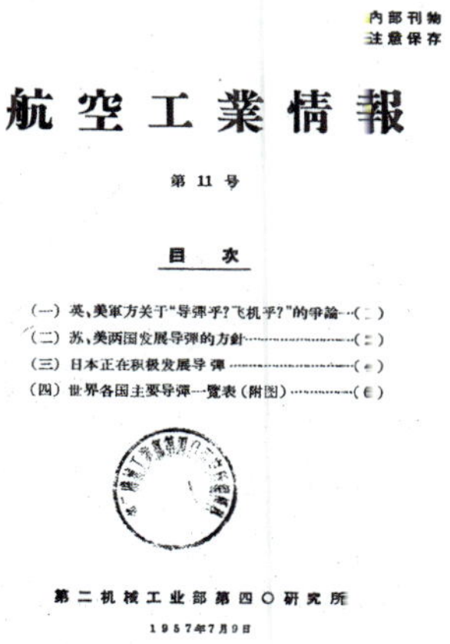
内部刊物
注意保存

航空工業情報

第 11 号

目　次

（一）英、美軍方关于“导弹乎？飞机乎？”的爭論……（二）
（二）苏、美两国发展导弹的方針……（三）
（三）日本正在积极发展导弹……（[illegible]）
（四）世界各国主要导弹一览表（附图）……（[illegible]）

第二机械工业部第四〇研究所
1957年7月9日

载有“导弹乎？飞机乎？”争论的 1957 年第 11 号《航空工业情报》封面

② 第二机械工业部第四〇研究所 1957 年 7 月 9 日《航空工业情报》第 11 号

而中国，也受到了“要寻弹，不要飞机”的消极影响。

1956 年 2 月 17 日，钱学森向党中央上报了《建立我国国防航空工业的意见书》，为我国火箭和导弹技术的发展提出了重要建议，钱学森提议：

1.“领导机构应包括科学、工程、军事、政治方面的人员。这个机构设在国防部内”。

2. 作长远及基本研究的单位，“重点放在完全了解一个问题的机理”，“探索新方向”。这种单位“组织上可以在中国科学院系统之内，但同时也归上述机构领导”。如“现在科学院内的力学研究所”，其他研究所中的“高温材料研究、电子学研究、计算机研究”等；将来“很可能再设空气动力学研究所、自动控制研究所等”。

3. 作设计研究单位，其任务是“生产新型产品，包括试制及试飞阶段在内”。它应该包括：“空气动力学研究所、结构研究所、火箭推进机研究所、冲压推进机研究所、透平式推进机研究所、控制系统研究所、材料研究所、燃料研究所、计算局……”，共12个研究单位。

4. 生产工厂“是航空生产的一系列工厂”，“包括金属及非金属原料工厂，各种零件制造厂，电器制造厂，燃料工厂，最后才是飞机及飞弹制造厂”。

钱学森建议：

1. 立即在国防部成立航空局，实施全面的规划和领导。

2. 从全国调配力量，组建队伍。

3. 争取苏联及其他兄弟国家的援助。③

③ 涂元季．人民科学家钱学森．上海：上海交通大学出版社，2002. 47－48.

《建立我国国防航空工业的意见书》还开列了国内21位高级导弹专家名单，其中包括任新民、罗沛霖、梁守槃、庄逢甘、林津、胡海昌等。

钱学森的《建立我国国防航空工业的意见书》受到党中央的高度重视。关于写这个意见书的情况，钱学森回忆：

我回国搞导弹，第一个跟我说这事的是陈赓大将。1955年秋末冬初，我回到祖国不久，在科学院工作。科学院领导说：“你刚回来先去看看中国的工业吧，中国工业最好的是东北。“我说东北我还没去过，就这样到东北去学习。后来转来转去到了哈尔滨，在哈尔滨安排我跟军事工程学院的院长陈赓大将见面。陈赓接见了我，还吃了顿晚饭。陈赓问我：“中国人能不能搞导弹？”我说：“为什么不能搞！外国人能搞，我们中国人就不能搞？难道中国人比外国人矮一截！“陈赓大将说：“好！”后来人家告诉我：陈赓那天上午从北京赶到哈尔滨就是为了晚上接见我，我听了很感动。后来，他也是很积极，有一次叶帅在家请我们吃饭，我爱人也去了，陈赓也在。吃完饭，大概是星期六晚上，他们说找总理去，总理就在三座门跳舞。我们跑到那儿，等一场舞下来，总理走过来，叶帅、陈赓他们与总理谈话。后来大概就谈定了，总理交给我一个任务，叫我写个意见——怎么组织一个研究机构。后来我写了一个意见，又在西华厅开了一次会，决定搞导弹了。那天开完会，在总理那儿吃了一顿午饭，桌上有蒸鸡蛋，碗放在总理那边，总理还特意盛了一勺给我。我写的那个意见书就是聂帅回忆录里谈到的，在档案中有。现在想起来真是惭愧，那时我对中国的情况一点也不了解，意见书中错误一定不少。④

周恩来总理接见钱学森

3 月 6 日，彭德怀在军委扩大会议上作了《关于保卫祖国战略方针和国防建设问题》的报告，报告中提出“我们必须积极着手研究我国能不能生产新式武器（如核子武器、导弹和新式武器等）的设计制造问题”，建议在国务院或国防部直接领导下积极筹建航空和导弹的研究机构，并准备筹划核子武器研究机构。这个报告最终得到毛泽东与党中央批准。这是最早关于在中国研制导弹和核武器的正式文件。⑤

1956 年 3 月 12 日，主管国防科技的聂荣臻提出《关于十二年内我国科学对国防需要的研究项目的初步意见》，其中对航空工业的发展方向提出：“现在使用的喷气歼击机似已是最后一代，喷气轰炸机当其达到超音速时，亦是最后一代。因此，在我国科学技术人才极缺，水平亦低的情况下，不宜以大力对飞机的改进进行研究工作，而应采取依照苏联图纸（不断改进的）进行生产的办法解决军队今后的装备需要。……今后空中斗争的研究方向应首先集中仅有的技术力量用于火箭、导弹方面的研究和制造。”这一意见，反映了国防科技高层领导由导弹取代飞机的观点，后来在实际工作中逐渐成为国家国防科技发展中的决策主张。⑥

④ 国防科学技术工业委员会编．中国航天50年回顾．北京：北京航空航天大学出版社，2006. 2.

⑤ 聂力．山高水长——回忆父亲聂荣臻．上海：上海文艺出版社，2003. 177.

⑥ 中国航空工业史编修办公室编．中国航空工业大事记（1951—2011）．北京：航空工业出版社，2011. 40.

1956年3月14日，周恩来主持中央军委会议，传达了中央关于研制导弹武器的决定，决定成立航空工业委员会，由国防部领导，下设设计机构、科研机构和生产机构，成员由聂荣臻提名报中央。4月13日，国防部办公厅通知，航空工业委员会成立，主任为聂荣臻，副主任黄克诚、赵尔陆，委员王士光、王诤、安东、刘亚楼、李强、钱志道、钱学森等7人，秘书长安东（兼）。

然而，此“航空工业委员会”（1956年成立）非彼“航空工业管理委员会”（1951年成立）也，在这个新的委员会成立后，上述“航空工业管理委员会”就消失了。而新的委员会实际上是“导弹工业委员会”，只是为了保密，才借用了“航空工业委员会”的名义。所以，其组成成员中，除二机部部长赵尔陆和空军司令员刘亚楼外，没有航空专业方面的代表人物。

4月17日，在航空工业委员会第一次会议上，虽然定义“所谓航空工业，主要是指飞机、火箭和导弹的生产”，但实际上，委员会后来只管火箭、导弹的发展。

1956年4月4日，国家科学规划委员会召集会议，讨论研究科学规划问题。会议将国防工业系统航空部分编为第九组单独活动，由张爱萍直接领导。组长：钱志道，副组长：钱学森、王弼、徐昌裕、高方启（未到会）。组员有：沈元、昝凌、王玉京、王振、黄志千、梁思礼、周伦岐、吴展、魏敏千、王裕齐（杨简、钱伟长不固定参加）。钱学森在会上发言。此外，苏联代表

1956年全国12年科学规划会议航空组代表及工作人员合影，前排左起：沈元、钱学森、苏联专家米哈伊洛夫博士、王弼、陈亚娥；后排左起：陈彩福、黄志千、张世英、昝凌、王玉京、刘永培、任新民、刘树声、宁珮（刘永培提供）

团米哈伊洛夫博士也发了言。

这次会议着重讨论了火箭与飞机的关系问题。基本有三种意见：一、全力投入火箭的研究试制；二、火箭与飞机应同时进行，但主要力量放在火箭方面；三、前五年先搞火箭，五年后火箭有了一定基础，再回过头搞飞机研制。米哈伊洛夫博士认为，中国海岸线长，在防御上必须是综合性的。既要有高射炮，也要有飞机、火箭。只搞火箭不搞飞机是走极端，是错误的。专家们还认为，航空工艺、材料、发动机等研究院同时可以为火箭服务。徐昌裕在会上提出：“国防工业科研工作不能只考虑如何达到国际水平，而不顾现在的需要，应估计到美帝国主义可能发动的战争。……研究工作不应脱离目前生产和高等教育水平，不应只为科学而科学，生产应有科学研究配套，如把生产停留在现阶段，则技术水平无法提高。所以科学研究，既要看到今天，也要看到明天。总之第一、三方案不切实际。第二方案应考虑力量分配，应在飞机生产的基础上搞火箭。”会议讨论结果，基本同意第二种意见。[7]

航空组讨论科学规划，左起：米哈伊洛夫、王弼、钱学森（钱永刚提供）

⑦ 谢光主编．当代中国的国防科技事业．北京：当代中国出版社，1992．32–33.

中央制定了“两弹为主，导弹第一”方针，对两弹的发展起了重大推动作用，但在具体实施中，有关部门在一定程度上忽视了飞机的发展，飞机被视为“常规”，排除在“尖端”之外

根据国家制定的十二年科学规划的要求，为了尽快赶上世界军事技术的发展水平，加强国防现代化建设，中共中央决定由聂荣臻、张爱萍领导和主持，航空工业委员会、总参装备计划部、国防工业部门参加，制定国防科技发展规划，作为国家十二年科学规划的一个组成部分，统一下达执行。

国防科技发展规划提出的任务，被誉为中国科技发展的“五朵金花”。即原子能技术、喷气与火箭技术、半导体技术、电子计算机技术、自动控制技术等五个方面，被列在国家十二年科学规划12项重点任务的前列。这些任务，对增强国防力量，带动国家科技进步及国民经济发展，都具有重要意义，国防科技发展规划还根据国防现代化建设的需要，确立了几个专业技术的初步目标。即在喷气与导弹技术方面，争取在12年内走上独立发展的道路；在国防电子学方面，力争在“三五”计划末期满足武器配套需要；在核技术方面，要求在“三五”计划内，跻身于国际先进行列；在常规武器方面，要提高火炮、坦克的机动性、准确性，增大威力，并重点抓好两艇（潜艇、快艇）、两雷（鱼雷、水雷）以及电子、水声设备的研制和发展。

由此可见，中共中央所同意的十二年科技规划修正草案把“发展和掌握喷气技术”列为五大措施之一，同时要求优先发展导弹。但后来在国防科技的实际决策上，飞机的发展并未被放在应有的地位；抓的“喷气技术”，实际上也只限于抓火箭技术。当时，“导弹可以代替飞机”的见解，已开始影响国家军事科技的决策，进而导致把飞机划在尖端（高科技）和科研重点之外，列为常规生产的范围。而这种情况恰恰发生在航空工业正要从仿制跨进自行设计（研制），需要大力发展科研的关键时刻，因而不可避免地对行业的发展带来重大的消极影响。

这里又牵涉到另一个重要命题，即尖端与常规的问题。毛泽东关于我军武器装备的发展要实行尖端武器与常规武器并举、坚持两条腿走路的思想，是逐步形成的。第二次世界大战后，美苏两国大力发展核武器，对其他各国提出了严重挑战。党中央、毛泽东从国家长远利益出发，于20世纪50年代中期及时作出了要发展尖端武器的重大决策。1955年1月15日，毛泽东主持召开中共中央书记处扩大会议，决定着手发展我国的原子能事业，研制核武器，从而揭开了我国尖端武器发展的序幕。这时的尖端就是专指核武器。1956年中央决定发展导弹后，“两弹”也成为尖端的代名词，而高性能飞机则被排斥在尖端之外，成为常规武器了。尽管在1958年，毛泽东在军委扩大会议上，在提出要搞核武器的同时，又强调指出，我们发展核武器，不能因此否定常规武器。这是因为，从历史经验看，我们用低级的落后的武器打败过用高级的先进的武器装备起来的强大敌人；从现实可能看，我们将来的反侵略战争，将有大量民兵参加，只讲导弹、原子弹、氢弹，民兵是否也能每人发一个原子弹呢？所以，洋的土的要结合，常规武器加特种武器。但飞机与导弹相比，其地位显然下降了。

自从 1956 年发生“飞机与导弹之争”后，国家主管国防科技的领导关于航空工业“不宜以大力对飞机的改进进行研究工作”的主张，在实际决策中逐渐显现出影响，使航空工业部门“二五”计划中加强科研发展的努力难以落到实处。

在 1956 年“飞机与导弹之争”中力主“中国应全力投入火箭的研究试制”的国防部导弹研究局第一副局长兼导弹研究院院长的钱学森，在《现代武器》杂志 1958 年第二期发表了《关于人造卫星的发射和军事航空的前途》的文章。该文详细论述飞机与导弹优劣，并得出导弹可以取代飞机的结论（该文是《现代武器》编辑部根据钱学森讲演整理，根据文中的信息判断，讲演时间应在 1957 年 10 月中旬至年底之间——作者注）。

该文的第二部分“空间时代的军事航空问题”专门论述了飞机和导弹作为军事武器的对比问题，从飞行距离、经济性、机动性三个方面对比导弹与轰炸机，认为：

无论从哪一方面来看，导弹都比轰炸机优越。此外，飞机的强击任务可用中程弹道式导弹来代替，侦察任务可用飞航式导弹通过电视摄影传给情报机。就是在运输方面，苏联科学家说也有可能用跳跃式飞行的火箭飞机。因此，从发展上来看，导弹是可以代替飞机来完成各种军事任务的。

今后飞机的用途，看来会缩小到低速、大量运输以及农业等有限范围内，在军用上，飞机的效能已接近了它的末期，这是技术发展的必然结果，没有什么可以惋惜的，事物发展的本身就孕育着矛盾，飞机要求速度越来越快，最后必然让位于速度更快的新事物——导弹。

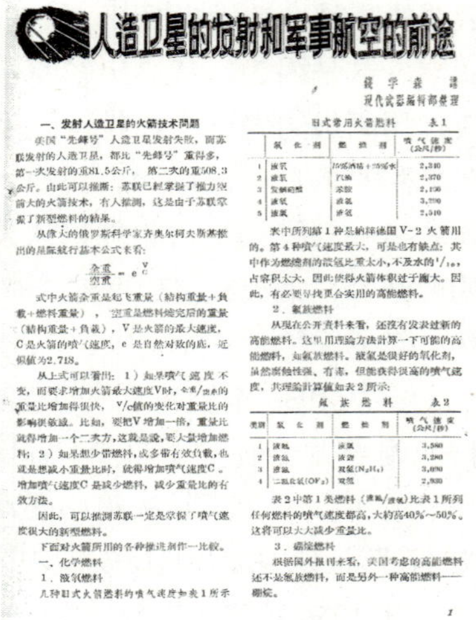

人造卫星的发射和军事航空的前途

钱学森 讲
现代武器编辑部整理

一、发射人造卫星的火箭技术问题

美国"先锋号"人造卫星发射失败,而苏联发射的人造卫星,都比"先锋号"重得多,第一次发射的重81.5公斤,第二次的重508.3公斤。由此可以推断:苏联已经掌握了推力很大的火箭技术,有人推测,这是由于苏联掌握了新型燃料的结果。

从伟大的俄罗斯科学家齐奥尔柯夫斯基推出的星际航行基本公式来看:

$$\frac{全重}{空重} = e^{\frac{V}{C}}$$

式中火箭全重是起飞重量(结构重量+负载+燃料重量),空重是燃料烧完后的重量(结构重量+负载),V是火箭的最大速度,C是火箭的喷气速度,e是自然对数的底,近似值为2.718。

从上式可以看出:1)如果喷气速度不变,而要求增加火箭最大速度V时,全重/空重的重量比增加得很快,V/c值的变化对重量比的影响很敏感。比如,要把V增加一倍,重量比就得增加一个二次方,这就是说,要大量增加燃料;2)如果想少带燃料,或多带有效负载,也就是想减小重量比时,就得增加喷气速度C。增加喷气速度C是减少燃料,减少重量比的有效方法。

因此,可以推测苏联一定是掌握了喷气速度很大的新型燃料。

下面对火箭所用的各种推进剂作一比较。

一、化学燃料

1. 液氧燃料

几种旧式火箭燃料的喷气速度如表1所示

旧式常用火箭燃料 表1

	氧化剂	燃烧剂	喷气速度(公尺/秒)
1	液氧	75%酒精+25%水	2,340
2	液氧	汽油	2,370
3	发烟硝酸	苯胺	2,150
4	液氧	液氢	3,290
5	液氧	液氨	2,510

表中所列第1种是纳粹德国V-2火箭用的。第4种喷气速度最大,可是也有缺点:其中作为燃烧剂的液氢比重太小,不及水的1/10,占容积太大,因此使得火箭体积过于庞大。因此,有必要寻找更合实用的高能燃料。

2. 氟族燃料

从现在公开资料来看,还没有发表过新的高能燃料。这里用理论方法计算一下可能的高能燃料,如氟族燃料。液氟是很好的氧化剂,虽然腐蚀性强、有毒,但能获得很高的喷气速度,其理论计算值如表2所示:

氟族燃料 表2

类别	氧化剂	燃烧剂	喷气速度(公尺/秒)
1	液氟	液氢	3,580
2	液氟	液氨	3,280
3	液氟	联氨(N_2H_4)	3,090
4	二氟化氧(OF_2)	联氨	2,930

表2中第1类燃料(液氟/液氢)比表1所列任何燃料的喷气速度都高,大约高40%~50%。这将可以大大减少重量比。

3. 硼烷燃料

根据国外报刊来看,美国考虑的高能燃料还不是氟族燃料,而是另外一种高能燃料——硼烷。

1

(左)《现代武器》杂志1958年第二期封面

(右)钱学森于1958年2月,《现代武器》杂志第二期发表了《关于人造卫星的发射和军事航空的前途》的文章首页

钱学森在文章的结尾,就中国现阶段导弹和飞机研究设计工作的发展道路问题,根据导弹必然代替飞机的论断,提出结论性的主张:

根据上面分析,我国应该怎样展开航空研究呢?我认为不能再走别的国家的老路,由飞机到导弹,而应该直接研究导弹。

这种意见,对发展航空武器装备的决策产生了不利影响。徐昌裕回忆:

在第一个五年计划期间,对我们航空工业发展有影响的第二个问题就是"飞机乎?导弹乎?"之争,也就是飞机与导弹的关系问题。1957年苏联发射了第一颗人造卫星后,在苏联就有一些人提出,导弹已经有了,人造卫星也上天了,将来导弹可以代替飞机;现在的歼击机已是最后一代,轰炸机只能作为靶机,没有多少发展前途。我们中国也有一些人受到了这种观点的影响。钱学森同志是国内有名的科学家,他在1958年《现代武器》第二期上也发表文章说,将来导弹可以代替飞机,现在中国不应花大量钱财和人力去研究和发展飞机,不论是歼击机还是轰炸机,都没有用了,直接搞导弹就可以了。他这篇文章发表以后,有的中央领导同志便接受了这种观点。时为国家科委主任兼国防科委主任的聂荣臻同志就同意这个观点。还有总参装备部部长万毅同志也同意这个观点。我们知道了这个情况以后,便告诉了当时的

人大代表昝凌。他在开会时碰到了万毅就说："万部长，听说你对飞机、导弹有些看法，我们想同你谈谈，有些意见也想向你汇报一下。"万毅说："可以嘛。"后来就由王西萍带队，我和徐舜寿、昝凌等都去了，还有几个人也参加了。我们对他说，导弹很好，是先进的武器，但是它不能代替飞机。他也很直率地说，他同意有了导弹就可以不要飞机的意见，将来飞机要淘汰。我们说，图－16现在我们还没开始搞，歼击机已经上马了。图－16花钱可能更多一些，照万部长的意见，图－16我们是不是就不要搞了？他说，那我不能做主，得彭老总做主（当时彭德怀是国防部长）。谈了谈之后，谁也说服不了谁。后来我们又去征求过刘亚楼司令员的意见，问他飞机是不是"尖端"。他说，当然是"尖端"。又问他，导弹与飞机应该是怎样的关系。他说，导弹很有用，但飞机还是少不了，不能够代替。的确，当时苏联和几个西方大国出现过这么一个倾向，但后来经过深入研究以后，他们的结论却是：导弹代替飞机是不行的。我们中国虽然不是很明确，但是由于几个主要领导有这种看法，所以影响很大，连周总理也接受了这种意见，确定了生产以常规为主，科研以尖端为主的方针。当时把导弹称为"尖端"，把飞机称为"常规"。我个人认为，这种划分方法与世界上的一般理解是不同的。按照国际上一般的解释，所谓"常规"是相对于核武器而言的，即核武器是"尖端"，非核武器都叫"常规"。所以不能简单地把所有的导弹都称为"尖端"，也不能把所有的飞机都称为"常规"。但是这两个"为主"是以文件的形式正式传达的，其结果是把飞机的科研摆到了次要的地位。这对航空工业后来的发展影响很大。⑧

⑧徐昌裕口述.为祖国航空拼搏一生.北京：航空工业出版社 2006. 130−131.

飞机、导弹之争带来的另一后果是，飞机与导弹分别独立建设和发展，形成两个相互独立的产业。好处是各有所专，缺点是技术割裂和资源浪费。在西方，飞机和导弹则作为一个整体，在统一的航空航天领域中有分有合地安排，相辅相成地发展。

对此，1958年2月24日，四局分党组向部党组及赵尔陆部长写了报告。报告说："自从中央提出鼓足干劲、力争上游和技术革命的号召后，我局领导同志和广大技术人员欢欣鼓舞。但目前存在着一种主张，松弛了我们的干劲，阻碍了我们的进程。这种主张是为了优先发展导弹，5年内停止航空工业的产品设计与科学研究工作。这种主张起源于1956年初起草十二年规划时，个别科学家认为飞机已是最后一代，即将为导弹所代替。而当时苏联科学家代表团代理团长米哈伊洛夫曾对钱志道同志说过：'只要导弹，不要飞机，对一个科学家来说是可以理解的，但如果一个国家领导人也这样主张会犯严重错误。'可是目前一小部分领导同志确实也这样主张了，是一个大的失误（当时总参装备部的领导人坚决主张要导弹不要飞机，并指示情报所写材料说明飞机已到消亡的时代。当四局领导请示是否图-16飞机也不要了，他说此事他做不了主，要请示彭老总）。因此，虽然我们没有见到文字决定，但我们的工作确在不少地方受到阻碍。"《报告》列举了若干事实后说："关于这个问题，不但在国内，甚至在出国代表团中都引起热烈的争论，而目前已是澄清这个问题的时候了。"

同年4月1日，赵尔陆在给李富春、聂荣臻的报告中强调地提出：航空工业"已开始成批生产喷气歼击机，但科学研究及产品设计工作尚未开始，因而我国只能仿制苏联产品"，"距离世界先进水平将越来越远"，"因此，迅速建立及大力发展产品设计、科学研究机构已成为第二个五年计划期间发展航空工业的关键"。

1958年4月7日，刘少奇委员长参观中南海举办的国防工业展览会航空工业馆时，段子俊副局长在陪同参观时也汇报说："关于导弹和飞机的问题，现在有争论，已使飞机的研究设计工作裹足不前……焦点在于飞机的研究和设计刚刚开始，是否应停止，把技术力量全部并往导弹的设计研究部门，还是应该继续下去？"刘少奇指示说："你谈的是技术方向问题，不要怕争论，应该争论，要百家争鸣，也许你们反对的意见是对的。"刘少奇还说："这个问题争论归争论，我看飞机的设计研究还是可以进行。"⑨

一个月以后，即5月7日，四局分党组又在向中共中央写的报告中反映："航空工业建设的主要矛盾最突出的是产品设计与科研水平远远落后于生产"，"因此，大力发展产品设计和科学研究，由仿制向自制跃进，是航空工业执行'二五'计划最基本的发展方针"。

⑨ 中国航空工业史编修办公室编. 中国航空工业大事记（1951–2011）. 北京：航空工业出版社，2011. 61.

同年6月6日和7月2日，毛泽东参观中南海国防工业展览会航空工业馆，询问了产品设计力量的成长情况，鼓励航空工业要自行设计飞机。这些都说明，从国家全局看，从航空技术的发展规律看，加强航空科研与飞机自行设计已刻不容缓。

1958年7月2日，毛泽东再次参观中南海航展，听取航展工作人员李国富（左）介绍我国自行设计的歼教1飞机情况

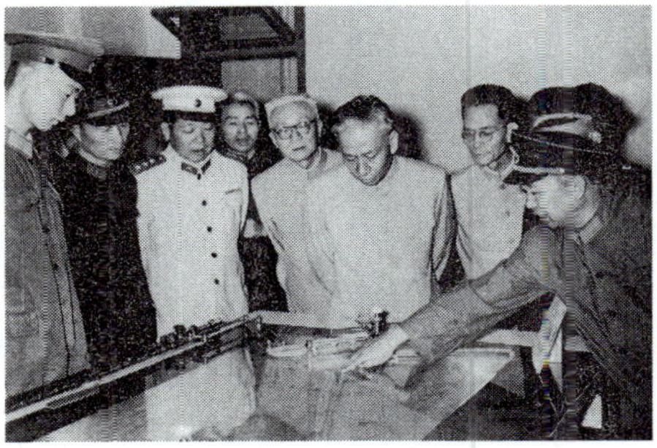

1958年4月7日，刘少奇在空军司令员刘亚楼（右一）陪同下参观航空工业展览

1959年10月，新组建的中央军委在向中共中央的报告中提出，国防工业应以抓尖端技术为主，目前主要是导弹问题，同时也要注意核弹头问题。1960年初，中央会议扩大会议又进一步明确发展国防尖端技术的方针是“两弹为主，导弹第一”。⑩

作为空军和飞机、导弹使用部门的最高首长，空军司令员刘亚楼对导弹取代飞机的观点显然有所保留，甚至是不赞成的。1958年3月，刘亚楼在一机部四局主机厂企业领导干部会议上就飞机和导弹的关系说：“一般地说，目前看不出飞机被导弹完全代替的迹象。在战略范围内对付战略目标，导弹比飞机作用大。至于在战役、战术范围内，飞机有很大作用。所以，我们还要用很大力量，至少在第二个五年计划内发展飞机生产。这就要求中国从事航空工业的同志，还要为祖国飞机付出很大力量。同时也要看到远景，要研究导弹，不能停留在飞机上……毛主席就很注意航空工业发展。去年，五六式飞机飞过天安门时，毛主席对外国总理说：‘中国自己的飞机过去了。’”刘亚楼还说：“航空工业青年人多，要有热情，要敢设计，工厂要敢试制，我们空军要敢支持，做出来要敢试飞。”

⑩ 谢光主编．当代中国的国防科技事业（上）．北京：当代中国出版社，1992：44.

1961年6月29日，刘亚楼在航空研究院即第六研究院成立大会的讲话中又一次谈到飞机和导弹的关系问题。他说，导弹不能代替飞机。飞机具有可以充分发挥人的作用的最大优点。飞机和导弹要配合起来使用，要发挥飞机的长处，也要发挥导弹的长处。飞机和导弹应互相取长补短，兼容并蓄，分工合作。至于说飞机是不是尖端，当然是尖端。搞出3倍声速的飞机，不要机场就能起飞的飞机，当然是尖端。

空军党委于1959年10月9日向中央军委提出报告说，导弹兵器的出现，可能是现代兵器的一个划时代的发展，对于军队的体制、编制和战术等方面将引起巨大的变化。导弹兵器的发展所引起的各种变化，首先将反映到空军建设中来。空军今后的建设方针，应该考虑由于导弹兵器的发展而引起的变化。报告认为，导弹和飞机各有长短。将来对战略目标的突击，可能是远程导弹逐渐代替轰炸机而居于首要地位。而战略轰炸机则退居于辅助地位，但对地面活动目标不易对付；在防空方面，地空导弹有着目前所有飞机所不及的长处，但对中空特别是低空目标则不易发挥作用。另一方面对战场上移动目标的突击，特别是对地面部队的直接战术支援，使用飞机可能比使用导弹更有效。此外用飞机投掷空地导弹，可从数千米以外击中目标，这样飞机就可以成为空中发射导弹的活动基地。至于用飞机进行战场侦察、运输、救护等勤务，非但不会因导弹而减弱，反而还要加强。由此推测飞机虽然在许多方面落后于导弹，但是在未来战争中，至少在一定时期内，仍然不会完全失去作用，好像陆军，虽然早已装备了火炮、坦克，但手榴弹、爆破筒和刺刀仍未完全失去作用一样。报告提出，根据我国的实际情况和我军的战略方针来看，我国国防工业和空军建设要集中力量优先发展导弹是可以肯定的。但在优先发展导弹的前提下，对于航空工业和航空兵的建设，也要做全面考虑，适当安排。

同年10月27日，聂荣臻在军委办公会议第二次会议上说，在航空工业方面，飞机和导弹的争论是需要的。但我们要首先发展导弹，飞机也要努力发展。现在还不能用导弹全部代替飞机，因为它不机动、成本高。在飞机方面，歼击机要发展，轰炸机也要搞。生产图－16 型号的轰炸机，可以练兵，将来军队不用，还可交给民航。运输机也要搞，安东诺夫型号的运输机比较好，跑道短，我们也要发展。直升机用途很多，要搞起来。计划建设的四套飞机工厂，应考虑生产飞机和生产导弹两者相结合。[11]

1961 年 7 月 7 日，国防尖端五人小组讨论国防科委系统建设计划调整时，确定第六研究院“主要靠现有条件建设，没有条件的一律停建”。

情况表明，20 世纪 60 年代初虽然成立了航空研究院，但加强航空科研的问题并未被摆到重要议程。从航空科研建设固定资产投资完成情况看，航空研究院 1960 年底成立以前的 4 年左右累计额为 5717 万元，而院成立到 1965 年初部院合并的 4 年累计额为 3295 万元，后者反而少于前者，导致航空科研建设步伐缓慢。在此过程中，航空研究院也曾于 1962 年 8 月 21 日在上报国防科委的《关于建设第六研究院的意见》中，在表示拥护“两弹为主，导弹第一”方针的同时，郑重地提出了“同时应重视现代飞机，把它放在应有的位置上加以建设”的意见。

世界航空航天发展实践表明；飞机和导弹同属技术密集产品，而且飞机还有不同于导弹的高难技术特点，如：(1）载人飞行，特别强调安全、可靠性，涉及环境设施、过载、人体防护救生等技术的研究；(2）要重复使用，涉及疲劳寿命、高温材料、产品的可维护性等的研究；(3）机动性，涉及人工和自动操纵技术、航空心理学的研究；(4）军用飞机要与空中和地面之敌遭遇，涉及一系列攻、防技术的研究；等等。

航空工业是典型的知识密集、技术密集和资金密集产业，是现代多种科技成果的结晶，是国家国防和经济建设的重要组成部分，同时又对国防和经济建设起带动和促进作用。工业发达国家都把它作为战略产业，放在优先地位，加以扶持和发展。在 20 世纪 50 年代前期，中国决策层高度重视航空工业，把它作为带头产业，优先加以扶持、发展，取得了极大成功。

但是，当新兴的导弹技术和产业出现时，中国国防科技决策层对航空工业重要地位的认识，出现过模糊和动摇。受“导弹可以取代飞机”观点的影响，不把航空工业纳入国家高科技领域，

⑪周均伦主编.聂荣臻年谱.北京：人民出版社，1999.689

不把飞机列入科研重点而划为以生产为主的常规装备等，影响了航空技术的发展。后来虽然从“导弹可以取代飞机”观点上有所后退，但仍然没有把航空科研放在应有的重要位置上。甚至到20世纪90年代国家制定“863”计划时，航空仍未被列入高科技领域。直至1995年9月中共十四届五中全会上，才在全会通过的“863”计划和2010年远景目标的建议中第一次把航空工业明确列入了国家高科技领域。可惜这一认识已经来得太晚了，时间整整过去了39年。

有感于此，我国航空发动机专家吴大观在发表于2001年的《对航空工业两个重大历史问题的思考》一文中沉痛地写道：

1956年国家制定了十二年科学发展规划，对航空科研起了一定的作用。但是，据了解，实际上这个规划的重点是以“两弹”为主，对航空科研并无实质内容。从那年以后，正像王大珩院士所描述的那样，航空一直游离于高技术研究与发展领域。王大珩院士用“游离”二字来形容航空多年的艰辛处境，寓意非常深刻。因为“游离”不与排除等同，是时有时无、若隐若现的状态。航空工业技术从它100多年的发展历史来看，涉及广泛的科学技术领域，耗费了巨额资金，创业艰难困苦，无数科技先驱为人类征服太空耗尽毕生的精力，甚至为求索真理，在求实创新中流血牺牲，这是有目共睹的历史事实。航空工业技术属于高科技范畴，本来就是无可争议的。有人传说20世纪50年代中期苏联赫鲁晓夫发表过“今后飞机要进博物馆”的言论，我国是否真的受了这种言论的影响就不得而知了。但苏联一直在大力发展他们的飞机，从未暂停过。

事实证明，我国的航空工业确实是“游离”于高技术研究与发展领域近50年。正是由于这样的“游离”，50年来，尚未见到国家长期稳定的航空工业发展规划，就是在航空工业多次的“科研发展五年计划”中，国家的肯定和支持也是缺乏力度的，从而使航空科研计划和任务不能如期实现，而1961年成立的航空研究院到1982年已名存实亡；正是由于这样的“游离”，型号研制计划得不到落实，经费投资力度得不到保证；正是由于这样的“游离”，航空预研计划、项目和经费被砍了又砍，有些重点预研项目时上时下，使得计划无法按期有步骤地完成；正是由于这样的“游离”，航空工业制定的“科研先行”、“动力先行”的方针，实际上沦为一般口号；正是由于这样的“游离”，航空发动机研制多年缺少技术储备和预先研究，自行研制的发动机迄今还没有一型能走完研制全过程，能装备部队使用，从而长期拖了军、民用飞机发展的后腿；尤为严重的是，正是由于这样的“游离”，航空工业的一些干部产生了错觉，误认为航空工业天生并不需要什么科学技术预先研究和技术储备等。现在看来，航空工业“游离”于高技术研究与发展领域已成为航空工业的历史往事，如今在多位专家、院士们的关心和支持下，航空工业在我国已得到应有的高技术地位，真是来之不易。[12]

1962年5月于莫斯科，左起：庄逢甘、吴大观、徐舜寿，此行与苏谈判筹建中国航空气动研究院与中国航空发动机研究院未果

[12] 吴大观．航空发动机研制工作论文集．北京：航空工业出版社，2009. 121–122.

聂荣臻率团访苏签订国防新技术协定，苏联提供中国首批导弹，包括地地、地空、空空和海防导弹，对中国导弹工业的起步提供了帮助

1957年9月7日，一架苏制伊尔–18专机从北京南苑机场起飞，飞机载着以聂荣臻为团长，陈赓、宋任穷为副团长的中国工业代表团赴苏联，就军事、兵工、导弹、航空等事项与苏方进行会谈。名曰“中国工业代表团”，实为中国国防科技工业代表团，是秘密访问。由聂帅领衔，代表团规格高，阵容强大。

1957年9月，聂荣臻率领中国政府代表团赴莫斯科．左起：李强（时任外贸部副部长）、陈赓、聂荣臻、刘晓（时任中国驻苏大使）、宋任穷

1957年9月聂荣臻、万毅、李强、宋任穷（自左至右）在苏联谈判时合影

代表团成员有钱学森、李强、刘杰、万毅，通信兵部主任王诤，二机部副部长张连奎、刘寅。此外还聘请了21名火箭、原子能、飞机、电子等方面的专家、教授当顾问，其中航空方面的专家有3位：航空工业局副局长徐昌裕、飞机设计师徐舜寿、机载专家昝凌。加上工作人员，此行共有31人。

当天下午，莫斯科时间18时，专机降落于莫斯科努契科伏国际机场，苏联部长会议国家对外经济联络委员会主席、苏联政府代表团团长别尔乌辛、国防部副部长科涅夫元帅与中国驻苏大使刘晓欢迎中国政府代表团的到来。

在莫斯科，聂荣臻下榻在奥斯特洛夫斯基大街一座别墅式的小楼里。专家顾问则住在苏维埃旅馆。

9月9日聂荣臻拜会了苏联部长会议第一副主席米高扬。米高扬说，中国必须掌握原子和导弹武器，否则就不能成为真正的大国。苏联将尽量给予中国援助。[13]

⑬周均伦主编.聂荣臻年谱.北京：人民出版社，1999.619.

谈判从9月9日开始，分为军事、原子能、导弹、飞机、无线电5个组同时进行。中方以陈赓、宋任穷、钱学森、张连奎、王诤为组长，苏方以国防部副部长科涅夫元帅、中型机械工业部部长斯拉夫斯基元帅、国防工业部副部长道玛尔切夫、航空工业部副部长别良斯基、无线电工业部第一副部长晓金为组长，谈判共进行了35天。10月15日签订协定。

1957年9月 钱学森（右一）、陈一民（右二）、徐昌裕（右三）、屠守锷（右四）随聂荣臻团长赴苏谈判引进导弹制造权

谈判的进展较为曲折，不过这也正如估计的那样，苏联方面不会无保留地把一切新技术都交给中国，聂荣

臻对此是有思想准备的。整个国防新技术谈判，可以说是一点一点地取得进展。所幸的是，代表团各个方面的准备都比较充分，有的要求非常具体。在谈判桌上，苏联人总的来说是友好的，别尔乌辛甚至对聂荣臻说，有些项目你们提出的型号性能已经落后了，可以提出更新一些的型号。但有的技术项目苏方也有保留，不是只给资料，就是只给样品。9 月 14 日，苏方就提出了协议草案。别尔乌辛对聂荣臻说："这种协定在苏联外交史上还是第一次，因为中国是最可靠、最可信任的朋友，希望中国政府能早日定案。"

聂荣臻看了草拟的协定，心里轻松了许多。如果苏联政府能够认真地执行协定，中国在突破导弹、原子弹、现代作战飞机等尖端技术方面，就有把握得多了。聂荣臻对中方谈判人员说，苏联政府这次的确很热情、诚恳、极慷慨。中国得到这些援助后，再经过自己努力，国防物质基础在第二个五年计划末将跃进到一个新的科学技术水平。对我国国防、工业水平均是很大的提高。聂荣臻派人立即把草案送回北京，交周恩来，等待中共中央、毛泽东审批。[14]

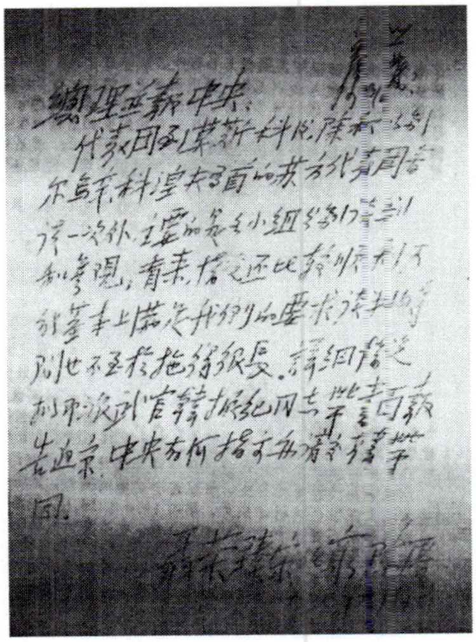

1957 年 9 月 13 日聂荣臻签发的与苏联代表团关于国防新技术协定谈判情况给周恩来并中共中央的报告

[14]周均伦主编.聂荣臻年谱.北京：人民出版社，1999. 620.

9 月 20 日，周恩来致函聂荣臻，说苏方这次同意提供的援助对我国国防的巩固和工业水平的提高都有好处，但苏方提的还只是些大的项目，细节问题没有谈，所以目前对苏方的方案难以提出全面的答复。请聂荣臻在原则同意苏方提出的方案的基础上继续商谈。周恩来始终密切关注莫斯科谈判的进展。10 月 5 日，周恩来致函驻苏大使并告聂荣臻："中央同意由聂荣臻同志代表政府同苏方签订苏方建议的协定。"[15]

通过 5 次谈判，达成引进米格-19 飞机及其发动机协议。还引进 5 种导弹：近程地地导弹 P-2（"东风 1 号"），射程 600 千

[15]中共中央文献研究室.周恩来年谱（1949—1976）中卷.北京：中央文献出版社，1997. 80.

米；地空导弹 SAM−2，即萨姆 −2 型（“红旗 1 号”）射高 22 千米；空空 K−5M（“霹雳 1 号”），射程 4 千米；以及 1 种舰舰导弹和 1 种岸舰导弹。这是中国首次从苏联引进导弹。

1957 年 10 月 15 日，聂荣臻代表中国政府，别尔乌辛代表苏联政府分别在协定上签了字。

签字仪式在苏联国防部大楼举行。协定的全称是《中华人民共和国政府和苏维埃社会主义共和国联盟政府关于生产新式武器和军事技术装备以及在中国建立综合性的原子能工业的协定》（简称《国防新技术协定》）。协定共 5 章 22 条。根据协定，苏联将援助中国建立起综合性原子工业；援助中国的原子弹的研究和生产，并提供原子弹的教学模型和图纸资料；作为原子弹制造的关键环节，向中国出售用于铀浓缩处理的工业设备，并提供气体扩散厂初期开工所用的足够的六氟化铀；1959 年 4 月前向中国交付两个连的岸对舰导弹设备，帮助中国海军建立一支导弹部队；帮助中国进行导弹的研制和发射基地的工程设计，在 1961 年底提供导弹和有关技术资料，并派遣技术专家帮助仿制导弹；帮助中国设计试验原子弹的靶场和培养有关专家等。1958 年 9 月 29 日中苏又签订了《关于苏联为中国原子能工业方面提供技术援助的补充协定》，对每个项目的规模、完成时限都作了规定或确认。⑯

聂荣臻说：“在中国工业建设和科学研究工作起步的时候，苏联曾给予了积极热情的帮助，对我国科学事业的开拓和发展，起了重要作用。”⑰

代表团圆满地完成了任务，10 月 16 日启程回国。

10 月 25 日，聂荣臻、陈赓、宋任穷联名向周恩来并毛泽东和中共中央写报告，详细汇报代表团在莫斯科同苏联政府代表团就援助中国建立综合性的原子能工业、生产新式武器和航空技术装备等所进行的谈判经过、结果和今后各有关部门为落实协定应分别做好的各项工作。10 月 31 日，中共中央政治局常务委员会吸收彭德怀、聂荣臻、陈赓、宋任穷讨论了这个报告，并原则同意代表团的报告。12 月 18 日，中央军委召开第 135 次会议，听取了聂荣臻、陈赓向军委汇报的中国政府代表团在莫斯科同苏联政府代表团就援助中国建立综合性的原子能工业、生产原子武

⑯沈志华主编. 中苏关系史纲（1917−1991）. 北京：新华出版社，2007. 193.

⑰ 重庆聂荣臻研究会等编著. 聂荣臻画传. 上海：上海文艺出版社，2009. 215.

器、火箭武器和航空技术装备等所进行的谈判及取得的结果，会议还研究了今后军队及有关工业部门应做好的各项工作。[18]

⑱周均伦主编.聂荣臻年谱.北京：人民出版社，1999. 625-631.

中苏协定签字之后的18天，毛泽东就应赫鲁晓夫的邀请，乘苏联派来的图－104喷气客机专机来到莫斯科，参加苏联十月革命节40周年的活动。

1957年11月2日，毛泽东率代表团访问苏联抵达莫斯科，苏联部长会议主席布尔加宁陪同毛泽东检阅仪仗队

总的来说，1957、1958两年，《国防新技术协定》执行得比较顺利。1958年4月24日赫鲁晓夫复函周恩来，信中说：

苏联政府同意您于本月8日来函中所提关于根据1957年10月15日苏中协议为北京提供特别重要的资料和样品的建议。

苏联政府对外经济联络委员会已被责成同中国方面的代表就组织此项事务的具体问题进行商谈，并签订合同，以便于最近时间内即可按您的建议着手提供上述资料和样品。[19]

1957年11月，中国军事友好代表团团长彭德怀（左二）、副团长叶剑英（左一）访苏时与赫鲁晓夫（右一）、布尔加宁会见

⑲原件藏外交部档案馆.

苏联向中国提供了几种导弹、飞机和其他军事装备的实物样品，交付了相应的技术资料，派了有关的技术专家来华。这些专家大多态度比较友好。这对中国熟悉情况、掌握技术，是有帮助的。苏联的帮助，对中国尖端武器研制的起步工作，是有较大作

用的。在导弹、火箭和作战飞机、试验基地建设等方面，使中国的研制步伐得以加快。

中国边境城市满洲里见证了苏联给予技术援助的场面：因为中苏铁路轨距不同，苏联是宽轨，中国是窄轨，列车必须在满洲里换轨方能继续前进。1949 年满洲里的冬天，苏联援助中国空军的 340 架飞机及装备也是在这里换轨的。1957 年 12 月 20 日，装有导弹及器材的苏联 23770 次国际列车抵达满洲里，列车载有以布里奥·波列任斯基中校为首的苏联官兵 102 人，两枚 P-2 型地对地训练导弹，1 个营主要技术设备。中方接收人员在这里迎接。12 月 24 日，列车抵达北京长辛店，中方举行了正式的欢迎仪式，彭德怀和钱学森参加了欢迎仪式，彭德怀解开了系在导弹上的红绸带，对中方接收的炮兵教导大队说："这是苏联老大哥过继给我们的儿子，祖国把他托付给你们了，你们可要把当做亲生儿子看待呀！"[20]

[20] 叶永烈．钱学森．上海：上海交通大学出版社，2010. 253-254.

1958 年 1 月，苏联专家加里宁、齐琴科夫等 12 人来华帮助建设导弹的研究、试制、试验基地。此后，苏联供应的导弹样品和生产技术资料也陆续到达。

国家根据国内条件，决定导弹试制由国防部五院抓总，由航空工业为主进行导弹的试制，这一正确决定为快速发展导弹工业赢得了时间

经研究，并征求苏联专家意见，国家决定由航空工业为主进行导弹的试制，由国防部五院负责技术抓总，其配套产品、设备及原材料、元器件，安排在航空、兵器、电子、船舶、机械、冶金、化工、轻工、建材、石油等部门的企业。

根据当时的情况，国家决定由航空工业部门利用已有的物质技术条件，承担这 5 种导弹的仿制任务。航空工业接受任务后，立即作出部署，除将北京南苑飞机修理厂（211 厂）拨交国防部五院改建为地地导弹弹体总装厂外，决定将已成立沈阳航空发动机研究院的 111 厂改建为专业的导弹发动机制造厂；为便于统一组织领导，111 厂在改建期间，划作 410 厂第 5 分厂。

1960年5月28日，毛泽东在上海参观T-7M火箭

从1958年下半年起，分别在112厂、320厂建立地空、舰舰导弹弹体生产线，在132厂建立岸舰导弹生产线；在410厂（包括其5分厂）、420厂建立地地、地空、海防导弹发动机生产线；在331厂建立空空导弹生产线；在212、114、115等厂建立有关弹上设备生产线。其中：导弹产品的装配、试验车间（室）一般都单独建立，生产准备和零件加工则尽量与航空产品生产线结合，当时称“一宅两院，有分有合”。在组建生产线的同时，各型导弹的仿制工作也相继逐步展开。

第一个重点仿制产品是P-2即“东风1号”近程地地导弹，其弹体及总装由已划归五院的211厂负责。该弹代号为1059，意即在1959年10月1日试制成功，这个想法显然受到“大跃进”形势影响，因而未能按此进度完成，进入1960年，又受到苏联撤退专家的影响，“东风1号”导弹于1960年下半年仿制完成，同年11月5日发射成功。

1960年11月5日，第一枚仿制的“1059”近程导弹准备发射

“东风1号”导弹配装的大型液体火箭发动机为苏联5Д52型，代号71号机，地面推力37吨，由111、410厂负责试制。该

机技术资料于1958年7月起陆续到达，工厂立即开始试制准备工作。起初只选配了1300套工艺装备，经审查发现太少，立即增补到3400套。焊接和测试等关键工种人员均提前培训，总装技术人员和工人都按“万无一失”的目标进行练兵。零件加工从1959年10月全面铺开，在工厂副总工程师齐克非的组织下，先后突破了推力室冲压件变形、涡轮泵大型铸件及转子叶片型面加工等74项技术关键，第一台71号机于1960年9月8日一次总装合格。同月15日，首批3台发动机运到北京101试验站。17日，抽选一台进行90秒钟典型试车，点火后突然发生台架起火，紧急停车。经检查，确认事故并非由发动机本身引起。针对事故原因采取相应措施后，29日另选1台继续试车，获得成功。212厂等承担的自动驾驶仪等弹上设备也相继试制出来。同年11月，配装这些产品的“东风1号”导弹发射成功。到1962年结束71号机生产时，累计共制造了49台。

111厂是我国航空喷气发动机的摇篮，又逐步改建成为我国大、中型液体火箭发动机的发展基地。它在中国航空航天的动力装置研制方面作出了突出的贡献。

聂荣臻视察核武器试验现场

1961年4月12日，四局转发部党组的批复：同意恢复111厂名称。1961年8月，六院二所成立，沈阳航空发动机研究院并入二所，航空发动机试验室从111厂迁出，111厂即转为单一的液体火箭发动机制造厂。111厂在1961年已基本上由本厂成套生产。73号机（地空导弹发动机）基本完成工艺定型，锻炼出了一支1245人的专业技术队伍。

1965年2月28日，三机部、七机部联合工作组在《关于111厂交接工作的报告》中称：111厂由三机部全部划归七机部，该厂职工总数4323人，占地80公顷，建筑面积21.7万平方米，设备 1106 台，固定资产总值 3579 万元。从 1965 年 4 月 1 日起，111 厂即转归七机部建制。

仿制"东风 1 号"近程地地导弹只是一个起步，接下来的目标是逐步向战略导弹发展。1960 年 5 月，经周恩来主持研究，中国派出以一机部副部长刘鼎为团长的政府代表团，到苏联谈判引进中近程地地导弹技术的问题。由于苏方决定停止对华援助，谈判破裂，促使中国更加坚定了自力更生发展导弹工业的决心。于是，由国防部五院在"东风 1 号"基础上改型研制的"东风 2 号"中近程地地导弹立即投入试制。其液体火箭发动机也由五院在 71 号机的基础上改型设计，主要是增加了涡轮泵的转速以提高发动机的推力（由 37 吨增大到 45 吨）。改型设计的成套试验件包括涡轮泵、燃烧室、反应器、蒸发器、各种活门等 14 个组合件仍由 111、410 厂负责制造，由 211 厂进行发动机总装。试制工作于 1960 年 10 月紧张展开。"东风 2 号"导弹用大型液体火箭发动机的成套试验件，在突破了燃烧室氩弧焊等技术关键后及时完成了试制任务，由有关航空工厂承制的弹上设备也按要求交付使用。1964 年 4 月，由五院 211 厂总装的发动机通过地面试车考核，同年 6 月，"东风 2 号"导弹发射成功。到该发动机 1966 年停产时，410 厂累计共生产成套协作部件 178 台份。

第二个重点仿制产品"红旗 1 号"是指令式制导型中高空地空导弹（苏联型号 SAM-2，即萨姆 -2 型），拦截目标高度范围 3-20 千米，斜距范围 13-29 千米，属 20 世纪 50 年代中期世界先进水平。112 厂负责弹体试制、生产，于 1959 年 3 月接收苏联图纸资料，开始生产准备工作；1960 年全面铺开零件试制。为锻炼技术队伍、校正图纸资料、工艺规程和工艺装备，确定先进行一发弹的试制练习，取得较好效果。1964 年 9 月 26 日，"红旗 1 号"导弹

"红旗 2 号" 地空导弹

周恩来视察西北导弹基地

进行发射试验，成功地击落了米格-15型靶机；10月6日，又击中了高空模拟目标。同年12月10日，国务院特种武器定型委员会批准该弹转入成批生产，开始装备部队。美国供应台湾国民党的RB-57D和U-2高空侦察机多次窜扰大陆后，多次被击落，入侵的飞机采取了电子干扰措施，使“红旗1号”导弹难于命中目标。112厂与国防部五院二分院、四机部786厂和空军有关单位于1965年初合作研究，提出了提高导弹抗干扰性能、在“红旗1号”基础上改型研制“红旗2号”导弹的方案。三机部部长孙志远向周恩来作了报告，获得支持。同年5月，由周恩来召开的中央专委第12次会议决定加速“红旗2号”导弹的研制。经各单位通力协作，“红旗2号”导弹武器系统于1966年底通过定型试验，1967年7月10日被批准投入批生产。

配装该弹的液体火箭发动机73号机由111厂仿制，该机是中型液体火箭发动机。由涡轮泵供应燃料、单燃烧室、一次使用，共有零件192种，组合件50种。该机推力26千牛（2650千克力），1959年3月投入试制，1960年底通过“先锋批”试制考核后，进入工艺定型。到1963年3月,111厂共生产了4批51台，其中8台经靶场试验，性能符合要求。同年8月，又生产出第6批5台。12月，经国家鉴定验收委员会鉴定合格，批准投入小批生产使用。1964年生产了3批39台，产品质量稳定，工作可靠。同时，工厂批生产的条件也已具备，1965年安排生产100台。

第三个重点仿制产品“霹雳1号”(仿苏K-5M型）是雷达波束制导的空空导弹，飞行马赫数2.5，最大发射距离6千米，杀伤半径11-15米，用于攻击敌方中型轰炸机。331厂于1958年10月开始试制，在厂长郭固邦领导下，工厂成立综合实验室，朱传千为综合实验室主任、“霹雳 1 号”导弹总设计师。1960 年 3 月装出第一发产品。1960 年 7 月靶场飞行试验中打靶未能击中目标，又值苏联突然撤走专家，朱传千带领试制队伍经过反复试验，终于发现打靶试验失败的原因不在导弹本身，而是由于发射前机载雷达未经校准，造成导引偏差所致。1963 年 11 月再次进行靶场定型试验，共发射各种状态导弹 20 枚，其中两次对靶机射击，击落靶机两架，“霹雳 1 号”导弹各种性能良好达到了设计要求。1964 年 5 月，国务院特种武器定型委员会批准“霹雳 1 号”空空导弹定型投产。同年，“霹雳 1 号”导弹获国家工业新产品一等奖，并在全国工业新产品展览会上展出。

朱传千（前排左二）在组织空空导弹技术攻关

朱传千（1927–1979），1927 年生于江苏吴县。1948 年 7 月毕业于上海交通大学化学系。1951 年 11 月转业到 331 厂工作，历任技术秘书、总检验师、空空导弹总设计师、导弹分厂副厂长、厂总工程师等职。朱传千主持设计并完善了我国第一条空空导弹生产线，主持试制成功两种型号空空导弹。

苏方提供仿制的舰舰导弹，后被调整为更先进的“冥河”型舰舰导弹（中国产品称“上游 1 号”），起飞重量 2045 千克，平飞高度 100–300 米，最大射程 30 千米，最小有效射程 8 千米。该弹弹体加工和全弹总装、交付任务由 320 厂承担，液体火箭发动机由 111、410 厂负责试制生产，1960 年开始试制准备工作。320 厂试制“上游 1 号”舰舰导弹，工厂成立型号办公室，何文治任主任。1963 年 10 月“上游 1 号”进入零件制造；1964 年 8 月整弹静力试验顺利通过；同年末首批 3 发陆上模拟弹发射试验成功。1965 年 8–11 月，6 发舰上模拟弹发射试验成功。在此期间，111 厂负责的该导弹用火箭发动机于 1964 年 1 月开始试制，翌年取得成功。232厂等也及时完成了自动驾驶仪等弹上设备的试制任务。1966年4–7月，“上游1号”遥测弹陆上及海上飞行试验均获成功，11月，“上游1号”导弹进行了定型飞行试验，取得9发8中的优异成绩，12月被批准定型投产。

1952年夏，即将毕业的何文治（左四）与同学陈一坚（左二）、刘昌琼（左三）、何永钧（左一）、刘世邻（右一）等在清华飞机馆前合影。

何文治原注：这机蓬里全是美帝破坏和平的凶机，但它却成了我们的战利品，更成为我们学习、参观的对象（谭万诚提供）

何文治（1931–1995），1931年2月1日生于陕西省乾县。1952年毕业于清华大学航空学院，分配到320厂工作。1958年他组织领导我国自行设计的初教6飞机的试飞工作，1958–1960年仿制米格–19飞机时，担任主任设计师。1960年，他被任命为厂“上游1号”反舰导弹型号办公室主任。先后试制成功“上游1号”舰舰导弹、海鹰1号岸舰导弹等海防导弹。1978年12月调任直升机设计研究所所长。1980年8月被任命为航空工业部副部长。他曾兼任中国航空科学技术研究院院长。

另一种是“小火山”型岸舰导弹及其发动机РД500К，分别安排由132厂和420厂生产。两厂从1959年开始试制，稳步取得进展，其中420厂试制的发动机于1960年7月通过了试车考核。1961年7月，国防工委北戴河会议决定国防工业缩短战线，导弹产品集中搞“东风2号”和“红旗1号”，其余从缓。1961年底又决定撤销“小火山”型岸舰导弹试制生产任务。

至此，国家安排由航空工业负责的第一代战术导弹的仿制任务全部完成，有的还进行了新一代产品的试制、生产。实践证明，由航空工业试制、生产导弹的决策是正确的：既争取了时间，也节约了投资。

第七机械工业部成立后，地空导弹和大中型液体火箭发动机的生产任务和已建成的111、139、119等有关工厂，先后从1965

年 4 月 1 日和 1966 年 1 月起，由三机部移交给七机部。三机部继续负责空空导弹和部分海防导弹的生产和发展任务。

1958 年 9 月在台海上空发生了震惊世界的空战，国民党空军在世界上首次使用美国提供“响尾蛇”空空导弹击中我战机，中方意外地获得导弹样品，中苏科技人员各自开展了研究试制，并一度影响中苏关系

1958 年下半年，台湾国民党当局为策应美国和英国对中东的入侵，在台湾海峡和大陆沿海加紧窜扰活动。9 月 24 日，国民党空军先后出动飞机 143 架次，窜入我福建、浙江、广东三省上空进行军事挑衅。在空战中，国民党空军飞机使用了美国制造的“响尾蛇”空空导弹（AIM−9B），击落我机一架。我海军航空兵飞行员王自重在击落两架 F−86 后，自己驾驶的歼 5 飞机被空空导弹击中，王自重牺牲。国民党空军这次共发射“响尾蛇”导弹 6 枚，时间为 9 月 24 日上午 9 时 30 分至 9 时 40 分。发射导弹的空域是浙江的温州、瑞安、乐清地区的上空。敌机发射的“响尾蛇”导弹，有的未爆炸，坠落后被我方缴获，其中有一枚是完整的，为我方送来了导弹样品。

这种“响尾蛇”导弹是美国当时研制的新产品，红外线导引，自动寻的，发射后不管，尾追攻击。“响尾蛇”是迄今西方阵营使用最广泛的导弹，生产总量超过 11 万枚。由美国和其他盟国生产，而其中可能有百分之一在空战中被使用。

“响尾蛇”的测试型号（就是后来的 AIM−9A 型导弹），于 1953 年 9 月成功试射。据说之前 13 次发射全部失败了，终于在第 14 次试射中成功地击落了 QB−17 靶机。生产型号——AAM−N−7（即后来的 AIM−9B），终于在 1956 年正式投入使用，

国民党空军F−86歼击机装备了“响尾蛇”导弹

而其性能则开始伴随着在实战中的实践而不断改进。

1958 年 9 月 30 日，《人民日报》发表中华人民共和国国防部发言人关于蒋介石空军在美国直接指使下使用导弹武器向我大陆空军进攻的声明。声明说：

必须指出，蒋介石空军这一新的军事挑衅，是发生在美国用 F-86F 型、F-100 型的飞机和“响尾蛇”导弹等现代武器装备了蒋介石空军以后，是发生在美蒋军事首脑正在台北举行会谈的时候，因此，这是一个极其严重的事件。

1958 年 10 月 15 日，《人民日报》发表新华社 14 日电讯：

1958 年 10 月，周恩来参观北航展览，右为武光

美国侵略者指使蒋介石空军使用“响尾蛇”导弹的罪证，今天起在北京市劳动人民文化宫举行展览。这个展览会，是由国防部主办的。

展览室里陈列着美国制造的“响尾蛇”导弹的部分残骸，和蒋介石空军在 9 月 24 日在温州地区上空空战中使用“响尾蛇”导弹五枚、击落我飞机一架的罪行解说图。“响尾蛇”导弹的部分残骸，是从温州地区的千石村、凤凰山、灭炉村和沙村拾到的，它是美制“响尾蛇”导弹的制导部分、爆炸部分和动力装置部分。这种导弹全长二点八公尺（2.8 米），全重七〇点三公斤（70.3 千克）。

这里也展出了我国防部发言人的严正声明和全国各地军民一致声讨美蒋使用导弹的滔天罪行的照片，以及全世界人民反对美帝国主义建立导弹基地的斗争的照片。它显示了六亿中国人民和全世界爱好和平人民的强大的意志和力量。

在缴获“响尾蛇”导弹残骸后，我国有关方面立即组织专家进行解剖研究。

为了加强对这一工作的领导，成立了一个委员会，钱志道部长助理任主任。

苏联获悉此事后派6位专家到中国参加分析工作，苏联专家组索取并带走了全部图纸资料一套和少数残骸原件（如陀螺舵、舵机活塞等）。苏联在此基础上立即开展了K-13空空导弹的研制工作。顾诵芬参加了对响尾蛇导弹的分析研究工作。他回忆：

1958年，当时台湾派飞机来骚扰，我们空军迎战。台湾空军用响尾蛇导弹反击，我军受到损失，其中有些没有炸，落在了浙江某地，被捡了回来。

但是我们空军对响尾蛇导弹的情况不是很了解，对这种新式航空武器心中无数。所以当时国防科委组织了一批人，对这枚导弹进行分析，空军也来了。找了一些人，来研究分析，叶正大是其中之一，可能是技术负责人之一。叶正大找我参加了气动分析组的工作。我记得当时是在北海西边国防科委的机关大楼里，条件很简陋，四人一个房间，都是折叠式的木板床。分了几个组，有气动、总体、材料、控制等，每天都要介绍进展、汇报情况。

气动组有曹京涛、张炳暄等人。张炳暄是1952年清华大学毕业的，挺能干，当时在北航工作。还有几位刚从苏联回来的，其中有一位是老五所的飞机处长——苗述乙，人很不错的，后来到了洛阳014中心。还有一位姓王，后来分到哈军工当教师。我们几个人一起，要算导弹的气动特性，每天都是很紧张地工作。

我们刚开展工作，第二天就来了六七位苏联专家，他们可能是直接与国防部联系的。他们对这导弹的技术状况比我们熟悉得多，在我们作分析汇报中，他们也分组，一组一组介绍他们的分析结果。我们的人在分析过程中还有一些分歧和争议，他们都能给予解释。

当时空军最关心的是，在空战中如何防御响尾蛇的攻击。他们也给空军做了讲解，说如发现导弹发射的火光，要向火光的另一侧转弯躲避，这样导弹就跟不上，就会掉落；再就是先向着阳光飞，再急转躲避，这样响尾蛇导弹就失去目标了。

过了四五天，苏联专家就撤离了，还带走了分解下的一些部件。㉑

㉑顾诵芬口述.我的飞机设计生涯.北京：航空工业出版社，2011. 55-56.

围绕苏方要求中方提供响尾蛇导弹样品一事，苏共领导人赫鲁晓夫在回忆录中用较大的篇幅谈到此事，对中方没有迅速提供导弹样品表示不满，并怀疑中方少提供了导引头的关键元件，赫本人亲自到莫斯科郊外的研究所观看了中方提供的导弹样品，此事一度影响了中苏关系和国防新技术协定的正常履行。[22]

㉒ 尼基塔·谢·赫鲁晓夫著.赫鲁晓夫回忆录（全译本）（第三卷）.北京：社会科学文献出版社，2006. 2280-2282.

1961 年，苏联向我国转让米格-21 飞机及其配备的 K-13 空空导弹的生产技术资料和样品，经我方人员查看研究，K-13 导弹与前述“响尾蛇”（AIM-9B）导弹没有什么明显的区别。可以说它就是在当时苏联的科研生产技术基础上，基本按照“响尾蛇”的样品而研制生产的。就这样，中国在获得米格-21 飞机技术的同时，还意外地不费吹灰之力地获得了苏式“响尾蛇”导弹技术，苏方提供了 K-13 导弹散装件 10 套，K-13 导弹火工器材 50 套，K-13 导弹材料和半成品 30 套，K-13 导弹配套件 20 套。[23]

㉓ 航空工业部中国航空工业史编辑办公室.航空工业史料第二十辑：歼 7 飞机发展史

由于有苏联提供的全套技术，我国自行研制“响尾蛇”导弹的任务遂宣告停止。

我国仿制的 K-13 导弹被命名为“霹雳 2 号”，首先安排在兵器工业的企业仿制，于 1967 年 11 月定型投产。1964 年又在 331 厂开辟了一条生产线，于 1970 年定型投产。1966 年又开始建设陕西汉中空空导弹厂，于 1972 年完成“霹雳 2 号”的转厂生产定型。1970 年又开始建设贵州空空导弹厂，于 1978 年建成投产。

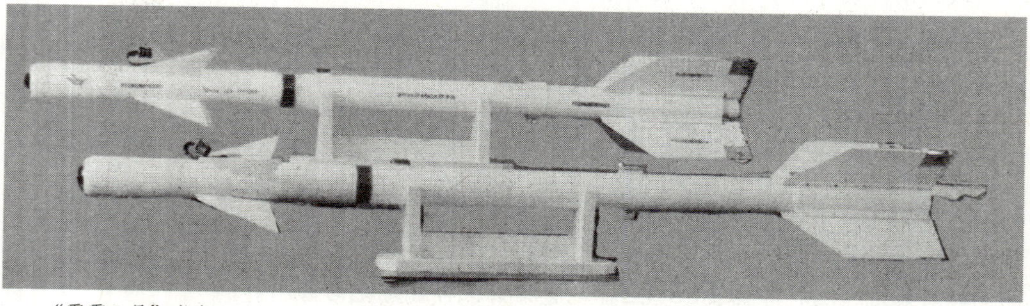

“霹雳 2 号”空空导弹

为了不断提高战术技术性能，随着科学技术的发展，“响尾蛇”导弹在不断改进改型，如 AIM-9C、9D、9E、9L 等，主要是增加发射距离，增大攻击范围，提高命中率，增强抗干扰能力等。我国的空空导弹设计研究单位和各生产厂，从 1965 年开始

歼8II型歼击机发射空空导弹

根据实战的需要，对“霹雳2号”进行了多种改进改型，接着又开展了自行设计和研制。如331厂改进的有“霹雳2甲”，陕西汉中导弹厂改进的有“霹雳2乙”，洛阳空空导弹设计研究所研制的红外型导弹有“霹雳3号”、4乙、5乙和6号，其中“霹雳3号”完成了设计定型，“霹雳5乙”装备了部队，并荣获国家科技进步二等奖。在一系列的研究设计中，取得了一大批科技成果，培养了队伍，建设了专业实验基地，为霹雳导弹的后续发展打下了坚实基础。

在苏联的援助下，中国成立了地空导弹部队，面对台湾国民党空军使用美制先进高空侦察机的多次入侵，我部队使用苏制和国产导弹，先后击落5架U-2飞机，成为世界上击落U-2最多的国家

1957年11月20日，周恩来就国民党飞机进入大陆侦察窜扰一事作出指示：我们应用一切办法将蒋机击落。12月18日，毛泽东在防空作战报告中批示：“全力以赴，务歼入侵之敌。”1958年9月，中央军委决定在空军成立全军第一所导弹学校。10月6日在北京长辛店成立空军导弹兵第一营。该营以张建华为营长，全营186人。代号为543部队（以后又陆续建立了二营、三营、四营和五营）。使用的是从苏联进口的5套地空导弹设施和62枚萨姆-2地空导弹。1959年4月19日，543部队第一次发射地空导弹靶试成功。

1959年10月7日，国民党空军一架RB-57型高空间谍飞机

被击落的U-2残骸

无所顾忌地飞到了北京通县上空。地空导弹第二营的三枚导弹已稳稳瞄准了该机。一声令下，导弹飞速升空，我军地空导弹部队第一次击落了高空间谍飞机，这在世界上也是首次。

1962年9月-1967年9月，空军地空导弹兵部队5次击落台湾当局空军窜入大陆的U-2型高空侦察机。

U-2高空侦察机是第二次世界大战以后，美国在与苏联的关系急剧冷却的形势下秘密研制的。

1961年11月9日，蒋介石在台湾桃园基地为U-2飞行员打气

1953年，美国军方向美国洛克希德公司提出了研制高空战略侦察机的要求。1954年4月，在洛克希德公司著名飞机设计师凯利·约翰逊的主持下，递交了该公司的设计方案：该机飞行高度22250米，作战半径3200千米，任务载重270千克，发动机推力为4200千克。该机具有滑翔机的外形和最小的结构重量。

这个方案由美国国防部邀请一流科学家进行评审，获得通过。1954年12月，艾森豪威尔总统批准了中央情报局局长杜勒

U-2 首次飞行

斯提出的定购 30 架 U−2 飞机的计划。因为 U−2 通体为黑色，翼展很长，恰似模特小姐的双臂，故有人给 U−2 起了个绰号："黑小姐"。

1955 年 7 月 29 日，U−2 飞机进行了首次试飞。

1956 年 6 月 14 日，U−2 飞机从联邦德国威斯登堡基地出发，经过民主德国、波兰而进入苏联的莫斯科、列宁格勒、波罗的海上空，最后返回基地，飞行时间 8 小时以上，如入无人之境，侦察机拍下了克里姆林宫的照片，地面上的小轿车清晰可见。U−2 在以后的侦察中被苏联的雷达发觉，苏联政府对美国提出了正式抗议，美国则进行抵赖与狡辩。

赫鲁晓夫观看被击落的 U−2 展览

U−2 飞机装备由联邦德国莱卡公司研制的最先进的照相机，有解像力极高的超高性能透镜，使用的是柯达公司特别胶片。据说 U−2 飞机在苏联境内曾拍摄到 35 架米格歼击机升空截击 U−2 飞机的壮观景象，但米格飞机的升限不够，只能看着 U−2 高高在上飞行而无可奈何。在这 4 年间，通过 U−2 飞行，美国搜集了苏联大量军事情报，包括苏联火箭技术和核武器生产与部署等，1957 年 6 月，U−2 拍下了苏联在拜克努尔发射场部署第一枚洲际导弹的照片。

1960年5月，赫鲁晓夫在巴黎四国首脑会议上展示U-2飞机拍摄的苏联军事设施照片

1960年5月1日，一架美国U-2高空侦察机从巴基斯坦的白沙瓦起飞，穿越中亚、欧洲地区进入苏联，秘密侦察苏联的军事目标，特别是洲际导弹的部署情况。

U-2飞行不过3个小时，便在苏联境内被击落。飞行员鲍尔斯被俘。苏联迅速找到了飞机残骸，人赃俱获，在莫斯科公开展出U-2飞机，赫鲁晓夫亲自出席展览会，并对鲍尔斯公开审判。1962年，美国飞行员鲍尔斯被交换回到美国，约翰逊会见鲍尔斯，才弄清U-2被苏联萨姆-2地空导弹击落的细节。

1962年1月，台湾当局空军开始使用U-2型高空侦察机对大陆实施侦察。该型飞机飞行高度20000多米，人民空军歼击航空兵难以对其实施有效打击，中央军委决定使用有限的空军地空导弹兵部队进行伏击。同年9日6时许，1架U-2型侦察机从福建平潭岛窜入大陆。8时24分，该机经九江左转窜南昌，8时32分，进入第2营火力范围。该营发射导弹3枚，将U-2型侦察机击落。飞机坠于南昌东南15千米的罗家集附近，少校飞行员陈怀生跳伞被俘，因受重伤抢救无效死亡。这是空军地空导弹部队第一次击落U-2型飞机。

第二架U-2被击落发生在1963年11月1日，1架U-2型侦察机从浙江温州窜入大陆，直飞西北地区进行侦察。该机经九江直飞上饶。第2营在距目标35千米时打开制导雷达天线，8秒钟内发射导弹3枚，14时18分击中目标。飞机坠于江西省广丰县万罗山地区，两度获所谓“克难英雄”称号的少校飞行员叶常棣跳伞被俘。

第三架U-2被击落发生在1964年7月7日，当日12时30

分，1 架 U–2 型侦察机经上海、南京、杭州、广州后回窜漳州地区。第 2 营在距目标 32.5 千米时打开制导雷达天线和反电子预警设备，锁定目标，3 秒钟完成导弹发射准备，发射导弹 3 枚，12 时 36 分将 U–2 型侦察机击落。飞机坠于漳州东南 7 千米的红板村，少校飞行员李南屏毙命。

刘亚楼向毛泽东、刘少奇汇报击落 U–2 情况

第四架 U–2 是夜间被击落的。台湾当局空军 U–2 型侦察机遭连续打击后，加装了回答式干扰系统和红外线照相设备，并开始夜间出动。1965 年 1 月 10 日，1 架 U–2 型侦察机于 19 时 56 分由山东海阳上空窜入大陆，经黄骅、大同直飞包头地区。21 时 15 分，第 1 营运用“近快战法”和反干扰手段，距目标 44 千米时制导雷达开机，发射导弹 3 枚。U–2 飞机被击落，少校飞行员张立义跳伞后被俘，飞机上装载的电子干扰设备被缴获。这是空军地空导弹部队首次在夜间击落该型飞机。

第五架 U–2 是被国产“红旗 2 号”导弹击落的。1967 年 9 月 8 日 11 时 5 分，1 架 U–2 型侦察机从江苏启东窜入大陆，经海门、常熟，绕过上海市至浙江嘉兴地区实施侦察，并对地空导弹制导系统实施干扰。第 14 营使用国产地空导弹装备和反电子干扰设备，有效地反干扰，抓住目标，发射导弹 3 枚，将飞机击落。敌机坠落于浙江省海宁县

1962 年 9 月 20 日，毛泽东与“英雄中队”中队长岳振华握手

西南 5 千米处，飞行员黄荣北毙命。这是地空导弹部队首次使用国产地空导弹击落 U–2 型飞机。

U–2 投入使用以来共被击落 7 架，除中国击落 5 架外，苏联击落 1 架，古巴击落 1 架。

空军地空导弹部队 5 次击落 U–2 型侦察机，迫使台湾当局自 1968 年 3 月起停止使用该型飞机侦察大陆。为表彰空军地空导弹部队，1963 年 12 月 26 日，国防部授予第二营营长岳振华“空军战斗英雄”荣誉称号。1964 年 6 月 6 日，国防部授予第二营“英雄营”荣誉称号。7 月 23 日，毛泽东、周恩来、朱德等党和国家领导人，在人民大会堂接见第二营全体指战员。

第十章 超英赶美

提前、超额完成第一个五年计划，在快速发展、奠定初步基础中取得令世人瞩目的成就的中国航空工业跨进了1958年。

1958年2月12日，毛泽东视察410厂

1958年是举国进行“大跃进”的年代，航空工业也在“大跃进”。毛泽东1958年2月12、13日视察了410厂和112厂，这是毛泽东首次也是唯一一次视察航空工业企业。同年6月6日和7月2日，他又两次参观了在中南海瀛台举办的国防工业汇报展览会的航空工业馆，并听取了情况汇报，更给予了干部、群众巨大的鼓舞。

“大跃进”激动人心的口号是“超英赶美”。

徐昌裕回忆：

第一个五年计划时期，我们是在长江里行船，风平浪静，很顺利。而“大跃进”时期，即从1959年到1962年，我们的船则驶进了大海，面临的是狂风大浪。这一时期有很多经验教训值得总结……

在这个时期，我们航空工业也和全国一样，我们接受了“破除迷信，解放思想”。我们也认为航空工业可以上得快一点，不一定按照苏联的道路走。我们也提出了五年超英、十年赶美的庞大计划。那时不仅提出了搞大型轰炸机、大型运输机，还提出了搞原子能飞机，世界上至今还没有原子能飞机呢！在民品方面提出要大干快上，产量一定要翻番。那时候提出翻一番两番已不算什么，翻三番、四番才说得过去。有个厂甚至提出了要翻五番。[①]

①徐昌裕口述.为祖国航空拼搏一生，北京：航空工业出版社，2006. 136–139.

1955 年 10 月 15 日，二机部编制《航空工业十五年（1953–1967）远景规划建设项目一览表（草案）》。年产量：飞机 5350 架，发动机 8200 台；计划新建工厂 32 个，改扩建工厂 3 个。

1.“一五”第二批项目 9 个，计划 1957–1959 年建成，预计投资 12.7 亿元，其中包括 132 厂、420 厂、172 厂、430 厂、124 厂、133 厂、232 厂、242 厂、125 厂等 9 个 T 厂。

2.“二五”计划新建 16 个工厂，预计投资 25.1 亿元。这批工厂包括 162 厂、440 厂、544 厂、554 厂、533 厂、543 厂、553 厂、584 厂、563 厂、594 厂、573 厂、583 厂、564 厂、574 厂、504 厂、143 厂等，其中除 162 厂是强击机（又称攻击机）制造厂，440 厂是与之配套的发动机制造厂，要求两年建成外，其余均是专业化工厂，全部要求一年建成。

3.“三五”计划新建 7 个工厂，改扩建 122 厂、120 厂、211 厂 3 个工厂，预计投资 10.68 亿元。新建的 7 个工厂包括 142 厂（歼击机制造厂）、182 厂（重型轰炸机制造厂），以及 134 厂、252 厂、262 厂、135 厂、534 厂等。

上述规划是航空工业最早的远景规划（草案），未正式形成批文，1955 年国家计委等组织的联合选厂组进行初步踏勘，1956 年进行复选，以及 1955 年中国代表团赴苏谈判援建中国航空工业新项目时，均以此规划为依据。这批工厂原计划都在张掖、酒泉、四川等地选址。后来一批项目未建，建成的项目厂址、性质也有很大变化。[②]

② 中国航空工业史编修办公室编．中国航空工业大事记（1951–2011）．北京：航空工业出版社，2011. 37.

可以说，这是航空工业“大计划”的肇始之作。它为航空工业“大跃进”出现诸多问题埋下了伏笔。

“大跃进”中航空工业遭遇了前所未有的重挫。主要表现在：产品设计工作遭遇挫折；基建工程质量存在重大质量隐患；航空产品质量发生严重问题；航空工业陷入困境。

超英赶美、争相攀比是“大跃进”中新机设计上的特殊风景，自行设计歼击机的性能指标一路攀升，堪称“世界首创”的“双二五”战机“东风113”和先进歼击机“东风107”同时展开研制但双双夭折

航空工业的“大跃进”中的大计划、高指标出炉于1958年春。这年3月25日至4月11日，四局在北京召开主机厂领导干部会议，讨论远景规划和“二五”计划行动纲领，提出：“苦战5年，新建14个主机厂，制造12种飞机、14种发动机”，“5年在生产上赶上英国，10年在技术上赶上美国，经过15年左右，建成完整的、独立的航空工业体系，在生产技术及产品设计、科学研究等几个主要方面接近当时国际先进水平”。6月，四局向一机部报告提出：“172、430厂和132、420厂分别在1959年和1960年建成，图-16（轰6）飞机1961年制成。”7月26日，四局向一机部上报“二五”规划，“二五”计划期间要发展到年产飞机2-3万架；基建投资20-30亿元，共建60个厂，在全国形成“五盘棋”即西南（以成都、昆明为中心）、西北（以西安、张掖为中心）、东北（以沈阳、哈尔滨为中心）、华北（邯郸、邢台）、华东与中南（南昌、南阳）。按此，航空工业“二五”投资为“一五”的3倍，需新增职工30多万人。8月，四局在沈阳召开的航空工业技术会议上提出促航空科技水平在5-7年或更短一些时间内分别超过英国和美国。随后，四局在报部的《航空工业技术发展纲要》和《航空产品设计及科学研究工作五年发展规划》中，提出要在5年内设计试制出各类飞机20多种，包括：声速3倍、升限为25千米的高空远程歼击机；声速2倍、升限为20千米的轰炸机；装用冲压式发动机的超声速无人驾驶飞机；超声速垂直起落飞机；使用原子燃料和高能燃料的巨型轰炸机、运输机等。显然，这些连当时世界上最发达国家还没有的飞机，近乎幻想，是根本无法研制完成的。

在“大跃进”中出台了两种性能极为先进的歼击机项目，并由国家批准，由航空工业主管部门组织研制，这就是“东风107”和“东风113”。

“东风 107”的设计方案前身是“东风 104”，是沈阳飞机设计室提出的。

1958 年初，自中国自行设计制造歼教 1 展开之后，还没有等飞机首飞，沈阳飞机设计室就在苏联飞机设计专家马尔道文的帮助下，酝酿自行设计飞机的下一个目标，向超声速喷气式歼击机迈进。

1958 年 4 月，飞机设计室提出设计“东风 104”歼击机的设想，飞机的设计值是：最大平飞 M 数为 1.4，升限 17000 米，爬升率大于 70 米 / 秒，航程 1000 千米，续航时间 1 小时 20 分，飞机的动力装置是一台苏制 РД–9Б 涡喷发动机。能够全天候作战。

这种歼击机的设计指标在当时已是非常先进，因为世界上拥有最先进航空工业的国家美国和苏联，其超声速飞机问世也不过五年。而 112 厂在两年前已试制成功亚声速歼击机歼 5（米格–17），掌握了喷气式飞机制造技术，并且在 1958 年初开始试制超声速歼击机米格–19，米格–19 的 M 数也是 1.4，实用升限 17500 米，与“东风 104”的指标差不多。应该说，如果老老实实地按科学规律办事，“东风 104”经过努力有可能研制成功。

但在 1958 年席卷全国的“大跃进”浪潮、追求高指标的风气影响下，自行设计歼击机的性能指标一路攀升，以致严重脱离了我国的实际。

1958 年 6 月 6 日，毛泽东在一机部部长赵尔陆（前左二）、部长助理钱志道（二排左二）航空工业局副局长徐昌裕（前左一）陪同下参观在中南海举办的航空工业展览

1958 年 8 月，航空工业局根据空军的要求，决定将飞机设计室提出的“东风 104”歼击机改为“东风 107”，只是，此“东风 107”已非彼“东风 104”了。

“东风 107”的设计指标：该机气动布局参照美国 F–8U 战斗机，采用可变攻角的上单翼，飞机安装两台 410 厂研制的“红旗 2 号”发动机，单台推力 4200 千克，加力推力 5480 千克。飞机翼展 9 米，机高 16.4 米，机翼面积 34.98 平方米，飞机正常起飞重量 11500 千克，燃油重量（机内）3000 千克，最大使用过载 8g，最大平飞 M 数最初为 1.8，实用升限 20000 米，最大爬升率 200 米 / 秒，航程 2100 千米，续航时间 2 小时 10 分。

后来赵尔陆部长带队到哈军工参观学习，在“东风 113”飞机高指标的影响下，又将“东风 107”飞机的 M 数提高到 2。

顾诵芬回忆：

1958 年 8 月 6 日，在王西萍局长主持下，四局在沈阳召开了一个新机研制计划会议，研究下一步设计什么飞机。徐舜寿、黄志千、叶正大参加了会议，他们在被动的状态下仓促参加了讨论。当时设计室开始酝酿的是“东风 104”的方案，经过会议讨论，认为应该大大地跨进一步，要超过米格 –19，因此设计方案需要重新考虑。

在讨论型号设计时，徐舜寿认为：我国尚未具备研制超声速飞机的条件。因为仿制米格 –19 飞机还没有过关，设计人员还没有超声速气动力学的理论基础，国内还没有可供设计用的跨超声速风洞；在结构设计上，还不能作有限元应力分析；在气动弹性方面，还不知道如何作压缩性修正；在材料上，还没有高强度材料和钛合金；在工艺上还不会做整体壁板和蜂窝构件；液压泵只能做到 130 个大气压等。因此，他提出，新机指标不能定得过高。

但他的意见没有得到重视。会议接受了当时空军领导人的建议，决定将东风 –104 的 M 数提高到 1.8、升限提高到 20 千米，改名为“东风 107”，代号为“107 号”机。会后，四局征得空军同意，决定加速设计，争取 1959 年 8 月研制成功，以迎接国庆十周年。

“东风 107”飞机设计工作是在没有任何正式参考资料的条件下，发挥“破除迷信，敢想敢干”的精神进行的，整个设计室几乎没有人见过超声速飞机。设计人员不但谈不上设计经验，连基本的参考资料也几乎没有，大家对超声速飞机的了解只限于一些外国杂志上的介绍。当时苏联的米格 –19 只是跨声速飞机，可供参考的价值十分有限。

徐舜寿在设计室内组织招标，由程不时、我、管德、冯钟越、四人各搞一个方案。我提议的是一个将两台发动机上下叠在一起、参考英国“闪电”飞机的方案。

程不时提出的是仿美国 F-8U 抬机翼方案，因为要超声速，飞机的翼载都很大，要飞机保持好的起降性能，飞机迎角用得很大，机头抬得很高，但是影响飞行员视线，于是美国人想出了把机翼安装角在起降时增大（我们称为抬机翼）方案。最后徐舜寿定了，就采用抬机翼这一方案。这个方案用两台“红旗 –2”型喷气发动机，对单台发动机的推力要求是：不开加力时为 40 千牛，开加力时为 50 千牛。

9 月，赵尔陆部长也急了，当时他肯定已经知道哈军工搞“东风 113”的事，是哈军工校长陈赓捅到中央军委的，得到了高层领导支持，所以赵部长的压力很大。因为如果连学校都有决心搞超声速飞机的话，我们作为专业的设计部门，当然应该搞出更先进的超声速歼击机，那才符合大跃进的形势。他由航空工业局副局长油江陪着到沈阳，找了飞机和发动机设计室组长以上的干部开了座谈会，研究到底该怎么办。徐舜寿、黄志千、叶正大和我都参加了。我是觉得，我们根本就弄不了这个事，你立刻要这么弄，肯定不行。于是我就提了要和国内各院校及工业部门合作起来搞研制设计。赵尔陆不太满意。徐舜寿也是这个调子。赵尔陆批评徐舜寿，说米高扬要在旁边，你可能坐都不敢坐。

但发动机设计室都是雄心壮志，豪情满怀，认为什么都能干。他们一向如此，每次这样的会，都是飞机挨批，发动机受表扬。

座谈会后，赵尔陆拉了徐舜寿、黄志千和叶正大到哈尔滨，去看了哈军工的“东风 113”。那次就是徐舜寿和叶正大进到了现场，由于政审通不过，黄志千还不能进去看，被留在招待所。看过以后，赵尔陆提出，你们怎么办？于是叶正大到外面买回丁字

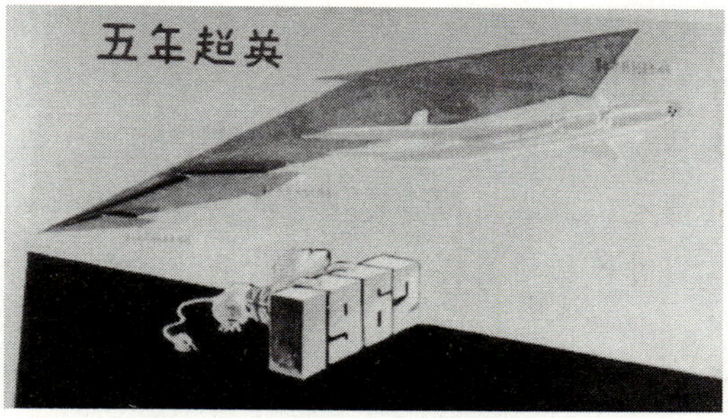

沈阳飞机设计室
五年超英的图板

尺、三角板等绘图仪器，在招待所，三个人一个晚上赶出了一个类似 F-104 的方案。指标也提到了 M 数 2.0，升限 20 千米。也是为了对付赵尔陆的。[3]

徐舜寿回忆：

在“东风 107”飞机设计过程中，我自己是被迫一步步提高指标的，记得大致是从音速 1.4 倍提高到 1.8 倍，到 2 倍，而且是每提高一步，信心就减低一些。总的说来，在 107 方案的设计过程中，自己是没有坚定信心的，所以是“随波逐流”。常常是几个人几个小时就把几个重大问题定了案。这样就造成了后来方案通不过的情况。[4]

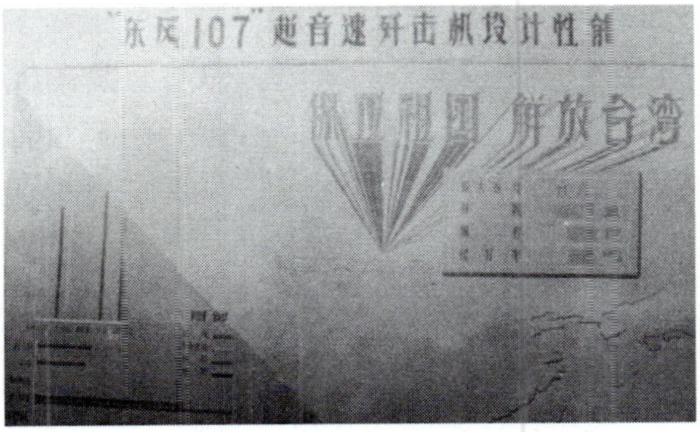

展示“东风 107”性能的的图板

“东风 113”歼击机设计方案的提出者是哈尔滨军事工程学院（简称哈军工）。

在 1958 年春，不少航空院校与工厂都在设计制造飞机。哈军工空军工程系部分师生提出设计新式战斗机的要求，得到系党委的支持。系主任唐铎召开各专科主任及教研室主任会议进行商讨，一致同意设计新战机，提出作战对象为美国的 F-105 战斗机和 B-58 轰炸机的“东风 113”歼击机的设想，初始性能为 M 数 2.0，高度 20000 千米。

后来国防科委秘书长安东将作战对象定为美国 1958 年刚刚装备部队的性能更先进的 F-104 星式歼击机，遂将“东风 113”的性能指标大为提高，开始设计号称“双二五”即飞行速度 M 数为 2.5，升限 25000 米的歼击机。当时这种高超性能的歼击机在世界上还没有出现。[5]

“东风 113”的是单座、后掠翼超声速歼击机。机头装有雷达，两侧进气，进气锥可自动调节。后掠式水平尾翼。其机翼是箭形全金属中单翼。翼型为两缘尖的圆弧型。机翼上翼面有 3 个翼刀。后缘内侧有后退开裂式襟翼，襟翼前方是与副翼联动的扰流片，

③顾诵芬口述.我的飞机设计生涯.北京：航空工业出版社，2011. 68–69.

④顾诵芬等编.中国飞机设计的一代宗师徐舜寿.北京：航空工业出版社，2008. 176.

⑤朱希千.“东风-113”飞机及“东风-107”飞机研制始末.沈阳飞机制造公司史料第二辑. 68–69.

副翼带有气动补偿装置。其机身为细长硬壳式细长，分为三段。

飞机的翼展为 9.62 米，机长 19.507 米，机高 5.048 米。飞机正常起飞重量 12000 千克，最大起飞重量 14740 千克，最大外挂重量 2700 千克。飞机的性能，最大平飞速度 M2.5，升限 19300 米，使用助推火箭升限为 23400 米。航程 1430 千米。⑥

⑥ 白伟．极速猎杀“东 风 113”．《航空史研究》，2001.（7）

飞机装一台带加力的涡轮喷气发动机和一台液体火箭发动机。涡轮喷气发动机有八级轴流式压气机，12 个环管式火焰筒，带加力燃烧室，喷口直径连续可调，首次翻修寿命 100 小时。设计推力，海平面最大推力 7800 千克，加力推力 11000 千克。液体火箭发动机结构重 70 千克，在 18000 米高度上，推力为 1200 千克，使用寿命不低于 10 次。

飞机设密封增压式单人座舱。座舱舱压可调。舱内装弹射救生座椅和超声速弹射防护装置，保证在高度 70 米以上，飞机速度 400 千米 / 小时以上时安全弹射救生。

机上仪表除普通歼击机仪表外，有较先进的高度速度中心仪、自动驾驶仪、自动导引系统、无线电导航设备，机载空中截击雷达使用高度范围是 1900－25000 米，对大轰炸机探测距离为 23 千米，跟踪距离 17.3 千米；对歼击机探测距离为 11 千米，跟踪距离为 8.6 千米。机上装初级的计算机。

“东风 113”想象图

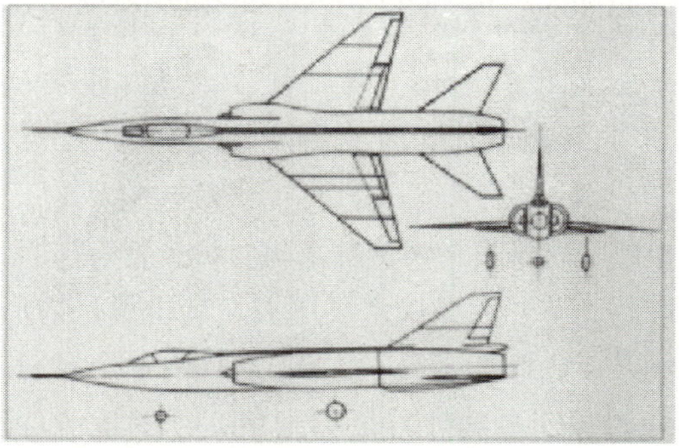

“东风 113”三面图

飞机上的武器系统由空空导弹、机炮、活动炮架、电子计算机组成。

两枚空空导弹可以全向攻击，最大发射距离大于 10 千米，最小发射距离不大于 6 千米，弹重 150 千克，长 2.5 米。一门 30 毫米口径六管炮，射速 8000 发 / 分钟。

那么，“东风 113”所针对的美国战机 F-105、F-104 性能如何呢？

F-105 是单座超声速战斗轰炸机，其主要任务是实施战术核攻击，也可外挂常规炸弹，执行对地攻击任务，并具有一定的对空作战能力。20 世纪 50 年代初期，由于受冷战思维的左右，美国的战略思想是立足于打核战争，所以强调其战术空军要具备战术核轰炸的能力，F-105 就是在这种主导思想下设计的一种以执行战术核攻击为主的战斗轰炸机，为此在 F-105 机身下装了一小型弹舱。在弹舱内装一枚小型战术核弹时，可实施超声速入侵，执行战术核轰炸任务。

1951 年美国共和飞机公司开始考虑 F-105 的设计方案。1954 年美国空军与该公司签订研制合同。原型机 YF-105A 于 1955 年 10 月首次试飞。YF-105A 装的是推力较小的 J57-P-25 发动机，最大设计速度 M1.5。后来共和公司采用推力更大的 J75-P-3 发动机，使 F-105 的速度一跃而提高到 M2.0。改装 J75 发动机的型号称为 F-105B，1956 年 5 月首次试飞。并于 1958 年 5 月开始装备部队。此后又不断进行改进，生产了 D、F、G 等型别，1966 年停产。

美国超声速战斗轰炸机 F-105

F-105D 的技术数据：翼展 10.65 米，机长 19.58 米，机高 5.99 米，空重 12474 千克，最大起飞重量 23834 千克。最大平飞速度 M2.0，实用升限 15850 米，作战半径 386-1460 千米，航程 2100 千米。

F-104 是美国洛克希德公司研制的单发多用途轻型战斗机。1954 年 2 月 7 日原型机首飞，1958 年交付使用。该机与法国的“幻

美国超声速歼击机 F-104

影”Ⅲ、苏联的米格-21齐名，属同一档次战斗机。有A（单座截击型）、B（双座教练型）、C（单座战斗轰炸型）、D（C型的双座教练型）、G（单座多用途型）、RF-104G（单座侦察型）、TF-104G（双座教练型）等多种型别，共生产2536架。

以F-104G为例，机上装1台J79-P-11A涡轮喷气发动机，加力推力70.2千牛。配备为1门20毫米口径M-61A1六管航炮；机身下1个挂架，可挂1颗907千克炸弹；4个翼下挂架，可选挂2枚AIM-7“麻雀”和2枚AIM-9“响尾蛇”空空导弹，或2枚AGM-12“小斗犬”空地导弹，或火箭弹及炸弹等；如果任务需要也可以挂1颗907千克核炸弹；最大载弹量2177千克。翼展6.68米，机长16.69米，机高4.11米，最大起飞重量13054千克，最大速度M2.2，实用升限17680米，最大爬升率254米/秒，作战半径1200千米，转场航程3510千米。

两相对照可以看出，“东风113”的设计指标要比F-105、F-104高出一大截。

“东风113”这样技术先进、全面超越美苏的战机，我国能设计制造出来吗？

管德回忆：

哈军工提出的“东风113”方案，飞机最大使用动压超过10000千克/平方米，竟然没有考虑气动弹性问题。

“东风113”的机身蒙皮原来设计厚度是3毫米。由于高速飞行器的蒙皮在超声速气流作用下会发生壁板颤振，这种颤振有点像旗子随风飘扬一样，虽不致使蒙皮立即破裂，但却会引起疲劳破坏，所以蒙皮的刚度很重要，这与厚度直接相关。我算完以后大概要超过10毫米。

原设计水平尾翼的转轴是直的，因为后掠角大，前面伸出一大块悬空，那块太大，变形太大。我建议改成斜的轴，谢光说，不行，这是中央政治局决定的。这不明摆着是吓唬人吗？中央政治局还管这些事啊？顶多是决策要上“东风 113”这个型号的飞机罢了。还管用直转轴、斜转轴？

但没有办法，他说了算。经过计算，转轴的直径要 300 毫米。程不时开玩笑说，你们这飞机的转轴都有水桶那么粗！[7]

其实这在哈军工的教师中间也是有争论的。有的老教授认为，设计这种新飞机，需要研制新发动机、空空导弹、航空机炮、雷达、自动驾驶仪等，需要过“热障”的新材料，需要大口径的超声速风洞等大型试验设备，这些我国都没有，而且短期内也难以解决。这种意见本来是实事求是的、正确的，可惜太弱小了。在“人有多大胆，地有多大产”近乎“疯狂”的年代，多数意见认为，只要组织全院和全国大协作，上述问题都能解决。哈军工竟然提出：“东风 113”要在 1959 年 10 月 1 日前研制出来，向建国 10 周年献礼。[8]

1958 年 9 月彭德怀视察哈军工，在实习工厂与学员交谈

在“大跃进”的氛围中，许多中央领导听说哈军工要搞“双二五”战机，也表示了支持。1958 年 9 月 2 日，中央军委副主席、国务院副总理兼国防部长彭德怀元帅在学院视察时，听取了新机设计工作的汇报。彭德怀说，很好，你们一定要把这种飞机设计出来，加强我们空军的力量。他还对唐铎说，歼击机的设计不要让苏联顾问参加，要严格保密。9 月 16 日，邓小平到学院视察，得知哈军工要搞新战机，很高兴，并予以鼓励。邓小平说，从仿制转向自己设计，与其晚走不如早走，不要怕失败。通过试制，可以带动工业部门跃进，你们出了题，就好做文章了。[9]

随同邓小平视察的一机部部长赵尔陆，本来对“东风 113”是有看法的，但迫于形势，表示要召集航空工业部门有关人员在哈军工开现场会。

⑦ 2012 年 7 月 6 日作者对管德的采访

⑧ 滕叙兖. 哈军工传. 长沙：湖南科学技术出版社，2006. 568–569.

⑨ 同上书. 543–557.

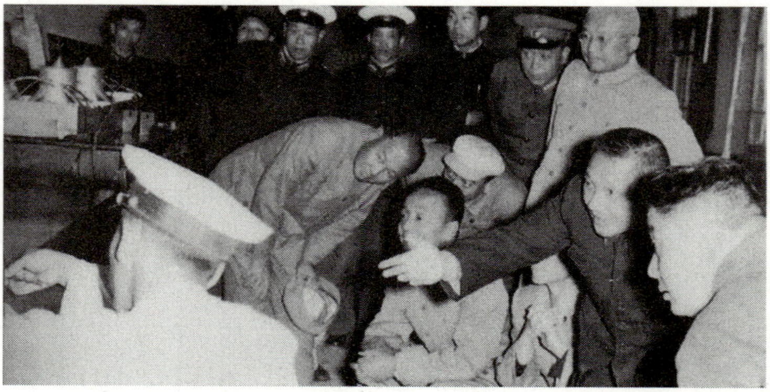

1958 年 9 月 16 日邓小平视察哈军工海军工程系实验室

在“大跃进”年代，同时出台了两个自主设计的先进歼击机的项目是不同寻常的，也是耐人寻味的。而且出台这两个项目的单位，一个是中国航空工业的“国家队”（112 厂及沈阳飞机设计室），受到航空工业主管部门（第一机械工业部及航空工业局）及其领导人（赵尔陆与王西萍）的支持；一个是军委系统最高学府（哈军工），受到国防科委，特别是中央领导与中央军委领导的肯定与支持。而作为使用部门的中国空军对这两种飞机都表示了支持。两个型号不可避免地要存在竞争。这中间也夹杂着军方与地方、学校与企业以及领导人之间的微妙关系。

1958 年 5 月 30 日，苏联军事专家组参观哈军工机库，刘居英副院长（右一）、空军工程系主任唐铎（右四）陪同

同台戏的序幕是在 1958 年 9 月，邓小平视察哈军工两天后，赵尔陆在哈军工召开的现场会上拉开的。

1958 年 8 月，“东风 107”草图设计基本完成。赵尔陆了解到哈军工“东风 113”的情况后，遂带领航空工业局长王西萍、副局长油江、徐昌裕、李兆翔、112 厂厂长牛荫冠、总工程师高方启、飞机设计室徐舜寿、黄志千、叶正大等前往哈军工开现场会，进行参观学习。

在现场会上，哈军工就“东风113”的设计方案做了详细介绍，与会同志进行了讨论。最后，赵尔陆在讲话中说：学院敢想敢干的精神是好的，但现实主义少了一点，浪漫主义多了一点。并且说，我们要树立对立面。哈军工主持工作的副院长刘居英插话说，百家争鸣吧！赵尔陆说，不要怕唱对台戏。王西萍也插话说，敢想敢干精神是好的，但浪漫主义多了，现实主义少了，生产一架飞机是不容易的，现在光有一个方案还很不够。[10]

王西萍回忆：

哈军工的消息传来后，赵尔陆部长即带领四局和沈阳工厂的一批同志去哈尔滨参观，并当场对我说，你们四局落后了。而实际上“东风113”当时只是个三面图。许多设计要求远远超过现实可能性。后经徐昌裕同志从航空科学技术原理以及当时国内的测试实验条件和原材料供应的可能等等方面向赵作了汇报之后，赵部长深有所思地说：“看来在我见马克思之前，能看到“东风107”上天就不错了。”就是这样一个脱离现实条件、颇具浪漫色彩的“东风113”，哈军工的负责同志不向上级如实反映情况，从而顺利得到中央军委批准，并得到刘亚楼司令员的支持，要求四局安排试制。[11]

从赵尔陆、王西萍的讲话来看，他们对“双二五”“东风113”战机的方案显然是有保留的，他们直言：“东风113”“浪漫主义多了一点”是很需要一点勇气的。这也为他们后来在国防工业三级干部会上遭到批判埋下了伏笔。

在这次会上，赵尔陆还提出了竞争、“唱对台戏”的思想，这也是需要勇气的。后来他对这一思想又做了进一步发挥。

1958年9月，赵尔陆自带领航空工业有关领导参观哈尔滨军事工程学院“东风113”高空高速歼击机的设计方案后，立即到沈阳召集沈阳飞机设计室、发动机设计室设计人员座谈，号召“苦干三年，突破航空技术尖端，登上航空领域高峰”，以此作为两个设计室的奋斗目标。他说：“新中国的航空工业已有五六年的基础，现在应该站起来了，不能再依赖外国、依赖苏联，要独立创造性地发展。”他还说：“研究设计工作在现阶段，我主张百花齐放。有人主张统一组织，这个意见在目前不适当。现阶段

⑩ 朱希于．“东风-113”飞机及“东风-107”飞机研制始末．沈阳飞机制造公司史料第二辑．69-70.

⑪ 航空工业部中国航空工业史编辑办公室．航空工业史料第二一辑：王西萍同志对航空工业的回忆片断

的突出问题是干部少。百花齐放，干部生长要快一些，谁也不愿落后，互相促进、互相推动、互相取长补短，进行共产主义竞赛，有百利而无一弊。”他还说：“在看运 5 飞机表演时，武光曾对我说北航也快要出飞机了。我当时对王西萍局长说，北京航院把航空工业局甩得越远越好。这一压，你们就马上采取了措施。7 月 26 日歼教 1 就上了天。不然，恐怕现在也上不了天。军事工程学院也是对立面（指“东风 113”）。这次要你们去参观，又把你们压了一下。哈尔滨飞机厂也是你们的对立面。他们参观军事工程学院后，不几天就把无线电设计组搞起来了。总之，对立面多比少好，有比无好，不要像‘狗不理’包子，独此一家，愿吃者请坐，不愿者滚蛋。共产主义竞赛，要明争不要暗斗……两台一万二千吨水压机就是这样：‘南有沈鸿，北有刘鼎’。互相支持，明年都要竞先搞出来了。”

哈军工学员在教室上飞机结构课

同台竞争的重头戏是中央军委和空军组织的两种先进歼击机的方案审查。

1958 年 9 月，中央军委电令哈军工带“东风 113”图纸到北京审查。

9 月底在北京举行的“东风 113”方案预审会。参加者有：一机部有关局、厂，冶金部，基建部，空军有关部门人员，国防部五院院长钱学森、副院长王诤等，分飞机、发动机、无线电、兵器 4 个组进行审查，审查组组长是空军司令员刘亚楼。虽然有不少专家提出异议，但最后的结论还是同意哈军工的方案。

10 月 4–5 日，中央军委召开“东风 113”方案审查会议，彭德怀、聂荣臻两位元帅、黄克诚、陈赓两位大将出席。赵尔陆、钱学森、王诤、王鹤寿（重工业部部长）、孙俊人（一机部副部长）、安东、叶正大（飞机设计室副主任）、哈军工戴其萼（空军工程系副主任）、杨庆雄、郭庚荫、陈明荫、孙仲康参加了会议。

彭德怀在会上说，今天请大家来，议论一下 2.5（即“东风 113”）设计方案行不行。我们走自己的路，全国大协作，要迎头赶上，不能再仿制下去了。预审小组汇报预审情况后，一机部部长赵尔陆发言说，我们一机部还有个方案。接着叶正大说：军工 2.5 方案好，我们也有个 1.8（“东风 107”）方案，建议两家方案同时搞，百花齐放。会议出现了是按一家，还是按两家方案搞的争论。这时，彭德怀、聂荣臻因有活动退席，陈赓因心脏病也退席，由黄克诚继续主持会议。决定两个飞机都要研制。会后陈赓找彭德怀、黄克诚陈述意见，要求只上 2.5 方案。彭德怀最后拍板，决定只搞一家，不搞两家，只上 2.5 方案。彭还告诫说，“东风 113”在试制中可能有浪费。聂荣臻插话，不是浪费，是学费。最后军委决定全国大协作，集中精力打歼灭战，并从军费中拨款 6000 万元进行研制。⑫

在“东风 113”设计方案的审查过程中，有两个人的意见也是举足轻重的。

一是著名科学家、国防部五院院长钱学森。刘亚楼问钱学森说，你是专家，你看这飞机（“东风 113”）怎么样？钱说，我是外行。我是搞导弹的，飞机我不懂。我看这个飞机是一个好飞机。⑬ 另据刘居英说：“会上钱学森讲：这个飞机设计方案是优越的，是一个完整的配套设计，是别的国家所没有的。”二是空军司令员刘亚楼。刘亚楼说，只要你们敢做，我们空军就敢飞。⑭

而赵尔陆的意见则被忽略了。他说，哈军工敢想敢干是好的，但是只搞了个方案，根本不能生产。现在要树立对立面，不要过早成立组织。

会议决定立即进行试制，争取 1959 年 5 月 1 日前试飞上天，并确定成立试制领导小组，组长赵尔陆，副组长刘亚楼、王西萍、刘居英。成员有王鹤寿、王诤及有关部门领导，哈军工唐铎等。报告送到党中央，10 月 13 日邓小平批示：同意军委报告。中共中央以中发（58）883 号文件批准军委关于试制新式歼击机的报告。该型号据此命名为“东风 113”。

⑫ 朱希于．“东风－113”飞机及“东风－107”飞机研制始末．沈阳飞机制造公司史料第二辑．73-75.

⑬ 徐昌裕 1990 年讲话录音

⑭ 刘居英 1960 年 12 月 3 日在国防工业三级干部会议上的发言

“东风 107”的设计是在航空工业体制内进行的。虽然中央批准试制“东风 113”，但“东风 107”的设计仍在进行。

1958 年 11 月 13 日至 20 日由空军司令员刘亚楼任主任，总参谋部、空军、海军、总参通讯兵部等单位组成的审查委员会又对“东风 107”的设计方案和木质样机进行了审查，均同意投入试制。审查委员会在 11 月 21 日向中央的报告中认为：“东风 107”飞机的设计性能较好，最大平飞速度马赫数为 2，升限为 20 千米，安装两枚空空导弹和两门机炮，必要时还可加装两枚空空导弹，性能超过米格-19 飞机，并能压倒美国正在使用的 F-105、F-100、B-58 型飞机，具备了保卫我国领空的基本性能。

苏联专家马尔道夫（左三）、斯米尔诺夫（左二）与徐舜寿（左四）、黄志千（右二）、叶正大（左一）等在一起

最后，以国家航空试制小组的名义批准“东风 107”投入试制。

这一回合东风两战机同台竞争审查的结果，显然“东风 113”占了上风。因为它是由中国最高决策机构中共中央批准的（由中共中央直接批准一个飞机型号研制，这恐怕是绝无仅有的）；而“东风 107”是由航空工业主管部门批准的。但从准备工作与后劲来看，“东风 113”又不占上风，此时它仅仅在设计方案上“纸上谈兵”。而“东风 107”因为在沈阳飞机设计室设计，112 厂试制，有优越的“地利”与“人和”的条件，112 厂已于 1958 年 9 月开始制造“东风 107”的工艺装备了。

“东风 107”模型图

"东风107"样机

1958年10月31日，关于"东风113"的试制地点发生争论：赵尔陆和航空工业局提出，鉴于112厂已有"东风107"试制任务，还着手仿制苏联米格-19，已无力再承担"东风113"的试制任务，建议"东风113"在南昌320厂试制。哈军工不同意在南昌，坚持在112厂这个具有试制生产喷气式飞机经验的工厂进行。后经刘亚楼斡旋，才将"东风113"也定在112厂试制（将两个型号、存在竞争的同类歼击机放在一个工厂试制，人为地制造了极其复杂的关系，这也是绝无仅有的事情，为后来两机研制先后夭折埋下伏笔）。试制领导小组决定，哈军工的飞机、发动机设计人员到112厂和410厂，航空雷达的设计人员到西安军事电讯工程学院。其他设计人员到有关工厂、院校、科研单位参加研制工作，并归该单位领导。⑮

11月12日，一机部向112、410厂发电，暂停研制两厂提出的M数2.6–3.0的飞机（为与"东风113"攀比而提出的），要求两厂同时研制两种高性能的歼击机——"东风107"和"东风113"及其配套的发动机。

哈军工也立即行动，决定由空军工程系空气动力学教研室副主任马明德教授负责学院低速风洞设计建设，院理论力学教研室主任陈伯屏教授负责"热障"攻关。陈伯屏和空军工程系空气动力学罗时钧教授、航空发动机教研室副主任董绍庸教授等带领一、二、三期学员约400人于1958年10月下厂参加研制工作。112厂成立第二飞机设计室，专门负责设计"东风113"歼击机。（这种由大学教师带领大批未毕业的学生担任最先进飞机的设计人员，也是"大跃进"中的独特风景，在世界航空史上是绝无仅有的。）二、三期学员没有学完的课程，教员到厂继续授课。学员一边听课学习，一边参加研制工作。

⑮朱希于."东风-113"飞机及"东风-107"飞机研制始末.沈阳飞机制造公司史料第二辑.78.

马明德（1915–1969），1915 年 12 月 12 日出生于北京，1938 年毕业于上海交通大学机械工程系航空门，1939 年在美国密歇根大学获硕士学位。回国后在中央飞机制造厂、贵州大定发动机制造厂、重庆交通大学（1945 年迁至上海）任职。1952 年任中国人民解放军军事工程学院空军工程系教授、空气动力教研室副主任兼实验室主任，1956 年参加中国人民解放军，被授予上校军衔。1961 年加入中国共产党，1964 年任系副主任。马明德主持建造了 5 座教学风洞和 3 座大型实验风洞，并主持设计了低速风洞的塔式机械天平和多种测试设备。多年来对包括歼教 1、初教 6、歼 8、水轰 5、反坦克导弹、远程导弹等几十种飞行器的研究试验作出了重要贡献。

1955 年 1 月 8 日，哈尔滨军事工程学院空军工程系空气动力试验室正式成立，副院长刘居英（左）向该室首任主任马明德教授赠送毛主席塑像

11 月 14 日，“东风 113”试制领导小组召开第二次会议。会议主要确定了研制的“三边”方针，即“边设计，边试制，边修改”。

1958 年 12 月，沈阳飞机设计室基本完成“东风 107”生产图设计。

根据中、苏商定的协议，1959 年 2 月 27 日，由航空工业局副局长徐昌裕带队，叶正大等设计师带着“东风 107”的图纸资料去苏咨询。同时，将“东风 107”的模型也送往苏联吹风。技术咨询进行大约 8 次，到同年 9 月结束。在咨询中发现设计方案有重大技术问题，主要是攻角可变机翼不安定，阻力估算小了，性能达不到预定的要求。

顾诵芬回忆：

四局安排了叶正大、徐昌裕去苏联，请他们对“东风 107”方案进行验证评审。我们准备了数据、模型，送到苏联，请他们作吹风试验。1959 年 4、5 月份，苏联航空工业部派了专家，正式提出他们的审核意见。徐昌裕、高锡康都去了，是叶正大做的翻译。这次谈话，决定了“东风 107”的命运。苏联方面提了几个大问题：

1. 性能达不到 M 数 2.0，最多实现 1.8；

2. 抬机翼的方案不能用。理由是要保证机翼不出现颤振，最关键的，翼根要有很强的刚度，抬机翼形成了翼根三点支撑，无法保证翼根的刚度；

3. 水平尾翼布置太靠下，地面效应会影响机头无法抬起。对于这一点，我是不同意、不接受的，因为对于大迎角的安定性，只有尾翼的位置低一些才能有保证。我们自己和美国人已经作了大量试验，而且也计算过不会抬不起前轮。

叶正大写信回来，讲了苏联方面的意见，大家都感到是问题。当时黄志千认为方案得赶快修改，徐舜寿那时已经出了医院，也觉得应该修改原来的方案。这也就影响到王西萍局长在哈尔滨一次会上决定“东风 107”得停下来。

可以看到，上“东风 107”的时候，确实没有技术储备，硬着头皮在干，对气动力没有量的概念，我没有办法，这么修修，那么改改。[16]

管德回忆：

“东风 107”飞机的根本问题是采用了一个抬机翼的方案。这个方案其实是仿美国 F8U 飞机的。

这个抬机翼的方案还做了木质样机，进行审查。审查会上，空军常乾坤副司令员（是位忠厚长者）说：这个方案我不好反对，但是你这个方案总得做点试验吧。

但是前面做过的风洞试验，机翼是不抬起的，当然看不出问题，后来机翼一抬起来，分离气流打在尾翼上，飞机的力矩曲线乱成一团，不能飞。于是，抬机翼的方案告吹。

这时，112 厂还想搞个不抬机翼的方案，但是已经不可能了：“东风 113”在那等着呢！[17]

这一情况于 6 月份报告航空工业局之后，8 月，经赵尔陆部长批准，航空工业局决定停止试制“东风 107”，这是“东风 107”第一次停止试制，但设计修改工作仍继续进行。发动机的试制工作也继续进行。[18]

[16] 顾诵芬口述. 我的飞机设计生涯. 北京：航空工业出版社，2011. 80–81.

[17] 2012 年 7 月 6 日作者对管德的采访

[18] 顾诵芬口述. 我的飞机设计生涯. 北京：航空工业出版社，2011.83–84.

在 1959 年 1 月发完“东风 107”试制图纸以后，2 月–5 月，飞机设计室又对图纸审查修改，同年 5 月，发出了经修改过的“东风 107”A 图纸。在 8 月停止试制后，由于期望使用的“红旗 2 号”发动机难以按计划完成，飞机设计室还改型设计过“东风 107”S（装苏联 PД–9Б 发动机）。同年 9 月，根据厂党委的决定又设计了“东风 107”Z 战术侦察机，同时作为 107A 的试验机。后来又设计过“东风 107”J（教练机）等过渡方案，都未投入试制。鉴于“东风 113”试制领导小组 10 月 22 日第三次会议作出为确保东风 113 试制，推迟“东风 107”的试制的决定，1959 年 11 月，112 厂根据部的指示，完全停止了“东风 107”飞机的试制。至此，“东风 107”已消耗工时 11 万小时。[19]“东风 107”率先画上了句号。

[19] 沈阳飞机制造公司史志编辑办公室. 沈阳飞机制造公司史（1951–1983）. 105.

“东风 107”从批准研制到停止整整耗时一年。对于停止研制“东风 107”飞机，112 厂厂长牛荫冠是不同意的。他于 11 月 8 日写给王西萍的信中说：

……我个人现在回想起：今年 7 月间，我们听到苏联咨询意见后，立即将“东风 107”飞机试制工作停下来，是有很大损失的。不论有多少理由，停下来的结果是形成了设计与科学研究战线上的失败情绪，应该做的工作也无心去做了，可以创造出的新东西，也拖后了或耽误了。这种损失是无法估量的。不管当时停下来理由如何，胜不过这一条重大的、带有根本性质的损失。鉴于以上教训，我们现在立即开展“东风 107”教练机（采用 PД–9Б 发动机）的设计与试制，是很必要的，因而也是很正确的。这比我们等待 PД–11 而出现一次设计科学研究战线上的冷冷清清的局面要好得多。我们千万不可再重复今年上半年的可怕的冷落局面……

但牛荫冠的意见未被国防科委采纳。[20]

[20] 沈阳飞机制造公司史志编辑办公室. 沈阳飞机制造公司大事记史（1951–1983）. 58–59.

1959 年 3 月，哈军工派空军工程系政委于达康带领人员到沈阳飞机、发动机工厂了解情况。当时工厂同时试制两种飞机，要求“东风 113”飞机于当年试制出来向国庆节献礼。工人们每天敲锣打鼓到第二设计室，要求送生产图纸下车间试制。于达康同教授、教员、设计组长、车间主任、工程师、工厂领导、老工人、军代表都谈过话，边谈边研究、他们的意见基本一致：今年国庆节肯定试制不出来，明年国庆节也试制不出来，再过 10 年完成试制任务也没有把握。他们认为当时有三大困难：

首先，要做的许多试验无法进行。如：空气动力试验，学院的低速风洞才开始设计，工厂的高速风洞、天平未过关。又如：飞机弹射座椅试验，发动机的叶片、燃烧室、尾喷口等部件实验和发动机高空试验，因没有实验室无法进行。还有“热障”问题经过半年多的艰苦攻关，尚无结果。

其次，需要的许多材料，如飞机需要的钛合金、有机玻璃、泡沫塑料、硅橡胶和发动机需用的耐高温、高压的多种高强度钢材我国还没有。制造无线电元件的锗，国内研制的质量太差，硅，国内尚未研制出来。

第三，需要的新工艺，如钛合金、发动机叶片的加工等，国内尚未研制出来。

于达康把“东风 113”试制的情况和困难向哈军工领导汇报后，他们认为问题比较大，确定：立即通知学院在工厂参加研制的师生，不要把设计图纸下到车间，以免给国家财产造成损失。同时，向中央军委报告，说明在“东风 113”研制过程中需要的试验条件、新工艺、新材料和许多重大技术问题目前国内都未过关；而要解决这些重大问题，估计需要 10 年时间，因此“东风 113”飞机 1959 年、1960 年不可能上天。面对这些情况，“东风 113”是继续搞下去，还是停止另作部署，请求中央、军委给予指示。[21]

㉑ 滕叙兖．哈军工传．长沙：湖南科学技术出版社，2006．574–575.

应该说，在“大跃进”仍然如火如荼的形势下，作为“东风 113”的提出者、哈军工空军工程系能够实事求是地冷静地分析“东风 113”所面临的技术难关，并向上级反映是需要勇气的，也是难能可贵的。

1959 年哈军工 400 多名师生在工厂进行详细设计，由于遇到一些技术问题和材料问题，并且和工厂产生一些矛盾，试制工作处于半停顿状态，到 1959 年 9 月，试制“东风 113”的工时仅 1034 个。

9 月 24 日，陈赓、谢有法（哈军工政委）、刘居英三人署名向林彪、聂荣臻、罗瑞卿等呈送了《关于"东风113"号飞机的设计、试制进展情况和所存问题的报告》，全面总结了在新机设计中所取得的成绩和存在的问题。[22]

"东风113"试制领导小组于10月22日召开第三次会议，决定为确保东风113试制，推迟"东风107"的试制，并且准许"东风113"原型机性能降为M2.0–2.5。会后，沈阳飞机设计室与第二设计室合并，主任是哈军工空军工程系专科主任王秀山，副主任为罗时钧、徐舜寿、黄志千、叶正大、杨庆雄、黄序。沈阳发动机厂的两个设计室也合并，主任是董绍庸。[23]

此后，当时的一机部有50多个工厂，大约1000多人投入了设计试制工作。"东风113"飞机结构图纸和大部分系统图纸于1960年4月完成，经过质量整顿运动修改后于1960年6月发出约30000张A4纸的文件；发动机结构图经重新设计于1960年2月发完，无线电高度表、信标测距器、超短波电台于1960年初制成样机进行试飞；有20多种电气附件在常温下达到了设计要求；机载电子计算机可在室温条件下连续工作3小时；机载六管炮研制也取得了进展。

截至1960年底，112厂已生产出80%"东风113"的零件。至1961年4月，112厂用于"东风113"的试验件、非标准试验设备、部分风洞模型的工时达15万多小时。[24]

1960年4月5日，试制领导小组在北京召开第四次会议，对几个月进展较快和部分专用材料试制即将成功表示满意，认为设计工作基本结束，正在转入试制和试验阶段，力争1961年完成试制任务。[25]

以后又召开会议研究了材料、试验设备、工艺装备等问题。最困难的问题是新材料，在同年8月的会议上估计，如果改用现有材料，飞机性能会下降到M1.8，升限11000米，如果等新材料试制成功，要等62个月，试制工作处于骑虎难下的局面。因此，航空工业局局长王西萍、副局长徐昌裕于8月30日联名向三机部（新成立的国防工业部，部长张连奎）报告指出："东风113"的进度计划一再推迟，最根本的原因是设计指标所提出的要求，同我国现有的科学技术和工艺生产水平存在着一个很大的距离，

㉒ 滕叙兖．哈军工传．长沙：湖南科学技术出版社，2006．577.

㉓ 朱希于．"东风-113"飞机及"东风-107"飞机研制始末．沈阳飞机制造公司史料第二辑．84–86.

㉔ 沈阳飞机制造公司史志编辑办公室．沈阳飞机制造公司史（1951–1983）．105.

㉕ 同上书．88.

因而必然遇到一系列矛盾，这些矛盾不是短期所能解决的。建议把“东风113”作为科研项目搞下去；而另设计一种M数低于2的米格-19后继机。并说，这一任务的完成，仍然是航空工业的一个大跃进。这个意见，因哈军工反对而未能实施。

1960年8月29日，国防科委和国防工办传达林彪的指示：“东风113”对敌斗争很需要。发展航空事业有两种办法：一种是从雅克-17、雅克-18开始，再到喷气式，逐步提起来；另一种是长江大桥的办法，开始可能困难一些，慢一些，但是以后就好了。这个问题解决了，其他小江小桥就不在话下了。总的看起来还是后一种办法好。”但是主观愿望解决不了实际问题，“东风113”还是举步维艰。[26]

㉖ 沈阳飞机制造公司史志编辑办公室．沈阳飞机制造公司史（1951-1983）．90-96.

同年10月，“东风113”的试制工作实际上处于停顿状态。

1961年初，中共中央批准成立国防部航空研究院，沈阳飞机设计室的设计人员划归航空研究院建制。8月正式成立沈阳飞机设计所，“东风113”的设计工作也随之转到航空研究院。

1961年8月7日林彪视察哈军工

1961年4月，三机部根据贺龙的指示，明确集中力量搞歼6（米格-19C）优质过关，“东风113”试制暂停。[27]

1961年6月1日，国防工委党组向中央报告：为了缩短战线，集中力量，以最快的速度把米格-19和米格-21飞机搞出来，“东风113”号机暂时适当让一让路，然后在米格-21型飞机试制成功的基础上再搞“东风113”号机。中央批准了这个报告。[28]

㉗-㉙ 沈阳飞机制造公司史志编辑办公室．沈阳飞机制造公司史（1951-1983）．97.

1961年7月21日，三机部和六院联合发文指出：根据上级指示，为缩短战线，集中力量，用最快的速度把米格-19和米格-21搞出来，“东风113”要暂时适当地让一让路，然后在米格-21试制成功的基础上再搞113号机。虽然文件规定，部分“东风113”的工作仍可继续进行，但实际上停止了，“东风

113”也就这样下马了。[29]

此后，三机部与六院商定，将散存于各厂的“东风113”的图纸资料、成品附件、工艺装备和试验设备等全部移交六院。交接工作自1963年开始，1964年6月结束。除六院成立时112厂和410厂已将部分物资作了移交外，此次交接中，六院各所共接收“东风113”的原材料25项、试验件5627项、试验设备25项、工艺装备160项、非标准设备24项2893份，共计价值126806元。[30]

[30]航空研究院院史编辑委员会.航空研究院大事记（1960－1982）.7.

哈军工在厂参加“东风113”设计的部分教员调回学院。毕业学员除分配其他单位的外，其余都分配到航空研究院工作。至此，“双二五”“东风113”的研制画上句号。从1958年10月13日中央批准研制到1961年6月1日中央批准“让路”，时间为两年8个月。

在1958年特定的政治形势下，我国航空工业自行设计制造飞机的尝试遭遇到挫折。歼教1飞机试制成功了，但军方未能列装，留下了遗憾；“东风107”与“东风113”仓促上阵，竞相攀比，不得不中途夭折；“东风113”，立志“超英赶美”，设计指标严重脱离我国国情和航空工业实际，最后以失败告终。

飞机设计师徐舜寿在飞机设计中力主实事求是，按科学规律办事。他对于毫无根据地提高飞机设计指标和随意加快研制进度，对于在飞机设计中需要进行大量科研试验才能解决的课题，只写出题目就开全厂大会“抢关键”；对于任意废除设计中的规章制度和简化设计图纸之类的做法，都明确表示过不同意见。因此他在总结“东风107”和“东风113”飞机经验教训时痛切地指出：“抢时间也得有现实基础，破除迷信还得有科学分析，敢想敢干还得实事求是，战略上藐视困难还得在战术上重视困难。任何脱离实际、急于求成的做法，只会使工作失常，反而做得更慢。”并得出结论说：“不经过试验就贸然试制是错误的。”[31]

[31]顾诵芬等编.中国飞机设计的一代宗师徐舜寿.北京：航空工业出版社，2008.177.

喧嚣一时，曲终人散，“东风113”与“东风107”双双夭折留给人们的思考是沉重的。

航空界曾有过一种流行的说法：“东风113”挤掉了“东风107”；米格－19和米格－21挤掉“东风113”。或者说“东风

107”为“东风 113”让路；“东风 113”为米格-19 和米格-21 让路。无论是“挤掉”说还是“让路”说，都是事物的表面现象，根本原因是我国当时的技术水平尚不具备研制“东风 113”这样先进歼击机的条件。

痛定思痛，中国航空工业在 20 世纪 60 年代初重整旗鼓，系统地建立一整套航空科研机构，从技术基础工作抓起，老老实实地“摸透”米格-21，从而在 1964 年开始设计高空高速歼击机歼 8，才从“东风 107”、“东风 113”双双夭折的阴影中逐步走出来。

第十一章 快速试制

1958年8月21日，毛泽东在中央政治局扩大会议上说，每个公社都将公路修通，修一条宽一点的洋灰路和柏油路，不种树，可以落飞机，就是飞机场。将来每个省都搞一二百架飞机，每个乡平均两架，大省自己搞飞机工厂。

中国航空工业经过从修理走向制造，通过苏联的援助以及自己的实践，积累了宝贵经验，但在1958年全国性的“大跃进”气氛下，也变得不谨慎了，认为设计制造飞机没有过去想象的那样困难。这股思潮甚至蔓延到航空工业之外。[1]

① 段子俊主编．当代中国的航空工业．北京：中国社会科学出版社，1988．49．

在全国“大跃进”形势下，不仅航空工厂、航空院校，连非航空单位也纷纷制造飞机，形成全民办航空的热潮

一是航空工厂自上项目造飞机。

“松花江1号”

哈尔滨122厂于1958年自行研制了“松花江1号”小型客机。该机可乘5名旅客，最大起飞重量1600千克，最大商载640千克，最大平飞速度每小时274千米，最大航程805千米。该机以捷克AE-45型飞机为原准机，于1958年7月8日开始设计，9月29日首飞。前后只用83天。一共制造两架飞机，一架用于静力试验，一架用于试飞。由于该机未列入国家计划，发动机等部件无来源，上天后便无人过问，未能投入生产。[2]

② 国营第122厂厂史编辑办公室．国营第122厂厂史（1947—1983）．148—149

关于该机研制经过，哈军工副院长刘居英另有说辞：

沈阳出了飞机后，哈尔滨也要搞，后来出了一架“松花江1号”飞机，实际上这架飞机是把我们军队从捷克进口的救护机拆下来改装的，换上牌子，即宣告试制成功。当时飞行员不敢起飞，就动员飞行员说：你飞起来落下去就是胜利。为了隆重庆祝，王西萍亲自主持剪彩，登报。（曹里怀［时任空军副司令员］插话说：我查了有这个事。本来是122厂要借这种飞机作样品看看，结果却拆下改装成“松花江”了。）

1958年上海空军13厂（今上海飞机厂）根据厂址靠近黄浦江，原有水上跑道等条件，提出制造水上飞机的动议，经上级批准后，决定造出飞机向国庆节献礼，飞机命名为“飞龙1号”。[③] 该机的研制采取边设计、边施工的方法，机体部分以苏制雅克-12为样机，飞机制造从1958年8月7日开工，9月23日下水试飞成功，整个试制周期仅48天。9月28日，举行下水典礼和飞行表演。飞机最大起飞重量1590千克，最大飞行速度每小时130千米，航程600千米。动力装置为1台M-11ФP五缸星形发动机。该机曾在长江口进行起落试飞。目的是用于近海救护和运输渔业等。10月2日，空军工程部委托工厂组织对飞机进行鉴定。鉴定结论为合格，准予出厂使用。同时规定寿命为400小时，期限3年。实际上“飞龙1号”并未投入使用，空军工程部决定空军13厂停止水上飞机的制造。[③]

③ 上海航空工业志编纂委员会编. 上海航空工业志. 上海：上海社会科学出版社，1996. 35.

上海空军13厂制造的“飞龙1号”水上飞机

④ 上海航空工业志编纂委员会编. 上海航空工业志. 上海：上海社会科学出版社，1996. 36.

二是航空院校纷纷设计制造飞机。

在“大跃进”设计制造飞机的热潮中，北京航空学院是率先提出设计制造“北京1号”并较为正规进行研制的高等院校。1958年年初，北航飞机构造与设计教研室主任徐鑫福代表教研室向学校提出：“要让毕业生设计一种真实而完整的飞机。”得到校方的支持。学校领导提出，不仅要自己设计飞机，还要自己动手制造飞机。1958 年 2 月，周恩来听取王大昌、沈元副校长关于北航采取教学与科研、设计、生产相结合，设计制造一架飞机的设想，立即表示支持。尔后，拨款 15 万元进行研制。北京市长彭真为飞机命名为“北京 1 号”。中国民航局对北航设计制造飞机给予大力支持，送给学校捷克产的 1 架 L-60 农业机和两台 AU-14 发动机。学校成立了指挥部，任命徐鑫福为“北京 1 号”飞机总设计师。在当时的形势鼓舞下，1800 多名北航师生日夜奋战一百天，完成了总体设计、试验吹风和生产总装。该机是轻型运输机，起飞重量 3000 千克，最大商载 1200 千克，可载客 6-7 人，最大平飞速度每小时 300 千米，最大航程 730 千米。1958 年 9 月 23 日由著名飞行员潘国定驾驶首飞成功。该机曾飞往上海，经过 2500 千米的远航，是我国高校自己设计轻型客机的尝试。自 9 月 23 日至 11 月 19 日止，该机累计试飞 46 个起落，飞行时间 29 个小时。之后便再无下文。这正如潘国定在《一次试飞工作的回忆》文章中所指出的：

北京航空学院师生设计制造的“北京 1 号”轻型运输机

单以试飞来说，“北京 1 号”所经历的试飞项目，也还不够完全。造出一两架飞机，远远不是全部设计工作的结束。新机设计需要经过实际飞行的试验，找出问题，进行修改，然后再试飞，再修改。如此经过多次反复，才能臻于完善。我们这次所完成的试飞工作，可以说只不过是在这个认识过程中前进了一步而已。⑤⑥

“北京 1 号”现存放于北京航空航天大学航空博物馆。

沈阳航空工业学校于 1958 年 7 月提出，要在当年国庆节前造出 1 架飞机向党献礼。从长春空军第二航校借来 1 架雅克 -12 作为仿制样机，抽调了部分教师、工人和学生进行实物测绘和制造，从 7 月 24 日开始，仅用 75 天，即制造完成。在制造过程中，

⑤ 北航校友通讯 1995 下册. 北京：北京航空航天大学出版社，1995. 199-212.

⑥ 李福林主编. 基石北航创业者荟萃. 北京：北京航空航天大学出版社，2002. 294-295.

借用了其他飞机的发动机和一些仪表，许多应有的试验与检验都无法进行。飞机被命名“沈航 1 号”。于 1958 年 10 月 7 日在沈阳浑河机场首飞。该机最大起飞重量 1590 千克，最大飞行速度每小时 170 千米，航程 400 千米，可作农业机或联络机以及客机使用。⑦

⑦ 沈阳航空工业学院院史编写办公室. 沈阳航空工业学院史 1952–1986, 1987. 21.

1958 年 10 月 7 日，“沈航一号”在沈阳浑河机场试飞成功。图为研制“沈航 1 号”的部分师生合影，后排左五为技术负责人、飞机专科主任张振瀛

西北工业大学研制“延安 1 号”单发活塞式多用途飞机，可用于跳伞和农业，亦可用于客货运输。该机最大起飞重量 1400 千克，最大商载 570 千克，最大飞行速度每小时 204 千米，航程 500 千米，于 1958 年 12 月 3 日首次飞行。

西工大研制的“延安 1 号”多用途飞机

哈尔滨航空工业学校研制“黑龙江 1 号”单发活塞式多用途飞机，最大起飞重量 1250 千克，最大飞行速度每小时 156 千米，航程 668 千米，该机于 1958 年 12 月 16 日首飞。

北京航空工业学校研制多用途运输机“红旗 1 号”，主要用作农业机，也可作为客货运输机使用。该机最大起飞重量1420千克，最大商载468千克，最大平飞速度每小时200千米，航程700千米。1958年12月22日首次飞行。

1958年12月22日，康生为"红旗1号"首飞剪彩

南京航空学院还研制了"01"号靶机。

三是非航空系统跃跃欲试造飞机。

首都机械厂研制双发活塞式螺旋桨运输机"首都1号"，以短途客运和货运为主，载客6-8人，飞行速度每小时185千米，航程658千米。1958年9月29日首次飞行。

"首都1号"飞机

据不完全统计，在1958年全民办航空的浪潮中，设计制造的飞机共19个型别，除一架靶机、一架水上飞机外，都是低水平重复的运输机。这些飞机，大都采用现成的发动机以及一部分现成的飞机零部件，最后组装而成。而这些冠以"一号"的飞机，亦多数再无下文，成为真正的"独一无二"，试飞一两次，欢呼"成功"后便束之高阁，甚至自消自灭。应该说，这次"大跃进"中的全民办航空，除在一定程度上有普及航空知识的作用外，别无其他实质性成果。

“大跃进”中超英赶美的大计划，反映到航空工业基本建设上就是不切实际地求快、求省，酿成工程建设中的重大质量隐患

在航空工业“二五”计划新建的工厂和科研单位，在选址上历尽波折，多次反复，走了不少弯路。其中被誉为河西走廊的“金地”——张掖以“三进三出”而告终。

1955 年夏秋之际，国家计委考虑在河西走廊开辟新的工业基地。1956 年年初，二机部组织人员到张掖选址，在对当地能源、交通、工业协作、生活条件等缺乏全面综合分析的情况下，172 厂（轰炸机厂）及 124、544、594 三个专业化厂和三所技校工程仓促上马。刘亚欣是筹建处负责人。后因诸多困难，一时难以克服，1958 年 3 月被迫从张掖全部撤离。造成很大损失。

二十多年后，刘亚欣撰文回忆：

1957 年 12 月 5 日，四局以（57）四建字第 430 号文通知：“172 厂与飞行研究院之厂、院址，经各方面研究，基本上决定在阎良，但国家建委还要征求一些部门的意见，因之在最近尚不能正式下达批准厂址文件，但为便于准备工作之进行，现决定你厂立即由张掖迁往陕西省阎良。”

接此通知后，我们即组织全面撤离张掖的工作，将物资转移到阎良，人员也分批迁移，至 1958 年 3 月底全部撤离张掖。

当我们在撤离张掖时，地方上的干部和市民一致希望我们能再到张掖进行建设；从上海市和天津市支内的八大公司的同志，在送行时有的热泪盈眶，并说：“我们来这里是为你们工厂建设和职工生活服务的，你们都走了，我们怎么办呢？”此时此刻我们的心情是难以表达的。

在张掖筹建从开始至最后撤离整整两年，共计开支人民币 937.3 万元。其中工程停建损失费 119.6 万元；三所学校开支费用 388.3 万元；筹备处机关管理费 179.4 万元；付给甘肃省建材局 150 万元作为建材厂的建设投资；付给张掖勘察公司 100 万元。

张掖上马下马的教训，是值得我们总结和记取的。至少有以下两点：

1. 大型工厂的布局，既要根据国防建设的需要，也要考虑国家当时的财力、物力和新地区开发的实际可能。因为工厂建设涉及能源、交通、工业协作、建设条件、生活条件等一系列问题，如果不能从技术、经济等各方面综合解决，就很难如期实现建厂任务。

2. 对新区域的开发，要事先进行稳妥的可行性研究，而且应当各方面协调行动，不能单独仓促行动。否则稍有调整变动，就会造成经济上的重大损失和其他各方面的被动。[⑧]

1960 年国防工业部门又根据国防工业“三五八”规划，将 352、350 两厂（远程轰炸机）安排在张掖，并派蔡宪亭前往筹建。1961 年，352、350 两厂决定缓建，而张掖地区又遭严重粮荒，无法立足，筹建处于 1961 年 3 月第二次撤离。1964 年 11 月，又计划在张掖安排重型轰炸机厂，并派张箴前往，最后还是因为该地区仍不具备建厂条件，经国家计委同意最后第三次撤离。

这里有一张老照片，反映了 430 厂选址定点的曲折。

1957 年 11 月苏联发动机专家博格列佐夫摄于西安半坡博物馆，第四设计院刘正惠（右一）、薛元章（左二）与苏联专家、飞机厂设计总工程师佐洛季科合影（薛元章提供）

右边这张照片的背景是：1957 年 9 月，李富春视察了当年 4 月下马的西安北部二机部兵器工业局 853 厂（炮弹弹体装药厂）现场后，决定将该厂移交给航空工业局 430 厂，而将已经在兰州开始建设 430 厂停建交给核工业部。10 月，二机部下达命令，将 853 厂移交航空工业局作为 430 厂建厂基础。[⑨] 11 月，航空工业设计院组织先遣小组刘正惠、薛元章与苏联专家等 4 人前往交接设计任务，确定总图方案。工作完毕返回西安城内，得悉半坡村博物馆正在发掘整理，在傍晚时分，以苏联专家名义提出要求参观，馆方破例予以接待，因而摄下这幅照片。

在“大跃进”浪潮中，1958 年 3 月，一机部提出用七八年时间建成基本独立完整的航空工业体系。5 月，航空工业局提出

⑧ 航空工业部中国航空工业史编辑办公室. 航空工业史料第十四辑：张掖地区轰炸机厂的筹建

⑨ 航空工业部中国航空工业史编辑办公室. 航空工业史料第 22 辑：原八五三厂始末

第四设计院刘正惠与苏联专家巴斯突霍夫在甘肃勘察厂址（刘正惠提供）

“五年计划三年完”，1961年试制成功轰6飞机；要求西安飞机厂、西安发动机厂等8个新厂提前三年于1959年基本建成。同时，一机部又提出节约投资、一个钱当两个钱用的口号。随后，片面图快、求省之风就大刮起来。

基建工程设计工作中的“大跃进”主要表现到“快速设计”上。在当时形势下，航空工业“二五”建设计划任务一再增加，建设进度安排一再提前。四院的设计任务越来越重，设计进度也一再提前，出图日期越来越急。在群众运动占去大量工作时间的情况下，设计计划还要提前完成。院里也出现了“不怕做不到，只怕想不到”等不切实际的口号，促使人们去跟上“大跃进”的浪潮。上半年用四个月的时间完成施工图建筑面积41万平方米。7月以后集中突击设计任务，9月底宣布提前完成了“二五”计划的设计任务。全年完成初步设计19项，施工图建筑面积175万平方米，约为“一五”期间完成任务最多的1956年工作量的四倍，而设计人员还不到1956年的一半。

在“二五”计划设计任务提前完成的情况下，四院领导提出了把四院建设成为“六结合”的综合设计院的建议。这个建议当即得到赵尔陆部长和四局领导的支持。四局局长王西萍并在四院干部大会上进行了动员。所谓“六结合”，就是把科学研究、产品设计、试制生产、成批生产、技术教育和工厂设计六个方面结合起来。其中科学研究是指工程应用科学而言；成批生产与工厂的批生产不同，是指量小而质新的航空产品，在试制完成以后，投入小批量的生产；技术教育是指院内技术人员不断更新知识所必需的教育内容。综合设计院设立飞机、发动机、附件、仪表、无线电等五个产品设计室和一个原子能动力研究室。10月底到

11 月间，先后派出 300 多人到相关工厂、研究所和院校等单位学习产品设计。留院的设计人员 200 多人组成工厂设计室和设备设计室。新的院址和试制工厂厂址已经选定在陕西武功，上级决定拨给建院经费 4000 万元，建院筹备工作，包括起草设计任务书和规划总图布置方案等，还上报了第一架飞机的设计和试制规划。这个异想天开的计划，被随即暴露出来的基建设计施工的质量问题所打断，最后草草收场。[10]

⑩ 院史编辑办公室编. 航空工业规划设计研究院院史（1951–1986）. 64–66.

基本建设片面求快、求省，势必盲目加快设计进度，降低设计标准。1958 年 1 月，航空工业第四设计院在吉林 531 修理厂设计中，普遍压低了设计标准，概算总投资只有 2690 万元，但上报审查后，部里又要求压缩为 1500 万元。同年 4 月，传达学习中央成都会议精神，批判在向苏学习中的教条主义后，设计工作进一步打破了原有的章法。为了加速设计出图，决定采用“拼图方法，以简化设计”。西安发动机厂一个 2 万多平方米的厂房，施工图由 200 多张简化到只画 4 张柱距图，并在 4 个厂房统一使用，还要套用到西安飞机厂的厂房设计中去。这为施工质量埋下了隐患。按此预计，四院到 1958 年 10 月即可提前一完成“二五”计划建设项目的全部设计任务。在投资方面，一般比“一五”计划减少 35%–50%。

在工程施工中也采取了快速措施。兰州的两个机载设备厂于 1958 年 5 月中开工，100 天就完成了主体工程。8 月 30 日，航空工业局在兰州安宁堡召开推广两厂做法的现场会议。表扬两厂是“执行总路线的一面红旗”，说由此证明一机部提出的“投资省一半，速度加一倍”的方针是正确的。正当此时，一机部根据中央军委的要求精神，在通知沈阳 112、410 厂加快米格–19 飞机仿制进度的同时，要求加速第二套歼击机厂 132 厂、420 厂的建设。为此，在兰州开现场会的部、局领导人于 9 月 13 日赶到成都，与省、市委共商安排，并主持召开了贯彻“三边”方针的企业领导干部会议。会上，部领导人要求两厂用 180 天建成厂区工程，达到“苦战一年，平地起家，一举两得”（指同时完成建厂及产品试制任务），试制的发动机在 1959 年“七一”试车，飞机在“十一”上天。会上，两厂又相互挑战，分别提出了 117 天（132

厂）和100天（420厂）基本建成的奋斗目标。

132厂基建开工典礼

1958年10月25日，一机部又在重庆召开“快速施工”现场会，同时号召立即开展群众性的设计修改（即降低设计标准）。于是132厂、420厂三次修改设计，大量采用木结构代替钢筋混凝土结构。施工中还以红砖粉、土水泥代替水泥，大量二、三级品钢材和其他不合格品用于工程。技工不足，又以普通工代技工。甲、乙双方“合二而一”，严重削弱质量和成本监督。并强调大搞群众运动，组织放“快速施工卫星”。1958年10月18日，132厂厂区工程破土动工。在73天内就开工了34个项目近14万平方米，9个月内7个厂房、21栋宿舍就基本竣工，临时动用。该厂28号锅炉房烟囱35米高，仅用34小时55分就拔地而起。航空工业局立即发电祝贺，要求两厂以此“卫星”为样板加快建设。

132厂仅用34个小时55分建成的大烟囱

成都发动机厂原定建设周期三年左右。上级要求180天基本完成厂区土建工程。于是从设计上先“砍”辅助性建筑面积，降低设计标准。接着又对主要生产厂房连“砍”几刀：以木屋面代替钢筋混凝土屋面，将重型屋架改为轻型屋架，修改地坪垫层等。在施工上，采取了甲、乙方机构合并，双方人员共同参加工作；工程“全面开花”，交叉作业；以普通工代替技术工操作等做法。结果，1958年年底修改出一套建筑材料和使用指标都较低的施工图。施工图还在修改时，从10月中就开始了“快速施工”。甲、乙双方共同日夜奋战，到了1959年1月，建成厂房（主体结构）11.6万平方米，占当时设计总面积的90%左右，但大部分存在严重质量问题，包括：屋架不能按设计荷重保证安全使用；木屋面不符合防火、保温、防腐要求，木天窗变形漏雨；厂房结构刚度弱，屋架之间缺乏支撑，对抗震非常不利，排架的边柱普遍发生倾斜；地坪刚度太差，产生裂缝和不均匀下沉，导致部分机床变形，影响零件加工精度等。

420厂是由111厂抽调60%的人员和设备成套进行包建的。111厂支援了包括厂长杨诚、党委书记崔光炜和总工程师柳毅等成套领导干部在内的3841名职工、391台金切设备和大批工具仪器，谱写了一曲在中国航空史上赫赫有名的“八千里路云和月”跨省千里大迁移之歌。从沈阳到成都，横跨七省市，陆路行程2889千米，水路航行3521.5千米，加上成渝段行程，共4422千米，从东北向西南，经过大半国土，分厂转移路线有三条：第一条路线是陆路，从沈阳经北京到郑州，然后经陇海线到宝鸡抵达成都。第二条路线是水路，从沈阳乘火车到大连，改乘海轮到上海，逆长江而上抵重庆，再改乘火车到成都；第三条路线是从沈阳乘火车经北京到郑州，从郑州南下到武汉，再乘江轮到重庆，转成渝线到成都。111厂上述人员和物资从1959年1月至9月分批全部安全迁移到成都。

420厂采取了边返修加固、边组织试制生产的安排，很快形成了生产能力。1959年上半年就开始了75号离心式喷气发动机（装用于海防导弹）的试制。经过1年2个月的努力，1960年7月2日通过了5小时54分试车考核。后因计划调整，1961年10月通知进行收尾，没有转入成批生产。

1959年8月，党的八届八中全会会后在全党范围内开展了一场反对“右倾机会主义”的运动，在全国掀起了“反右倾，鼓干劲”的更大“跃进”的群众运动。根据新军委制订的国防工业建设方针和《关于迅速建成独立完整的国防工业体系的指示》，四局规划要在1960至1962年内新建10套主机厂和相应配套的辅机厂，共计新建58个工厂，还要新建10个研究所和7所专科学校。按照这个更加庞大的计划，四局要求四院在1960年完成33项初步设计和58个单位的施工设计，共计建筑面积190万平方米，设计工作量超过1959年的60%。

为完成这个根本完不成的基本建设计划，四局组织了新厂上马“一条龙”竞赛，要求尽早提供设计图纸。为了达到1960年4月完成全年基建设计任务的目标，四院用设计表演赛的形式大搞突击高产活动，在短短十几天的时间里赶出建筑面积45万平方米的施工设计，设计秩序的混乱和设计图纸的粗糙达到了空前的程度。为了追求所谓的“高效率”，严重违反了设计程序，有的工厂设计任务书未批、厂址未定就进行初步设计，初步设计未批，甚至连勘测资料都没有，就全面铺开施工设计。有的设计不搜集必要的设计资料，许多设计不经过必需的计算分析，大量设计不做方案比较。[11]

⑪ 院史编辑办公室编.航空工业规划设计研究院院史（1951–1986）. 67–69.

132厂加固厂房墙柱

盲目蛮干的结果就是，到1959年年底，成都两厂工程质量问题逐渐暴露。1960年3月，贺龙副总理到成都两厂视察，对工程质量问题提出了严厉批评。

航空工业其他建设项目，普遍发生了工程质量问题。据不完全统计，1958–1960年，32个建设单位施工的147万平方米建筑面积，有71%必须返修加固，另有6万多平方米要拆除重建。

这样片面求快、降低标准建设，最后不得不返修加固，造成了财力、物力与人力的严重损失。

“大跃进”中航空产品普遍发生了质量问题。共和国航空工业的脊梁——112厂、410厂的歼6飞机及涡喷6发动机的试制质量问题尤其严重，飞机静力试验不合格，一百多架新型歼击机趴窝在工厂，这给“一五”期间一路凯歌高奏的航空工业以当头棒喝

民用产品质量问题暴露得最早。这是因为很多民品都是匆匆上马，在“浮夸风”泛滥的形势下，单纯为了献礼、报捷，对质量采取不负责任的态度。112厂于1957年11月试制成功41座松陵牌客车，当年生产25辆，随后销往全国。

112厂生产的第一辆大客车（魏晓虹提供）

1958年3月，松陵牌公共汽车由于质量低劣，在河南和内蒙古造成严重影响，引起用户的极大不满，向一机部提出意见。3月6日，航空工业局局长王西萍给112厂厂长牛荫冠写信提出批评说：“112厂供应河南11辆、内蒙古4辆公共汽车，两省共提出了60多个问题，如铝板不严、到处断裂、窗子不严、螺丝松脱，喷漆脱落、车闸脱落等，总的评价是：火车未卸，螺丝松脱，晴天进风，雨天进水，车闸乱响，到处进土。结论是：加工粗糙、质量低劣、太不像话。”信中还提出：“是什么问题使产品质量低劣到如此程度？是技术问题？是设备问题？是经验问题？……重要的问题是对民品质量采取不负责任的态度。”指出：“要以整风的精神来认真检查。”但是，在当时的政治气氛下，这样严肃的批评根本纠正不了质量下降的趋势。[12]

航空产品的质量问题更为严重。苏制米格-17仿制成功，国产歼5成批生产装备部队之时，1957年10月，中国即引进了更

⑫ 中国航空工业史编辑委员会编．航空工业质量史（1951—1933）．51．

为先进的米格-19歼击机的制造许可权。苏制米格-19飞机有3个型别，其基本型是米格-19C白天型，米格-19П全天候型和携带空空导弹的米格-19ПM型飞机。而中国引进是最为先进的米格-19П和-19ПM两型歼击机的制造许可权。米格-19П型全天候歼击机（中国代号东风103，亦称45号机，后命名为歼6甲）及其发动机（涡喷6）分别由112厂和410厂试制生产。不久,112厂试制并成批生产了空军急需的米格-19C昼间歼击机（中国自行改型代号东风102，亦称44号机,59式飞机；按米格-19C重新仿制称歼6）。

东风103开始试制之时，正是“东风”劲吹，中国神州大地“大跃进”遍地生花，如火如荼之时。在“大跃进”形势的影响下，103号机的试制进度，由原定1959年10月1日试制成功，提前到同年5月1日。后来一机部党组决定以“跃进的速度”试制，要求在1958年底试制成功。航空工业局根据部党组的决定，提出了“快速试制”的口号，拟于1958年12月25日试制成功。“跃进的速度”或“快速试制”为飞机质量问题埋下了祸根。

1958年3月，米格-19П的俄文构造说明书、理论图纸和5张工艺分离面照片到厂。工厂根据部、局要求，制定了“快速试制”东风103号机的计划。工厂在苏联专家尚未到厂的情况下，自行编写工艺资料，设计与制造全套工艺装备（苏联欲提供一套工艺装备，工厂没要）。工厂采取平行交叉作业的方法，将各项生产准备工作一再提前。1958年4月初开始绘制理论模线和设计标准样件、型架草图，4月末基本结束理论模线的绘制工作，5月将没有注明工装结构尺寸的“盲图”（发“盲图”堪称是在“大跃进”中航空工业“快速试制”下的一大“发明”）陆续发至车间。

1958年7月15日米格-19П的俄文结构图纸到厂，工艺部门不等翻译和复制，立即组织全厂工艺装备设计员、工艺员和部分工人集中看图，提前进行生产准备工作。选定结构复杂的36项分解式标准样件，夜以继日地进行设计，仅用15天就设计完毕，比过去设计一个前机身分解式标准样件的周期还缩短了5个半月。接着又苦干了15天，将急需的69项大型“0”批装配工艺装备设计完毕。车间接到图纸立即进行制造。8月1日，开始投料4架份。第一架0001号飞机用于试飞，第二架0002号用做静力试验。

为缩短试制周期，采取平行交叉作业。翻译室边翻译图纸，设计科边校对复制，工艺部门同时进行车间分工和设计零件生产用的工艺装备。到1958年8月上旬，大部分中文飞机图纸已发出，车间分工表和工艺装备图纸也陆续发到车间。3个半月完成了东风103号机的生产准备工作。

零件制造也采取了与工艺装备制造平行交叉进行的方法。尽管工艺装备的制造周期大大缩短了，但仍然跟不上零件生产进度的要求。车间发动工人、技术人员，一边制造“土”工艺装备，一边生产零件。工人们想尽一切办法，按苏联实样手工敲制复杂的钣金零件。零件制造中遇到的另一个问题是缺少大量的材料。为了赶进度，则采用代料生产。零件生产进度很快，到1958年10月，共生产了10143项，占全机零件的90%以上。

1958年11月24日，0002号机正式开始静力试验，至12月9日全部试验完毕。试验结果达到设计要求。

1958年11月下旬，总装车间开始装配0001号首架飞机。总装配周期20天。12月11日，飞机交到试飞车间。试飞前的地面准备工作进行6天，1958年12月17日，由王幽怀驾机首飞成功。自1958年8月1日投料制造零件到起飞共139天。

1959年2月16日，试飞鉴定合格。历时60天，共飞行26个起落、10小时零5分钟。工厂提前9个月完成了试制任务。这个试制速度与歼5（试制周期481天）相比，堪称“特大跃进”！

4月23日，112厂召开东风103飞机及其发动机试制成功庆祝大会。国家鉴定委员会主任、空军副司令员王秉璋、一机部副部长段君毅、沈阳军区司令员邓华及海军航空兵副司令员曾克林参加了大会。航空工业局给大会发来贺电。25日，国家鉴定委员会对东风103飞机进行了鉴定，认为112厂试制的103号机“符合原技术资料标准，达到规定的战术技术性能要求，可以进行成批生产”。4月26日，举行了国家验收签字仪式。

至此，表面上看，东风103号机的“快速试制”似乎是“顺利”完成了，但等待着它的却是一场重大的劫难。

1959 年 1 月 19 日，东风 103 号机质量问题的第一个信号出现了：飞机在进行空中射击试验时居然飞掉了座舱盖！但此事并未引起人们足够的重视。

更令人匪夷所思的是，在东风 103 号机尚未试制成功的情况下，一机部党组于 1958 年 9 月 20 日发电报给 112 厂，要求工厂于 1959 年 4 月前向空军交付 40 架东风 103 号机，航空工业局要求工厂于 1959 年 8 月交付 75 架。为完成这一“大跃进”计划，工厂不得不在首机尚未总装时，于 1958 年 10 月，将第一批 10 架份材料投入生产；11 月，又将第二批 51 架投入生产。1959 年 4 月以前应交付的 40 架东风 103 号机，生产周期只有五六个月，比当时成批生产的歼 5 飞机的生产周期还短四五个月。工厂的实际生产能力达不到这一要求。机械加工车间的月产能力约 20 架，关键零件更达不到这一水平；总装车间的月产能力仅 7–10 架。东风 103 号机批生产用的“1”批工艺装备共 7116 项，只制造出 900 项，占所需总数的 12%，主要原因是缺少材料。至 1958 年 11 月 22 日，尚缺钢材 520 吨、制造铅锌模用的铅 100 吨、锌 130 吨、锑 90 吨。

1958 年 112 厂战地出售货点

工厂广大职工昼夜奋战，虽按上级要求“快速试制”成功了东风 103 号机的样机，但因主、辅机没有成套试制，原材料、成品和附件不配套。首机代料 278 项（有色金属 179 项、黑色金属 26 项、非金属 73 项），并装用苏联的发动机和 267 项

1958 年 112 厂战地食堂

成品、附件。已试制成功的成品，还未转入批生产。需要从苏联进口 4 项电缆、15 项锻铸件、269 项成品及附件、222 项原材料。

为缩短试制周期，达到“快速试制”的目的，112 厂在东风 103 号机试制时，大量削减了试制必需的工艺装备。作为制造工艺装备依据的标准样件，只作了 36 项，为应有 242 项的 14.9%，为歼 5 飞机 148 项的 24%。试制不可缺少的“0”批工艺装备，仅制造了 3701 项，为苏联工厂 8923 项的 41.4%，为歼 5 飞机 9613 项的 38.5%。补齐上述缺少的工艺装备，需要一定的时间。

东风 103 号机的“快速试制”造成了工艺装备和器材供应不上的矛盾。东风 103 号机的工艺规程、工艺装备及零件没有经过小批量生产定型阶段的一系列工作，就将其急速地转入了大批量的成批生产。这些做法违背了新机试制的客观规律。

东风 103 号机刚开始试制时，空军又提出急需大量的米格-19C 昼间歼击机，不需要更多的 103 号机（这又是令人百思不得其解：既然空军急需白天型即米格-19C，为什么偏偏不引进米格-19C）。当时提出两个方案，一是再引进 C 型飞机图纸，重新试制，二是在 103 号机的基础上改型设计。第一副厂长兼总工程师高方启把这一问题交设计科科长胡淡考虑。设计科经过研究，于 1958 年 7 月，由设计科副科长刘云龙起草了一个改型设计方案，上报部、局审批。为了满足空军急需、争取时间、培训我们自己的设计人员，航空工业局决定在 103 号机的基础上改型设计。改型的飞机称东风 102 号机。设计原则是，尽量利用东风 103 号机的零件、部件，参照苏联的米格-19C 型 1180 号样机进行设计，能完全照搬者，直接测绘，改进苏联 П 型和 C 型飞机不足之处，形成自己的设计特点。因此，前机身是参照样机设计的；机翼是按样机测绘的。因与苏联的 C 型样机一致，故未进行强度计算。

在改型的同时，引进米格-19C 型飞机的技术资料。

1958 年 11 月 25 日，设计科并入飞机设计室后，由该室的成批生产组承担东风 102 号机的改型设计工作。

102 号机与 103 号机主要不同之处：在前机身右下侧增装一门 HP-30 航炮（带弹 55 发），用 CPД-1 测距器代替 PП-5 雷达，前机身 9 框以前的外形及进气道结构作了较大的更改，垂尾上增装 CHPEHA 护尾器，翼根前缘增装一对火箭悬挂梁，全机外挂四组 32 枚 C-5 火箭或两枚 50-500 千克炸弹。

1958 年 12 月 19 日，工厂发出通知，要求各有关科室和车间作好生产准备工作。同月 20 日，正式开始设计飞机图纸。26 日，发出 102 号机试制进度表，并要求各有关单位在试制过程中，进行批生产的准备工作。

102 号机的设计工作于 1958 年 12 月末结束，发出改型图纸 5000 标准页。1959 年 2 月，航空工业局副局长徐昌裕召开各有关厂技术骨干参加的 102 号机改型技术会议，审查了 102 号机的设计。国家鉴定委员会审查并批准生产。工厂根据航空工业局 1958 年下达的 1959 年 8 月应交付 51 架的要求，于 1958 年 12 月开始投料。零批投入 11 架，一批投入 60 架。1958 年 12 月 16 日，局又下计划，要求工厂在 1959 年内交付 291 架。

截至 1959 年 5 月，已投入生产的 103 号机第一、第二批 61 架还缺材料 26 项。102 号机第一、第二批尚缺材料 856 项。这两个机种的专用成品共 226 项，到厂的只有 84 项，在制的 67 项，没有签订合同的 75 项（其中轴承 57 项）。航空工业局组成 18 个器材供应小组，解决器材供应问题。

因 102 号机的外形与 103 号机相同，主要承力构件没有变化。103 号机已静力试验合格，故决定仅做火箭梁的静力试验和机身炮的地面打靶试验，而不做全机的静力试验。火箭梁的静力试验结果良好。增装的航炮地面打靶 6000 发，供排弹系统和结构强度正常。

1959 年 9 月 30 日，东风 102 号机由吴克明首飞成功。之后按上级批准的试飞提纲进行试飞。在各种飞行状态下三门航炮同时射击，均不影响发动机的工作。12 月 16 日，试飞完规定科目。历时 78 天，共飞 48 个起落，证明飞机性能接近苏联米格-19C 型机。

但“快速试制”是违背科学规律的，飞机质量问题终将会暴露出来。

同时，大搞生产“翻番”、精简下放，废除合理的规章制度也必将酿成严重的质量问题。

1958 年 6–7 月，一机部和四局先后发出改革规章制度的通知。四局在《通知》中指出："运动以来，局、厂、校、所广大职工，以成千上万张大字报火烧陈规旧章，要求加以改革。"《通知》宣布：第一批先改革 139 个规章制度。其中废除的 62 个，下放的 59 个，修改的 18 个。各厂随即根据部、局和所在省、市指示精神，废除和修改了大量规章制度。在"左"的思想指导下，改革不合理的规章制度，往往变成了不要规章制度。许多工厂取消了原材料和成品的进厂复验制度，使不合格材料混入使用。各厂还取消了工序检验和零件加工首件"三检制"，代之以工人自己加工、自己检验。还下放了超差品处理权限，废除了定额管理、原始记录、设备维修等方面的规章制度。与此同时，还从组织机构方面大动"手术"：废除了"四师一长"和总检验师系统；把原来由厂长通过总检验师直接集中领导的各级检验机构，分别下放到车间以至班组直接领导；大规模撤销或合并生产技术管理机构，机构合并或撤销之后，把生产管理干部和专业技术人员下放劳动锻炼。

在这种情况下，航空工厂普遍出现了工作责任制削弱，工艺纪律涣散，生产管理混乱，产品质量问题严重的状况。

1959 年 6 月，112 厂发现抚顺钢厂 4 个炉号的钢料有白点。7 月末，发现钢棒夹杂。用这些材料已制成 26 项零件，绝大部分已装上飞机。因管理混乱，材料账目不清，没有记录这些钢件装在何批飞机上。后来只好把用同牌号、同规格制成的 45 项零件全部进行硬度检验。共分解了 37 架飞机和 110 个部件，检验了 6000 个零件。此项工作一直进行到 1960 年 1 月才结束。发现 10 项 205 件有夹杂，全部报废换新。1959 年 7 月，对全厂 2333 项材料做了全面检查，发现 70 项材料有问题，如其中机械性能不合格的 30 项、化学成分不合格的 4 项、混料错料 13 项。1959 年 12 月，又发现 Φ40 的钢棒有裂纹、Φ20 的钢棒有缩孔。

1960 年 9 月 14 日，一机部党组向中央报告，"1959 年 9 月至 1960 年 3 月，抚顺钢厂供给 112 厂的钢材 62 炉批，其中不合格的 16 炉批，混料而不能用的 19 炉批，共占总炉批数的 56%。

用这些钢材作出的零件971项，其中500项必须拆换，消耗工时一百八十万多个，相当于生产六十多架飞机的劳动量。”由于材质等问题，仅第三架东风103号机就分解了11次。[13]

在1959年应交付366架东风103号机和东风102号机的高指标压力下，112厂为了完成国家计划，有材料的零件先干、多干，无材料的零件不干，破坏了有计划、成套的均衡生产。当102号机专用零件生产200架左右时，与103号机通用的零件有的已生产10批以上，达400余架，有的0批零件还未完成。总装车间却进行到1–2批，差异悬殊，生产周期很长。歼5飞机的生产周期一般10–13个月，103号机的生产周期约20个月，102号机15–18个月。不仅积压了大量资金，部件装配车间也积压了大量的零件，库房面积非常紧张，随地乱堆乱放，造成零件严重划伤、成品过期，以致返修或报废。

飞机质量问题的逐步暴露唤醒了一机部、航空工业局和工厂有关领导人，开始进行整顿生产秩序与产品质量工作，但由于这些整顿无法触及深层次的问题，因而只能是治标不治本，收效甚微，甚至无法阻挡质量继续下降的势头。

1959年3月15日至31日，航空工业局在南昌召开了企业领导干部会，会议重点是:（一）分析1958年的质量形势，研究加强质量工作的措施;（二）调整1959年计划指标。这次会议上对质量形势的分析是在肯定“大跃进”的前提下进行的，因此在思想上“左”的东西依然存在。即使这样，航空工业局分党组对航空产品质量问题的危害性还是大声疾呼，提醒各级领导要高度重视。王西萍在会议报告中列举了从1952年以来航空工业历年所发生的重大质量问题，他说:“我把历年发生的质量事故都回顾了一遍，目的就是为了要提醒大家重视这个问题。因为这些质量事故的发生，都曾影响过航空工业的发展，影响过人心军心。这一年来所发生的质量问题，同样会使航空工业的发展遭到损失。因此，在最近时期要开展一次提高和巩固产品质量的群众运动，这是完全必要的。”[14]

会上，对已经确定的1959年计划的高指标作了调整。

南昌会议后，一机部以航空工业为重点开始抓国防工业的质

⑬ 沈阳飞机制造公司史志编辑办公室.沈阳飞机制造公司史（1951–1983）. 118.

⑭ 中国航空工业史编辑委员会编.航空工业质量史（1951–1988）. 57.

量问题。5 月 19 日，赵尔陆向国防工业企业发出《关于整顿生产秩序提高产品质量的信》。6 月 4 日，又向各厂转发了 410 厂厂长刁筠寿给赵尔陆及航空工业局的信，赵尔陆在信上加了批语："现将 410 厂刁筠寿同志关于整顿生产秩序提高产品质量的报告转发给你们，该厂已经认识到产品质量问题的严重性，党委已下决心在 5、6 月间开展一次群众性的质量检查运动，并提出了关于提高产品质量的紧急措施。从去年四季度以来，航空产品质量有所下降，这是一个严重的问题，必须引起我们警惕。如其他各航空工厂对整顿生产秩序提高产品质量这项工作已经开始的，务必贯彻执行，尚未开始的，应参照 410 厂的做法立即抓紧进行。"就在赵尔陆的信件转发不久后，6 月 10 日，航空工业局立即发出了《关于坚决贯彻执行部整顿生产秩序提高产品质量指示的紧急指示》。⑮

⑮ 中国航空工业史编辑委员会编．航空工业质量史（1951－1988）．59．

虽然有了南昌会议精神和赵尔陆部长的信，但在"大跃进"高潮中对质量问题的认识还很难求得一致，部分工厂领导虽然意识到质量问题的严重性，开始抓了质量整顿，但也只是一般的查查、整整，其中有的工厂还由于与地方主管部门认识上的分歧，工作得不到支持。多数工厂领导则怕整质会否定"大跃进"成果，犯右倾错误。在这种思想指导下，行动不果断，更不敢大张旗鼓地发动群众整顿质量。时间过去近三个月，收效不大。为此，航空工业局分党组又于 1959 年 6 月在哈尔滨召开了东北地区质量工作会议，航空工业局分党组成员及部党组成员、副部长张连奎和东北各航空工厂的领导干部参加。会议强调质量第一方针不能动摇，整质工作绝对不能放松。王西萍在这次会议上坚决要求各厂：立即恢复"四师一长制"；恢复原来行之有效的车间，科室机构；首先是生产准备系统恢复工段一级组织；恢复检验系统原来的领导关系，即车间检验室行政上由总检验师领导；恢复工艺、检验方面主要的规章制度。⑯

⑯ 同上书．60．

在不到半年的时间内，航空工业连续召开了三次重要会议，采取了一系列积极措施来解决产品质量问题，理应收到效果。然而由于当时的政治大环境，从制定到执行都怕被说成是否定"大跃进"，故虽在一定程度上遏制了质量继续下降的趋势，但效果并不明显。特别是一些工厂在地方主管部门“左”的影响下，行动受到限制，以致上述会议制定的措施无法贯彻。恰在此时，党中央召开庐山会议，并于1959年8月7日向全党发出了《关于反对右倾思想的指示》，认为“右倾思想”已成为工作中的主要危险，要求全党开展一场反右倾的斗争。一机部立即召开电话会议，提出反对右倾松劲情绪。面对如此政治形势，航空工业整质工作更难以开展，并有中途转向的危险。在“反右倾”斗争的形势下，航空工业局被迫于1959年8月19日发出了《航空工业“质量第一”的口号不再提的通知》，《通知》说：前一段质量检查中曾提出航空工业“质量第一”口号，这在当时对运动的发展和群众的发动曾起过积极作用。但鉴于这一口号的本身不够确切，有片面性，容易被理解成质量是绝对的，并且把质量和数量对立起来，因此，为避免产生副作用，各厂今后不再提航空工业“质量第一”的口号，并以中央提出的“优质高产”的口号来代替。航空工业在1952年就提出了“质量第一”的方针。尔后，由于对这一方针始终不渝地深入贯彻和广泛宣传，从而在保证第一个五年计划的提前完成及航空工业各项基础性建设的顺利发展等方面均产生重大影响，其历史作用是有目共睹的。发出“质量第一”今后不再提的通知之后，航空工业局领导虽然暗中更加注意质量形势发展，向上及时反映情况，对下亲自深入基层蹲点，对质量工作注意督促检查。然而毕竟由于这一口号的骤然消失，使基层各级领导在抓产品质量中，尤其是在处理质量与进度、质量与数量的矛盾时，不可避免地增添了很多疑虑。[17]

1959年，航空工业大声疾呼并为之奋斗数月的整质运动受到的挫折，不仅表现为被迫改变了推进这一运动的口号，而且更突出地反映在，一批坚决贯彻部、局指示，敢于坚持质量第一，维护合理的规章制度的工厂领导受到错误的批判，如112厂厂长牛荫冠、410厂厂长刁筠寿、122厂厂长陆纲和总工程师胡锡川、120厂总工程师汤钦训、113厂厂长苏智、116厂厂长边鲁吉、115厂厂长黄少华、133厂厂长马诚斋等。其中有的人还因抵制地方上有的领导在质量工作上的瞎指挥而受到错误处分。

在上级三令五申要求“反右倾”、鼓干劲、上产值的情况下，

⑰ 中国航空工业史编辑委员会编．航空工业质量史（1951－1988）．61－63.

10 月下旬，112 厂党委提出了“全厂总动员，大干 40 天，为提前 20 天完成全年总产值而奋斗”的口号。全厂从 11 月起掀起了大干总产值的新高潮。40 天完成了总产值 8607 万元，占工厂全年总产值的 21.7%，最高日产值达 540 万元。接着 1960 年年初“开门红”，连续大干。102 号机刚试制出来，未经过设计与生产定型阶段，就于 1959 年冬和 1960 年春，投入毛料达 494 架，投入零件加工达 334 架。工厂虽然提前 20 天完成了 1959 年的商品产值任务，但因飞机质量问题没有完成 103 号机及 102 号机的交付任务。不顾产品质量好坏地大干总产值，给工厂的产品质量埋下了隐患。

进入 1960 年，112 厂的飞机质量问题进一步暴露，到了令人震惊的程度，引起了中央军委高层的高度重视。

为了检验工艺质量，1960 年 5 月 18 日，东风 102 号机 0007 号飞机做了全机静力试验。试验载荷加到设计戴荷的 93% 时，左机翼折断，试验不合格。

6 月 24 日，102 号机 0006 号飞机也做了全机静力试验。加载到 91.4% 时，左机翼又折断。102 号机的两次试验后，地面上均有许多断裂的铆钉头。这两次静力试验不合格，震动了航空工业。

部、局领导和厂党委决定，对 102 号机两次静力试验不合格问题进行检查，成立了检查工作组。北京航空工艺研究所参加静力试验的小组也参加了工作组。工作组经过多方面查找和分析，认为静力试验不合格的主要原因是工艺质量问题。[18] 同时着手返修已生产出来的飞机。

返修的第一架 103 号机是在 1960 年 7 月末开始的。该机经全面检查，发现大小故障 1401 条。在这架飞机上，还检查了用抚顺钢厂制造的 697 项零件，报废更换了 35 项，占其总项数的 5%。检查了钢材焊接件 375 项，报废更换 23 项，占 6%。检查了各系统的导管，发现有铁屑、砂子、胶皮、纤维、油膏等多余物。有的系统经 36 次清洗，才达到无多余物。装在外部的橡胶件全部出现裂纹报废。以加大直径的铆钉更换了严重超差的铆钉。返修拆换工作相当艰巨。据部件装配车间统计，返修一架飞

⑱ 关于东风 102 飞机两次静力试验不合格的原因，原 112 厂静力试验室副主任、哈工大教授陈荣波提出不同看法。参见《航空档案》2011 年第 10 期陈荣波：我记忆中的东风 102 号飞机静力试验。

机部件的工时 15000 小时，相当于新装配一架半飞机部件的工作量。返修的飞机，虽在技术上达到要求，但飞机外形有一定的缺陷，如蒙皮划伤严重，铆钉不平和镦头偏斜等。此外，由于不协调，应该互换的部分零件、组合件和部件不能互换。在返修过程中还用了不少加大螺栓，使维护工具不能通用。因此，不得不制造一部分备件和专用工具，随返修的飞机出厂。

根据 102 号机两次静力试验不合格情况，苏联总设计师代表谢苗诺夫提出加强机翼的方案。在主梁与后长桁三角区增补一块 30CrMnSiA 钢板加强；连接主梁与后长桁的螺栓，由 30CrMnSiA 改为 30CrMnSiNiA；纵梁下缘条以钢角材加强。

当时，驻厂军代表认为 103 号机尚须再进行静力试验。1960 年 8 月 1 日，加强机翼后的 0232 号机（返修的第 3 架 103 号机）进行了全机静力试验。加载到设计载荷的 110% 时才破坏，静力试验合格。以后，103 号机和 102 号机均用此方法进行了加强。在机翼根部背上了一块深色的钢板。这令人蒙羞的钢板，记载着在"大跃进"岁月里，用"跃进的速度"或"快速试制"给中国航空工业史上留下的耻辱的回忆。⑲

⑲ 沈阳飞机制造公司史志编辑办公室. 沈阳飞机制造公司史（1951–1983）. 127–128.

按理说，飞机背了加强钢板勉强可以使用，本是航空企业不光彩的事，应认真反思，汲取教训。但在那个浮夸风盛行的年代，不以为耻，反以为荣。8 月末，当返修的第一架飞机试飞合格（实际上还有故障），工厂即急急忙忙向上级"报捷"，印发了"号外"，并杀猪 41 头，在全厂大肆进行庆祝。省、市、航空工业局也发来贺电。难怪几

号　外

0104产品試驗合格完成交付任务

这是我厂产品质量好轉的开端

本报訊　0104产品已經在八月三十一日下午5时試驗合格，胜利地交付了！

0104产品的胜利交付，是全厂職工在党委領导下，认真貫彻中央及部局提出的树立"质量第一"思想，"把政治工作放在第一位"的指示的結果，是全厂職工在"质量第一"运动中，积极响应党委提出"紧張战斗、誓夺五关"的号召，认真搞好产品质量的結果。

八月三十一日下午四时，38車間开始第六次0104产品試驗，到五点钟，三个交付的科目完全試驗合格，交付了第一台合格产品。

交付第一台合格产品，这仅仅是我厂质量好轉的开端，但我們还沒有彻底过好质量关，因此，我們必須在党的領导下，乘胜前进，戒驕戒躁，再接再厉，继續紧張战斗，彻底过好质量关，为迅速不断地交付优质产品而继續加倍努力！

局来电祝賀

来电說，我厂按計划交付出第一台产品，这是在保証质量的基础上将不断向国家交出合格产品的轉折点。

松陵机械厂党委并轉全体職工同志：

你厂整頓产品质量后的第一台产品，于八月三十一日完成了試驗交付，特此致以热烈祝賀。

这一台产品的試驗合格，是你厂坚决貫彻中央、第一机械工业部关于"产品质量第一"指示的胜利。全体職工在工厂党委的領导下，为改进和提高产品质量作了巨大的努力，克服了一系列的困难；在試驗期間，38車間全体職工和試驗員同志，为了八月份交付第一台产品，以忘我的劳动投入了紧張的战斗，日夜苦战。同志們这种为完成任务而奋战的精神值得表揚。

你厂按計划交付出第一台产品，标志着工厂产品质量情况开始有了显著好轉，这是你厂在保証质量的基础上将不断向国家交出合格产品的轉折点。希望同志們在已取得成績的基础上，继續走向胜利！

王西萍
徐昌裕

— 2 —

112 厂号外

个月后贺龙元帅来厂视察得知这一弄虚作假情况后，极为震怒。

410厂仿制涡喷6发动机的情况与112厂类似。在生产方面，部、局和地方都向410厂压任务、催进度。1958年9月20日，一机部根据空军急需，向410厂和112厂发电报要求涡喷6发动机和歼6飞机提前在1958年底试制成功。同时，一机部又派一位部长助理到该厂督促，要求把保当年全国1070万吨钢产量所需的鼓风机试制生产任务放在第一位。此外，1059地地导弹的发动机试制、“东风113”歼击机的发动机（即814号机）试制、与120和430厂合作进行涡喷8的试制、支农拖拉机和柴油机的生产、支援发电所需汽轮机的试制等任务也急如星火，都要求410厂排在第一位。当该厂汇报提到“现在已经有八个第一，实在困难”时，有的上级领导干部表示：“我不管你几个第一，保‘1070’是中央定的任务，必须完成。”但同时，该厂的生产技术管理受到严重冲击，影响了生产。

410厂在1958年年底装配成第一台发动机，其中火焰筒因尺寸不合格，装配不上，改用了苏制火焰筒。1959年元旦，发动机上台架试车，主要性能不合格。重新赶制有关零部件后再次试车，仍未通过。经进一步排除故障，才于同年3月17日完成了100小时鉴定试车，通过了国家验收委员会的鉴定。但与飞机一样，在尚未达到工艺定型时，为了抢产值，就大量投料进入批量生产。1959年装出60台发动机，勉强交付部队31台，都降低一半寿命使用，后来还因发生螺钉事故而被迫全部返厂。1960年分解检查了两台发动机的916个零、部件，发现合格品只占8.8%，废品占11.4%，其余都是超差品。累计投料272台份（部分不成套），经检查不合格而报废的竟达125台份，占48%。到1960年年底，也没有交付出厂一台合格的产品。

尽管哈尔滨市“大跃进”、“左”倾思潮对企业的冲击没有沈阳市那样严重，但122厂和120厂在直5直升机及活塞7发动机的试制中也存在急于求成的问题，采取了“快速试制”方法，大量削减了工艺装备的数量（120厂只选用了资料规定项数的26.7%），试制的直升机和发动机虽然均于1959年年底通过了国家鉴定考核，但试制过程并未为小批生产创造好必要的条件，直

5 直升机还存在排气管、后舱门等 30 多个技术协调问题，直到 1960 年底，两厂仍不能转入稳定的成批生产，已生产的 15 架直升机也不能交付出厂。

1960 年 4 月，赵尔陆在沈阳检查工作时，与 112 厂和 410 厂的苏联专家进行了座谈，并向苏联专家提出：为什么在几乎任何条件都不具备的情况下，在中国能够顺利地掌握米格-17（歼 5）的成批生产，而在干部培养和其他条件都较好的情况下，却生产不出合格的米格-19 飞机？苏联专家们的回答是：主要在于不使用苏联的技术资料，把作为生产依据的苏联工艺规程、生产说明书和技术条令，只作为参考，而使用的仅仅是产品图纸。工厂自编的工艺规程质量很低，没有考虑到成批生产和现有工人的实际技术水平。对赵尔陆之问，苏联专家只是在技术、管理层面上谈了自己的看法，仅在一定程度上反映了当时的实际，还不可能触及更深层的原因。

第十二章 苏联援助

从1951年到1961年，根据中苏两国协议，苏联向中国提供低息贷款；中国航空工业从苏联引进了7种型号的飞机、9种发动机、5种战术导弹、数百项机载设备的制造技术，以及成套设备和器材；苏联在“一五”时期援助中国建设的156项工程中有13项是航空工业的大型骨干企业，在“二五”时期继续援建了一批航空企业和部分科研机构；根据中国的要求，苏联先后向中国航空工业派遣顾问、专家共893人。

苏联对中国航空工业的援助，是全面的、卓有成效的。这种国家间航空技术装备的大规模技术转让，在世界航空史上是没有先例的。苏联援助对中国航空工业的奠基、创建与发展起了关键性的作用。然而，时至1960年，在中苏关系发生重大变化的情况下，苏联援助戛然而止……

苏联政府正式照会我国政府，决定召回在华工作的全部专家，使中苏关系急转直下……

苏联召回专家，是中苏分歧日益加深的结果。一些研究者认为，导致苏联撤退专家的导火索是1960年6月在布加勒斯特召开的罗共三大。这期间，中苏展开了激烈地交锋。苏共代表团向各兄弟党代表团散发了苏共中央致中共中央的通知书。赫鲁晓夫在向大会的致辞中指责中共。以彭真为首的中共代表团展开了针锋相对的斗争，散发了书面声明，指名批评赫鲁晓夫，表示中共决不向违反马列主义的错误观点屈服。这使赫鲁晓夫恼羞成怒，决定把分歧扩大到国家方面，通过经济制裁压服中国，给中国以“颜色”。[①]

1960年6月20日，苏联驻华经济代表处留比莫夫突然宣告苏联政府通知：从现在起，凡在中国航空工业部门的苏联专家，

① 沈志华．苏联专家在中国（1948-1960）．北京：新华出版社，2009 290-291.

工作期满，必须按期回国，无论口头是否同意过，不得延聘。并指定，在东北、西北地区的苏联专家，分别在6月底至7月5日离开中国国境。

6月30日，一机部向国务院报告，苏驻华代表留比莫夫通知，不同意延聘今年4月经国务院批准的正在船舶局工作的15名专家。同时航空工业局副局长段子俊也报告，苏方通知，今后航空专家不再延聘。对此，航空工业局拟采取如下措施：一，按专家协议凡需要聘请和延聘者仍然聘请和延聘；二，虚心学习，尽快掌握技术；三，在军事工业的生产建设和发展尖端技术方面，要做好苏方不再延聘和延期派遣以致全部调走的准备。[②]

7月13日，周恩来在二机部党组关于兰州工厂5名苏联专家奉命要最近撤走的报告上批示："可由二机部向代理首席专家表示异议和遗憾，如他愿向莫斯科要求延期，由他自办，如他报到大使馆，然后由外交部副部长向大使馆提出此事，并表示异议和遗憾。对这些专家离京家属一律宴送并送纪念品。"[③]

7月16日下午，苏联驻华使馆临时代办苏达利柯夫会见我外交部副部长章汉夫，递交了苏联政府关于撤走全部苏联专家的照会。苏联政府决定召回在华工作的全部专家1000多人（其中在航空工业部门工作的有143人）。7月25日，未等我方答复，又通知我国政府：7月28日至9月1日将撤回全部专家。

面对苏联方面的行为，中国方面迅速做出反应：7月18日，毛泽东在一份电报上批示：苏联态度的变化"正好迫使我们自力更生，坏事一定变成好事"。[④]

7月31日，章汉夫会见苏达利柯夫，递交了中国政府的复照。认为苏联的指责毫无道理，并希望苏联政府重新考虑并且改变召回苏联专家的决定。中国政府当然知道不会起任何作用，所以于8月1日国务院就发出了关于安排苏联专家撤退的通知。[⑤]

面对这种猝不及防的形势，第一机械工业部和航空工业局当即召开会议，决定在新情况下，努力做好苏联专家的工作，充分发挥他们的作用，并要选派适当人员，分秒必争，向专家学好本领。要自力更生、奋发图强，把自己的工作搞上去。

当时在航空工业部门工作的143名苏联专家，除16人工作

② 沈志华．苏联专家在中国（1948－1960）．北京：新华出版社，2009.306－307.

③ 中共中央文献研究室．周恩来年谱/1949－1976中卷，北京：中央文献出版社，1997.331.

④ 中共中央文献研究室编．建国以来毛泽东文稿第九册．北京：中央文献出版社，1992.252.

⑤ 沈志华．苏联专家在中国（1948－1960）．北京：新华出版社，2009.295－297.

期满，2 人由于特殊原因征得中方同意提前回国外，其余 125 人的聘期还有一年以上。苏联专家撤走，影响涉及航空工业 22 个工厂和院所、3 个机种和 3 种导弹。在原材料方面，飞机与导弹共需原材料 2.8 万项。国内能正常生产的占 75%；能够生产但质量尚不稳定的占 11.7%；尚未安排生产的占 13.3%。后两者大都是技术要求较高、试制难度较大的项目。

122 厂正在仿制图−16 飞机，进行直 5 直升机定型批生产，苏联专家的突然撤走，对仿制、生产带来了很大困难。当时苏方还欠交图−16 资料 844 项，占全部资料的 62.9%；欠交原材料、成品 80 项，占 16.8%，给我方造成很大损失。112 厂由于苏方提前撤走 10 名导弹专家，2 名飞机专家、1 名军代表，加之欠交资料而延误导弹试制进度造成的成品积压等，使工厂损失达 900 多万元。331 厂 1960 年 7 月试制的“霹雳 1 号”空空导弹打靶未能击中目标，而苏联专家又突然撤走，给空空导弹继续试制造成极大困难。但 331 厂的试制队伍奋发图强，刻苦攻关，终于找到打靶失败的真正原因，是发射前机载雷达未校准，造成导引偏差所造成的。1963 年年底，再次进行打靶试验，获得了圆满成功。由于苏联撤退专家给航空工业造成的经济损失为 5.46 亿元。

1958 年 12 月 14 日苏联专家与哈飞领导及科技人员在试制成功的直 5 直升机前合影，二排右 7 为瓦津斯基，右 10 为尼古拉·任

许多苏联专家对于苏联政府的决定也是不满和不理解的。122 厂米−4 专家组组长谢苗诺夫说：“我没有感到在中国受过什么委屈，我们是友好的。”米−4 设计专家瓦津斯基留下手中自行保管的金属旋翼技术资料。图−16 起落架专家巴兰诺夫表示，在离开之前，“要像拧湿毛巾一样把水挤干，把我们知道的全部告诉你们”。图−16 飞机特设代表维克特洛夫表示，待中苏关系正常化之后，他将第一个报名申请来中国帮助建设航空工业。⑥

112 厂专家、米格−19 飞机总设计师代表谢苗诺夫表示，直

⑥航空工业部中国航空工业史编辑办公室.航空工业史料第七辑：苏联专家在厂十年利弊

到上火车回国前还要帮助我们。他抓紧时间准备，给设计人员有系统地讲了4次传授设计经验的技术课。米格-19飞机专家组组长卓洛图辛和谢苗诺夫交出了他们自己使用的、个人从苏联要来的技术资料和记载重要数据的小本子。⑦

⑦⑧ 112厂佟德滋提供的资料

1960年8月，112厂苏联专家组组长卓洛图辛（右）在欢送苏联专家回国大会上讲话，左为翻译佟德滋

遵照国务院通知精神，按照“以礼相待、热情欢送和有理有节”的原则，航空工业局和有关厂所给撤回的专家赠送了中苏友谊纪念章、感谢信和纪念品，有的还组织了联欢会和欢送会，加深了中苏两国人民的友谊。112厂于8月4日，向所有离华专家颁发了中苏友谊纪念章和感谢信，并以个人名义赠送了礼品（一般专家的礼物为80-90元，专家负责人的礼物价值200元），举行了欢送大会和宴会。8月6日向在厂工作成绩显著的米格-19飞机专家组组长卓洛图辛和总设计师代表谢苗诺夫颁发了第一机械工业部赵尔陆部长的感谢状。⑧

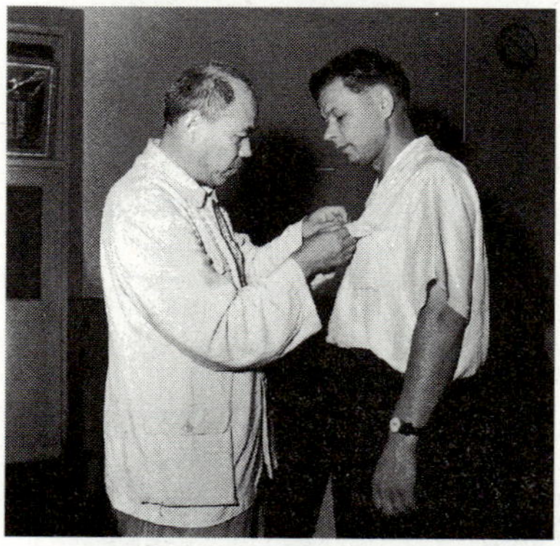

1960年8月112厂厂长牛荫冠为苏联专家、米格-19总设计师代表谢苗诺夫颁发奖章

8月16日，周恩来在京为奉命即将回国的苏联专家举行宴会，代表中国共产党和中国政府对他们为中国社会主义建设作出的贡献表示感谢，对他们回国表示惜别。周恩来巡回各桌，向每位专家祝了酒，他动情地说：“我们分开了，但

112厂厂长牛荫冠与苏联专家在公园野餐

相信两国、两国人民的友谊是永恒的。”在座的专家为之动容，有的还流下了眼泪。⑨ ⑩

截至 8 月 29 日，所有受聘在航空工业部门的专家全部撤离。

中苏两党、两国关系虽然恶化，回国的一些苏联专家还同工厂领导人长时间地保持联系。每逢新年、春节、“五一”、“十一”，苏联专家个人或联名或以专家组的名义，发来贺电或贺信。112厂自 1960 年苏联专家撤退到 1965 年，就先后收到在厂工作过的苏联专家 28 次来信、来电祝贺节日。

1957 年 11 月 7 日在国务院外国专家局庆祝苏联十月革命四十周年舞会上，周总理同苏联专家及家属和工作人员在一起（张德全提供）

⑨ 中共中央文献研究室. 周恩来年谱 / 1949–1976 中卷，北京：中央文献出版社，1997. 341.

⑩ 沈志华著. 苏联专家在中国（1948–1960）. 北京：新华出版社，2009. 308.

在撤退专家之后 6 个月，赫鲁晓夫主动致函周恩来总理，表示转让米格 –21 歼击机生产特许权，提供全部资料，并且希望中国派代表团赴苏谈判，送上了苏联航空技术援助“最后的晚餐”

1960 年 11 月，81 国共产党、工人党会议在莫斯科举行。会议前，苏共领导向各国党代表团散发了一封长达 6 万字的信件，信件对中共的内外政策进行了批评指责。以刘少奇为首的中共代表团既与苏共进行了坚决的斗争，又做了必要的妥协，会议最后达成了协议，通过了《莫斯科声明》和《告世界人民书》。中苏关系又出现了短暂的缓和。

1961 年 1 月 12 日，赫鲁晓夫主动致函周恩来总理，表示苏联愿向中国转让米格–21 歼击机生产特许权，提供全部资料，并且希望中国派代表团赴苏谈判。⑪

⑪ 中共中央文献研究室. 周恩来年谱 /1949–1976 中卷，北京：中央文献出版社，1997. 389.

本来米格–21 飞机引进，在 1959 年苏联已经答应。我空军副司令员王秉璋和航空工业局副局长徐昌裕已准备好去苏联谈判。但赫鲁晓夫当年 9 月来华，与中国关系又恶化了，因此对米格-21项目苏方就借故拖延。

这次是赫鲁晓夫主动提出，于我有利。2月5日，周恩来复函赫鲁晓夫，中国政府决定，本月中旬将派代表团赴莫斯科商谈，并签订有关协定。[12]

⑫ 中共中央文献研究室.周恩来年谱/1949-1976中卷，北京：中央文献出版社，1997. 389.

根据中央指示精神，空军和航空工业局提出了一个引进米格-21的初步意见，在聂荣臻主持的中央军委会议讨论后，由刘亚楼、丁仲和徐昌裕向周恩来作了汇报。周恩来明确表示，如果苏方想利用转让米格-21生产权进行讹诈，我们就不干；如果苏方想压我们在原则上让步的话，就宁可不要。周恩来还指示说，如果你们有什么重要问题定不了，可以随时用电报请示。这次赴苏谈判米格-21生产特许权问题，代表团由使用方和制造方共同组成。空军司令员刘亚楼任团长、空军工程部副部长丁仲、航空工业局副局长徐昌裕任副团长，还有一批专家：飞机方面有高方启、叶正大，发动机方面有余侠平、冯绍周，机载设备方面有李时发、郭允中、李德常，材料方面有魏祖冶和张英铭。除此，还有冶金部陆达和化工部陶涛等。

1961年3月在莫斯科谈判引进米格-21飞机的中国代表团部分成员，左起李时发、徐昌裕、余侠平、严复、李德常、叶正大

3月，代表团抵达莫斯科。经我驻苏使馆与苏方联系，很快就开始了会谈，苏联的主谈单位是苏联对外经济委员会，航空工业部是主要执行单位，开会时苏方主持会议的是对外经济委员会的主席，航空工业部方面有对外联络司司长德沃连钦科等人参加，到会的还有一位曾在航空工业局工作过的苏联专家。会议先由对方的主席发言，提出了援助的内容，包括：飞机发动机制造的设计技术资料；飞机发动机制造的工艺技术资料及工艺背景资料；专用设备及工艺装备，需要否由中方提出意见；飞机发动机装配所需的仪表、电器、附件电子设备、武器等技术资料、成品，需要数量由中方提

出；试制飞机发动机所需的锻铸件、原材料，需要否由中方提出意见；中方是否有聘专家的意向。

在谈判中，中方一方面注意同苏联的关系保持一定水平，多做友好促进工作，争取谈判成功；另一方面对那些为谈判制造障碍，从中作梗的苏联官员进行适当的驳斥，苏方代表德沃连钦科就是这样一位，他的公开身份是苏联航空工业部对外联络司司长，实际是“克格勃”。由于这次赴苏谈判是赫鲁晓夫提出来的，从谈判中不难看出，在转让米格-21生产特许权上，他们也作出了某些新的调整，在方法和形式上也有些新的考虑。

经过争取，中方参观了生产米格-21的高尔基城飞机厂（这个厂很神秘，过去从没让中国人参观过）。在参观时，德沃连钦科设置障碍，本来答应参观3天，却又以代表团没有护照为由，要求当日返回莫斯科。刘亚楼用俄语据理力争，大声斥责，经过一番唇枪舌剑，对方终于软了下来，同意让一些专家留下来继续参观。中国代表团在飞机工厂还参观了空空导弹，即米格-21飞机上装备的K13导弹。据说是根据中国获得的美制“响尾蛇”导弹仿制的，也随米格-21飞机向中国出口。[13]

⑬徐昌裕口述.为祖国航空拼搏一生.北京：航空工业出版社 2006. 187－192.

在团内讨论的问题中最热门的是有关聘请专家问题，来自工厂的团员就提出了聘请专家问题，理由是中国已起步自行设计飞机和发动机，很需要设计方面的专家，新的米格-21飞机和发动机有新的工艺问题和冶金问题，最好聘请总工艺师专家和总冶金师专家。在讨论过程中刘亚楼又向国内请示，最后刘司令员表示：1960年他们刚无理撤走专家，如果我们现在又提出聘请专家在政治上是不利的，为了维护国家的尊严决定不再提出聘请专家。

这次谈判历时20余天，最后于3月30日刘亚楼代表中方签订了苏联向中国转让米格-21ф飞机生产权的协议书，简称“3·30”协议。苏联政府将无偿地给予中国米格-21ф飞机（含P-11ф-300发动机和K13空空导弹）的生产特许权及全套生产技术资料，同时有偿地提供120架份成批生产飞机和发动机、导弹所需材料、成品及附件，还有一架样机、两台发动机，共需人民币9032万元。

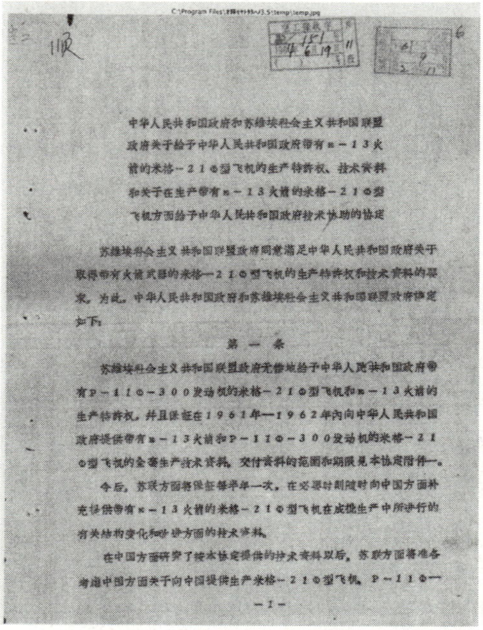

中华人民共和国政府和苏维埃社会主义共和国联盟政府关于给予中华人民共和国政府带有к－13火箭的米格－21Ф型飞机的生产特许权、技术资料和关于在生产带有к－13火箭的米格－21Ф型飞机方面给予中华人民共和国政府技术协助的协定

苏维埃社会主义共和国联盟政府同意满足中华人民共和国政府关于取得带有火箭武器的米格－21Ф型飞机的生产特许权和技术资料的要求。为此，中华人民共和国政府和苏维埃社会主义共和国联盟政府协定如下：

第一条

苏维埃社会主义共和国联盟政府无偿地给予中华人民共和国政府带有Р－11Ф－300发动机的米格－21Ф型飞机和к－13火箭的生产特许权，并且保证在1961年—1962年内向中华人民共和国政府提供带有к－13火箭和Р－11Ф－300发动机的米格－21Ф型飞机的全套生产技术资料。交付资料的范围和期限见本协定附件一。

今后，苏联方面将保证每半年一次，在必要时则随时向中国方面补充提供带有к－13火箭的米格－21Ф型飞机在成批生产中所进行的有关结构变化和改进方面的技术资料。

在中国方面研究了按本协定提供的技术资料以后，苏联方面将准备考虑中国方面关于向中国提供生产米格－21Ф型飞机、Р－11Ф—

—1—

"3·30"协议首页

这样，中国在歼5（米格–17）、歼6（米格–19）飞机成批生产并装备部队之后，又试制生产了两倍声速的歼击机歼7（米格–21）。这项引进，不仅是引进苏联米格歼击机系列“最后的晚餐”，也是苏联10年航空技术援助的“最后的晚餐”。

米格–21属高空高速歼击机，苏联于1953年开始设计，1955年试飞，1958年装备部队，先后有20多种改型。

1961年6月，国防工办党组向中央报告，提出缩短战线，尽快把歼6优质过关，试制出歼7来。1962年6月，周恩来视察112厂，召开沈阳地区航空工业企业领导干部座谈，着重研究了新机试制问题。1962年10月，总参谋长罗瑞卿正式批准试制歼7飞机。

米格–21飞机的技术图纸于1961年8月运抵112厂，全部资料重13吨，翻译、复制工作量浩大。该厂组织技术力量，仅用一年时间，就完成了全部技术资料的复制，但按原文目录查对，发现苏联欠交资料256项，其中含有十分重要的资料如全机共振、全机疲劳等8大试验资料均未提供。这给试制带来了很大困难。

国务院国防工业办公室做出决策，指示刚刚组建的国防部第六研究院601所和112厂等单位对米格–21飞机进行全面的“技术摸透”，先后解决飞机图纸疑难问题249个，更改原设计图纸近2万标准页，补充设计图纸969标准页，编制了苏联欠交的8大试验技术文件。

1962年4月至9月，苏联米格-21飞机散装件陆续到厂，但因包装粗糙，箱内浸入雨水，致使散装件受损严重，112厂针对这一情况，立即采取了补救措施，同时加快了装配散装件的进度。

1964年10月歼7主体标准样件一次对合成功

1964年4月30日，第一架用苏制散装件装配的歼7飞机在鞍山首飞成功。到1964年9月，首批10架用苏制散装件装配的歼7飞机交付部队使用。

通过15架份的苏制散装件总装，试验、试飞，为试制国产歼7打下了扎实的技术基础。

1964年3月，沈阳飞机厂按照歼7飞机试制总方案，全面铺开了国产歼7的试制工作。试制工作是在没有苏联专家指导的情况下进行的。

歼7飞机结构复杂，共有两万多项零件，186项新结构、新工艺和新技术。如整体壁板、整体密封油箱、钛合金零件成型都是歼6飞机所没有的新技术，工厂就组织技术人员与工人进行逐项攻关，直到掌握技术为止。

沈飞仿制米格-21飞机，命名歼7

1965年7月，全机零件制造任务基本完成，开始飞机部件装配工作。9月第一架供静力试验用的歼7飞机开始总装，10月总装完成。在进行全机静力试验中，全机加载至112%，飞机尚未发生总体破坏，比苏制米格-21强度提高7%。11月28日，歼7第二架供试飞用的飞机总装完成。1966年1月17日，国产歼7飞机由葛文墉驾驶首飞成功。

歼 7 首飞试飞员葛文墉

在随后进行为期 3 个月的试飞中，飞机各项性能良好，带导弹的歼 7 飞机最大飞行速度达到 M 数 2.02，静升限达到 19400 米。

整个歼 7 飞机的试制周期为两年零 4 个月，提前一年零 2 个月完成三机部下达的试制任务。

1966 年 12 月，航空军工产品定型委员会批准歼 7 飞机生产定型并转入成批生产。

1966 年，国家决定把成都和贵阳辟为歼 7 飞机新的生产基地，112 厂把歼 7 飞机全套图纸、工艺装备转入新厂。112 厂共生产歼 7 飞机 39 架，其中 12 架援助了阿尔巴尼亚。

在 1958 年炮击金门，台湾海峡局势紧张时刻，赫鲁晓夫的主动建议，促成了中国提前引进图 –16 轰炸机

我国生产的轰 6 甲型飞机，其原型机是苏联的图 –16 型战略轰炸机。该机是苏联在 20 世纪 50 年代初研制成功的。早在 1952 年，周恩来在研究中国航空工业发展规划时就提出要建设轰炸机厂，并期望中国能早日生产轰炸机。

根据中国航空工业发展规划，“一五”期间是从修理走向制造，仿制苏联的教练机和歼击机，“二五”期间才考虑着手仿制苏联的轰炸机。1957 年 9 月，我国派出以聂荣臻为团长，陈赓、宋任穷为副团长的代表团赴苏考察访问。代表团航空组张连奎、徐昌裕、徐舜寿重点考察了苏联刚装备部队不久的米格–19 歼击机和图–16 轰炸机。但图–16 并未纳入这次谈判达成的“国防新技术协定”。

1958 年台海局势骤然紧张，促成了图–16 的提前引进。

1958 年 8 月 23 日下午 5 时 30 分，猛烈的炮火震动了金门，

也震动了整个世界。炮击金门，是毛泽东运用政治斗争、军事斗争、外交斗争和舆论宣传攻势，并将它们交融于一体的一次重大行动。

炮击金门，连中国的盟友、苏联首脑赫鲁晓夫也不明个中底细。因为20天前，即8月3日，他在北京与毛泽东刚刚结束会谈。他在北京待了4天，毛泽东只字未提炮击金门的事。

1958年9月初，中国驻苏大使刘晓突然被苏共中央主席团委员苏斯洛夫约见，说赫鲁晓夫代表苏共中央邀请大使夫妇去雅尔塔（现属乌克兰），并想同大使作一次重要谈话。刘晓大使请示中央同意后，乘苏方飞机飞往克里木半岛南端的塞瓦斯托波尔，在潜艇基地转乘一小炮艇，于1958年9月16日17时左右到达雅尔塔苏共中央别墅。19时左右，赫鲁晓夫接见了刘晓大使一行并共进晚餐。饭后，赫在书房里和大使谈话。他除了一般地谈到了国际形势外，主要谈台湾海峡的局势和苏联准备如何帮助中国来应付这一紧张局势。赫说：美国正在各地制造紧张局势，特别是在台湾海峡。虽然美国有困难，但不能不提高警惕。他一再强调美国有可能在有利时机和地区进行挑衅和侵略，美国的战争边缘政策是很危险的。赫鲁晓夫对台湾海峡局势表示不安，认为中国自然比他更了解这一地区的形势，中国也能应付这一局势的任何发展。又说：为防止局势进一步发展，苏联将考虑采取一些具体步骤，帮助中国制止美蒋侵略阴谋的实现。美蒋的优势主要是海空方面。赫鲁晓夫说，苏共中央经过研究讨论后，认为应在空军方面加强这一地区的力量，能够对美蒋海军起到威慑作用。并说：如果中国认为需要而提出要求的话，苏联可派一批带有导弹的图-16轰炸机到中国，配备苏联飞行员，可用在中国领海、领空，给侵略者以打击。他希望刘晓大使把这一建议转告毛泽东主席和中国政府，并反复说明苏共这个建议内容和他们的考虑，以引起我方予以足够重视。9月21日，刘晓大使急电报告毛泽东主席和党中央。⑭

苏联之所以主动提出图-16飞机到中国驻防，也是和赫鲁晓夫想利用当时台湾海峡紧张局势，把台湾海峡问题纳入苏联与西方，主要是与美国争霸全球的战略范围内，以改变远东太平洋地

⑭ 刘晓．大使回忆录——出使苏联八年．北京：中共党史出版社，1995．74–78.

区苏美军事力量对比分不开的。

王西萍回忆：

四局分党组很快下定提前试制图–16的决心。然而这件事涉及两国政府，要通过外交途径，需请示周总理批准。这时我突然想到了马列同志（当时任总理秘书），想通过他向总理反映一些情况。主意一定，立即由沈阳回到北京。到京后，我便去中南海，进了新华门，直奔总理秘书室，见到了马列同志，说明来意，还没等我把话说完，突然看到总理送斯特朗从他的办公室走出来了（查《周恩来年谱》中卷第175页，周恩来接见美国记者、作家斯特朗为1958年9月27日——作者注）。待总理把客人送走，马列随即上前向总理报告说：总理，您不是很关心图–16吗？并用手指着我介绍说，他就是搞航空的，是一机部四局局长。总理听说我是搞航空的，便向我问道："你叫什么名字？"我回答说："王西萍。"接着总理点头示意说道："来，到我房间里来，我有话问你。"当我随着总理走进他的办公室之后，总理找出一份文件递给我说："你先看看这个，然后我们再谈问题。"我一看不觉大吃一惊。原来这是我驻苏大使刘晓同志发来的一封电报。说赫鲁晓夫在雅尔塔接见了他，要他转告我国政府。如果中国认为有需要而提出要求的话，苏联可派一批带有火箭的图–16型轰炸机到中国，配以苏联驾驶人员。还说用这种飞机可在中国的沿海、领水、领空给侵略军以严重打击。特别是对蒋介石军队的打击，而加强对美国的压力，使美国感到我们的威力等等。我看后心中暗想，这可是件大事。一是，外国飞机到中国涉及国家主权；二是，苏联的图–16如果来了，我们的图–16何年何月才能出来呀！当我把电报看完，总理严肃地对我说，情况都知道了吧！接着又问我，航空工业搞了这么多年，图–16我们自己能不能搞出来呀？我回答道：可以搞出来，但还需要一些条件。总理又问，都是哪些条件？我随即就图–16所需的耐热合金、大型锻件和一些专用设备以及还需聘请一部分专家等作了简要回答。总理接着又问，是否这些条件解决了，图–16就能搞出来啦？我作了肯定的回答。最后总理说，那好，我这里很快草拟个电报，然后你们再

看看，没意见就发出去，随后咱们便派人去莫斯科谈判。[15]

10月12日，周恩来电复赫鲁晓夫，内称："我们非常感激您的好意。我们觉得从目前整个斗争形势来看，不宜这样做。因为我们目前没有使用轰炸机出海作战的意图。同时美国也在尽力约束蒋介石空军，不许轰炸大陆。这样就使图-16这样的轰炸机没有作战机会。相反的，由于苏联空军突然出现在中国大陆上，情况可能复杂起来。为了有效地加强中国空军的作战力量，我们决定从苏方提前引进图-16轰炸机生产。当前最迫切的问题是要从苏联方面提前得到有关生产图-16飞机的技术资料和样机，以及苏联技术专家的援助。"

10月31日，赫鲁晓夫回电给周恩来："苏联政府原则同意您的要求，提前供给图-16飞机技术资料和样机。1958年11月开始供给技术资料。作为样机，可供给你们最近出厂的，在部队中使用的两架飞机。可派遣必要数量的专家去中国，可以供应目前中国尚不能生产的某些部件、模压件、锻件和半成品"。

毛泽东、周恩来的果断决策是十分正确的。既巧妙、委婉地回绝了赫鲁晓夫的提议，又为我国引进轰炸机争取了时间。

1958年11月至1959年3月，122厂厂长陆纲随张连奎、王西萍率领的代表团赴苏谈判引进图-16轰炸机，图为访苏期间在苏专家家中作客，右三为陆纲，右一为刘国民（占少红提供）

1958年11月10日，根据周恩来10月12日致赫鲁晓夫的电报精神，经科学规划委员会批准，由一机部四、五、十局和化工部橡胶局共23人组成的中国航空代表团，于11月17日抵苏谈判。代表团团长是一机部副部长张连奎，副团长是航空工

⑮航空工业部中国航空工业史编辑办公室.航空工业史料第二十辑：王西萍同志对航空工业的回忆片断

业局局长王西萍，团员王世光、王历、陆纲、蒋祖同；专家组成员有冯绍周、孙肇卿、胡毓汉、胡致书、陆颂善、苗雨时、刘国民等。

苏方对外经委航空技术委员会副主席别亮斯基负责接待，成员包括苏联三个飞机工厂、一个发动机工厂的总工程师、总工艺师和总设计师。谈判从11月18日开始。苏方在时间上抓得很紧，也较为重视。在谈判设备方面问题时，苏联对外经委主席阿尔希波夫也参加了。在苏期间，中国专家组还参观了莫斯科、喀山、列宁格勒等城市的42个航空工厂和院所。最终于1959年2月4日签订了《图-16飞机生产技术援助问题谈判结果议定书》。代表两国政府在议定书上签字的是张连奎和希德洛维奇，议定书主要内容是：

1. 我国从苏联引进制造图-16的成套技术，苏联提供成套的生产图纸资料。

2. 苏联帮助我国分四阶段生产50架机，其程序是：第一阶段，苏方提供1架部件和系统件，由中方进行总装试飞；第二阶段苏方提供1架散装件，由中方铆接成部件再总装；第三阶段，苏方提供成品、毛坯和原材料，由中方生产零件并装配；第四阶段，全部由中方自行制造。苏联先提供两架样机。

3. 苏方提供理论模线和型架，由我方绘制结构模线，制造样板和零件工装，安装型架。

4. 苏方派遣专家帮助我方试制，中国派遣人员赴苏有关飞机、发动机、仪表附件厂实习。

航空工业局局长王西萍（前左二）、副局长段子俊（前左一）、油江（前右一）与苏联图-16项目专家津金（前中）在一起

4月18日又签订1960年上半年供应中国20架飞机机体，40台发动机、96项机载产品原材料及成件的协议。5

月，航空工业局又派出孙志端、夏端、张金波等 29 人赴苏喀山轰炸机厂进行为期半年的实习。

从中苏签订的图-16 议定书执行情况看，1959 年好于 1960 年。

1960 年赫鲁晓夫撤走全部在华专家，直接影响了当年图-16 飞机议定书和合同的正常实施。在试制处于关键时刻，突然撤走专家和在技术资料及器材供应上的问题，迫使图-16 试制工作一度中断。

122 厂和 120 厂在获悉我国提前引进图-16 的情况后，两厂主动请缨，向航空工业部报告，要求承担图-16 飞机及其发动机试制任务。经航空工业局的决定，图-16 轰炸机的仿制由 122 厂、120 厂、正在建设中的西安飞机厂即 172 厂和西安发动机厂即 430 厂承担。

为了仿制图-16 轰炸机，122 厂从 1958 年起就进行技术改造，把厂房面积扩大一倍，补充了相应的技术设备。1959 年初，两架图-16 飞机和一架部件及一架散装件厂陆续抵达，35 名苏联专家也于 5 月到厂。厂长陆纲组织全厂职工进行紧张试制，112 厂、172 厂也派出数百名技术工人进行支援。在广大职工努力下，仅用 67 天，就完成了第一架飞机的总装（苏联总装周期是 3 个月）。9 月 27 日，这架中国自己装配的轰炸机——轰 6 首次试飞成功，当年 12 月交付部队使用。

1961 年 11 月，航空工业局决定轰 6 的试制全部转到 172 厂和 430 厂进行。

122 厂自 1962 年起向 172 厂移交图-16 全部图纸资料、工艺装备，以及材料、成品、样机等，共装运 400 多节火车皮。

1959 年 5 月，马凤山（右三）等被派往苏联喀山图-16 飞机生产工厂实习，掌握了不少技术资料，详细记下了“马凤山笔记”，为后来的研制工作提供了重要依据（赵孟华提供）

从 1958 年开始，172 厂按照中型轰炸机制造厂的规模全面加快了建设。原

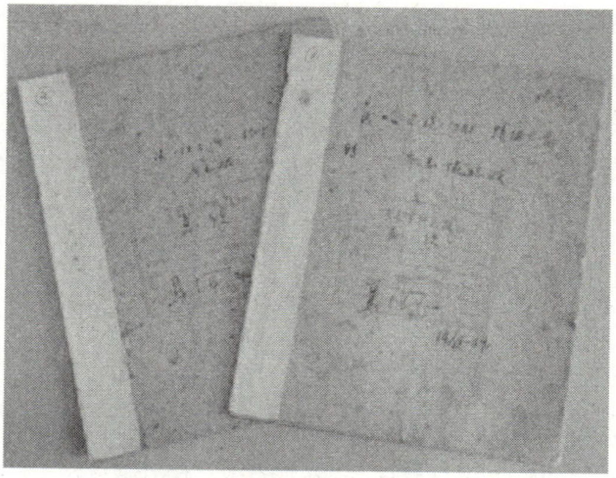
“马凤山笔记”封面（赵孟华提供）

平原省副省长、洛阳拖拉机厂厂长刘刚被调来任厂长，孙志端任总工程师，112厂向西安飞机厂对口支援，成套输送干部、工人两千余名，对172厂的建设起了重要作用。122厂设计室副主任马凤山也被调到172厂，参加轰6甲飞机试制。

1959年马凤山被派往苏联喀山图-16飞机生产工厂实习静力试验，重点考察苏联飞机1953年强度规范与1947年规范的差异，以及图-16飞机强度计算及静力试验情况，掌握了不少技术资料，为后来的设计工作提供了重要依据。苏联专家在作讲座报告时一再强调说，课堂上讲的这些你们不用记，这些资料会全本发往中国，绝大多数中方人员也就专心听讲了。但马凤山不但用心听讲，而且记下了极为详尽的笔记，这就是后来起了重大作用、被称为宝贵资料的“马凤山笔记”。

“马凤山笔记”派上了极大的用场。它是用苏联出产的一种很厚的软皮学生练习本记录的，字迹秀美整洁，其中含有大量图-16飞机的总体、强度、试飞等各类关键信息，包括:《图-16飞机的静力试验考察报告》、《图-16飞机强度计算原始数据总结报告》及《从图-16改为图-104的结构考察报告》等，具有很大的权威性，为我国轰6甲飞机进行强度计算，确定原始数据及编制静力试验任务书提供了依据，为起步研制我国大型喷气客机也提供了参考。轰6甲飞机的零升阻力系数、最大升力系数等等，都取自“马凤山笔记”。直到20世纪70年代，确定轰6甲飞机的机体首翻期时，还采用“马凤山笔记”中的数据作为参考依据，并得到领导机关的认可。

马凤山（1929–1990），1929年5月8日生于江苏无锡，1949年就读于上海交通大学航空工程系，1952年毕业后奔赴东北投身航空工业建设，历任122厂检验科副科长、设计室副主任，172厂设计科副科长、设计所副所长，先后参加轰6飞机的研制工作，担任运8飞机设计的技术总负责人。1970年11月，马凤山奉调上海，先后任运10大型客机技术总负责人、上海飞机研究所副所长、所长兼总设计师。1986年12月被批准国家级有突出贡献的科技专家。

172厂试制的是轰6甲型飞机。当时是中国试制的最大的飞机。该机装两台涡喷8发动机，由430厂试制。

172厂于1963年制订出试制总方案，1964年开始制造工艺装备。该厂副总工程师陆颂善成功地运用从英国引进的光学望远镜、长杆千分尺装配型架的新技术，解决了保证型架安装精度的重大技术难题。该机机身部装型架，按苏联方法安装，费力费时，而按陆颂善引进的新方法，效率高，装配精度也高。1965年5月，三机部在172厂召开了型架装配技术经验交流会，在飞机工厂全面推广。

陆颂善在112厂工作时与苏联专家在一起，左一为熊焰、左二为刘南生、左四为陆颂善（熊晓虹提供）

轰6甲型飞机总装

陆颂善（1919-2007），1919年生于浙江省吴兴县，1940年毕业于上海交通大学，1945年留学英国，学习柴油机、卡车等生产技术。1952年调入航空工业部门，历任航空工业局副处长，112厂副总工艺师，172厂总工程师等职务，1978年获全国科学大会奖，1993年获航空金奖。

1966年10月，172厂提前一年完成

了静力试验用轰 6 甲飞机的总装。1968 年 12 月 9 日，轰 6 甲飞机 B 情况全机悬空试验在西安飞机结构强度试验研究所进行，载荷加到 80%，满足设计要求。12 月 28 日，又在该所进行 A 情况全机悬空破坏试验，破坏载荷 134.8%，达到设计要求。

1968 年 12 月 24 日，中国仿制的高亚音速中型轰炸机——轰 6 甲飞机由李源一机组驾驶，在西安飞机厂升空，这是中国航空工业史上一个重大成果。一系列性能试飞表明，飞机各个系统工作可靠，发动机工作正常，飞机操纵性、安定性好，主要性能均达到了设计指标。

1963 年，为配合原子弹的研制和试验，航空工业局下达任务给 172 厂，要求该厂将哈尔滨飞机厂 1959 年装配的轰 6 飞机改装成原子弹运载机。总体方案确定，改装和增装投放挂弹系统、加温保温系统、防护系统和临时性试验设备。

运载机改装工作由 172 厂副厂长李溪溥（后任陕西省省委书记）全面负责，并相应成立了指挥部和改装队，从 1963 年 6 月开始准备，1964 年 9 月完成。其间得到了全国各有关单位的大力支援和配合，化工、机械、轻工、纺织等部门及时提供了飞机改装所需器材。

经过改装的轰 6 运载机于 1965 年 5 月 14 日，由李源一机组驾驶，在中国西部上空成功地进行了运载、投放原子弹的试验。李源一机组 6 人荣立集体一等功。李溪溥应邀到北京参加周恩来的接见和庆功宴会。

轰 6 甲飞机投产后，全部装备空、海军轰炸机部队，成为保卫祖国的重要装备之一。

轰 6 甲飞机进行了多次改进改型，除核武器运载机外，还改装了第二代领航系统和轰 6 丁飞机。轰 6 丁在左右机翼下各悬挂一枚空舰导弹，主要用于攻击敌方的舰艇。该机于 1985 年 12 月通过设计鉴定。

引进图–16 总计花了多少钱？根据 1963 年 6 月《图–16 飞机算账情况报告》，全套图–16 引进项目费用情况为：1959 年 1 月 13 日周恩来总理批准国家计划费用为 8200 万旧卢布，实际结汇总额 9726.4554 万旧卢布，其中：专家费用为 300 万旧卢布，实习生费用为 185.4 万旧卢布，器材订货费用 8137.6 万旧卢布，技术资料费用为 1103.4554 万旧卢布。

苏援 10 年，航空工业聘请苏联专家 893 人。他们分布在航空工业局、航空企业、科研单位和学校，全面帮助指导航空工业的工作

苏联派出大量的专家顾问直接帮助中国航空工业进行建设与发展。

这批专家，尤其是早期的专家，有列宁勋章和斯大林奖金的获得者，有博士和先进工作者，他们大多经历过第二次世界大战的磨炼，有丰富的技术知识和经验，能吃苦耐劳，在极其艰难的条件下同中国职工一起战斗在修理、基建、制造第一线，对中国航空工业的创业和发展做出了卓越贡献。

根据中国航空工业建设不同阶段的需要，在 1951–1960 年的 10 年中，航空工业实际聘请苏联专家 893 人（不包括苏联战地修理列车官兵 227 人），占中国国防工业部门 10 年聘请专家总数的 35%；占全国经济、文教部门 10 年聘请专家总数的 7.9%。他（她）们分布在航空工业 36 个单位，即航空工业局机关和 23 个工厂、5 个院所和 7 个院校。

最早踏上中国土地的是按中苏协议派出的以瓦西里耶夫为组长的苏联设计专家组，他们于 1951 年 6 月 10 日抵达北京后先到工厂进行调研。航空工业局当时设在沈阳，考虑到工厂建设许多原则问题要在北京决定，8 月 1 日航空工业局设计处在北京成立。新中国第一批航空工业基建设计人员给苏联专家当助手，开始了六大修理厂的设计。

最早接待苏联专家的任华回忆：

1951 年 5 月中旬的一天（疑为 6 月中旬的一天——作者注），航空工业局副局长陈平同志找我谈话说：根据段副局长在苏联谈判的协议，苏联要派一批专家来帮助我们设计修理厂。现在专家已经到达北京，设计工作将在北京进行，要我随他去北京和苏联专家一道工作。并说：签订的协议是一年，完成任务后仍回沈

阳。于是我便随陈平同志等4人匆忙赶到了北京。

以瓦西列夫为首的航空修理厂设计专家组共计有20人，其中包括总工程师、飞机工艺、发动机工艺、机械加工工艺、发动机试车、锻造及热处理、铸造工艺、表面处理工艺、非标准设备及运输设计、土建结构、供电、配电、工厂总图、上下水道、锅炉、工业管道、气体供应、暖气通风及燃油库设计等19个专业的专家。这是一支专业比较齐全，技术力量比较精干的设计组。他们到北京后就向我方表示，只要我们能配备部分力量，帮助他们完成一些辅助性工作，如翻译、制图、描图、晒图、打字等工作，全部技术问题均由他们负责承担；并表示将在一年内按期完成这批修理厂的设计工作。

为了配合苏联工厂设计专家组的工作，航空工业局在北京原重工业部院内成立了工厂设计处，由陈平同志任处长，由于当时航空工业局还在沈阳，所以陈平同志就只能来往于北京和沈阳之间，兼顾两地的工作。几个月之后便任命马公仆同志任设计处副处长，我担任设计处的计划和翻译组组长。航空工业部第四规划设计研究院的前身——航空工业局工厂设计处就是这样创建起来的。[16]

⑯ 航空工业部中国航空工业史编辑办公室.航空工业史料第五辑：航空工厂设计的回顾.

为了加快修理厂的建设进度，适应抗美援朝战争的需要，苏联设计专家根据苏联卫国战争中迁建航空工厂的经验，提出了在初步规划的基础上直接作施工图的建议。部、局领导同意了这种简化设计程序的办法。

1953年冬许锡振与苏联暖通专家苏尔科夫（右）、格涅拉洛夫一起研究工作（许锡振提供）

六大修理厂的原有厂房几乎没有什么图纸资料，为了进行改建设计，就要自己进行调查测绘。苏联专家带领中国设计人员一起丈量房间大小，凿洞了解墙体构造，爬上屋顶测量钢屋架各个杆件的尺寸，钻进地沟窨井了解管道情况。土建结构专家克拉斯诺波利斯基多次亲自钻地沟，弄得满身泥土。暖通专家苏尔科夫钻进地沟查看管道情况，一进去就是两三个小时；运输专家科兹洛夫腰拴绳子，脚踩临时铺的木板，爬到钢屋架上去测量屋架上弦节点板的尺寸。以瓦西列夫为首的苏联专家认真负责、一丝不苟的作风给年轻的技术人员留下了十分深刻的印象。段子俊回忆：

由于工作上的需要，在那段时间里，我们接触过不少苏联专家。然而给我印象最深的是设计专家组组长瓦西列夫。他对中国人民的感情非常深厚。他曾不止一次地向我表示过他对毛泽东主席的崇高敬仰。他说，他看过《实践论》和《矛盾论》，赞扬毛主席不仅是一位伟大的无产阶级革命家，而且还是一位当今世界上了不起的马克思主义思想家。他对中国建设航空工业充满信心。

瓦西列夫对工作非常积极热情，对各项总体筹划一直抓得很紧，在许多专家中表现最为突出。他常催我们说："如果上面不早把厂址、规模、品种、产量等大问题定下来，我就无法开展设计工作。"他还经常主动提出建议，并比较早地帮助我们考虑到技术人才的培养问题。至今我还保存着当时他为"六大厂"提出的一个各类人员逐年需要表。在我们向中央领导同志汇报历年需要的投资并经批准之后，也是他非常关切及时地向我们提出：集中在1953年的投资太多，可能会用不完，要重新调整基建方案的意见。此外，瓦西列夫是"六大厂""就地结合、逐步过渡"的坚决主张者。他反对抛开现在修理厂的基础去另外选点重新建厂。他曾从交通、动力以及靠近城市等方面的有利条件进行过论证，说明在"六大厂"的基础上改建扩建，可以使过渡到制造的时间提前三年左右。这在当时是很有说服力的，使我们避免了很多不必要的争论，加快了厂址的定点工作。⑰

⑰ 孟赤兵，周日新，李周书等主编．新中国航空工业主要创始人之一段子俊．北京：北京航空航天大学出版社，2010. 185.

中苏协议规定，"一五"计划期间苏联援助建设的航空工厂由苏联负责设计。除航空仪表厂的初步设计在苏联进行外，其他项目全部由苏联派设计专家组到中国与中国设计人员一起设计，共同保证设计质量和设计进度。

苏联专家具有丰富的设计经验，并有苏联类似工厂可以参考，因此有把握在编制计划任务书和初步设计的同时就进行了一批主要生产厂房的施工图设计。设计进度的提前，为加快施工建设进度创造了有利条件。由于中苏双方采取了加快设计进度的措施，经苏联专家和中国同志的共同努力，这批工厂的设计进度比中苏协议规定的期限提前了一年左右。

航空工业局先后聘用三任总顾问、副总顾问，即总顾问波斯别霍夫、切尔尼柯夫、索科洛夫，副总顾问戈尔捷也夫、诺维科夫、施莫特良科夫。大部分专家工作积极热情，认真传授技术业务，真诚帮助中国航空工业发展。

1957 年欢送飞机厂总设计师费吉切夫回国，前排左起：高振沄、杜受百、贝雷斯加洛夫、刘正惠、包格列佐夫、汤礼智、费吉切夫、李兆翔、奇金（专家组组长）、郑爽西、哥尔斯基、任华；后排左起：周桂钦、王迺琳、沈灏、许锡振、姚逸安、李芸兰、潘大礼、陈希博、沈斌、（名字不详）、谢庭震、李崇诚、袁淑芝、方兰

波斯别霍夫是 1951 年 7 月 4 日来华的第一任航空工业局总顾问，他对航空工业修理，从修理走向制造，特别是航空工业制订“一五”计划都提出了很好的建议。据段子俊回忆：

当时对哈尔滨东安发动机厂、哈尔滨飞机厂的发展问题也都做过讨论。专家们认为，这两个厂的有利条件很多，完全可以发展成为规模可观的、像样的航空工厂。唯独沈阳发动机修理厂（原规划与沈阳飞机厂配套）困难最大。因为这个厂的发动机修理任务很重，厂区没有发展余地，所以总顾问波斯别霍夫建议从沈阳 51 兵工厂和太原重型机械厂两厂中挑一个代替沈阳发动机修理厂，作为喷气式发动机厂。51 厂是当年张作霖的兵工厂，与沈阳发动机修理厂一路之隔。他认为：如果把 51 厂要来，喷气式发动机就可以提前一年制造成功。副总顾问戈尔捷也夫的估计更为先进，他认为：这样做，喷气式发动机的出厂时间可以提前两年而不是一年。随后，国家接受了我们的建议，把 51 厂划归航空工业，这就是后来在沈阳发动机修理厂进行修理的基础上，逐步孵育分植而形成的沈阳黎明发动机厂。[18]

⑱ 孟赤兵，周日新，李周书等主编．新中国航空工业主要创始人之一段子俊．北京：北京航空航天大学出版社，2010. 130.

航空工业局总顾问切尔尼柯夫对我国航空科研的起步和发展作出了卓越的贡献。

苏联专家在航空工业企业工作也很出色，颇受好评。1954 年 8 月 1 日，在南昌飞机厂举行的国产第一架飞机试制成功庆祝大会上，第二机械工业部部长赵尔陆代表政务院总理周恩来向苏联专家、南昌飞机厂总顾问莫托林颁发了感谢状。在试制新中国第一架飞机的过程中，来厂的苏联专家给予了有效的帮助，无论是总顾问莫托林，还是工艺顾问扎依采夫、装配顾问巴甫洛夫，都付出了辛勤的劳动与智慧，受到工厂职工的好评。

1957 年发动机处苏联专家戈涅茨与王祖游、冯绍周等在四局机关办公地宝翰堂前（王祖游提供）

112 厂是苏联专家较多的企业之一。从 1951 年 7 月起就有苏联专家来厂，到 1956 年达到 56 人，包括厂长顾问赫拉莫夫、总工程师顾问卡列夫、主要车间和科室的专家等。在试制喷气式歼击机歼 5 的进程中，赫拉莫夫提出了“四阶段平行作业法”，并为工厂所采纳，对保证歼 5 飞机在一年零四个月制造成功起到了重要作用。卡列夫主办了模线样板——标准件工作法学习班，他和其他专家讲课，使工人很快掌握样板的制造技术，成功地制造了模线样板 800 多块。

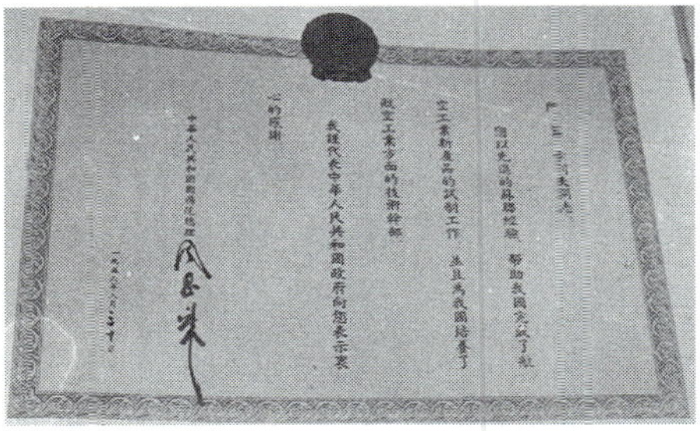
1956 年 8 月 30 日为感谢苏联专家对 112 厂的帮助，周恩来总理给苏联专家卡列夫的评语并颁发感谢状

在 122 厂，从 1951 年至 1957 年聘有两批苏联专家共 39 人。

这两批专家年龄多半在40岁以上，不但有较高的技术理论知识，大多数还有实际操作能力。特设车间修理一件成品，工人过去根本未见过，不知从何下手，特设专家基洪诺夫就拆了装，装了拆，示范给中国职工。当第一台产品修好交付后，他已到了合同期，但他感到特设工人尚未熟练掌握修理技术，就主动申请延期，直到工人掌握了修理技术后才回国。

（左）122厂苏联专家宿舍
（右）122厂苏联专家俱乐部

在120厂，从1951年至1960年间共来过四批91名苏联专家。第一批专家于1951年10月到厂，他们乘坐流动修理列车，共有9名军官、26名机械兵战士，修理列车拥有各种修理设备，列车停在工厂铁路专用线上修理发动机，对早期修理工作起了很大作用。以后几批专家都进工厂工作，根据专业分配到主要科室与车间，对120厂掌握修理制造发动机技术给了很大的帮助。

在410厂，从1951年到1956年先后有70多名苏联专家来厂工作。最初阶段，专家既讲课又示范，有时还顶班工作，直至1952年上半年，两位试车专家每天仍顶班12小时。中期阶段，专家进行重点指导，必要时给予示范操作。后期阶段，专家主要进行答疑，解决关键问题。在试制国产第一台喷气发动机BK-1Φ时，苏联派来了从工厂总顾问到工段调整手等方面的成套专家，BK-1Φ发动机提前试制成功，渗透着他们的智慧和辛勤劳动的汗水。

在331厂，苏联总顾问舒宾“夜守车台”的故事，多年来在厂广为流传。1954年秋，继工厂进行的M-11φp发动机长期试车合格之后，国家鉴定委员会在厂进行M-11φp发动机的国家验收长期试车。当长试临近结束时，发动机滑油系统出现了金属末子，这表明金属零件有严重磨损现象。在这关键时刻，舒宾目不转睛地注视着试车台的动静，他不顾天气炎热，蚊虫叮咬，也顾不得回家吃饭，一直坚守在试车台边，几天几夜不下火线，直到车台的探照灯熄了，50号机的国家长试任务胜利完成，他才放下心上那块石头。

“一五”时期，航空工业先后改建、扩建了221、105、513、511和116厂；新建了212、115、514、114和113厂，机载设备行业诞生。这10个工厂共聘请苏联专家99名。“二五”时期，中国又新建了第二批机载设备厂，其中242厂聘请苏联专家6名，119厂聘请专家3名。

苏联专家在西安115厂参加建厂劳动（石岭提供）

在苏联的援助下，机载设备行业生产出空速管、磁罗盘、陀螺磁罗盘、地平仪、调压器、直流发电机、降落伞、液压泵、驾驶杆、发动机燃油附件、自动倾斜仪、自动驾驶仪、交流电源、螺旋桨、军械系统附件、液压操纵系统附件、电动机构、气动附件和开关活门类小型附件等二百多种，基本满足了国产初教5、歼5、歼教5、歼6、运5、轰5等飞机和直5直升机的配套，也为以后的附件的自行设计创造了条件。

在机载设备厂工作的苏联专家的作用，一是传播了苏联工厂的生产与技术管理经验（包括组织机构、职责范围、规章制度以及工作方法等），为工厂建立了生产与工作秩序，使之迅速投入生产。二是在生产准备工作方面，帮助消化产品图纸，指导编写生产说明书和工艺规程，审定设备和试验仪器，确定工艺布置等。三是解决批生产中的技术问题和关键。四是指导工厂试制新品，传授先进技术。五是培养技术人才。

1956年11月，11名苏联仪表制造专家陆续到宝鸡212航空仪表厂，专家的技术专业包括：陀螺仪表装配、生产管理、工夹具设计、仪表试验、表面处理、检验、工艺、设计、工具和电气

兰州 242 厂初期建设中，苏联援建专家与工厂部分职工合影

仪表装配等。这批专家来华前多为车间主任或科长以上干部，在技术和管理上的经验比较丰富，一般聘期 1–2 年，个别延聘到 3 年。仅 1957 年，专家就提出重大建议 201 项。如生产长专家格里森，不但熟悉生产、计划、调度组织工作，而且在设备的设计、安装、调整、维护方面帮助工厂解决了很多问题，他曾亲自为工厂设计了六轴定子绕线机，并亲自指导试制了两台，使绕线工作实现半自动化。"霹雳 1 号"导弹自动驾驶仪装配专家哈穆克在撤退回国前，在 212 厂自制件还没有生产出来的时候，利用苏联样品进行试装，一面操作，一面讲解，仅用两天时间就突击解决了几十个疑难问题。

尽管苏联对于帮助中国发展航空科研不太热心，但是还是派出了一些有较高水平的专家到航空科研单位，给予了有效的帮助。1956 年 4 月 7 日，中苏两国政府签订苏联援建的补充议定书，将北京航空材料研究所列入援建项目。在这之前，就有几位苏联专家到该所，他们是金属材料及压力加工专家马特韦耶夫、非金属专家马留京、结构钢专家阿列克先科、焊接专家巴利科韦茨

苏联专家与北京航空材料研究所领导一起研究工作

及电镀和表面防护专家图皮岑。他们协助北京航空材料研究所魏祖冶所长、荣科副所长等考虑专业设置、确定科研项目，并亲自指导各项科研工作。

苏联橡胶专家库金娜（前左3）与北京航空材料研究所科技人员（龚瑱提供）

这些苏联专家曾在中国各有关工业部门进行了大量的调查研究工作，了解当时中国的冶金工厂、化工厂、橡胶厂的生产水平，考虑如何安排航空材料的研制及生产问题。

1956年9月，马特韦耶夫和在冶金部工作的苏联专家诺维科夫、布尔霍诺夫，到全国主要钢厂进行调查，之后向二机部航空工业局写了报告。报告说，迄今中国的冶金工厂已试制成功了约75%的航空用钢、合金及其半成品，并由生产普通钢转向生产中等及高合金钢。在报告中，专家对如何开展下一步工作，提出了一些有益的建议。马特韦耶夫还曾亲自参加我国第一个高温合金ЭИ435的仿制工作。他和冶金部的苏联专家朱耶夫一起，在抚钢及鞍钢，从头至尾指导ЭИ435合金的冶炼，锻造及轧制工作，培养了一批技术干部。1957年苏联专家加泽济扬来到北京航空材料研究所，帮助所的技术人员会同抚顺钢厂研制成功了一系列仿苏镍基高温合金。

1957–1960年，我国又聘请了一批专家到北京航空材料研究所工作。他们的专业有化学分析、机械性能、X射线分析、超声探伤、橡胶、塑料、油料、金相、钛合金、仪表合金和非金属材料性能等。

总之，来华的材料专家，配备比较齐全，对中国航空材料科研建设起了很大的指导作用。

北京航空工艺研究所共聘请7名专家。飞机制造工艺专家列斯内赫于1957年5月先期到所，他在工艺所的组织管理、科研方向和基地建设等方面传授了经验，有重要的启示作用。1958年10月以后，其他5名专家陆续到所，他们是飞机制造、发动机制

1957年北京航空工艺研究所科技人员与苏联专家（朱清和提供）

造、毛料冲压、仪表制造和焊接工艺专家。他们给予了以下帮助：在组织机构方面，指导与确定了工艺所的组织机构：飞机、发动机、仪表工艺研究室，毛料冲压与焊接试验室，及相关人员、设备、平面布置等；在科研业务方面，指导与帮助制订科研题目技术任务书、研究大纲、研究方法以及技术总结等，使中国技术人员学会了编制一整套科研技术文件的方法；在进行科研课题方面，指导确定科研方向，协助与指导编制年度题目计划与长远发展规划，同时也具体指导一些重点研究课题。此外，专家还帮助解决了有关航空工厂试制与生产中的一些技术关键问题。

飞行试验研究所是中国“二五”时期苏联援建的重点科研项目之一，在空军的大力支持下迅速筹建。1958年3月，中苏双方审核飞行试验研究所初步设计工艺部分议定书正式签字。苏联飞行研究院总工程师马尔戈林、苏联飞行试验主任工程师希塔耶夫分别于1959年6月和11月来所工作，三个月后回国。

与苏联专家为飞行试验研究所选址时合影，左一沙汉（航空工业局基建处处长）、左二尼古拉也夫、右二郑爽西、右三孙济东（二机部基建局局长）、二排右四段又锁（段又锁提供）

为适应飞机、发动机和其他飞行器研究发展的需要，四局于1957年3月成立了航空仪表设计室。1960年3月改组为航空仪表自动器研究设计所。1960年5月25日，该所聘请的苏联自动驾驶仪工程师马卡罗夫到华工作，工作两个半月后，于8月14日被苏联政府撤退回国。

FL-1超声速风洞于1960年2月20日建成并投入使用。前后有三批8位专家来华指导风洞安装调试。1959年5月，以苏联西伯利亚空气动力研究院副院长苏尔仁为首的三位专家来沈，帮助解决风洞运转中的问题，对风洞的使用和调整做了详尽介绍。苏联专家的支援，使我们较快地掌握了风洞性能和气动力试验技术。

在 FL−1 风洞建成之时，沈阳空气动力方面的技术人员已近百人，分 4 个专业组。他们在风洞的建设中边干边学，增长了才干。他们也从不放过向苏联专家学习的机会。当 1960 年 2、3 月间，得知苏联专家会从北京乘火车途经沈阳，技术人员就带着试验数据、各种疑难问题，早早地在车站站台上等候。火车一到站，大家纷纷上车，利用停车的十几分钟，向苏联专家请教，正是这种刻苦钻研、虚心好学的精神造就了一支空气动力研究队伍。

航空工业局还聘请了苏联航空教育专家 84 人，分布在北京航空学院、西北工业大学、南京航空工业专科学校、沈阳航空工业学校等 8 所学校，其中以北航为最多，达 60 人。

北航于 1952 年 10 月 25 日建校后，其组织结构及教学方式，基本上是依照苏联莫斯科航空学院的模式办理的，通过聘请专家来院工作与讲学，学习苏联的办学经验。同年 8−11 月，北航聘请的以杜巴索夫为组长的第一批专家先后由莫斯科航空学院和莫斯科航空工艺学院来到了中国。到 1960 年 7 月苏联政府撤退专家为止，北航向苏联学习整整持续了 8 个年头。受聘在北航的专家，分别来自苏联 14 所高等院校。

1956 年在北京航空学院的苏联专家与中国同事合影（赵延永提供）

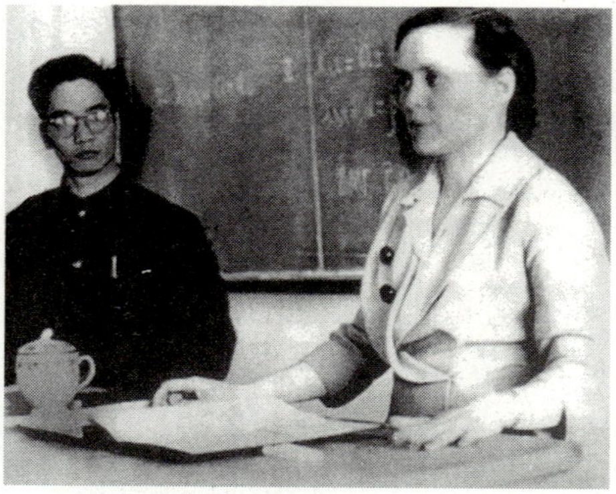

苏联女教师在北航上课（赵延永提供）

北航最后一批聘请的成套火箭技术专家 13 名是以北航和北京工业学院名义合聘的，其中有 10 人主要在北航工作。1958 年“大跃进”中，中方希望专家解决型号设计实践中的科技问题，而专家的主要任务却限于讲课与建设试验室。初期在试制“北京一号”、“北京二号”、“北京五号”飞机时，还能得到舍卢欣为首的专家组的帮助，以后，支持中国搞“大跃进”的专家越来越少。大部分专家则主张搞好理论教学，主张科研工作从简单做起，要循序渐进，并对“大跃进”提出不少批评意见。专家组组长列别捷夫说：“不能把型号设计试制当做科研，科研远比它们更为重要。”专家卡依达什指出：“大型液体燃料火箭发动机，苏联上千人的设计局，还要干上一两年。你们教研室规模太小，不可能搞全。只能在小发动机上做试验。工作要有程序，要同工厂、研究所联合协作。”这些意见是比较实事求是的。

苏联专家与南航院长邓永清（前排左三）在一起

在中苏出现分歧后，苏方停止供给规定的有关火箭资料，授课内容反映不出较先进的科技内容。专家切尔诺布罗夫主动提出与中国教师合作为国防部五院承担火箭气动力计算的科研任务，但却遭到苏联驻华使馆的阻挠。从此，苏联大使馆开始检查专家讲课内容，而且在专家内部实行监督。苏联专家不可能，也不敢给中国更多的实质性的帮助。1960 年 7 月苏联政府单方面撤退专家，在北航的伏罗尔金为组长的7名专家从北戴河休假地被召提前回国。

除按协议正常派遣专家外，有时在生产技术上遇到疑难问题也会临时特聘专家，如特聘苏联著名试飞员阿诺欣就是一例。

歼5飞机成批生产不久，在0204号飞机上进行了批生产定期全面飞行试验。试验过程中，飞行员反映脚蹬有振动。后在05批至07批飞机上陆续有19架飞机发现有振动现象。特别是08批以后，试飞员反映：飞机普遍有振动。振动的表现有两种：一种是全机振动，飞行员坐在座舱内，手、脚部直接感到驾驶杆、脚踏板、座椅、两旁操纵台振动，眼睛能看到仪表板振动，翼尖、空速管、天线杆在抖动；另一种是局部振动，表现在座椅和脚踏板上，其他部位不振动。因此，飞机不能交付部队使用。

1957年12月，经上级有关部门协调，从苏联聘请了一级试飞员、苏联英雄、列宁勋章多次获得者、有“鸟人”之誉的阿诺欣上校来112厂进行试飞鉴定。阿诺欣从16岁就参加航空俱乐部飞滑翔机。后来一直是试飞员，在卫国战争期间，他要求上前线，斯大林为了保护他而没有批准。阿诺欣是米格-17Φ主任试飞员，曾因新机发生事故跳伞百余次，在一次事故中，破裂部位飞出的螺钉打瞎了他的右眼，但他一直坚持试飞。当时已年近50岁的阿诺欣到沈阳厂后，即对部队认为振动严重而退回工厂的3架飞机，以及工厂试飞员认为由于振动不合格而不能出厂的5架飞机，先后进行了试飞鉴定。

1958年1月31日，阿诺欣写了《飞机结构及其动力装置之振动与抖动》一文供工厂试飞员参考。2月1日，阿诺欣又在《关于中华人民共和国112厂生产的56式飞机的评论》中写道：“根据我在112厂的8架飞机所作的9次试飞，同在112厂的苏联样机0954号机，以及苏联成批生产的米格-17Φ飞机上所

1958年2月112厂副厂长熊焰与阿诺欣于西湖（熊晓虹提供）

1958年2月熊焰与苏联专家、总设计师代表克拉西沃夫、阿诺欣于钱塘江大桥（熊晓虹提供）

作的多次飞行，我认为112厂生产的飞机，从飞机之安定性、操纵性以及动力装置工作上看，与苏联生产的飞机相符。我未发现飞机结构有危险的振动与抖动，以及该机飞行员驾驶守则中所未规定的现象。在工厂移交飞行中，飞行员们所发现的其他各种个别故障，在任何成批制造厂皆能具有，应于移交飞机过程中将其排除。”同时指出，“工厂所具有的苏制米格-17Φ0954号机完全可以做样机使用。因为该机按其飞行性能与苏联成批生产之正常飞机无任何偏差。”

虽然“鸟人”自己做出了结论，但也未能说服中国飞行员。为彻底解决振动问题，航空工业局决定组织一个工作组，由熊焰带队，并有阿诺欣和克拉西沃夫参加，一道去部队排除“振动”。必要时请阿诺欣试飞一下，判明振动情况；并为部队讲解产生振动的原因及对飞行安全的影响，使部队能够大胆地使用国产歼5飞机。工作组乘空军专机于1958年2月开始，访问了广州空军18师、宁波海军航空兵部队、杭州空军3师。工作组成员都认为国产歼5飞机操纵性比苏联生产的米格-17Φ飞机好，飞行员很满意，未感到有振动。阿诺欣也宣读了试飞结论并谈了看法。1958年3月4日，阿诺欣完成任务回国。3月17日，空军副司令员王秉璋在沈阳召开会议，完全同意空军两位苏联飞行顾问认为歼5可交部队使用的意见。3月20日，工厂以厂长牛荫冠的名义发布了关于阿诺欣上校对歼5式机振动问题的结论，并以阿诺欣飞过的飞机作为“标准”飞机，达到了就可以出厂。这样，工厂积压的70多架飞机都重新开始了试飞，为将积压的飞机尽快试飞交付出厂，工厂借空军部队的飞行员、机场进行出厂试飞，很快全部出厂。至此，长达一年之久的振动问题方算彻底解决。⑲⑳

⑲沈阳飞机制造公司史志编辑办公室.沈阳飞机制造公司史（1951–1983）.60–64页.

⑳程不时主编.搏击长空——熊焰纪念文集.湖北省内部图书，188–193.

为表彰苏联专家对发展中国航空工业所作的贡献，中国政府以周恩来总理名义向其中17名专家授予感谢状，他们是：

航空工业局：波斯别霍夫、戈尔捷也夫、切尔尼柯夫、诺维科夫、日卡尔金、索科洛夫；

112厂：卡列夫；

410厂：舍霍夫、马卡洛夫、米海伊洛夫斯基；

320厂：扎伊采夫、巴甫洛夫、莫托林、潘申；

331厂：亚科文科、舒宾；

航空规划设计院：奇金。

另外被授予二机部部长感谢状的有143名专家。

苏联援助是斯大林、毛泽东在特定的历史条件下和根据国际国内形势所做出的决策，争取苏联援助也是中国唯一的选择，世界上其他任何国家都不可能给予这样的援助，因而也是不能复制的。这一决策保证了中国航空工业的初创和迅速发展

1949年12月毛泽东率团访苏并与斯大林会谈

在苏联对中国航空工业的援助中，大体上可分为斯大林主政时期（1950–1953）和赫鲁晓夫主政时期（1954–1961）两个阶段。

苏联对中国援助是斯大林的决策，源于1950年2月14日签订的《中苏友好同盟互助条约》。1950年2月，斯大林说："借款3亿美元，分5年付款，每年6000万，年息1分；对东南欧各新民主主义国家贷款利息均为2分，中国因战争及经济破坏，利息轻一点。”因为中国没有硬通货，偿还苏联贷款基本上是用货物（矿产、农产品等）。陈云曾经说过：“苏联是社会主义国家，那里

1950年2月14日，《中苏友好互助同盟条约》在莫斯科签订，毛泽东、斯大林出席，周恩来与维辛斯基在协定上签字

他们对我们的援助是真心诚意的。比方说，苏联造了两台机器，他们一台，我们一台。”[21]

而对中国航空工业的援助，也是来自由斯大林与毛泽东批准，于1951年2月19日草签，同年10月30日在莫斯科由中国驻苏大使张闻天与苏联外贸部副部长柯瓦利代表双方政府正式签署的《关于苏维埃社会主义共和国联盟给予中华人民共和国在组织修理飞机、发动机和组织飞机修理厂方面技术援助的协定》。这项协定包括，援建6个修理厂及其所需技术资料、设备、工具、材料和配件等，以及派遣专家、顾问。这个协定是苏联对中国实行技术援助，帮助建设中国航空工业的第一次用法律形式固定下来的正式文件，有着重要的历史意义。它经过中苏双方高层沟通，带有国际主义色彩；是计划经济体制下的国家行为、政府行为，而不是纯商业行为，市场经济的对等谈判。因而这种援助是多方位的：既有硬件，也有软件；既援建工厂，也援建设计院、学校；既派遣专家，也培训人员。

总的来看，在斯大林主政时期，20世纪50年代中苏友好合作期间，苏联给予中国以很大的经济技术援助，完成了航空工业六大修理厂的建设，使中国航空工业从修理起步，开了一个好头。可以说，斯大林奠定了苏联援助的基础，确定了大政

[21] 薄一波．若干重大决策与事件的回顾．北京：中共中央党校出版社，1993. 300.

方针。

在赫鲁晓夫主政时期，是中苏关系发生剧变，由中苏蜜月到中苏反目的时期，赫鲁晓夫是1960年苏联撤退专家的始作俑者，是十年苏援的终结者。但耐人寻味的是，绝大部分先进航空武器装备、重大航空工程建设，大量苏联专家包括科研设计专家、尖端技术专家的派遣却都是在赫鲁晓夫主政时期完成的。

苏联向中国提供大量贷款，帮助中国156项大型工业项目，帮助中国建立起比较完整的基础工业和国防工业的体系，为中国的工业化打下了坚实的基础，其对新中国经济发展的意义无法估量。这是现代史上，国家对国家间的最全面、最慷慨的技术转让。西方评论说：

苏联提供的技术帮助和资本物资，其重要性不论怎样估计也不会过高。一般认为，苏联在转让设计能力方面的努力在技术转让史上是前所未有的。而且，中国似乎得到了苏联国内最先进的应用技术，有些技术在世界上也是名列前茅的。如在钢铁工业方面——这也是苏联援华的最重要部门，苏联在20世纪50年代就建造和使用着世界上最好的高炉。苏联为中国的武汉和包头钢铁厂的设计采用了苏联在鼓风平炉和优选大型铁矿方面的最新技术。[22]

而航空工业项目占13项。这13项工程建成后，成为中国航空工业的现代化、举足轻重的骨干企业。

所有航空装备型号都是在这一时期成套引进的，计有亚声速歼击机米格-15（后改为更先进的米格-17）；超声速歼击机米格-19；两倍声速歼击机米格-21；初级教练机雅克-18；多用途飞机安-2；中程轰炸机图-16；中型直升机米-4以及伊尔-28轻型轰炸机的修理技术。引进航空发动机9种，即：М-11ФР（配装雅克-18飞机）、АИ-14Р（配装初教6飞机）、ВК-1Ф（配装米格-17飞机）、АШ-21（配装雅克-11飞机）、РД-9Б（配装米格-19飞机）、АШ62ИР（配装安-2飞机）、АШ82В（配装米-4直升机）、Р-11Ф-300（配装米格-21飞机）、РД-3М（配装图-16飞机）。

苏联援助的第一种歼击机原定是米格-15，1954年10月赫

[22] 费正清，罗德里克·麦克法夸尔主编．剑桥中华人民共和国史（1949-1965），上海：上海人民出版社，1990．139.

1956 年 2 月，聂荣臻（左二）随朱德副主席访苏，与赫鲁晓夫会见时合影

鲁晓夫访华，苏联政府主动提出建议停止试制米格-15 而改为更先进的米格-17。该机无论在速度、升限、航程上均优于前者，而且该机 1951 年才装备部队，是现役中最好的歼击机（下一代超声速歼击机米格 19 于 1953 年 9 月刚试飞，尚未装备部队）。这是在其他国家花大钱也买不到的。

在赫鲁晓夫主政时期，中国国防工业的最大收获是 1957 年 10 月 15 日，聂荣臻代表中国政府，苏联部长会议对外经济联络委员会主席别尔乌辛代表苏联政府签订的《关于生产新式武器和军事技术装备以及在中国建立综合性原子能工业的协定》（简称国防新技术协定）。协定达成引进米格-19 飞机及其发动机协议；引进 5 种导弹：近程地地 P-2（“东风 1 号”）、地空 B-750（“红旗 1 号”）、空空 K-5（“霹雳 1 号”）、K-13（“霹雳 2 号”）以及舰舰导弹（“上游 1 号”）。这是中国首次从苏联引进导弹。

1958 年 7 月 31 日，毛泽东前往机场迎接来访的赫鲁晓夫

在 1958 年炮击金门，台湾海峡局势紧张时刻，又是赫鲁晓夫的主动建议，促成了中国提前引进图 -16 轰炸机。

实事求是地说，是苏联卓有成效的援助，把中国航空工业推进“喷气时代”。

10 年苏援，不仅使我们从技术上得到无法从世界其他国家得到的帮助，在经济上也是比较实惠的。我们不妨算笔账，算一算 10 年苏联援助航空工业中方花了多少钱？

（1）成套项目引进（含设备、设计、专家、实习费）结汇额，1952-1961 合计为 126581.3558 万旧卢布。

（2）军事订货结汇额，1953–1960 合计为 36469.8 万旧卢布。

（3）成套项目设计费结汇额为 442.153 万旧卢布

（4）技术资料费，1951–1961 合计为 4853.9911 万旧卢布。

以上 4 项总计为 168347.2999 万旧卢布，按 1 新卢布 =4.44 旧卢布 =4.218 人民币的比值计算，1 旧卢布 =0.95 人民币，10 年苏援航空工业共花费 159929.93 元人民币。按 1960 年人民币兑换美元的汇率 2.46 人民币 =1 美元计算，约合 6.5 亿美元。

作为中国航空工业创始人之一，亲身经历苏援 10 年全过程的徐昌裕，根据工作实践和自身体会比较系统地分析了苏联援助的完整性和有限性。他说：

总的看来，苏联的援助，好的地方就是它的完整性。

第一，从工厂的建设直到批生产，它是全面援助，比较完整。使得受援国能够很快地从选址建厂开始，一直到飞机批生产，顺利地装备空军，既完成了航空工业的迅速建设，又保证了国防建设的急需。它的这一套东西是一个完整的计划，是行之有效的，是切实可行的。

第二，从工厂设计方面看，他们派了专家来帮助我们建立第四设计院，手把手地教会我们一整套的勘探设计方法和有关经验，从选址、勘探、气象水文资料收集分析，到土建设计、工艺设计，一直到水、风、电器设备的设计，包括加工设备、试验设备的选择，它是完整的一整套初步设计。我们按照这一套东西来设计我们要建设的每一个工厂，每个工厂的建设方案，它的初步设计必须经过部长的亲自审批才能实施。我们按照规划建设的六大工厂，就是在这个基础上完成的。现在看来，苏联援助我们建设航空工业，从工厂的建立到产品的批生产，所提供的资料是比较系统、比较完整的。包括产品图纸、工艺规程、工艺装备、原材料的技术条件、理化试验的条件、批生产必要的试验设备、强度试验、试飞等，比较齐全，比较完整。开始的时候我们还不太了解这些资料的价值，在批判苏联修正主义的时候，还有不少这方面的议论，说这些资料是用等重的黄金买来的，给我们一张纸就要一块钱，这叫什么援助？！等等。现在看来，我们那时真幼稚。实际上我们自己设计的飞机，从一个厂转到另一个厂生产时，真正能给人家一套完整的图纸和技术条件是很困难的。因为一个产品从设计、试制到小批量生产，再到大批量生产，整个过程中，图纸的协调更改、材料的代用和工艺流程的变化都是不可避免的，所有这些更改单、代料单、工艺流程图等都必须反映在图纸和技术条件上，要重新整理好，完整地提供给人家，确实是费工费力又不容易办好的一件事。

第三，它的完整性还在于，它不仅提供飞机、发动机的技术生产资料，还有附件、设备，甚至插头、插销、导线，都按配套表提供帮助。材料也是他们帮助我们准备的，包括高温、高强度材料，这对仿制产品的国产化程度非常重要。你们看看，桑塔纳汽车生产那么多年了，现在国产化程度还不到50%，只有30%多（1990年数据）。可是，1956年我们仿制米格-17时，飞机仿制出来以后，不到两年就基本实现了国产化，包括材料国产化。再看看直9，仿制出来就是一架直升机，一个发动机，什么仪表啊、设备啊，都没有国产化。

1956年5月3日参加1956年12年科学规划的中苏科学家在北京西郊宾馆合影，李富春、郭沫若等出席，苏方米哈伊洛夫博士等出席（崔正山提供）

第四，完整性还有一个突出的表现，就是充分体现了友好援助精神。苏联派出了大量专家来，帮我们搞仿制、搞建设，而且都是从上到下，从部局到工厂按系统派出的。派到工厂的专家一般都属厂长、总工程师一级或车间主任一级，像试飞站、总装车间也都有专家。后来有一段时间，112厂还聘请了财务方面、劳资方面的厂长顾问。这样，我们不仅在生产、工艺方面，而且在工厂的科学管理方面，学习了人家一整套成熟的、完整的生产管理经验，这是很宝贵的。中国当时除了少数几十个到过英国、美国的人以外，其他的人都不知道飞机是怎么造出来的。我自己也没有这方面的经验，只是在筧桥参观过一个教练机的生产厂，还不是完整的生产线。而苏联专家帮助我们是全面的，他们从工艺总方案的制订到工装的选择、设计、制造这一套，都手把手地教我们。尤其是模线样板和基准孔这两套方法，是部件装配和全机总装必不可少的手段，也是飞机制造中的关键技术。我们是在苏联专家的热情帮助下，才掌握了这些技术。现在可以说，我们每个飞机工厂都有一套班子，对于工装设计、工装选择、工装制造，一直到标准样件的组装、对接，部件之间乃至整机的协调方案等，飞机制造中这一套工艺准备、生产准备工作，都完全掌握了。在飞机的生产技术方面，像模锻、铝焊接，等等，之前我们没掌握，南昌飞机厂搞雅克-18时，薄壁钢管的焊接，精密铸造，大件的试制，起落架落震试验，全机的静力试验，以及试飞等，全是由苏联专家帮助完成的。

国防科工委副主任方强（前排左8）与苏联专家在320厂

在管理方面，主要是飞机的生产管理方面，我认为主要有两个环节，一个是成套交接，另一个是提前交接。这一套管理办法包括零部件仓库的管理，工厂里面的组织、管理层对批生产的管理方法，很成熟，很完整，很有效。总的看起来，从厂房设计到生产准备、组织生产、进行试飞，从飞机、发动机到附件、设备，苏联专家提供的这一整套设备资料是系统的、完整的。他们是真正地手把着手让中国人尽快地造出自己的飞机来。

现在，在航空领域，我们和资本主义国家也有不少合作项目，可没有哪一个国家能和苏联援助项目的完整性相比拟。苏联的援助是立竿见影、卓有成效的。我们的航空工业是1951年从修理开始起家的，到了1958年，在短短的六七年的时间里，在苏联专家的帮助下，我们完全掌握了雅克-18教练机和米格-17歼击机的制造技术。沈阳飞机厂仅在1958年一年中就生产了329架歼5歼击机，平均月产27架多一点，几乎每天生产一架，这确实是个了不起的成绩。这个成绩的取得当然和我们广大工人、干部、技术人员的刻苦学习和努力工作分不开，但是苏联专家的杰出贡献是功不可没的。我觉得在航空工业发展史上应该记录下来，以正视听。

徐昌裕还谈到了苏联援助的局限性。他说：

苏联给我们的援助严格限制在飞机的制造技术方面，他们不希望我们掌握研究、设计、试制、开发技术。作为苏联政府的一个政策，苏联专家们当然要贯彻执行，我明显感到他们限制我们接触这些不在援助之内的事情。譬如，当时订试验设备，给每个工厂订一套中心实验室所需的理化试验设备，我们订了七套，报到苏联总顾问那里，他就问我，只有六个工厂，为什么订七套？我说我们局里还要订一套，将来我们自己也要搞研究机构，自行设计也需要试验设备。他听了以后很生气，指责我说，有我们苏联那么强大的航空工业给你们做后盾，给你们图纸，把飞机制造出来就行了，你们还研究什么？这代表了苏联援助我们很典型的一种态度，所谓无私援助也就只能达到这么一个水平。再如，赵尔陆同志他们去苏联谈判援助项目时，苏联的研究机构就不让他们参观。后来1957年聂老总去了，苏方才勉强同意我们去看看，我作为随行人员也去了，我们参观了ЦАГИ，即中央空气流体动力学研究院，ЛИИ，即飞行研究院，也只是走马看花，设计机构根本不安排。即使是我们在苏联学航空的留学生，不管是茹可夫斯基空军工程学院的军事留学生，还是莫斯科航空学院的留学生，也不让进他们的设计部门。学飞机设计的不让进飞机设计室实习，就是那么荒唐。在实际工作中，有些专家像布依洛夫等人，还是愿意帮助我们的，他们接受我们的咨询并回答一些设计方面的问题，我们也很感激。但这是一些专家私下里的个人行为，实际上他们在悄悄帮助我们的时候，也是很不好意思推托，我能理解他们这种尴尬处境。怎么看待这个局限性？我认为在援助中出现这些问题是可以理解的，也符合目前国际交往中的一般规律。如果撇开同志加兄弟这层理想化的关系，从国际经贸合作的惯例来看，事情本来就是这样的，你只买了他的制造权，当然他也只能告诉你制造技术，他不可能把家底都告诉你。在资本主义国家中，没有哪一个国家不保护它的专利的，即使是淘汰的产品，你也要为获取它的技术秘密付出代价。[23]

㉓徐昌裕口述．为祖国航空拼搏一生．北京：航空工业出版社，2006. 117-121.

王西萍回忆了一位苏联专家推心置腹的谈话：

1959年6月22日，全国人大常委会委员长朱德（前右一）、国家副主席董必武（前右二）、全国人大常委会副委员长林枫视察122厂与苏联专家会面，左一为厂长陆纲

1958年9月，我又奉总理之命去莫斯科解决耐热合金的催货问题。这次遇到了苏联航空材料研究院院长图门诺夫。他对我有一席话极为诚挚坦率。他说：“我奉劝你一句，就是死了这条心（指技术援助），回去以后自己干。你们中国那么大，就是要靠自己。苏联在这方面也走过痛苦的道路。最初向资本主义国家买，但卖给的材料都不告诉其中的成分。有人说多给钱可以买，但人家说多给钱也不行。最后还是靠自己。当年苏联没有今天中国这样好的基础。所以我相信，你们自己干起来，只要同心同德，不怕失败，总有一天会成功的。”他还很带感情地对我说：“我对你没有什么实际性的帮助，上面这些希望就是我对你最诚挚的一份心意。”[24]

㉔航空工业部中国航空工业史编辑办公室．航空工业史料第二十辑：王西萍同志对航空工业的回忆片断

图门诺夫的谈话是善意的而又中肯的，值得引起我们的深思。

在接受苏联援助中，应当汲取的经验教训与启示是什么呢？

第一，迅速仿制成功米格-17酿成盲目自满情绪。苏联转让给我们的米格-17，是工艺定型后成熟的图纸、技术资料和工艺

装备，中国的成功只是在成熟的技术、苏联专家手把手教的条件下掌握了有关复制技术，是只知其然而不知其所以然的，中国所学到、掌握的技术含量只占苏联航空技术含量很小的一部分。

第二，未能始终坚持“先学正楷，后学草书”。以致“大跃进”的冲击造成歼6飞机出现严重质量问题，造成“一年生产、三年返修”的严重后果，并且不得不用三年的时间重新试制歼6飞机。

第三，由前两项原因造成的苏援后遗症：

一是急功近利、急于求成，造成航空工业先天不足，后天失调。先天不足有历史原因，形成了先有空军，后有航空工业；先有修理，后有制造；先有仿制，后有自行设计；先有型号研制，后有预先研究；先有军机，后有民机的特殊道路。但后天失调却不能都归咎于历史。

二是不顾中国国情国力，雄心勃勃试图建立“大而全”或“小而全”的航空工业体系，三线建设使航空工业铺摊子达到极致：规模号称世界第三，但技术水平则与规模极不相称。

三是相当长的时间内还在吃苏援的老本，吃仿制的老本，三四十年前仿制的歼7、轰6、运8和以后派生的改型依然是我军超龄服役的“老兵”。

苏联专家对哈军工的创建和发展起过重要作用，图为1957年6月哈军工空军工程系“106教授会”全体人员与即将回国的苏联顾问合影（付杰提供）

第十三章

一刀两断

1959 年 8 月庐山会议后，中共中央组成了新的军事委员会。9 月 26 日，中央军委发出《关于军委组成人员的通知》，中共中央军委主席为毛泽东，副主席为林彪、贺龙、聂荣臻。罗瑞卿为军委秘书长，军委日常工作由林彪主持。[①]

1960 年 1 月 5 日，中共中央批准成立国防工业委员会，并任命贺龙为国防工业委员会主任。

这是贺龙第一次主管国防工业。国防工业，是实现军队现代化的物质基础。贺龙深感责任重大。上任第二天，召开国防工业委员会会议，研究确定委员会的性质和任务。为了工作方便，委员会下面设立一个办事机构——国防工委办公室，处理日常事务。贺龙于 1 月 13 日召开国防工业系统各企业、事业单位负责干部会议。他郑重地对大家说：“党要我管，我就要真管。我管国防工业，不能只挂牌子，不做实际工作。我要扎扎实实地把工作抓起来。”[②]

① 中共中央党史研究室．中国共产党历史第二卷（1949—1978），北京：中国党史出版社，2011. 552.

② 总参谋部《贺龙传》编写组．贺龙传．北京：当代中国出版社，1997 年．545—546.

贺龙重视调查研究，他同聂荣臻、罗瑞卿商定，一起去视察国防工业。准备用 1 年时间，对全国的重点军工企业巡视一遍

贺龙元帅于 1960 年 1 月起兼任国防工业委员会主任

1960 年 3 月 17 日，贺龙、聂荣臻和空军司令员刘亚楼到成都 132 厂视察基本建设情况。

132 厂是我国自行设计、施工建设的喷气式歼击飞机制造厂，位于成都市西郊黄田坝。党中央、国务院为加速发展新中国的航空工业，决定在西南大后方兴建一座喷气式歼击机制造厂。为

1959年国庆节，贺龙（中）与聂荣臻（右）、罗荣桓在天安门城楼上

1958年贺龙、聂荣臻视察221航空仪表厂

此，成千上万的工人、干部和知识分子，从大江南北、长城内外奔赴到祖国的大西南，汇集成一支浩浩荡荡的建设大军。但是，由于当时受“大跃进”思潮的影响，不按客观规律办事，高指标、瞎指挥、浮夸风盛行，使工厂初期建筑工程质量问题十分严重。

在厂外203栋办公楼，贺龙一边听厂党委书记杜向光汇报，一边眺望施工现场。他有感触地转身问刘亚楼：“你这个空军司令到过苏联，飞机制造厂就是这样乱吗？”接着，贺龙看到室内墙壁上一条裂缝，用手杖轻轻地一捅，砖块就转动了。贺龙对建筑质量竟如此低劣大为震惊，严肃地质问：“这是怎么搞的？”厂总工程师晋川回说：“这是空斗墙，为的是多快好省。”贺龙严厉地批评说：“什么多快好省，这是少慢差费！这么大个天府之国，穷得连砖都没有吗？建国防工厂嘛，不考虑百年大计，搞成这个样子怎么行？”从办公楼出来，贺龙、聂荣臻与刘亚楼在杜向光、晋川陪同下步行到4号厂房。贺龙指着那些细小的厂房柱子问陪同的厂领导：“这么大的跨度，柱子又那么细，垮不垮得下来？”晋川说：“垮不下来，有安全保险系数。”贺龙不放心地望着晋川问：“你叫什么名字？你能保证？垮了我找你。”杜向光介绍说：“他（指晋川）是管生产的，不管基建。”贺龙接着问晋川：“你是管生产的，这样的厂房能满足生产要求吗？”晋川见元帅如此关心工厂建设，便如实地汇报：“有问题，有过争议，也提过不少意见，但上级没有采纳。”贺龙生气地问：“向党中央、国务院反映过吗？”晋川答：“没有。”贺龙气愤地说：“你们眼中还有没有中央？为什么不报告中央？你马上给我写个材料，我拿回北京通天去。”③

③国营第132厂厂史编辑办公室.国营第132厂厂史（1958–1984）.10–11.

贺龙把手杖朝天空指了指，又问：“你们去年上天的新飞机在哪里？我要看看。”“新飞机连影子还没有哪！”总工程师说。

贺龙听了十分气愤。

第二天，贺龙、聂荣臻来到420厂。420厂是与132厂同步配套建设的研制航空发动机的大型企业，位于成都市东郊。

贺龙不喜欢听口头汇报，当他们一行在厂部办公楼前下了汽车，贺龙便对聂荣臻说：“我们不上办公室去了，先到工地看看吧。”聂荣臻点头同意，他们径直朝车间走去。

党委书记介绍说：“工厂是在1958年10月18日与132厂同时动工的。上级提的口号是‘一个钱顶两个钱用’，‘一百天建成工厂’，要全面铺开，快速施工，就地取材，因陋就简；还要边施工、边试制，边生产。到现在，已经过去了17个月，但主厂房仅仅建成了外壳，内部还没有安装。辅助系统也只有工具、木工车间投产。……所有的厂房，设计标准都低，屋架跨度大，横梁小，立柱细，承受重量过大。……因为存在这些问题，我们现在已经不是‘三边’，而是‘六边’了。”贺龙问：“什么是‘六边’？”党委书记说：“就是‘边施工、边返工；边开工、边停工；边建设、边加固’。”贺龙、聂荣臻来到三号车间，看见有一扇大型水平折页玻璃窗开着，就问：“天气还凉，为什么不关上？”说着，用手杖把窗子轻轻一推，准备关上。突然，一块近一平方米的玻璃劈头掉落下来。贺龙急忙向后退了一步，那块玻璃落地，“哗”的一声在他脚前摔得粉碎，在场的人们惊呆了。

贺龙生气地说：“这样的厂房能生产发动机吗？工人的安全有保障吗？”

在会议室里，贺龙气愤地用手杖戳着地板，连声音也有些颤抖了：“造飞机厂的钱，是六亿人民勒紧裤腰带省下来的！建得这么糟，简直是犯罪！设备还没有完全搬进来，房子就快塌了！你们对得起老百姓吗？！”说着，他又戳了几下手杖，“有人说你们厂在搞多快好省。我看这是少慢差费！”厂长说：“我们提出过这样盖厂房不行。但是，‘胳膊扭不过大腿’，争不过来。”贺龙问：“那你们为什么不坚持原则？为什么不直接向中央汇报？”厂长答：“我们向主管部门汇报过，但只同意我们维修，不准重建。说如果重建，就是否定‘大跃进’的成果。其实维修比重建还费钱。”贺龙说：“你们写个报告，把什么时候向谁汇报过，都写清楚。我倾向推倒重建。我回北京请建委派专家来，在技术上再作一次检查。推不推倒，最后由技术部门定。”④

④ 总参谋部《贺龙传》编写组．贺龙传．北京：当代中国出版社，1997 年．548–549.

1960 年 5 月 31 日，贺龙视察 331 厂

贺龙通过对四川航空企业的视察，深深感到国防工业基本建设中的问题严重。返回北京第二天，他就到周恩来那里，详尽地汇报了视察中发现的问题。他还写了一封信，附上成都两家飞机工厂的材料，作为急件送给李富春。李富春阅后，决定向这两个工厂派出由国家计委、国家建委、建筑工程部和一机部组成的联合检查组。

联合检查组在成都进行了两个月的检查，写出了《关于成都两厂质量问题的检查报告》。报告认为：132、420 两厂 1958 年建设的工程，质量问题是严重的，厂房部分存在的工程质量问题主要有：

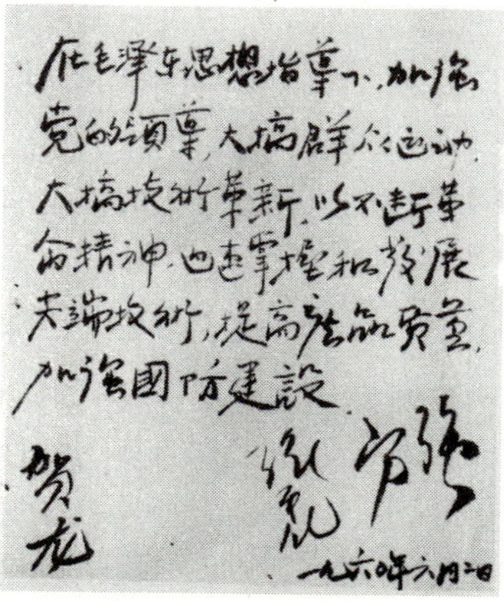

1960 年 6 月 2 日贺龙、张平化、方强为国防工业题词

1. 屋面不能完全适应防火、防雨、保暖、隔热、防尘、防腐和耐久的要求；

2. 屋架不能承载永久性屋面荷重，也不能按原设计要求悬挂应有的吊车；

3. 柱子未考虑屋架下弦受拉伸长传给柱子的推力，加以施工质量不好，强度不够，以致产生倾斜；

4. 厂房地坪强度、刚度差，影响机床安装和加工精度。

报告提出了“确保安全、适应生产、远近结合、区别对待、合理节约”的处理原则，和“在现有基础上，局部改造与彻底改造相结合，以局部改造为主”的处理办法。按照这些原则，报告提出了处理两厂工程质量问题的四类办法：

第一类彻底改造，即更换屋面、屋架，加固柱子、基础，两厂共34840平方米；

第二类局部改造，即更换屋面，适当加固屋面、柱子，两厂共119320平方米；

第三类调剂使用的，两厂共6917平方米，需新建2万平方米；

第四类基本不动，仅作个别返修的，两厂共163430平方米。

6月，上述两委两部的检查报告由贺龙转呈中共中央。7月19日中共中央批准了这一报告。⑤

⑤ 航空工业规划设计研究院院史编辑办公室编．航空工业规划设计研究院院史（1951–1986）．72–73.

根据这一批示，贺龙委托罗瑞卿同成都军区、成都市委负责人一起，采取落实措施，并决定从军区抽调两个工兵团、两个运输连，四川省和成都市增派一定数量的施工队伍，快刀斩乱麻，重建成都两厂不合格的工程，返修、加固尚能保证生产的工程。两厂的基建和生产逐步走上了正轨。

贺龙亲眼目睹了航空产品质量严重下降的情况，大为震怒，并痛心地说，全国人民不吃猪肉，不吃鸡蛋，不吃苹果，换来的东西，你们搞成这样，制成超差品，你们忍心吗

航空工业存在的质量问题，不仅仅出在基本建设上，航空产品质量问题更是令人触目惊心。

1960年11月14日–21日，贺龙和总参谋长罗瑞卿、空军司令员刘亚楼自朝鲜访问归来时视察了哈尔滨120厂、122厂、沈阳112厂和410厂，贺龙元帅亲眼看到这些厂航空产品质量问题严重，3年未向部队提供一架合格的飞机和发动机，大批产品积压的事实，十分震怒，严厉地批评了这4个工厂的领导人，并明确提出：停产整顿，“一刀两断”。

1960年11月14日，贺龙到122厂视察

贺龙视察122厂，检查航空产品质量

11月14日，贺龙一行由三机部副部长刘鼎、航空工业局副局长油江陪同，首先来到120厂视察。工厂为便于向中央领导同志汇报，在装配车间布置了一个小型展览。在参观展览、听取工厂领导汇报的过程中，贺龙元帅和罗瑞卿总参谋长针对工厂的工作，特别是产品质量存在的严重问题，十分严厉地批评工厂弄虚作假，3年没出一台合格发动机；批评厂领导“为什么搞那么多民品”、“你们工厂是航空工厂还是民用工厂”，并指出：“工厂没有树立为空军服务的思想”、“军工厂就是部队的仓库，部队的后勤部”。临走时指示工厂：“停产进行质量整顿，要一刀两断，彻底革命。”⑥

⑥ 国营第120厂厂史编辑办公室．国营第120厂厂史（1948－1982）．28.

尔后，贺龙一行又来到与哈尔滨发动机厂一墙之隔的122厂。在厂党委书记王福海、厂长梁洪涛、总工程师胡锡川陪同下，视察了厂铆接、装配等车间。

视察完毕，贺龙元帅于上午11时至下午1时40分，在工厂第二会议室，召集了哈尔滨市7个军工厂主要领导干部和省市委有关领导参加的会议。贺龙等领导讲了话。贺龙亲眼看到军品质量问题如此严重，两厂3年来未生产出合格的发动机和飞机，作了三点指示：

1. 质量问题要狠狠地抓，要开展质量整风，要整好，不这样就不能解决问题。只图数量，不顾质量，3年未出合格飞机这是关系到战争的成败，关系到国计民生的大事情。

2. 质量整风要树立对立面。党委内部要树立对立面，大会也要树立对立面，只有这样才能解决问题。“和平共处”是不行的，不斗争就不能解决矛盾。

3. 要开展批评。批评“军老大”，批虚夸，批弄虚作假，批欺上瞒下。

贺龙说：“质量整风要下决心搞好，不彻底解决问题交不了账，不但向部、局交不了账，向军委、中央也交不了账。”又说：“第一次见面就给了严厉的批评。下次来，如果还是这个样子，就不是批评的问题了，就要追查党性、责任问题了。到那时，问题就严重了。因此，要下定决心。一定要解决问题。要解决思想认识问题。也要拿出合格产品。当然，也要解决技术、生产、管理问题。”⑦

⑦ 国营第122厂厂史编辑办公室. 国营第122厂厂史（1947-1983）. 171-172.

1959年，直5直升机在北京展览馆展出

在贺龙的这次视察中，还对周恩来送给越南胡志明主席的一架直5，因有故障，滞留南宁，无法出国一事做出决定，直5停止出国。

这件事的原委是这样的：1959年12月，国产化的直5及其发动机试制成功后，周恩来决定送一架直5专机给越南胡志明主席作为生日礼物。1960年5月，122厂和120厂接受了改装任务（航空工业局决定改装两架直5）。两厂职工经3个月努力，如期完成改装任务并试飞合格。9月15日运抵南宁，经就地试飞，情况良好，准备即日飞赴越南。恰值此时，航空工业各厂贯彻军委指示，开始整顿质量。120厂经全面复查工艺技术资料，发现直5发动机有4处问题，需在直升机上再作一次振动试验，为此于10月17日，三机部向周恩来书面报告此事称：“试验合格后，即可保证出国使用。”贺龙视察工厂时，驻厂军代表夸大发动机的质量问题，并把装用少量国外成件说成是装用别人的发动机，故贺龙做出了停止出国的决定。后经检查这架直升机工作正常，调往新乡部队长期使用良好。1963年周恩来追问此事，刘亚楼证实未出国的这架直5使用良好，周恩来遂决定将另一架改装的直5补赠胡志明。

11月20日，贺龙一行又来到沈阳，视察112厂。贺龙在厂总装车间看到大批飞机因质量问题不能出厂，成品材料积压浪费，非常痛心和气愤，严厉地批评说："中央关于军工产品质量第一，在确保产品质量的基础上求数量的方针，为什么没有认真贯彻？""你们为什么不按文件办？我们宁可肉不吃，鸡蛋不吃，油不吃换来的东西，你们搞成这样，为什么做成超差，你们还有没有良心？"贺龙在总装车间向同来的女同志说："女同胞，你们看，这些都是废品，我不看了，越看越生气。你们的板报上写的都是'质量第一'，就是不照办！"这些批评在全厂干部、职工中引起极大的震动。

1958年底，112厂大批飞机因质量问题严重积压在厂，飞机厂成为养"鸡"厂

在厂试飞站，驻厂军事代表向贺龙反映，"上次空军接收的飞机，也是不合格的。"

贺龙吃了一惊，"上次听说那架飞机合格了，我在电话会议上还说'要发电报表示祝贺'。原来是架不合格的，我们受骗了！"罗瑞卿也气愤地说："你们敲锣打鼓喊着报捷，我们听了非常高兴。我想，外国专家撤走了，我们自己也可以造飞机嘛！我见了毛主席、刘主席和周总理，见了元帅们，都报告了。

大家都挺高兴，还给你们发了贺电。没料到你们是搞假动作，瞒上啊！”

时任航空工业局副局长徐昌裕回忆当时的情景说：

我是先在410厂，后在112厂进行质量整顿的。当时，国防工办主任贺龙和“三杨”（杨得志、杨勇、杨成武），再加上中国人民解放军总参谋长罗瑞卿、空军司令员刘亚楼等几员大将，从朝鲜访问回来路过哈尔滨时，便顺便去航空工厂进行视察。那时我们在生产中也确实存在问题，他们便在哈尔滨狠批了刘鼎和油江。后来他们又到了沈阳，当时薛少卿也在沈阳，上面已经同意派他来替代王西萍主持航空工业局的工作。当贺龙来厂检查工作那天，薛少卿对我说：“你就不要参加了，你去整理材料吧。”当我正在厂招待所写材料时，工厂保卫处长李清林（后来任430厂党委书记）坐着吉普车来找我，要我马上去一下厂部，并提醒说：“徐局长，你可要小心点，今天贺老总大发脾气了。”我到了会议室，刚一进去，刘亚楼就对贺龙讲：“这就是徐昌裕，忘本了，他是空军出来的，不为空军工作，飞机没搞好。”贺老总便问我：“你以前在哪里工作？”我回答说：“以前在空军。”他又问：“那空军以前呢？”我说：“我是从延安来的。”他听说我是从延安来的，情绪才好了一点。接着他就狠批了一顿，也不让我坐下，就站在那里挨训。⑧

⑧徐昌裕口述.为祖国航空拼搏一生.北京：航空工业出版社，2006.144.

当天，贺龙一行还到了410厂。贺龙问厂长：“你们对引进的外文资料消化透了没有？”厂长说：“前几年，引进的资料有一部分还没有开箱，试制工作就已经开始了。我们把亚声速飞机发动机的零件装配到超声速飞机发动机上，结果不合格。”

贺龙对厂长和党委书记说：“已经造出来的，要一件一件地检验，合格的就要，不合格的就不要。要下这个决心。发动机质量不好，空军就不接收。规章制度，不该改的就不改；过去改错了的，要坚决改回来。我们讲改革，是指改那些不合理的，不要把合理的也改掉了。在技术上一定要‘先学楷书后草书’，按原来资料进行改正。未经认真试验的不能随便改。我说的中心意思就这么一句：只许往前爬，不许往后退！相信你们一定能搞出合格的产品来。”

21日，贺龙在北陵休养所（友谊宾馆）召开会议，罗瑞卿、刘亚楼，以及辽宁省委书记李东冶、市委第一书记焦若愚、三机部部长张连奎、三机部副部长兼航空工业局局长薛少卿、副局长徐昌裕和沈阳地区各军工厂的主要负责人参加会议，又一次严厉批评沈阳两厂负责人，并痛心地说：全国人民不吃猪肉，不吃鸡蛋，不吃苹果，换来的东西，你们搞成这样，制成超差品，你们忍心吗？贺龙说："你们搞质量像切藕一样，'藕断丝连'，不是像切萝卜，要'一刀两断'。""现在工厂要马上停产，开展质量整风运动。""要原原本本按苏联图纸从头开始，重新试制，不要修修补补，搞改良主义，要下决心一刀两断。"、"一件超差品也不能装，要一丝不苟，精益求精。"⑨

⑨ 沈阳飞机制造公司史志编辑办公室．沈阳飞机制造公司史（1951−1983）．130.

贺龙指定省、市委书记及三机部副部长薛少卿亲自召开112厂职工大会，开展质量整风。

薛少卿（右一）与空军副司令员常乾坤与苏联专家（右三）在一起

11月24日，召开了全厂职工大会。会议由市委第一书记焦若愚主持，三机部部长张连奎、副部长兼航空工业局局长薛少卿，辽宁省委书记杨春甫、李东冶参加了大会。焦若愚和张连奎在大会上讲话，动员全厂职工帮助领导整风，搞好产品质量，生产出优质飞机。从此工厂停产，进行质量整风运动。

25日，贺龙在京给辽宁省、沈阳市、三机部、空军领导发出指示：（一）要彻底发动群众，就要反复深入地进行动员工作。说明这次整风是为了把党的事业搞好，而不是为了追究责任。（二）整风运动开展好，关键在于各厂的领导，只要厂领导的思想问题解决了，其他干部的思想问题也就比较容易解决。（三）在整风运动中要有狂风暴雨，也要有和风细雨。没有狂风暴雨，不会真正引起大家的警惕和震动，所以必须要打的痛，挖的深，同时，还要有和风细雨，以便把问题解决的细致和深入。目的是通过这次整风把大多数同志教育过来，使我们今后的工作真正能够彻底转变过来。对于部、局的意见，在整风运动中应该让大家提，这是因为，一方面大家有意见没有机会提，大家就不能心情舒畅，心服口服，就会阻碍运动的开展；另一方面各有各的账，不能把账都记在工厂的头上，只有分清责任，各自克服自己的错误和缺点，才能够把我们整个军工生产的情况彻底转变过来。[10]

⑩ 沈阳飞机制造公司史志编辑办公室. 沈阳飞机制造公司史（1951–1983）. 130–131.

在 11 月这次视察东北 4 厂中，贺龙看到航空产品质量问题如此严重，始终愤怒不息。

事实上，贺龙所亲眼所见成都两厂的基本建设质量低劣和东北 4 厂航空产品质量严重下降，不是一个局部性的问题，而是一个普遍的全国性的问题，其根源是 1958 年开始的“大跃进”。当时，全国范围内“超英赶美”，“大放卫星”波涛汹涌，高指标、瞎指挥盛行，规章制度遭到粗暴地践踏，不按科学规律办事成了时尚，“左”的倾向愈演愈烈。本来航空产品质量问题在 1959 年上半年已经暴露，引起一机部和航工业局领导的重视，并指示工厂开展质量整顿工作。但 1959 年庐山会议后非但未纠“左”，反而反“右倾”，把“左”的干扰推向了极致，1959 年 7 月 2 日至 8 月 16 日，中共中央在庐山召开了政治局扩大会议和八届八中全会。8 月 7 日发出《中共中央关于反对右倾思想的指示》。庐山会议之后，在全党开展了一场“反右倾”斗争。

1960 年 112 厂试飞站积压大批飞机出不了厂

112厂根据上级关于"反右倾"的指示，开展了"反右倾"斗争。全厂批判和处理了184名党员,135人被戴上"右倾"帽子，严重地伤害了党内一些较好的干部。

从贺龙视察过的东北这4家航空工厂来看，航空产品质量严重下降的危害十分令人痛心。

122厂3年未出一架合格的直5直升机。410厂1959年共生产60台发动机，没有一台合格。直至1960年末，410厂也未生产出一台合格的涡喷6发动机。

112厂的质量问题则更为严重，损失浪费更为惊人。1958年至1960年，该厂试制歼6甲飞机投料84架，歼6飞机投料494架，两个机种共投料578架（因不按计划均衡生产，有些零件投料超过此数），计用黑色金属11999吨，有色金属3010吨，外购成品75000件。1959年9月至1960年6月，办理废品补制16570项172万件，耗用钢材、铝材186吨。废品损失与返修损失2991万元。停产整风以后，两种飞机的生产和返修中断。共按120架（已出厂5架、静力试验4架、在制111架）配套后，其余的5架前机身、30架后机身、250架3273项组合件、零件（占全机12268项的26.6%）、150架2256项零件（占全机18.3%）、100架1267项零件（占全机10.39%），全部报废，仅工时损失就相当于生产100架飞机的工时。已装配成飞机和部件的111架飞机和工艺装备被搁置一边。成品过期，飞机零件及工艺装备生锈等损失也是很大的。仅1960年一年，成品生锈、过期损失就达569万元。1960年，工厂处境非常困难，积压资金2.2亿元，贷款1.99亿元，全年支付利息1102.2万元，相当于当时全厂职工全年的工资总额。[11]

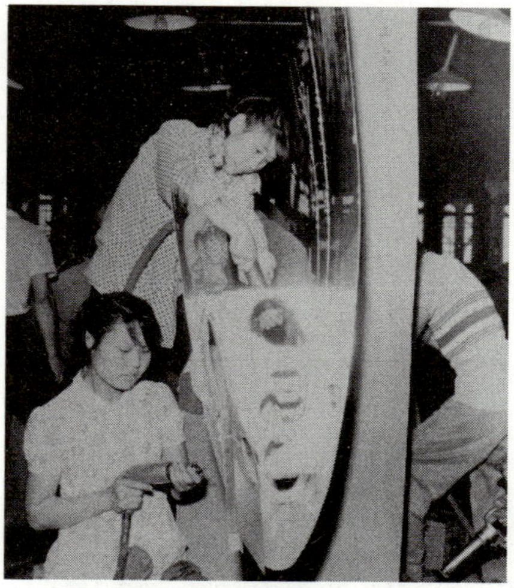

112厂工人在铆接飞机部件

⑪ 沈阳飞机制造公司史志编辑办公室. 沈阳飞机制造公司史（1951-1983）. 131-132.

对112厂的质量下降形势，苏联专家也曾坦率地提出过自己的看法。1960年7月，苏联专家留比莫夫对一机部副部长方强说，112厂生产的歼5（米格-17Φ）飞机的质量不比苏联飞机差。该机质量好，是由于生产秩序、工艺纪律好，歼6、歼6甲飞机质量不好有一系列问题，如材料质量不好、代用材料不符合要求、超差品很多、检验不严、生产纪律松散等。要扭转这个问题，必须加强工艺纪律，从材料开始到产品出厂，建立起严格的生产秩序，这是一个全国性问题，不单是航空工业。应当说，旁观者清，这是比较客观公正的看法。

贺龙视察过的沈阳、哈尔滨4厂，本是航空工业的重点企业，全部被纳入苏联援助我国156项目之中。在"一五"期间，中国航空工业从修理走向制造的过程中，都做出了有目共睹的成绩。特别是1956年喷气式飞机歼5和发动机涡喷5试制成功，使中国一举进入了喷气时代，跻身于当时世界少数能够生产喷气式歼击机的国家行列。如果乘胜前进，这4家企业本来可以取得更大的成果！

面对航空产品质量如此严重下降的状况，贺龙果断地做出了"一刀两断，重新试制"的重要决定，并且十分大胆地提出了"要原原本本按苏联图纸从头开始，重新试制"的要求。这在当时的政治形势下，是需要很大的勇气的。贺龙甚至愤慨地说，我今年65岁了，我还要拼命干它几年，拼死就算了。[12]

⑫总参谋部《贺龙传》编写组．贺龙传．北京：当代中国出版社，1997年．558.

贺龙亲自主持声威震动的国防工业三级干部会议，他希望来一次强烈的"冲击波"，降一场"狂风暴雨"，以彻底扭转产品质量严重下降的形势；他把"大跃进"中重产值、轻质量造成严重恶果的责任主要归罪于国防工业各级领导人，这成为整个会议的基调

贺龙亲自主持召开的空前规模的国防工业三级干部会议，对于国防工业，特别是航空工业，是一次具有重大影响的会议。它对航空产品的质量整顿工作起了促进作用，但由于会议存在重大偏差，也留下了长期的消极影响。

那么，贺龙为什么下这样大的决心，去召开这次会议呢？

应当说，军工产品，特别是航空产品的严重质量问题，是导致召开这次会议的主要因素。

贺龙是在进入“大跃进”的第三年，即1960年初开始领导国防工业的，军工产品，特别是航空产品质量严重下降的局面仍不见好转，引起了中央军委领导人的焦虑和不安。1960年5月10日，军委常委会议专门听取了一机部部长赵尔陆的汇报。随后发出《军委常委会议纪要》，指出了国防工业产品质量问题的严重性，要求立即采取有力措施加以解决。但《纪要》把问题简单地归结为工厂领导人的不负责任，提出：“应该从全国范围内物色优秀的、最能认真负责的干部到这些工厂去担任厂长、党委书记和其他主要职务。对于不称职、玩忽职守的干部应当坚决调换。”5月24日，贺龙就112厂和410厂严重的产品质量问题向中央写了报告。《报告》在谈到造成产品质量不好的原因时，首先指责两厂领导“重视产值，忽视质量，骄傲自满，责任心不强”；同时不顾部、局已经采取整顿措施的事实，批评一机部和航空工业局的领导人“对质量问题也抓得不紧，没有认真研究，缺乏明确的方针和有效措施”。7月1日，中共中央批复了这个报告，要求转发各航空工厂，抄送有关省委常委，认真讨论，汲取教训。8月22日，空军领导人刘亚楼、吴法宪、曹里怀联名写报告，就零备件供应问题向军委秘书长罗瑞卿告急，反映部队因缺零、备件和备份发动机，已有238架飞机停飞，而且停飞趋势还在继续发展。这一严峻局面，进一步引起了中央领导人对军工产品状况的更大关注。

此期间，上级对国防工业领导机构进行了调整。1960年9月13日，全国人大常委会29次会议决定，把原军、民品统一管理的第一机械工业部重新分为主管民用机械的第一机械工业部和主管国防工业的第三机械工业部。张连奎被任命为三机部部长，原一机部部长赵尔陆调到国家经委任职；空军副司令员薛少卿被任命为三机部副部长兼航空工业局长，原航空工业局长王西萍调离国防工业。此前8月31日，112厂厂长牛荫冠被调离工厂，到沈阳市国防工办任主任，由厂党委副书记王其恭代理厂长。

9 月 13 日，中央书记处专门为武器装备的质量问题召开了国防工业电话会议。彭真、贺龙作了重要讲话，指出：对待产品质量的态度是个党性问题。将质量低劣的武器交付部队使用，是犯罪行为。并指出：当前军工产品的质量问题主要是由于领导上的错误造成的，领导要引火烧身。

另外，在国际形势方面，当时美国加紧扩军备战，虎视眈眈，在中国周围制造紧张局势。美国扶持的蒋介石集团得到了 F-104 超声速战斗机，蠢蠢欲动。而我国试制的超声速战斗机歼 6 却迟迟出不来。同时，苏联撕毁合同，撤走专家。面对这样的外部形势，为了加强战备，就要求国防工业时时处于良好的准备状态，随时可以满足部队的需要；而实际上却是生产秩序混乱，产品质量问题严重。因此，不能不使领导层下决心立即召开会议进行检查整顿。

还有一件重要的政治因素，那就是 1959 年召开的庐山会议。会议错误地批判了彭德怀、黄克诚之后，新组成的由林彪主持工作的中央军委，又接连于 1959 年 9 月、1960 年 2 月和 1960 年 9 月，召开军委扩大会议，批判所谓彭、黄在军队的“取消主义、打烂仗”路线，并认为这条路线同样影响到了国防工业，也要采取相应措施。对此，林彪说：“我们现在的国防工业方面，被彭老总耽误了多少年，抓得不紧，很多东西不上马。现在我们要赶，要在三年内军事工业增加一倍。”因此，军委一方面确定了高速度发展国防工业的方针、原则；另一方面，决定在国防工业批判肃清所谓彭、黄路线的影响。加上赵尔陆在“庐山会议”上曾赞同过彭德怀的“意见书”，在小组会上说过：“好意见，彭总的精神值得学习”，因而军队部分高级领导干部也就把赵尔陆同所谓推行“打烂仗”路线的彭、黄挂上了钩，列为批判、清算的重点对象。

1960 年 11 月 25 日，贺龙刚刚从东北视察航空工业 4 厂回到北京，即把准备在国防工业系统召开三级干部会议进行质量整风的设想报告了中共中央和中央军委。11 月 28 日晚，又向毛泽东请示。毛泽东同意召开这次会议。12 月 1 日，贺龙向周恩来报告了会议准备情况。周恩来表示同意。

1960 年 12 月 8 日，由国防工业委员会召开的国防工业三级干部会议在北京正式开幕。会议前后持续38天，至1961年1月6日闭幕。

会议由贺龙主持，参加会议的有三机部（国防工业部）系统的部、局（司）、厂（科研机构和高等院校）三级领导干部（“三级干部会议”的名称即由此而来），以及一机、冶金、化工等部主管军工生产的部、局级干部和部分厂长、党委书记；同时还邀请了国家计委、经委、建委、各中央局、各省、市（自治区）和国防科委、军委各总部、各军兵种、各大军区以及国防部五院等单位主管军工的有关负责干部与会，共786人。会议共分航空、兵器、造船、无线电、装甲车辆、高等院校、化工、民用机械等8个大组。正式会议开始后，全体大会和各大组会交叉进行。贺龙、聂荣臻、罗瑞卿、陈赓、刘亚楼等在会上作了报告，讲了话。在预备会议、全体大会和大组会上发言和书面发言的共190多人。

国防工业三级干部会议的预备会议率先召开，开始对国防工业领导人赵尔陆、张连奎等进行揭发、批判，由赵尔陆、张连奎作初步检查，使会议骤然升温

1960年11月30日，国防工业三级干部会议举行了第一次预备会议。参加会议的有陈赓、肖劲光、许光达、程子华、赵尔陆、张爱萍、陈士渠等同志，有国家计委、建委、经委、科委、冶金部、化工部；一、二、三机部、农机部、邮电部、国防科委、总后勤部、各军种、兵种、装备计划部、国防部五院等单位的负责同志，三机部各司、局的负责同志也参加了会议，共82人。

贺龙主持会议，他说，当前国防工业的军品质量问题很多、很严重。从朝鲜回来在东北看了几个厂，聂总在华北、西北看了许多厂；王树声同志看了六个厂，都感到这个问题很严重。在这以前，关于军品生产质量第一的方针，广州会议林总讲，上海会议主席、总理、总书记都讲，南京会议上讲，北戴河国防工业会议上讲，9月13日书记处召开的电话会议上又讲，但是部、局传达贯彻得很不好，下面有的工厂开了个会，有的连会也没有开。中央强调质量第一，他们是产值第一。这是对中央军委方针的抵触，是自由主义态度，应当讲是相当严重的自由主义。飞机工厂三年不出飞机，下料几百架全都报废。航空材料大部分都是进口的，这些外汇是全国人民不吃肉、不吃油、不吃水果，节衣缩食换来的，想搞点质量好的军品出来，结果都是废品。

贺龙指出，军委提出两弹为主，导弹第一，质量第一，可是部、局还是追求产值。米格-19飞机的苏联图纸没到以前，自己搞，这是积极的。苏联图纸到了，不是去很好地研究，而是拿我们的图纸改苏联的图纸，把图纸改得稀巴烂。明年10月1日能不能出飞机还是问题。米-4直升机，是人家不要的了，三年都还生产不出来。国家损失和技术损失就难以估计了。部、司领导上自由主义，追求产值，资产阶级经营思想发展到顶点，这是违反马列主义的。

贺龙说，我到哈尔滨航空工厂去视察，工厂三年不出飞机，六年的党委书记、两年的副厂长不给我汇报，刘鼎副部长给我汇报，你不在北京汇报，在哈尔滨汇什么报呢，明明是掩盖错误、包庇工厂领导。工厂党委书记一开头就讲有自满，三年不出飞机你还自满什么？四局王西萍在沈阳飞机工厂坐镇3个月，飞机搞不出来，修修补补弄出一架不合格的飞机，工厂还出号外报捷、杀猪开庆祝大会，真是自欺欺人。

贺龙说，这次会议主要是搞通思想，然后再搞质量。工业书记会议决定要整的五风我们这里都有，甚至还要多一两风。这次会议的开法，是摆事实讲道理，进行批评和自我批评，把以前不好的东西都翻出来；目的是找出经验教训，做好今后的工作；不是追究责任。

贺龙继续说，国家受到的损失我们向中央、军委检讨。昨晚主席还说，帝国主义压迫我们，修正主义也在压迫我们，我们还不争口气！我们不发奋图强，自力更生，还像个党员吗？我们要看到战争，对战争要负责任，对六亿八千万人民要负责任。军工生产完成不好，质量不好，怎么能行呢！飞机厂用八吨多进口铝板做饭盒子，每个卖两块钱；发动机厂有个车间做摩托车；江西飞机工厂有一个一千多人的技工学校，几百台机器，做摩托车，材料都是用军工的，成本五六百块，卖一千多块钱，追求产值。（陈赓大将说：这是不务正业。）精密机器调走了，军工材料用光了，还有的工厂斗军代表，给坚持质量的军代表戴右派分子帽子，西北就有这样的事，军区向聂总请示，聂总回来向我讲，我说不仅不能划右派，而且要工厂开大会作自我批评，恢复他们的名誉。

飞机工厂生产的飞机不合格，党委要报捷，军代表不愿签字，是党委书记牵着去签的，军代表也就签字了，也没有向军委报告，我批评了军代表。沈阳两个航空工厂有两万四千多人，零备件不愿做，去搞饭盒子、摩托车、公共汽车，为什么要这样做呢？只要有点党性的人，到工厂看一下就会要发火的，脑子都要炸的。除军工工厂外还看了两个民用厂，也不好。长春汽车厂管理搞得不好。铝板厂全国只有一个，也是很不好。特别是沈阳两个飞机厂，省、市硬是推不动。眼看着飞机一天天减少；常备武器打了三枪，击针就断了，还不生气呀！除非是修正主义。

贺龙说，军工的问题是相当严重的。富春同志 28 日来信，他赞成这个会，好好整一整风，首先要推动赵尔陆、张连奎同志做检讨。

贺龙要求大家：第一，有什么讲什么，大鸣大放。第二，要脱裤子检讨，吸取教训。第三，整五风、六风，彻底整掉各种歪风。

贺龙再一次指出：我们所以要这样做，是因为我们国防工业在领导上和生产上都存在着许多严重的同题，这些问题的存在，不仅已经给我们的国防建设带来了不利的影响，如果不及时地加以彻底解决，所造成的严重后果将是不可想象的。所以我们这次会议的目的：并不是为了追究责任，而是为了克服缺点，纠正错误，统一思想，统一行动，团结一致地把我们今后的工作做好，提高产品质量，切实安排 1961 年的生产任务，以加速我们的国防建设。⑬

贺龙在讲话中，把“大跃进”中重产值、轻质量造成严重恶果的责任主要归之于一机部和各局的领导人，成为整个会议

⑬ 中国航空工业史编修办公室编．中国航空工业大事记（1951–2011）．北京：航空工业出版社，2011. 85.

的基调。

预备会议期间，由于陈赓大将的发言，使会议批判的气氛骤然升温。他说，建国11年来，军工生产是有成绩的，但问题非常严重，骇人听闻。现在不光是飞机不能飞，火炮不能打，新的做不出，老的不能用，甚至连冲锋枪、手榴弹也不灵了。一旦有事，如何得了！对这些问题，一机部领导、特别是赵尔陆同志，应负主要责任。他的错误，归纳起来，有四条，叫做：抵制中央、买办思想、垄断独霸、保守右倾。

陈赓的发言主要内容有以下几方面：一是说赵尔陆对中央、军委的方针，不是在一个两个问题上，而是一系列问题上，有抵触、有抗拒，是“无法无天”。二是说赵尔陆等在20世纪50年代领导组织国防工业由苏联帮助设计建设工厂、按苏联图纸资料仿制产品、请苏联专家指导解决技术问题，是“买办思想”、“简直是倒在人家怀里生长”、“搞的是一条殖民地发展工业的道路”、“是仰人鼻息，随人俯仰的道路”。三是说“东风113”飞机研制不出来是由于赵尔陆“垄断独霸”，故意刁难。四是批判赵尔陆“保守右倾，任用坏人”（此处所谓“坏人”是指的在这次三级干部会议上同时遭到错误批判的有关领导干部），还追查赵尔陆与彭德怀、黄克诚的所谓“关系”。[14]

赵尔陆在预备会上作了初步检查后，代表们表示很不满意，并着重对赵尔陆的所谓与彭、黄的关系问题进行质问、批判。

国防工业三级干部会议在12月8日的开幕会上宣布了会议的任务、目的和要求后，即按8个大组分开进行活动，包括学习中央军委扩大会议等3个会议的有关文件，听李富春等的录音报告，进行座谈讨论。会议的程序是：由赵尔陆、张连奎在全体大会作检查；各大组对赵、张开展揭发、批判，整理材料，并到全体大会上发言；随后，由各局的领导人在大组会上作检查，结合三机部和各大组范围的问题进行揭发、批判。会议期间还举办了以军品质量问题为重点的展览会，其中不少内容是夸大，甚至失实的。整个会议过程，一方面充分揭露了军工产品，特别是航空产品质量问题的严重性，反映了人们对这一严重状况的极度震惊和焦虑心情；另一方面，由于会议指导思想的偏差，又导致了对

⑭ 中国航空工业史编修办公室编．中国航空工业大事记（1951—2011）．北京：航空工业出版社，2011．85

赵尔陆、王西萍（原一机部航空工业局局长，已被调离航空工业到交通部任职，当时也应召到会）等人的过火斗争。会上重点提到112厂歼6飞机的质量问题和122厂“松花江1号”民用飞机的研制问题，武断地指责王西萍等有意弄虚作假，欺骗中央。并以此同所谓赵尔陆任用坏人和赵尔陆与彭、黄的关系及所谓彭、黄“打烂仗”思想路线联系起来，混淆矛盾的性质，上纲上线，说赵尔陆“犯了方向性、路线性的错误”，个别人甚至说赵尔陆“是彭、黄漏网分子”。会议印发的材料也指出：“大会认为，这次会议实际上是国防工业中两条路线的斗争”。会上还提出“彻底整顿国防工业组织部门，从部、局到工厂……把政治上不纯的分子坚决清洗出去”。此外，会议还不恰当地批判国防工业搞民品生产是“不务正业”、“重民轻军”，“铸剑为犁”，“资本主义经营思想”，等等。

1961年1月6日，贺龙在闭幕会上作了总结讲话，提出了有关国防工业的17个问题：

第一，国防工业必须立足于应付帝国主义发动的新的世界战争和原子战争；第二，国防工业必须为国防建设与军队建设服务；第三，必须发奋图强、自力更生；第四，国防工业必须随着国家独立完整的经济体系的建立逐步建成为完整的体系；第五，国防工业必须贯彻军民结合，以军为主的方针；第六，国防工业必须贯彻质量第一，在确保质量的基础上求数量的方针；第七，无论是突击尖端、基本建设，都应当集中兵力打歼灭战；第八，国防工业必须掌握在对党忠诚、政治最可靠的人手里；第九，必须迅速地建立一支又红又专的干部队伍；第十，必须坚决贯彻勤俭办国防工业的原则；第十一，必须加强政治思想工作，以政治统率业务；第十二，必须一手抓工作，一手抓生活；第十三，必须贯彻执行群众路线；第十四，必须加强党委的领导，认真贯彻党委集体领导下的厂长负责制；第十五，必须加强军代表制度，充分发挥军代表作用；第十六，必须树立忠诚老实、实事求是的作风，反对浮夸，反对弄虚作假；第十七，必须贯彻全党、全军办国防工业的方针。[15]

贺龙要求在认识上进一步明确和落实，并要求大张旗鼓地开

⑮ 中国航空工业史编修办公室编. 中国航空工业大事记（1951–2011）. 北京：航空工业出版社，2011. 88.

展整风运动，把整顿和加强国防工业的精神迅速深入地在国防工业系统所有厂、所、院校中进行传达和贯彻。

国防工业三级干部会议参加者徐昌裕回忆：

……国防工业系统三级干部会议的导火线是怎样引起的，主要是国内整个的大气候所决定的。这里主要谈谈我们自身的问题。本来我们应该全力以赴地把米格-19搞出来，可是由于我们自行设计的情绪高涨，加之又要大上民品，所以把仿制工作搁置在一边了。作为局领导分工，让我去搞自行设计，负责“东风107”；油江同志有一个时期，让他也去搞自行设计，搞“东风113”，组织试制小组；让陈少中去抓民品。我们几个管生产的副局长，没有把主要精力放在试制上。工厂的情况又那么紧张，当时112厂的任务压得喘不上气来，又要搞歼教1，又要搞“东风107”，同时“东风113”又压下来，精力顾不上，又有情绪，破坏了一些规章制度，纪律很松懈。加之苏联的工艺资料还没有来，工艺规程我们自己编，工艺装备用得又少，所以零部件产品质量很难保证，这些必然都会反映在米格-19的整机质量上，不出问题才怪了。

另外一个重要原因是压大产值，1959年年初我从苏联回来时，当时的厂长牛荫冠对我说，上面压下来了，今年的产值一定要超过去年。1958年我们生产了329架歼5，今年的任务这么重没法干。1959年上半年，歼5的批生产任务停了，成批生产没有了，新飞机还没出来，怎么办？为了完成产值，就做准备工作，大批投料，把铝钣按材料的要求检测整理出来，下料一冲就算投入了，可用抵产值、大批投产来完成产值任务。后来不是说已经投入了几百架吗？就是这么来的。这么干，必然忽视了备件生产，因为备件的产值很少，大家也就顾不上了。备件供应不足，造成空军现有的不少飞机停飞，新飞机因质量问题出不来，老飞机米格-17的批生产任务又停了，空军得不到装备，只好告急。一个一个报告打到贺老总那里，都是告状的。另外，还有一些不符合实际的情况，反映到上面，给我们带来了很不好的影响。特别有两个人，一个是哈军工的副院长刘居英，他向上反映，122厂搞了一个小飞机，说是自行设计的，其实是把捷克的一架小飞机的发动机拆了，装在那个他们搞的小飞机上试飞，实际上是欺骗中央。又有人说 112 厂自己搞风洞，自己成立气动力研究院，要搞独立王国。这是贺老总那个秘书，国防科委秘书长安东反映的。还有其他人的一些反映也起了一些作用。最主要的是空军连连告急，促使上面下决心整顿国防工业，这就是我们三级干部会导火索。⑯

⑯ 徐昌裕 1990 年讲话录音

大会闭幕后，由三机部副部长兼航空工业局局长薛少卿任组长的航空大组会继续进行。

1 月 3 日，王西萍在航空大组会上作检查后，进行面对面核对“罪责”，展开揭发、批判。1 月 9 日，王西萍作第二次检查。接着，航空工业局分党组成员依次作检查。112 厂、120 厂、122 厂的主要领导人也在大组会上作了检查。会议气氛紧张，批判激烈。

航空大组会在 1 月 19 日结束前，以 3 天时间部署了各航空工厂的整风和 1961 年生产、基建任务。

三级干部会议结束后，第二届全国人大常委会 1961 年 1 月第 35 次会议通过决定，任命孙志远为第三机械工业部部长（孙志远同时任国防工业委员会副主任。三机部原部长张连奎改做副部长工作）。

1961 年新任第三机械工业部部长孙志远

孙志远（1911–1966），1911 年 10 月 12 日生于河北省定县大王梅村。1929 年在北平师范大学读书，加入中国共产主义青年团。1930 年转为中共党员。历任中共定县中心县委书记，晋绥野战军政治部主任，第一野战军七军政委，第一兵团政治部主任等职。中华人民共和国成立后，历任西南军政委员会秘书长、政务院副秘书长兼参事室主任、中共中央财委第二、第三办公厅主任、国务院第三办公室副主任、国家建委副主任、国家经委副主任、党组副书记，后兼物资管理总局局长。中共第八届中央候补委员、政协第三届全国委员会常委。

三级干部会议规模之大，时间之长，出席的高层领导人之多，揭发、批判气氛之紧张，在国防工业系统是空前的。故人们称之为“大将点火，元帅升帐，陆海空军齐动员”。会议产生的声威，使各方面都受到了巨大的震动，对于鞭策航空工业和有关的原材料、配套产品部门，以及各大厂所在省、市的主管部门，共同关注产品质量，合力进行整顿，起到了有力地促进作用。三级干部会议后，对产品质量必须整顿取得了共识，有关各方面的行动比较协调了；同时也使“从根子上乱了”的单位，认识到“藕断丝连”不能解决问题，必须下决心“一刀两断”、“彻底革命”，从思想、组织、制度规章各方面进行彻底检查整顿，从而使全行业的整质工作得以扎扎实实地开展起来，在整顿工作方面，比全国其他部门先走了一步。

但不可否认的是，三级干部会议也产生了消极影响。会议的主要偏差，在于用政治路线斗争的观点和方法来对待和处理军工生产、科研工作问题，没有通过调查研究，弄清楚造成军工产品质量普遍存在严重问题的根本原因，因而也就不可能正确地总结经验教训，团结广大干部起来共同努力，扭转局面。从根本上说，军工生产、科研中遭到的严重挫折，包括歼6飞机的试制质量不好和“东风113”飞机研制难以进展等等，都是由于党在社会主义建设规模和速度问题上的严重失误造成的。其根源是“大跃进”中的“左”倾思想指导，其具体表现是强调不切实际的高速度，搞大计划、高指标、瞎指挥、浮夸风和破除了科学的合理的管理制度。对于这些，在当时的历史条件下，在庐山会议的阴影下，贺龙、聂荣臻、罗瑞卿等领导人，不可能予以纠正。而且，一些军方领导人不是客观公正地去看部、局从1958年冬至1959年夏秋所进行的一系列整顿生产秩序、加强质量工作的努力，而是着重追究赵尔陆、王西萍等的个人责任，甚至把“东风113”飞机因物质技术条件不具备而研制不下去的问题，硬说成是由于赵尔陆、王西萍等的故意消极抵制，这就实在有失公允了。

由于错误地把军工战线的工作问题当成政治问题，把许多忠诚党的事业、为发展军工辛勤操劳、实事求是对待工作的领导干部说成是执行了所谓“打烂仗”的路线，队伍不纯，“搞宗派政治小圈圈”，玩忽职守，甚至说有的岗位掌握在不可靠的人手里，等等，这就必然导致实行错误的干部政策。因此，不仅在三级干部会议上开展了错误的批判斗争，而且还采取了一些不适当的组织处理措施。除会前抽调一批军队高级干部担任部、局领导职务外，1961 年 1 月 8 日，即三级干部会议结束刚两天，就撤销了三机部党组，把三机部的机构合并到国防工委，国防工委临时党组为 16 人，贺龙为党组第一书记，孙志远为第二书记（直至国防工业办公室成立后，第三机械部党组才予恢复，1962 年 1 月 22 日，国防工委与三机部正式分开）。企业各级干部也普遍遭到批判斗争，部分还受到不公正的组织处理。这就严重地伤害了整个干部队伍。这种不实事求是的评价工作、不公正地对待干部的做法，使人感到动辄得咎，无所适从，视军工为畏途，大大压抑了干部的积极性，对事业的发展产生了很大的消极影响。

三级干部会议对民品生产问题的错误批判，导致对民品生产“一刀切”，统统下马，造成巨大损失，也产生了长期的消极影响，使干部和职工一提起生产民品就心有余悸，妨碍了军民结合方针的贯彻。

对于三级干部会议的看法，徐昌裕说：

我认为整个说起来，三级干部会议是一个政治性的会议，还不完全是业务性的会议。实际上是庐山会议以后，在国防工业上的直接反映，我是这么看的。三级干部会议批判赵尔陆、张连奎执行了彭、黄的“打烂仗”的思想，不顾军工，只顾民品，结果搞得飞机飞机没有，大炮大炮没有。其实赵尔陆是因为庐山会议的表现受到批判，这才是根本原因。庐山会议以后不久，贺老总他们到朝鲜去，从朝鲜回来，在哈尔滨发脾气，沈阳发脾气。如果是为了业务工作的话，他不会那么干，还是庐山会议的那个因素在起作用。三级干部会议上提出的第二个问题是用人不当，用了一些不可靠的分子，那时候就是这么提的。结果把王西萍撤掉，把五局的局长童 ×× 也撤掉，我们还有几个人被调离，后来这些人都平反了。班子调整的结果是薛少卿代替了王西萍，薛少卿从军队带来了几个人，金生、曹麟辉、陈则诚、田维新等，由金生顶替我，曹麟辉顶替油江，陈则诚顶替陈少中。当时是说新旧交替，以老带新那一套，实际上是彻底地用军队的干部来代替原来工业部门的人。采用替代的办法来改组，对各部的领导层的替代，由那时的工委直接掌握。工委由孙志远管，主任曰贺龙兼任。每一个军兵种都要派一个人参加工委，空军是薛少卿，海军是赵启民，其他坦克部队等兵种也都派人来了，基本上都是副司令员一级的干部，体现了军队要直接管军工生产的决心。另外下决心停产整顿，从思想上、组织上进行整顿。召开三级干部会议，批判赵尔陆等人的错误，搞检查，搞思想过关。已经下去的干部也调回来参加整顿，王西萍调回来了，牛荫冠也调回来了。工厂的整顿也是搞人人过关。后来有人讲，通过整顿，工厂里整顿了班子，整顿了质量，确保了米格－19的优质过关。那时，确实有好几批飞机的质量很好，说是整顿起了决定性的作用。这就是三级干部会议贯彻下来的做法，从上面到下面进行思想整顿和组织整顿。上面是过左的批判赵尔陆、张连奎同志，一边拿军队的干部直接管，一边调整以前工业部门来的主要领导。我认为从主导面来看，从庐山会议到三级干部会议，搞得都非常出格。庐山会议批判彭德怀及其同党，连带下来是对赵尔陆、张连奎等工业部门的人的批判。然后就是撤换了一批干部，四局、五局的局长都换了，由军队直接管，三机部取消了。⑰

⑰ 徐昌裕 1990 年讲话录音

对于国防工业三级干部会议上的失误和偏差，中央有关领导是有所觉察的。1961 年 11 月 8 日，中央决定成立国防工业办公室，作为国务院的一个口，在党内对中央书记处和中央军委负责，直接管理二机部、三机部和国防科委所属范围的工作。任命罗瑞卿为国防工办主任。赵尔陆为常务副主任，孙志远、方强、刘杰、刘西尧兼任国防工办副主任。国防工办成立后，即作为国防工委、国防科委两委的第一线办事机构。两委的日常工作由国防工办组织进行。实际主管国防工业的领导人是罗瑞卿。1963 年 9 月，中央军委撤销了国防工委，其任务合并到国防工办。

其实国防工业三级干部会后，贺龙也感到会上的过火斗争方法不妥。他在 1961 年 2 月到 320 厂视察，对该厂进行了三天的调查研究，在谈到工厂的质量整风问题时曾强调指出："要和风细

1962年6月13日，周恩来和全国妇联副主席邓颖超由沈阳市委第一书记焦若愚陪同到沈阳飞机厂视察，并听取了第一副厂长兼总工程师高方启关于产品质量的汇报

雨，不要把北京开会那一套搬来。”⑱

1962年6月8日，周恩来在三机部东北地区军工企业干部会议上讲话时，肯定了国防工业10多年来的工作“成绩是主要的”，这对消除干部中由于三级干部会议而造成的消极情绪起了很大作用。

⑱ 总参谋部《贺龙传》编写组．贺龙传．北京：当代中国出版社，1997.562.

在此同时，孙志远部长曾采取多种方式，根据中央的精神，就三级干部会议问题在部、局干部中进行了“解疙瘩”、促团结的工作。他还在东北地区军工企业干部大会上说，国防工业各级干部是党精心挑选的，绝大部分长期从事军事工业，责任心强，熟悉业务，知识水平高，是党和国家的宝贵财富，国防工业的复兴要充分依靠这支力量。

1962年6月20日，周恩来到哈尔滨122厂视察，在车间听取厂领导关于直5直升机优质过关情况的汇报

在1965年年初的航空工业企事业领导干部会议上，贺龙又在讲话中对三级干部会议上过火的批评斗争表示了歉意。

1962年6月20日，周恩来到哈尔滨120厂视察

1978年12月党的十一届三中全会后，经党中央批准，中央组织部行文，为赵尔陆、张连奎、王西萍、牛荫冠等彻底平反，推倒了一切不实之词，后来又恢复了张连奎的正部级名分。

国防工业质量整顿取得显著效果，歼 6、直 5 完成优质过关。1965 年，贺龙重新来到 4 年前他亲自视察并严厉批评过的航空企业，这一次，贺龙终于笑逐颜开

歼 6 飞机是航空产品优质过关的重中之重。1961 年 1 月，中央军委国防工委正式决定由 112 厂重新试制歼 6 飞机。该厂在企业整风、建立健全规章制度的基础上，在返修已生产出的飞机的同时，认真地进行歼 6 的重新试制工作，经历了试制、小批生产工艺定型和成批生产三个阶段。

在试制阶段，工厂认真总结了在“大跃进”中过分强调进度，压缩工艺装备，超越试制程序未定型就大批投产的教训，贯彻贺龙要原原本本按苏联原文图纸重新试制的指示，从 1960 年 12 月起，对歼 6 原文图纸、工艺规程、工艺装备图纸等全部资料的译文进行了校对和补译，在消化原文资料的基础上，制定了歼 6 飞机试制总方案。

在 112 厂优质过关中，工艺技术人员起了重要作用。图为该厂机翼车间工艺室全体人员 1962 年 4 月在北陵公园合影，二排右一为本书作者

在厂长陆纲的组织下，突出抓好过“五关”，即标准样件对合关、技术关键关、技术协调关、静力试验关和试飞关。陆纲经过调查研究，对标准样件实行“三包”（包质量、包进度、包数量），完成指标者给予奖励。全部标准样件于 1962 年 12 月底制造完成，对合成功，顺利突破第一关。

陆纲组织技术人员制订了“十项开工标准”并正式颁布实施，使零件制造走上健康轨道。1963 年 6 月，零批 4 架飞机全部制造完毕，质量优良。

1963年9月7日，歼6第0002号飞机全机静力试验，加载到102%时，飞机开始破坏，证明飞机强度达到了原设计要求。

1963年9月23日，歼6第0001号飞机由试飞员吴克明驾驶，首飞成功，尔后又继续进行45个起落的试飞，共完成16个试飞科目，飞机的主要技术性能都达到了设计要求。

歼6发动机涡喷6的优质过关在410厂进行。由厂长余侠平组织领导。

余侠平（1917–1967），1937年10月奔赴延安参加革命。中华人民共和国成立后长期在兵工厂工作，多次被评为省、市劳动模范。1960年5月调任410厂厂长。1961年开始，该厂进行深入、彻底的质量整顿，在优质过关中攻克了100多项重大技术关键。1961年10月24日，重新试制的涡喷6发动机100小时全寿命试车考核获得成功。经国家鉴定验收，转入成批生产。

1963年12月5日，航空军工产品定型委员会主任委员曹里怀在歼6飞机试制定型鉴定文件上签字。航定委认为，歼6飞机已达到优质水平，同意试制定型并投入成批生产。当天下午，中国人民解放军副总参谋长张爱萍出席歼6试制成功庆功大

1963年9月23日，航空工业部部长孙志远为重新试制的歼6首飞剪彩

歼6优质过关签字仪式

歼6总装生产线

完成试飞的直 5 直升机

1963 年 9 月 21 日米-4（直 5）直升机优质过关国家鉴定仪式

会，他代表党中央和国务院宣布，发给工厂奖金 10 万元。歼 6 重新试制的总周期为 1069 天，1963 年年末，第一架重新试制的歼 6 飞机交付部队使用。

直 5 直升机的优质过关从 1961 年开始。122 厂重新复制了苏联全套技术资料，制定了综合协调方案，编制了工艺规程，制造了标准样件和工艺装备。在试制过程中，重点对直升机振动过大的技术故障进行攻关，先后进行 100 余次飞行试验，从理论和实践上探索解决振动故障的途径，终于使直 5 振动幅度降低到苏联原文规定幅度的 90%。

1963 年 9 月，第一架重新试制的直 5 总装完成，进行了 21 小时的试飞，达到了优质标准，经国家验收，投入成批生产。

为直 5 直升机配装的活塞 7 发动机，由 120 厂进行重新试制。1963 年 9 月 23 日，重新试制的活塞 7 通过 400 小时试车考核，12 月 25 日通过国家鉴定。

1963 年 12 月 11 日，中央军委向第三机械工业部并转 112 厂、410 厂、122 厂和 120 厂发出贺信，祝贺歼 6、直 5 优质过关，重新试制成功。

1963 年歼 6、直 5 优质过关，不仅装配的全是国产优质零部件，而且全部机载设备也优质过关。这表明中国航空工业经受住了严峻的考验，具备了依靠自身的力量制造比较复杂的飞机的能力。

1965年4月13日，贺龙、聂荣臻在四川省委书记李井泉陪同下走进4年前视察过的132厂。当年陪同他视察的工厂领导人前来迎接。

贺龙听了工厂领导的汇报，很高兴。他说："上次来，我批评了你们，是不是有意见呀？我今天向你们道歉！"厂长马诚斋怀着感激之情说："批评得对。就是您上次来捅了两棍子，我们厂才得救了。"总工程师晋川诙谐地说："我们厂那时像婴儿发高烧，得了小儿麻痹症，半身不遂。我们当时提意见也解决不了。全靠贺老总那次视察才解决了问题，工厂翻了身。全厂职工都非常感谢您哪！"党委书记黄明说："要不是您那次下了'推倒重来'的决心，我们厂不会有今天。"

贺龙一行兴致盎然地参观了厂区主要建筑模型、飞机模型和几项工艺、新产品，以及总装配车间。他问马诚斋："飞机出来了吧？"马诚斋说："出来了。但是防弹钢板未过关。"马厂长所说的飞机是132厂首次测绘设计的歼5甲飞机。该机于1964年11月11日首飞成功。贺龙问："飞机质量怎么样？""质量问题还不少，基本功不过硬。"贺龙说："要保证质量啊！质量只能上升不能下降。因为这是上天的东西，若是在空中出问题就完蛋了。"⑲

⑲ 总参谋部《贺龙传》编写组．贺龙传．北京：当代中国出版社，1997年．564–565.

7月25日至8月16日，贺龙又到东北视察。

1965年7月26日贺龙在112厂视察，听取该厂厂长陆纲汇报歼6飞机优质过关情况，前排左起：陈锡联、贺龙、孙志远（飞航空博览园提供）

贺龙于7月26日到112厂，厂长陆纲汇报说，今年飞机可以超产，新技术产品也可以按计划交付。贺龙十分高兴地说："现在和1960年大不一样了。那次我来时，这儿里里外外都是'鸡（机）窝'。现在嘛，才像个飞机制造厂。"他看见一幅写有"千万不要忘记歼击机一年生产，三年返修的沉痛教训"的大标语映入眼帘。他连说："好，好，贴在这里好。"

1965 年 8 月 4 日贺龙来 120 厂视察（张德懋摄）

1965 年 10 月 9 日，刘少奇及夫人王光美陪同西哈努克亲王及莫妮克公主参观 122 厂

8 月 4 日，贺龙再访 122 厂和 120 厂。他对曾经挨过他批评的工厂负责人说："过去你们 3 年造不出合格的飞机，也造不出合格的发动机，我批评了你们。如今，你们 1 个月就可以生产几架优质飞机和若干发动机，该是鼓励、表扬你们的时候了。"[20]

⑳总参谋部《贺龙传》编写组. 贺龙传. 北京：当代中国出版社，1997. 565-566.

第十四章

第六研究院

1960年12月27日，中央军委发出《关于组织航空、舰艇、军事无线电电子学等三个研究院的通知》，决定改变国防工业科研管理体制，把科研设计工作从航空工业等部门分离出去，单独建立研究院。《通知》指出："为集中有关方面科学研究力量，加速发展我国国防科学技术研究工作，增强我国武装力量的威力，中央已于12月20日批准，以三机部和一机部的有关研究机构与海军、空军、通讯兵部有关研究机构组成航空研究院、舰艇研究院和无线电电子学研究院。其组建力量是：航空研究院（番号国防部第六研究院）以三机部所属的航空材料研究所、工艺研究所、航空仪表自动驾驶仪等研究所、试飞研究院和飞机设计室、发动机设计室（包括拟组建的飞机研究院和发动机研究院的技术力量及其各种试验机构）；空军所属飞机和发动机研究所、雷达研究所、指挥引导研究所；军事工程学院歼击机的设计力量以及搞导弹任务的研究设计力量所组成。"并指出："确定移交的各个研究机构，应以1960年9月30日的技术人员、设备等各种条件为准，具实地向国防科委报告各所的实力，不得以任何借口，抽调或调换技术人员、设备、材料等，防止发生任何削弱研究力量的现象。"中央军委的这个决定，改变了航空科研机构的隶属关系，第一次将航空科研纳入军队编制，置于国防部领导之下，是中国航空发展史，特别是科研发展史上的重大事件。[①]

①中国航空工业史编修办公室编.中国航空工业大事记（1951–2011）.北京：航空工业出版社，2011.86.

发展航空科研是建设强大航空工业的必由之路，中央军委下大决心组建国防部航空研究院，置于军方领导之下，力图集中国家力量搞科研；1965年又基于科研与生产紧密结合的需要，实行部院结合，航空科研的体制从此陷入反复变化之中

航空研究院是在航空工业创立10年后组建的。根据中央军委上述通知，确定薛少卿、赵启民、刘寅分别向三个研究院办理移交工作。

组建航空研究院的背景：一是1956年中央制定十二年科学规划中，当时航空工业委员会、总参谋部和国防部共同制定了武器装备发展规划，其中除火箭、导弹和核武器外，喷气技术即喷气式歼击机研制也提上日程，1956年率先组建了国防部导弹研究院（五院），不久又组建了原子能研究院（九院）；二是20世纪50年代末期，航空工业已开始自行研制超声速歼击机（“东风107”和“东风113”），原有的技术基础、试验手段远不适应研制工作的需要，研制工作遭受重大挫折；三是1960年，苏联撤退全部在华专家，更使航空工业发展，特别是新机研制项目受阻。

谢光主编的《当代中国的国防科技事业》一书是这样载述的：

一九五八年八月，张爱萍副总参谋长率中国国防科学技术代表团访问苏联，请苏方对中国常规武器发展的十二年规划提供意见，并在聘请专家、派遣留苏进修生，供应技术资料及仪器设备方面提供帮助，结果未能完全达到预期目的。这一事实，更加促使中国下定决心，建立和发展自己的常规武器研制力量。国防科委及时总结五院建设的经验，认为在中国经济和科技实力都比较薄弱的情况下，只有把各方面的技术力量适当调整集中，形成拳头，组成“国家队”，使其成为国防科技的“主力兵团”，才能使有限的人力、物力、财力充分发挥作用，承担重大常规武器装备的攻坚任务。为此，提出了集中力量组建常规武器研究院的设想，并与有关方面进行了商讨。经过一年多时间的酝酿，一九六零年十月，中央军委责成张爱萍负责邀请总参谋部、总政治部、国防科委、空军、海军、通信兵部、三机部等有关部门负责人，共同研究筹建研究院的有关问题。随后，空军、海军、

1964年10月16日我国第一颗原子弹爆炸成功后张爱萍打电话向周恩来报告

通信兵部分别组成了筹备小组，负责建院的筹备工作，并提出了具体的建院方案。同年十二月，中央军委向中共中央呈送了关于以三机部、一机部和海军、空军、通信兵部的有关研究机构为基础，组建航空、舰艇、无线电电子学3个研究院的报告。中共中央迅即批准了这个报告。这3个研究院的主要任务是负责军用飞机、舰艇、军事电子装备的研制，并解决仿制、引进中的技术问题。[②]

② 谢光主编．当代中国的国防科技事业．北京：当代中国出版社，1992. 38–39.

主管科学技术工作的副总理聂荣臻回忆：

因为集中力量搞“两弹”进展得比较快，所以我们决定，军队成立航空研究院和舰船研究院以及其他武器装备研究院。这些，也同样取得了较好的效果。

回想组建科研机构的整个过程，我认为在当时我国大量的科学研究工作，尤其是像导弹、原子弹、现代高性能飞机和舰艇、复杂的电子设备等完全处于空白状态的情况下，在机构建设上我们采取集中力量，形成“拳头”的做法是正确的。实践证明，这样做，能够较快地摸清情况，开展工作，组织协作，攻破难关，取得研究成果。[③]

③ 聂荣臻．聂荣臻元帅回忆录．北京：解放军出版社，2005. 629–630.

但把航空科研机构从国务院工业部门划出来归军队领导其工作过程也不会一帆风顺。

实际上，国防工业部门及其航空工业局在新中国第一架飞机试制后即开始筹建航空科研机构，并争取获得苏联援助。在1956年就建设了航空材料、工艺、情报研究所及飞机、发动机、仪表设计室，并制定了雄心勃勃的航空科研发展规划。

1957年10月中苏《国防新技术协定》签订后，为抓紧试制苏方提供的导弹和飞机，科研和生产的关系问题凸显出来。聂荣臻于1957年11月22日与黄克诚、赵尔陆座谈二机部在国家机械工业体制中的地位与二机部的工作关系等问题，座谈中赵尔陆提出将五院合并到二机部，聂荣臻明确表示：不同意将五院合并于二机部。理由是：国防科学技术一日千里地向前发展，五院的成立，就是要在我国国防科学研究方面成为一个“拳头”，国防部要亲自领导这个机构的成长，并使其在短期内在苏联的援助下迅速发展壮大。并到二机部后，会使科学研究工作因生产任务繁重而减弱。目前不仅不能合并，而且要求把沈阳搞歼教1飞机的技术力量及北京二机部四局搞仪表的和北京航空学院、南京航空学院可以调集的人才集中到五院去，以便在苏联专家帮助之下，担当起五院的任务。至于飞机生产中的技术问题，宁肯请点苏联专家来解决。同时也不宜再在飞机研究上花费我们有限的力量。冲压式发动机是肯定要代替涡轮发动机的。聂荣臻在这里强调了科研要集中到军队和导弹取代飞机的观点。④

1959年新的中央军委确定由军队抓国防科研，国防科委于1959年12月提出建议报告稿，建议把航空方面的飞机设计、发动机设计、材料、工艺、飞行试验、仪表、空气动力7个研究所，舰艇方面5个研究所，电子方面10个研究所分别组织起来，再适当加强些力量，成立航空、舰艇、电子3个研究院。此建议报告曾送一机部部长赵尔陆审阅，赵曾表示同意，并说："这样做，其结果肯定是多快好省的。"于是国防科委于12月29日正式向中央军委提出报告。12月30日中央军委举行常委第九次会议，讨论国防科委报送中央军委的关于为进一步加强对国防科学技术研究工作的组织领导，建议组建无线电电子学研究院、航空研究院和海军舰艇研究院等问题的报告。在讨论时，聂荣臻建议军委予以批准。并说：关于航空研究院，还是成立好，如果把它并入国防部第五研究院，则抽不出多少人，而且既然从一机部挖出来了，根子也就断了，对今后发展也不利。请林总再考虑。贺龙、罗荣桓、徐向前、叶剑英、罗瑞卿都同意国防科委29日的报告。这次会议决定：同意国防科委的建议，"为了加速建设国防科学技术各方面的研究、设计体系，除积极建设第五研究院、原子研究院和准备组建空气动力研究院外，再组建：无线电电子学研究院、航空研究院和海军舰艇研究院等三个研究院"。⑤

中央军委于1960年1月5日就组建3个研究院事向中共中央呈送了报告。⑥

赵尔陆将军委组建三个研究院事提交一机部党组讨论，党组成员一致认为移交后不利于国防工业科研和生产的正常发展。随后，国防科委通知赵尔陆参加会议，研究移交事宜时，赵尔陆派副部长张连奎代他出席。张在会上对有关事项不作明确承诺，只

④周均伦主编.聂荣臻年谱.北京：人民出版社，1999. 626-627.

⑤周均伦主编.聂荣臻年谱.北京：人民出版社，1999. 703.

⑥聂力.山高水长——回忆父亲聂荣臻.上海：上海文艺出版社，2006. 267-268.

表示“回去向部党组汇报”。一机部党组的这种“软顶”态度，推迟了3个研究院的成立，引起军委有关领导人对赵尔陆的不满，这实际上也是后来批判赵尔陆“对抗中央军委”的缘由之一。

1960年9月13日，全国人大常委会议决定，原一机部划分为一机部（民用工业部）和三机部（国防工业部），赵尔陆被免去原一机部部长职务，到国家经委任职（后到国防工办），张连奎任三机部部长；原四局局长王西萍也被免职，空军副司令员薛少卿兼任三机部副部长。到12月中央军委做出决定时，正值国防工业三级干部会议召开，赵尔陆、王西萍是会议重点批判对象，对航空科研体制问题已失去了话语权。

10月19日，三机部党组向中央军委报告，同意组建3个研究院。聂荣臻在报告上批示：“爱萍、亚楼两同志：可以同意他们的意见，并请爱萍召集一次会议，拟订计划，报军委批准执行。”[⑦]

⑦周均伦主编.聂荣臻年谱.北京：人民出版社，1999.743.

10月27日，空军党委常委决定成立航空研究院筹备小组。筹备小组由空军军事科学研究部副部长黄炜华、薛少卿等人组成，黄炜华任组长。小组在空军副司令员成钧指导下具体负责筹备工作。

11月8日，黄炜华向张爱萍副总长呈送《关于成立航空研究院的初步意见》。建议航空研究院设院部并下属飞机、发动机、特设、军械、动力、工艺、材料试验、液体等9个研究所和试飞研究院、试验工厂。第1研究所负责歼击、轰炸机（含海航特种飞机）的设计研究工作。第2研究所负责运输、直升、通信、农业等各种机型的设计研究工作。第3研究所负责发动机的设计研究工作。第4研究所负责航空动力、静力方面的研究试验工作。第5研究所负责航空仪表、氧气、航空电器等设计研究工作。第6研究所负责空空、空地导弹、发射装置、瞄准具、照相枪以及弹药等设计研究工作。第7研究所负责各种航空材料的研究试验工作。第8研究所负责飞机、发动机、特设、无线电、军械等方面的工艺研究工作。第9研究所负责飞机、导弹液体热能等研究工作。试飞研究院负责新设计飞机的试飞试验工作。试验工厂担任研究设计后的试制工作。航空研究院建制属国防部，业务由国防科委领导，具体业务指导由空军和三机部共同负责。该院院长一职建议调高等军事学院教育长唐延杰同志充任。筹建组地点设在东交民巷42号空军专家招待所。该建议经吴法宪、成钧同意后上报。

12月9日，聂荣臻就组建航空、舰艇、军事无线电电子学等3个研究院的问题，代中央军委起草给中共中央的报告。经过中央军委讨论，14日，中央军委将这个报告报送邓小平并中共中央。报告说："关于集中原一机部的科学研究机构组建航空、舰艇和军事无线电等三个研究院的问题，在征得原一机部赵尔陆同志同意后，军委于今年1月5日报告了中央。但由于一机部党组提出了某些不同的意见，故这三个研究院的组建迟迟未决，拖延了将近一年。今年10月间，三机部党组又同意了军委组建三个研究院的意见，我们即召集了有关部门进行了研究，一致认为事不宜迟，应迅速组建起来。"报告还就组建的具体方案提出了意见。20日，邓小平批示："这个问题搁了很久了，应迅速解决。故拟予同意。刘（少奇）、朱（德）、陈（云）、彭（真）、（李）富春、（薄）一波核阅。"⑧

⑧周均伦主编.聂荣臻年谱.北京：人民出版社，1999.749-750.

成立航空研究院事业经中共中央批准后，筹建工作抓紧进行。

1961年2月21日，周恩来任命唐延杰为国防部第六研究院院长。

唐延杰中将

唐延杰（1909-1988），1909年11月7日出生于湖南长沙。1923年9月加入中国社会主义青年团。1926年9月，在叶挺独立团任副排长，并转为共产党员。1927年8月赴莫斯科入东方大学学习。1930年6月参加中国工农红军。长征时任军团后方部部长。到达陕北后，任红二十八军参谋长。抗日战争时期，历任八路军总部作战处处长、晋察冀军区教导团团长、参谋长。解放战争时期，历任冀晋军区司令员、晋察冀军区野战军第一纵队司令员、华北军区第三兵团司令员、第二十兵团副司令员兼参谋长、华北军区参谋长兼平津卫戍区参谋长。中华人民共和国成立后，历任华北军区代理党委书记、中国人民解放军军事学院教育长、高等军事学院教育长。

按照中央军委迅速将院领导机构建立起来的指示和聂荣臻“尽量精干”的要求，唐延杰与有关部门共同研究院机关的编制、调集干部的方案，并将急需解决的问题向中央军委秘书长罗瑞卿专题报告，中央军委为此做出专门决定，筹建问题迅速得到解决。

院建设初期，唐延杰最关注的问题是，研究机构怎么建，科研工作如何开展，怎样统一从四面八方集结起来的一班人的思想。他反复学习中央的决定，到有关单位调查研究。

4 月 21 日至 29 日，唐延杰主持召开行政技术座谈会，讨论六院的组织建设和科学研究工作。主要内容是：1. 关于建院方针：六院必须以毛泽东思想为指针，立足于应付帝国主义发动新的世界战争，树立明确的国防观念，贯彻我军的战略方针和建军方针。在六院工作上，必须发扬敢想敢干与科学分析相结合的思想，发奋图强，自力更生，努力赶上世界的先进水平。随着国家独立完整的经济体系的建立，六院应在现有的基础上，在七年内采取边研究、边建设，有重点地、有步骤地逐步达到基本独立完整体系的航空研究院工作体系。2. 关于主要任务：六院的主要任务是为国防建设服务，为空军服务，努力研究、设计和试制新机种，以保障我空军力量的发展壮大，增强我国武装威力。在研究工作上，应以研究作战飞机尤其是歼击机为主，在研究仿制的经验基础上，锻炼提高，进行独立设计和试制自己的飞机，力争从航空原材料到研究设备的供应都立足于国内。3. 关于院的组成：组织体制基本上采取院、所、室三级制，但行政组织采取院、所、处、科四级制，院部设科学技术部、设备器材部、政治部、院务部，在建院阶段设基建处或部。下属 11 个所：歼击机设计研究所、轰炸机设计研究所、航空发动机设计研究所、飞机附件及地面设备研究所、航空军械设计研究所、航空材料研究所、空气动力研究所、飞行研究所、航空工艺研究所、航空特种设备设计研究所、航空情报研究所。4. 关于建院及设计研究工作规划：根据中央、军委“三、五、八”的方针。六院必须在最短期间，集中优势兵力，建立必要的工作基础；同时，立即进行新产品的设计试制，边研究、边建设。根据空军装备的需要，抢时间，攀尖端，在不太长的时间内力争赶上世界先进水平。

会议还具体座谈了院部及各所的建设规划及各种新产品的设计试制规划的设想。

据此，唐延杰向罗瑞卿、聂荣臻并中央军委呈上报告，很快得到了批准。

1961 年 5 月 30 日，中央军委召开办公会议，对六院筹建工作，做出如下决定:（一）关于六院的领导关系问题，六院的建制属国防部，由国防科委领导，其日常工作委托空军代管，空军不能解决的问题，分别请示国防科委、总参谋部、总政治部、总后勤部解决。具体问题，按罗瑞卿同刘亚楼、唐延杰谈话时指示的四条原则处理:（1）六院对外联系，有的可用国防部名义，有的可用国防科委名义。（2）国防科委对六院有关方针性的决定，由空军监督执行。（3）六院的党政工作，日常行政工作，由空军负责领导，干部调配、任免由总政负责。（4）后勤供应、物资、器材、设备的调拨及基本建设，由空军负责审查。在总后勤部单立户头，由总后直接供应和解决。（二）关于三机部调拨设计机构问题：同意将原属三机部的“东风 113”办公室及其所属专职人员并入六院歼击机设计所。（三）六院所需补充的干部和大专毕业生，请总政干部部研究安排。（四）同意六院在 6 月初召开一次会议，讨论和解决六院的任务、体制和工作关系问题。

6 月 2 日，聂荣臻对国防部第六研究院的工作提出了以下意见：可以同意六院提出的方针任务，即在现有基础上，边研边建，有计划有步骤地在七年内建成完整的航空科研体系。以歼击机为重点，通过研究米格-19 飞机、米格-21 飞机仿制，再搞自己的新型歼击机；在研究掌握伊尔 -14、伊尔 -18 飞机技术的基础上再搞轰炸机。[9]

⑨周均伦主编. 聂荣臻年谱. 北京：人民出版社，1999. 781.

1961年6月12日至30日，国防部第六研究院在北京东交民巷空军招待所礼堂召开成立会议。参加会议的有各单位负责干部共69人。会议讨论了聂荣臻元帅、刘亚楼司令员关于六院方针、任务的指示。

会议提出六院的方针任务是：研究设计和试制祖国需要的一切飞机，与生产和使用单位一起共同发展我国航空事业。开始时，以搞歼击机为主，兼顾逐渐掌握轰炸机，通过仿制运到自行设计，并研究试制较有把握的飞机。在最近三年内（1962—1964年），主要仿制米格-21（兼带解决米格-19的返修工作）。在摸透米格-21的基础上，集中力量搞“东风113”飞机；同时抽出一部分力量参加图-16的仿制工作。

空军司令员刘亚楼传达了中央八届九中全会确定的“调整、巩固、充实、提高”的方针，并作了关于六院制定方针、任务的报告。他指出，要完成航空科学研究任务，主要采取四条方针：第一、搞好研究设计、生产、使用三者的紧密结合。第二、走仿制到自制的道路。通过仿制到自行独立设计，通过研究米格-17、米格-19、米格-21来锻炼提高我们自己的设计力量，然后设计试制我们自己的飞机。轰炸机要通过图-16，运输机要通过伊尔-14、图-104、图-114，通过仿制，然后逐步达到自行独立设计试制新型飞机的目的。第三、近三年内，利用现有一、二、三机部的部分工厂，通过合作解决试制问题。第四、目前要抓住米格-21、图-16、雅克-18A。最主要的是集中精力摸透米格-21，兼搞米格-19、米格-17ΠΦ歼击机。

刘亚楼说：关于六院应以什么姿态进行工作的问题，六院责任重大，党和政府委托我们办理这件大事，我们要有志气、有决心走在世界最前列，要树立雄心壮志，要努力工作，扎扎实实地工作，准备搞一辈子，要搞好团结协作，要对国家负责，防止铺张浪费。

会议还议定：分期分批逐步建立和健全10个研究所。由六院向空军提出呈请成立10个研究所的报告。

6月29日召开成立大会，正式宣布六院在建制上直属国防部。日常工作由空军党委领导。会后，贺龙、聂荣臻、罗荣桓、罗瑞卿等接见了全体代表。

周恩来先后任命王振乾为六院政治委员，曹丹辉、徐立行、韩顾三、王厉为副院长。六院院部组建，以广州军区守备22师师部为基础，院科技部、政治部的人员由空军和总政调入。

1961年6月29日航空研究院成立大会合影

王振乾（1914—2005），1914年9月1日生于辽宁省沈阳市。1932年参加革命，同年加入中国共产主义青年团，1936年转入中国共产党。抗日战争时期，任东北军新111师政治部主任、山东军区滨海支队政治委员。解放战争时期，任东北民主联军第一纵队政治部副主任、第四野战军50军政治部主任、第53军政委。中华人民共和国成立后任44军、55军政治委员，中共广州军区党委委员。1955年被授予少将军衔。1961年调国防部第六研究院任政治委员，1965年任航空工业部副部长。1974年任北京航空学院党委书记。1977年调任航空工业部副部长兼航空研究院党委第一书记。

王振乾少将

7月18日，总参谋部批准第六研究院成立10个研究所。即：飞机设计研究所（一所）、航空发动机设计研究所（二所）、飞机附件及地面设备设计研究所（三所）、航空情报研究所（四所）、航空兵器设计研究所（五所）、航空材料研究所（六所）、空气动力研究所（七所）、飞行研究所（八所）、航空工艺研究所（九所）、航空特设设计研究所（三〇所）。

组建六院及其研究所，三机部四局共输送 6961 人，其中工程技术人员 2385 人，设备 4493 台（件）。加上空军第一研究所、空军科研部和五院二分院某空空导弹型号任务人员，共计 7760 人，其中工程技术人员 2650 人，设备、仪器共 9803 台。[⑩]

⑩ 张树辑，倪颖编．中国航空科研发展史稿．1990. 49.

沈阳空气动力研究所于 7 月 1 日正式成立。该所的前身是 112 厂空气动力研究室（1958 年曾一度名为空气动力研究院），拥有 FL-1 超声速风洞一座。首任所长是陈御风，副所长是韩志华。

飞机附件及地面设备研究所于 7 月 18 日成立，开始建在西安，1962 年定点洛阳，后来又迁至襄樊。首任所长是陈御风，政治委员是刘平。

航空兵器研究所于 7 月 18 日成立，开始建在西安，1962 年定点洛阳。后来成为空空导弹设计研究所。首任所长是朱辉，政治委员是赵巨明，副所长是何培明。

沈阳飞机设计研究所于 8 月 3 日成立，该所主要由沈阳飞机设计室、哈军工“东风 113”飞机设计室和空军第一研究所三部分组成。首任所长是刘鸿志，政治委员是翟曾平，副所长是徐舜寿、叶正大、郭屏、周景良，总设计师是黄志千。人员组成：三机部四局飞机设计室 243 人，哈军工“东风 113”设计人员 39 人，空军第一研究所 711 人（1962 年 6 月空军决定恢复空军第一研究所，同年 8 月向沈阳飞机设计所移交人员 265 人）。[⑪]

沈阳飞机设计所首任所长刘鸿志

刘鸿志（1920- ），1920 年 10 月出生于陕西省凤翔县。1936 年 12 月参加中华民族解放先锋队。1938 年 3 月加入中国共产党。抗美援朝战争时期，任东北空军航空工程部副部长、代理部长兼部党委书记。1955 年任军委空军航空工程部

⑪ 刘鸿志．回忆与思考．北京：航空工业出版社，2010. 91-92.

沈阳航空发动机设计所建所初期领导合影，左起：苗逢润、毛海广、吴大观、田维民、张显、虞光裕（李太忠摄）

组织计划处处长。1958年负责筹建空军第一研究所。1961年任沈阳飞机设计研究所所长。1966年兼任沈阳飞机厂总工程师。1973年任西安飞行试验研究所所长兼党委书记。1977年任航空研究院第一副院长，后任院党委书记。

沈阳航空发动机设计研究所于8月6日成立，由沈阳发动机设计室、哈军工“东风113”发动机设计室人员组成。首任所长是刘苏，副所长是吴大观，总设计师是虞光裕。

刘苏（1913–1992），1913年出生于山西省应县。1928年考入太原北方军官学校，1937年10月加入中国共产党。1945年调任雁北军分区副司令员。1949年春任六十六军参谋长，参加抗美援朝。1951年6月调任六十七军参谋长。1954年调任志愿军参谋学校校长。1955年1月调南京军事学院，先后任研究室主任和训练部副部长。授衔大校、准军级。1957年5月调任北京高等军事学院训练部副部长。1962年，奉调到国防部六院沈阳发动机设

（左）刘苏1964年晋升为少将

（右）被授予上校军衔的吴大观

计研究所任所长。1964 年晋升少将。1974 年 1 月调任航空工业部风洞指挥部任主任。1978 年任二十九基地副司令员。

航空科技情报研究所副所长杨劲夫

航空科技情报研究所于 1962 年 7 月 13 日在北京成立，副所长杨劲夫主持组建工作，首任所长陈御风。后来该所与三机部四〇所合并，逐步建成中国航空信息中心。

除上述 6 个新组建的研究所外，另外 4 个已建立的北京航空材料研究所、北京航空工艺研究所、西安飞行试验研究所、航空特种设备研究所整建制划归六院。北京航空材料研究所（六所）首任所长是魏祖冶、政治委员是刘子英、副所长是荣科、韩彬；北京航空工艺研究所（九所）首任所长是郦少安、政治委员是骆斐然、副总工程师是周祖彭；西安飞行试验研究所（八所）首任所长是熊焰、政治委员是李清晨、副所长是苏国华；航空特种设备研究所（三〇所）首任副所长是蔡克非、副政治委员是王兴华、副所长兼总设计师是昝凌。

另外，根据国防工办党组 1961 年 3 月 7 日的决定，在北京分别组建了第三机械工业部精密机械研究所和计量检定所。精密机械研究所首任所长是刘毅，党委书记是肖以清，总工程师是葛廷云。计量检定所首任党委书记兼所长是王槐秋。

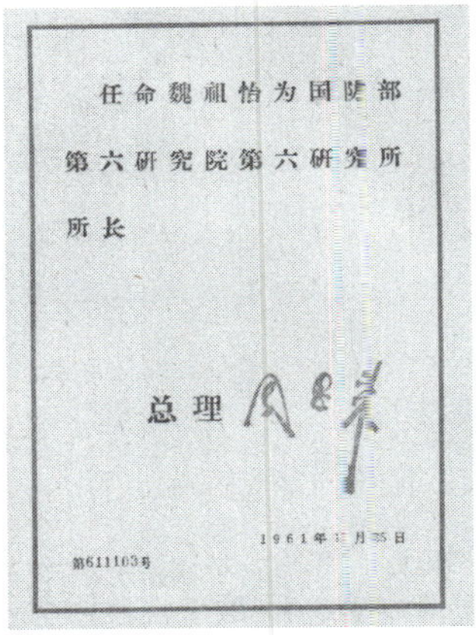

任命魏祖怡为国防部

第六研究院第六研究所

所长

总理 周恩来

1961年[illegible]月25日

第611103号

（左）北京航空材料研究所（六所）首任所长魏祖冶

（右）周恩来签发的任命书

8月，六院八所新建的105厂房电子计算机站竣工交付使用。该站装有苏联进口的M-3、УРАЛ乌拉尔等型号数字计算机3台和MH-8等型号模拟计算机两台。这是六院第一个计算机站。

被授予上校军衔的昝凌

六院建院伊始，即根据中共中央于1961年6月颁布的《关于自然科学研究机构当前工作的十四条意见（草案）》（简称“科研十四条”），确定每一个研究所和设计所的方向、任务、设备和人员编制，建立健全了组织机构和各项规章制度，明确规定科研工作是院、所一切工作的中心，必须保证每周科研工作时间平均不得少于5/6，各项政治工作与后勤工作要保障科研工作的顺利进行。从此，科研工作逐步走上正轨。

12月13日，国防科委将《国防科学技术七年规划纲要》中有关六院的部分下达六院，主要内容为：“常规武器方面，根据中央军委要尽快地拿出成果，首先是加强近战武器，装备部队的原则，七年的主要任务是：解决配套，提高质量，达到系统化、标准化，并相应地进行一些改进和研究工作”。“今后科研的发展方向是，通过仿制，逐步培养和发展技术力量，积累经验，在此基础上设计自己的型号。航空技术七年的主要任务，首先是集中力量掌握米格-21歼击机及K13空空导弹的技术，力争在1965年左右设计出自己的歼击机和空空导弹。同时，以一定力量参加其他机种的仿制工作，逐步形成我国自己的航空技术的研究设计体系”。“为保证完成上述任务，第六研究院拟于1969年基本建成。主要是充实现有的10个研究所，新建5-7个研究机构、试制车间和必要的大型试验设备，约需基建投资5亿元，补充大专以上技术人员7000人”。《国防科学技术七年规划纲要》上报后，中央已予批准。[12]

[12] 航空研究院院史编辑委员会.航空研究院大事记（1960-1982）.16.

1962年2月，六院根据国防科委颁发的《国防科学技术七年规划纲要》，制定了《航空科研十年（1963–1972 年）发展规划纲要（草案）》，提出发展航空科研的方向、目标。《纲要》提出，要集中主要力量，设计试制一种性能较优的歼击机。在新机试制之前，为了打好扎实的技术基础，要下大力气摸透苏联米格–21飞机技术，以培养设计人才。在摸透的基础上，开始新型歼击机的设计制造，这种新型歼击机，就是高空高速歼击机歼 8。

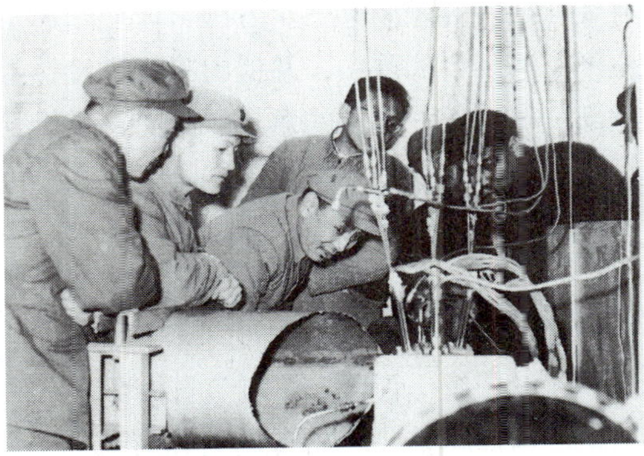

唐延杰（右一）在北京航空材料研究所检查工作

六院成立的初衷是集中国内有限的科研力量办大事，把新机研制当成主要任务，因而把设计机构从工业部门分离出来，但这样做的负面影响也逐渐显露：既不利于研究院集中力量搞预先研究，又造成了工业部门设计与制造的脱节。尽管当时这样做有特定的历史条件，确实集中了力量，形成了“拳头”，较快地自行研制了歼 8 飞机，但长期实践证明，科研与生产从体制上分离为军方与地方，不能很好解决科研与生产的紧密结合问题。由于历史、体制上的原因以及级别地位、待遇上的差别，其后遗症延续至今未能解决。而且解决的难度相当大。

实际上，自六院于 1961 年组建之后，由于工业部门没有产品开发能力，发展遇到很大困难。加之，六院隶属于聂荣臻主管的国防科委，而三机部则隶属于贺龙主管的国防工办，工作协调起来也不顺。据《张爱萍传》载：

一次，总书记邓小平还专门把张爱萍找去，询问这方面的情况。叮嘱他说：这个问题要组织好，不能让两位老帅打了架。[13]

来自工业部门要求重新调整科研体制的呼声十分强烈。

1962 年 3 月，总参谋长罗瑞卿召集国防工业和国防科研各部门的主要领导干部，研究讨论科研机构如何与生产结合的问题。会上不同意见争论激烈，难以一致，没有作出决定。罗瑞卿最后

⑬ 东方鹤. 张爱萍传. 北京：人民出版社，2000. 791.

说:“我是在国防工业与科研之间趟第一线的，怎么趟法？摸着石头过河。这个座谈会结束了，暂不定案，还要看两年。”同年7月6日，三机部在调查研究的基础上，由孙志远部长向中央书记处、中央军委上报了《关于调整国防工业研究设计体制的意见》。这个报告，从国防工业科研、生产与使用三者的关系，中国国防工业研究设计工作发展的历史过程，以及科研设计机构移交国防科委后出现的矛盾等三个方面，详细阐述了必须实行科研部门与生产部门结合的理由，并提出将研究设计部门从体制上实行由工业部门集中统一领导的意见。同月，三机部部长孙志远向中央书记处和中央军委领导人汇报国防工业工作时正式提出由三机部收回19个研究院、所，实行科研与生产相结合的建议。

1964年9月，罗瑞卿再次就科研与生产关系问题召开会议进行讨论，他在总结讲话中说:“科研与生产结合起来，统一规划，统一建设，统一管理，既可节省投资，又可缩短试制周期……应当说，这件事情到了解决的时候了。”此后，各方面的意见基本上趋于一致。六院于同年10月召开院党委扩大会议，向各级领导干部通气，为实行部院合并进行思想上、组织上的准备工作。1964年11月9日，国防工办召开会议，传达军委办公会议关于成立七机部和六、七、十院分别与三、六、四机部合并的决定。要求各部、院立即举行党委联席会议提出合并方案。三机部和六院提出的方案是：院及其所属机构的建制不变，全部与三机部合并。1964年11月20日，中央批准罗瑞卿关于科研、生产部门合并问题的报告。1964年11月21日，国防科委召集第五、六、七、十研究院干部参加的部院合并动员大会，国防科委常务副主任张爱萍作了以《把科研与生产统一结合起来》的动员报告。11月23日，

1964年4月罗瑞卿到132厂视察

中共中央、国务院发出关于成立第七工业部（导弹工业部）的通知。12月26日，周恩来在国防工办关于部院合并的报告上批示："即送邓、彭核阅。退国防工办。按报告各项分别通知有关部门照办。"据此，六院与三机部自1965年1月1日起实行合并。[14]

关于部院合并，张爱萍回忆：

1965年，把原属国防科委建制的四个研究院（指五、六、七、十院——作者注）的科研、试制与生产分属各有关国防工业部建制。由于研究单位不仅不能直接与生产单位结合，而且缺乏试制能力，其结果是造成了研究设计、试制和生产相互脱节。研究单位由于没有试制能力，研究出来的东西无法试制；国防工业部门具有成品生产能力，但无专设的试制设备。因此，常常互相发生矛盾，乃至影响研制的周期。解决的办法，一种是仿照苏联的做法，即在科研单位新建自己的试制单位（工厂或车间）。这对我国当时尚落后的经济情况，是难以办到的。另外一种做法，是由各国防工业部分别承担试制任务。即从现有生产设备中抽出部分必需设备组成试制单位；或由某些成品生产厂、车间兼负试制任务。各国防工业部由于当时生产任务不足，完全可能承担。但是，又出现了生产单位把试制当成额外负担，而科研部门则因要求助于人而感到不便的矛盾，这就给技术抓总和技术协调带来很多困难。虽然经过协调，问题暂时得到了缓解，但由于建制不同的关系，矛盾仍然存在，而且随着科研任务不断发展和试制项目的不断增多，矛盾变得越来越突出。

为了解决这个矛盾，经多次酝酿，反复研究，认为应象核工业部和生产陆军武器的兵器工业部一样，统一领导抓好研究、试制和生产任务，把研究、试制、生产结合为一体。于是经党中央、国务院和中央军委批准，于1965年将国防科委所属的第五研究院扩充一部分生产力量以后成立七机部；第六研究院、第七研究院和第十研究院分别与有关各国防工业部统一建制领导。[15]

当年，是张爱萍组织成立国防部各研究院的，现在他力主部院合并，他又是军方领导人，因此承受很大压力。有人坚决反对，说这是工业部门吃了研究院，甚至骂张爱萍"身在曹营心在

⑭周均伦主编.聂荣臻年谱.北京：人民出版社，1999.951-952.

航空研究院院史编辑委员会.航空研究院大事记（1960-1982）.58-59.

⑮回顾与展望编辑部编.回顾与展望——新中国的国防科技工业.北京：国防工业出版社，1989.75.

汉”、“胳膊肘向外拐”。⑯

在军方高层，对部院合并也是有不同意见的。聂荣臻从一开始就不赞成部院合并。在1962年11月30日听取罗瑞卿汇报时就提出：“科学研究必须独立发展，几个研究院不能与生产部门合在一起，否则，科学发展就会受到影响。至于个别单位，可以考虑调整。”在以后科研体制的酝酿过程中，聂荣臻多次表示不同意部院合并的做法。一次在给罗瑞卿打电话时说大声说：把我的意见再向中央反映一下嘛，我也是一票嘛。当1964年9月，正在北戴河的聂荣臻得悉中央已决定部院合并时，“一直默默地在沙滩上来回散步，一声不吭，走了很久很久”。⑰

1964年10月9日，聂荣臻在同五院领导人王秉璋谈话时指出：我国原子弹、导弹的研制速度是不慢的，虽然也走了一些弯路，但也有好处。原计划建国15周年拿出东西来，现在基本上实现了原定计划。五院发展建设到今天，是经历了一个艰苦的过程，好不容易才搞起来的。中央决定成立导弹工业部，这是必要的，现在成立导弹工业部的时机已经成熟了，这对导弹的发展有利，但要注意，建部时不要轻易把基本摊子拆散了，要保持住这个队伍。我现在担心的是飞机，因为六院还没有建设好。10月，聂荣臻先后向罗瑞卿、周恩来表示，同意以五院为基础成立导弹工业部：同意六、七、十院和生产部门合并。⑱

时任国防部第七研究院院长刘华清也不赞成部院合并。他在1964年9月18日国防科委各研究院领导干部会议上发言中说：

综合性研究工作，涉及许多工厂，想把它放在一个工厂去搞，也是不行的。这些研究工作，只能相对集中搞专业化机构，不能简单地放在哪个工厂。

研究院合到工业部门，研究、试制、生产合过去了，由工业部门抓总，但两头两尾他们抓不了，因为头尾都在军队。

六机部搞工业生产，那么多任务，没有多少精力搞科研，很可能影响科研发展。七院目前刚开始搞，还未形成“拳头”，有大量弱门、缺门，空白很多，正是加强建设的时候，现在将七院合过去，只会削弱，很值得考虑。如允许的话，建议进行详细调查分析，待情况弄清和全面权衡利弊后再作决策为宜。⑲

⑯东方鹤．张爱萍传．北京：人民出版社，2000. 792.

⑰聂力．山高水长回忆父亲聂荣臻．上海：上海文艺出版社，2006. 269.

⑱周均伦主编．聂荣臻年谱．北京：人民出版社，1999. 946-951.

⑲刘华清．刘华清军事文选．北京：解放军出版社，2008. 96.

刘华清在2004年出版的《刘华清回忆录》中写道："坦率讲，对当时的'部院合并'，我认为是一次决策失误。"[20]

对六院院部和各所基层单位来说，也有不同意见，有大量思想工作要做。

六院副院长曹丹辉以"六院一个工作人员"的名义，写信给毛泽东，对部院合并问题反映情况，陈述意见。[21]

1961年底总参谋部决定：1962年1月1日起，六院及所属各研究所正式列入部队编制，规定研究室人员按军队标准待遇；试制车间人员按军队所属工厂标准待遇。这一决定极大地鼓舞了六院广大职工的工作积极性。[22]

原来地方工作的科技人员穿上了军装，还授了衔，普遍感到高兴与自豪。吴大观回忆：

1961年8月，国防部第六研究院第二设计研究所成立，我担任技术副所长，主持二所的发动机研制工作和试验基地的建设。稍后的一段时间，实行了军队化管理，我被授予技术上校，肩章上是两道杠三颗星。在贵州大定国民党的发动机工厂的时候，也是实行军队管理，我去的时候是少尉，后来到美国学习，升为中尉。现在我是共产党领导下新中国的上校，确实是很自豪的。在授予军衔的时候，还给我配了警卫员，每天上班、下班、晚上加班，警卫员都要跟着。[23]

而部院合并后，六院的现役军人要在1965年6月集体转业，且又赶上中央军委1965年2月11日发出的《关于改革军官薪金制度》文件，六院的现役军人是减薪和转业同时进行。

⑳ 刘华清. 刘华清回忆录. 北京：解放军出版社，2004. 302.

㉑ 航空研究院院史编辑委员会. 航空研究院大事记（1950—1982）. 65—66.

㉒ 刘鸿志. 回忆与思考. 北京：航空工业出版社，2010. 93.

㉓ 吴大观口述. 我的中国心. 北京：航空工业出版社，2010. 67.

1963年六院政工会议全体代表合影

部院合并以后，六院的领导班子进行了调整。调原院长唐延杰担任三机部副部长（不久调任国防科委副主任）；原六院党委第二书记、政治委员王振乾担任三机部党组成员、副部长；任命三机部党组副书记、副部长刘鼎兼任六院党委第一书记、院长；调三机部司长徐昌裕任六院副院长，主管科研工作。

沈阳航空发动机设计所二室总体组人员着军装合影，后排左一为刘大响

1965 年 1 月 12-27 日，三机部召开企事业领导干部会议。孙志远部长在会议开始时举行的部院合并会师大会上的讲话中概括了六院成立四年取得的成就。他说："成立六院时只有两千多人，现已达一万多人，科研队伍有了这样大的发展，将来历史上要写上这笔账，算是中国航空科研史上的头一代。设备上也有较大的发展，建筑面积也有增加。摸透米格-21 飞机技术，初教 6、强 5 飞机研制和新材料、新工艺研究等都有成绩。六院支持了当前生产，也为下一步作了准备。"

1965 年 2 月 22 日毛泽东接见三机部政治工作会议代表，李富春同志当场向毛泽东介绍说："这是国防部六院和三机部合并后召开的政治工作会议，议题是加强团结。"孙志远部长（前排右五）向中央首长依次介绍唐延杰（前排右四）和王振乾（前排右三）时，毛泽东说："不反对了吧？合了好呵！"自己先哈哈大笑，诸位首长也都会心地爽朗地笑起来。孙志远立刻报告说："我们合作得很好！"

事实确实如此。与三机部1961年移交六院的科研单位人财物相比，1964年底三机部整建制回收的六院已经旧貌换新颜，其家底可以说有了相当大的的发展：据统计：全院共有10个研究所及1个试制工厂等12个独立单位；各类人员15270人，其中科技干部7287人；主要装备有飞机8架，机动车163辆；科研经费1961—1963年全院开支合计4726万元，1964年已下达科研经费指标3550万元；基本建设全院总投资36777万元；总建筑面积全院共997312平方米，其中六院成立后接收的旧房476367平方米，批准新建面积520945平方米；金属切削机床1177台、锻压设备92台、铸造设备98台、热处理设备310台、焊接设备41台、材料试验机487台、非标准设备536台套、试验设备仪器仪表15019台件、电子计算机14台。

孙志远部长强调，要优先发展航空科研，宁肯少建几套工厂，也要把航空科研试验条件建设起来。航空工业部决定，在第三个五年计划内，把建设科研试验条件当成战略任务来抓，其标志性的基地有4个，即航空发动机研究院及高空模拟试车台、空气动力研究基地、飞机结构强度研究所和飞行试验研究所。这4个科研试验基地规模大、建设周期长、投资多，一直被列为航空工业重点项目，为后来的航空科研试验发挥了举足轻重的作用。

这里还有一个厂所合并的“插曲”。

1965年8月14日，贺龙在沈阳听取六院沈阳飞机设计所和沈阳航空发动机设计所负责人关于歼8、歼9飞机设计情况的汇报时，有人向贺龙提出了关于实行厂所合并问题的建议。贺龙说：“歼8我同意，歼9我也同意，和工厂合并我更同意。”贺龙回京后，于1965年8月20日，给罗瑞卿写了信，表示支持厂所合并的意见，信中说：“看来他们的态度很诚恳，要求很迫切。后来我又当面征求了宋任穷、陈锡联、黄火青的意见，他们都表示赞同。回北京后，我又找孙志远谈了一次，他说他完全同意上述意见。为了进一步解决这个问题，目前可否要各部委认真讨论研究一下，把能够合、要求合的厂、所，下决心先合一批试试。这个方向我看不会错，从当前技术发展的需要看，这个问题越早解决越有利。”

同年8月23日，罗瑞卿在看了贺龙的信以后作了如下批示："此件请国防工业党委各同志阅，并请赵尔陆同志召集一次会议讨论一下，并把意见告诉我。"国防工业党委于1965年9月1日开会讨论，一致同意了"贺龙关于厂所合并问题给罗瑞卿的信"，并责成各部于9月底前提出合并方案。三机部也于同年9月28日通知有关厂、所，要求厂、所党委讨论贺龙关于厂所合并给罗瑞卿的信，并将讨论结果报告部。此后，厂所合并的工作开始在下边进行，由于基层人员思想准备不充分，认识不一致，合并工作进行的不顺利，引起了思想动荡，对工作也造成了影响。[24]

[24] 张树楫，倪颖编．中国航空科研发展史稿.1990. 80-81.

1966年2月11日，聂荣臻向周恩来、林彪送交了关于国防科研单位不宜搞厂所合并的意见的信件。信中说：

第六、七、十研究院划归对口工业部领导时，中央指示是合并后还要进一步加强和充实这些研究机构，如果研究所也分到工厂里，这个办法恐怕不是加强的措施……我认为：第一，以产品为对象的所，不是为一个工厂服务的，而是为全国若干同类工厂服务。合并于一个厂，就不便于服务于其他工厂……第二，工厂生产繁忙，任务重，研究所归入工厂后，厂党委精力往往照顾不过来。工厂忙于当前生产，势必把研究所主要力量拉进当前生产问题，对新产品、新技术的工作势必放松，较为长远一点的探索研究就更排不上队……不能走到哪里算哪里。而研究所归到工厂，就很难做到这一点，这对武器装备发展十分不利。第三，武器装备的发展，有很大针对性。敌人有什么，我们就要及时研究对付它的措施。贻误时机，损失就很大。独立的研究机构，可以根据上级安排，不失时机地转移研究项目，研究这些针对性的措施。如归到一个工厂，围绕当前生产型号做工作，要想能迅速转移力量搞针对性研究工作，就较困难。第四，各研究所都不是独立的。发展任何一个新型号，都有很大的综合性，这是现代技术的一大特点。各研究院所属各研究所，原来都是按基本配套的考虑来组建的。一个综合任务，分拆开来，由院组织协调各个所能力合作，往往还需要组织院外其他部门、科学院、院校的配合。如果研究所都属于某一个厂，就增加了各个专业配套协作的很多困难。第五，集中必要的优秀人才和重大设备，办若干研究所，形成全国各方面的“拳头”，研究发展武器装备，这是多快好省的。几年来克服了种种困难和思想障碍，办起来了，工作逐步走上轨道，正在陆续出成果。现在又要分散，在我们当前任务重、力量不足的时候，尤为不利……这两年由于干扰，吹冷风，体制一变再变，很不稳定（民用工业部门反而稳定得多），后果如何，我很担忧。我建议国防工办、国防科委组织一些人，深入调查，解剖若干院所，听取各方意见，权衡利害得失，经过深入讨论后提出意见，不能草率从事。

2 月 18 日，周恩来阅聂信后批：“请（赵）尔陆同志告各部，暂停厂、所合并，并将各部主张合并的理由和程序见告，以便处理。并告林（彪）、聂副总理和国防科委。”

至此，厂所合并的工作方告停止。[25]

[25] 周均伦主编.聂荣臻年谱.北京：人民出版社，1999.1010-1012.

六院成立后的工作是有成效的。尤其因为航空工业部门当时忙于整顿产品质量，而各科研、设计所已隶属于军队系统，技术队伍没有分散，相反还得到了发展壮大，并潜心摸透米格-21 飞机技术，为下一步的新机研制作了重要的准备。但是从科学发展规律上看，科研设计与生产不宜从体制上分离开来。工业产品的研究与发展工作，不同于基础科学研究，它是产业的重要组成部分。在一个产业之内，生产单位需要科研单位源源不断提供研制的新产品和新技术，使它的生产长河不停歇地滚滚向前；而科研单位则需要依靠生产单位把自己的研究设计成果转化为现实的生产力和可以批量生产的产品，为用户所使用，以实现自己的价值。科研与生产两者同在一个产业之内，体制上密不可分。以美国（组织在公司或集团之内）和苏联（组织在统一的行政部门之内），都是这样做的，说明这是共同的规律。部院合并正是按照规律办事。

从中国航空工业的实际情况看，所走的道路是从修理到制造，然后走向自行设计。科研设计力量由工业部门形成、生长、发展、壮大，是顺理成章的途径。产品的研究与发展，应是继承与创新结合，在继承的基础上创新。一方面抓好苏援产品的改进改型发展；另一方面，开展预先研究，提高航空技术水平，通过对适用技术的试验验证，积累技术储备，并把研究成果用于新产品的设计。这两方面相辅相成。因此，部院合并，也是航空工业顺利发展的实际需要。

部院在1965年初虽然合并了，但还没有来得及深入解决一系列重要的认识问题和实际问题，就受到了“文化大革命”的巨大冲击。几年部院分离存在的对科研与生产作用的认识差异，两者工作性质、工作方法和工作习惯的不同，不同上级领导机关对科研与生产政策的差别，以及军队系统与工业部门人员生活待遇的差距等等矛盾，都在“文化大革命”中激化起来，以致形成科研体制和人心的新的动荡。

1965年部院合并，使历经四年的对航空科研体制问题的分歧和争论告一段落，但没有完结，自此以后科研体制反复多变，一直困扰着航空工业的发展：1968年1月，国务院、中央军委决定六院划归国防科委领导，恢复军队编制；1969年9月，六院由国防科委划归空军领导；1973年8月，国务院、中央军委同意六院由空军划归航空工业部领导，又改为地方编制；1978年8月，航空工业部决定六院只负责航空预先研究的组织管理工作，型号研制工作由部直接管理；1982年6月7日，航空工业部正式通知撤销航空研究院；1988年8月1日，航空航天工业部决定成立科学技术研究院，至1993年撤销。至今，航空研究院只剩了一块牌子，只在对外合作时使用。

六院成立伊始就提出，要集中主要力量，设计试制一种性能较优的歼击机。在新机试制之前，为了打好扎实的技术基础，要下大力气摸透苏联米格-21飞机技术，以培养设计人才。在摸透的基础上，开始新型歼击机的设计制造，这种新型歼击机，就是高空高速歼击机歼8

1961年6月12日至30日，六院在建院之初，就讨论了聂荣臻关于六院方针、任务的指示。提出航空研究院的方针任务是：研究设计和试制祖国需要的一切飞机，与生产和使用单位一起共同发展我国航空事业，开始时，以搞歼击机为主，兼顾逐渐掌握轰炸机，通过仿制达到自行设计，并研究试制较有把握的飞机。

方针路线明确以后，唐延杰的主要精力投入了科研任务的完成上。这时，航空工业正引进苏联的米格-21歼击机（中国型号为歼7），准备仿制提供空军使用。唐延杰在听取了有关领导和专家的意见后，确定航空研究院通过仿制、摸透走向自行设计的道路。正确地解决了航空科研起步时的方向和方法问题。

为了有效地搞好摸透工作，为仿制和自行设计作好技术准备，1962年5月，六院和航空工业局联合下达了《关于共同组织米格-21飞机技术摸底，为仿制及进一步自行设计做好准备的指示》。《指示》对摸透米格-21飞机总的要求是：通过摸透能够系统地掌握米格-21飞机的结构原理，深刻理解其设计思想、设计方法；能够解决生产部门在试制中难于解决的重大技术问题，直至保证米格-21飞机如期优质地试制成功；能运用米格-21飞机的设计成就和米格-21飞机的传统优点，解决自行设计中的技术问题。

摸透的目的和标志是：首先，能够及时地、正确地解决首批飞机仿制生产中有关设计方面的全部技术问题，包括图纸、技术资料的协调、改错和解释；超差品代料处理；地面试验和试飞方法的确定；执行过程中的监督和结果分析，装配、试验、试飞过程中故障的排除等。保证工厂如期仿制出优质飞机。其次，在自行设计中能够恰当地吸取米格-21飞机的特点，灵活地运用其设计方法，普遍参考并充分利用其布局、参数和方案，学习并发挥其设计传统，从而在新机设计时，能够有比较可靠的理论和实际依据。

根据上述要求，在完成翻译、复制米格-21飞机原文图纸、技术资料的基础上，全院的主要技术力量从1962年下半年起，先后投入到米格-21飞机的技术摸透工作中去。摸透的具体方法、步骤概括起来有以下几种形式：一是结合实物如米格-21飞机的散装件装配，学习、消化米格-21飞机图纸、技术资料。二是结合各专业分工，学习、消化图纸技术资料，找出在仿制和自行设计中可能出现的关键技术问题，以摸清设计思想和设计方法。三是围绕着摸出的关键技术问题，进行理论计算和试验研究。在飞机方面完成了强度计算报告的校核、机头锥强度计算、小展弦

沈阳飞机设计所副所长、飞机设计师徐舜寿，他对“摸透”提出了一套方法、步骤和要求，他要求设计人员“知其然，知其所以然”，搞清楚它“是什么，为什么，我们怎么办”

比机翼的强度与刚度计算、米格-21飞机战斗性能分析、空气动力特性校验计算、气动弹性分析以及重量校核和惯性矩计算等39项课题任务，进行了27项高低速吹风试验（低速吹风1700次，高速吹风1600次），进行了进气道地面试验、刚度试验和飞机共振试验、操纵系统模拟试验、液压系统附件阻力系数及管路脉冲应力试验、助力器静动态特性试验、燃油系统阻力系数和通气增压性能试验、座椅地面弹射试验、飞行试验等64项试验。通过上述计算和试验，一方面补充和校核设计资料；另一方面学习和掌握计算和试验方法，积累经验，以适应仿制和自行设计的需要。发动机方面，摸到了七大技术关键，列了15个研究专题；材料方面，初步摸透了所需材料10079项；在工艺、辅机、兵器方面，也都逐一摸准了问题，拟定出解决办法，并部分地开展了研究工作。这些工作，不仅为仿制创造了条件，而且使科技人员的技术水平有了实际提高，开始从“知其然”向“知其所以然”前进。四是检阅摸透成果，交流摸透经验。1963年7月下旬至8月初，六院在沈阳飞机设计所召开了米格-21技术报告会，各所共提交模透技术报告约百篇。这些报告的内容包括飞机，发动机、机载设备、材料和工艺等方面的综合性报告及专题性报告。沈阳飞机设计

1963年沈阳飞机设计所总设计师黄志千被授予中校军衔（江载芬提供）

所徐舜寿、黄志千、冯钟越、顾诵芬、管德、李克唐、肖声，沈阳航空发动机设计所吴大观，航空材料研究所魏祖治、陈野萍，航空工艺研究所徐培麟等均提交了研究报告，会后整理出版了《摸透米格-21飞机经验汇编》一书。

分析研究敌机残骸为我所用。沈阳飞机设计所组织科技人员对RF-101、U-2、F-86、P-2V、F-4B、F-105D等飞机残骸进行了详细地分析研究，为我自行设计新歼击机提供了技术借鉴。

1964年5月，唐延杰在沈阳飞机设计研究所主持召开的米格-21和伊尔-28飞机改进改型座谈会上提出："从摸透、仿制到自行设计，按战略方针的需要和自己的水平，从小改到大改，摸着石头过河，循序渐进，初战必胜，争取时间把成果拿到手"，把军委的方针具体化，有力地保证了军委方针的贯彻执行。

要搞出比米格-21飞机性能更好的歼击机，拟定新机的战术技术指标成为首要前提。指标的方案从那里来？院组织飞机设计研究所派出科技人员，深入空军部队，协助他们试用米格-21飞机，详细了解该机的性能和使用特点，帮助他们进行米格-21飞机上升转弯的截击机动飞行，编算了大量的截击图线，配合部队截击U-2及无人驾驶飞机，从中发现米格-21飞机存在的缺陷是：升限留空时间短，高空高速性能差，作战半径小，看不远，高空机动安定性差等。米格-21飞机存在的问题，成了拟定新机战术技术要求的基础，也是新机改进的重点。

根据米格-21飞机存在的缺陷，新机战术技术指标必须突出高空、高速、增大航程，提高爬升率，加强火力。据此，已被任命为新机总设计师的黄志千，主持了拟定出新机的战术技术指标。

1964年10月25日，唐延杰在沈阳飞机设计研究所主持米格-21飞机改进改型预备会议，就米格-21飞机的改进改型工作讲了话。他分析了国际国内形势，提出了新的战斗任务。他说："我们主张衔接，即仿制工作进行到一定程度，就开始自行设计……现在应该把重点转移到自行设计上去了。主要根据是：米格-21飞机散装件第一架已装好并试飞成功，这样，心里就放心了，摸透有了底了；再是，仿制已经开始，三机部召开了仿制米格-21飞机生产协调会，确定要我们承担54个项目，其中，有的我们已经搞了，有的正在加紧进行研究，这样，对协助仿制，我们心里就有了底了。此外，从形势来看，由摸透转到自行设计也是必要的。”他的讲话吹响了新机研制的进军号。

要实现新机的战术技术指标，发动机是关键。当时提出两个方案：一是单发方案，即新设计的加力涡轮风扇910发动机方案。二是双发方案，即改进的涡喷7发动机方案。在这次会议上出现了对歼击机影响深远的“双发单发”之争。

总设计师黄志千主持歼8设计工作

沈阳飞机设计研究所总设计师黄志千本着唐延杰提出的“初战必胜，早日把成果拿到手”的指导思想，认为全新的发动机研制周期长，赶不上飞机研制的进度，力主采用双发方案，这个主张被唐延杰主持的会议所接受。

对此，与会的副总设计师顾诵芬回忆：

1963年起，我们就与二所（即沈阳航空发动机设计所）协调发动机。

开始新机准备用单发，推力8吨多，二所搞了20多个方案，但还是爬不快，留空时间还是不够长。当时总设计师黄志千同志领导我们做方案时，一直很认真地与二所协调，但总是怕发动机不落实放不下心来。所以在1964年8月份，技术委员会上，黄志千提出是否搞一个用两台米格—21发动机的备份方案。选用两台现成发动机，性能有把握。提这样的想法在技术上是无可非议的，但在关系上可能影响二所的积极性，也可能遭到院里的非议，在当时技术人员表态的也不太多。

黄志千提出双发的方案建议，刘鸿志他们都表示赞成，叶正大也赞成，我不赞成，发表了反对的意见。我觉得二所设计发动机比我们一所设计飞机强。我举例说，歼教1用的喷发1发动机他们及时提供了；“东风107”飞机用的“红旗2”，苏联评审时给打了4分，而飞机则打了2分。我说别小看了二所，也许他们是可以搞得出来的。但最后技术委员会还是同意了黄志千同志的意见。

黄志千提出双发的想法后，让总体室做了一个方案。结果六院的助理员在下面跑，知道了有这个方案。这个方案肯定比米格-21好，座舱就坐一个人，重量肯定比两架米格-21轻，阻力也肯定小，两台发动机，性能肯定是有把握的。

黄志千做事很谨慎、也很深入，一直担心发动机做不出来，于是定了做一个双发的方案以后，要总体室排一个方案看看。总体室就真做了一个展示模型。

二所的意见当然是不希望把这个双发的方案捅出来，因为这样二所就被动了。就在10月份六院开会前，我亲眼看到，吴大观找了叶正大，在路上，对他说千万不要把双发的方案捅出来，如果捅出来了，我们干什么？

在六院的会议讨论单发方案时，二所对新歼击机采用全新方案感到难以保证研制周期，会议僵持不下的情况下，六院的一位助理员说一所还有一个双发的方案，这个模型当时用报纸包着，于是唐延杰让拿到会上。这个事就搞乱了。

当时院里的总工程师室董绍庸、荣科都参加了。董绍庸原来有一套方案，先涡喷、再涡扇等。这样打乱以后，就定了一个用双发的方案，再搞一个单发的，怎么搞，当天下午就让我们讨论。

最后在会上唐院长拍板决定，新的歼击机方案还是用双发。㉖

㉖顾诵芬口述. 我的飞机设计生涯. 北京：航空工业出版社，2011. 108.

顾诵芬（1930-）1930年2月4日生于江苏省苏州市。1951年毕业于上海交通大学航空工程系，随即投身航空工业创建，是新中国培养的第一代飞机设计师。曾组织、领导或参与了低、中、高三代10余种飞机的气动布局和全机的设计，担

顾诵芬1964年参军授衔照

任歼 8 Ⅱ飞机总设计师，数十年如一日为自行研制我国歼击机系列奋力拼搏，作出了重大贡献。他 1991 年当选为中国科学院学部委员（院士）。1994 年当选为中国工程院院士。他是中国航空学会第六届理事会副理事长，第六、八、九届全国人大代表，第八、九届全国人大常委会委员。他先后被评为沈阳市、辽宁省特等劳动模范；航空工业部劳动模范，一等功荣立者，首届航空金奖获得者；五一劳动奖章获得者、全国劳动模范、首批国家级有突出贡献的中青年科技专家、国家科技进步奖特等奖第一获奖人；何梁何利科技奖获得者。

双发方案确定了，六院总工程师董绍庸、沈阳航空发动机设计所总设计虞光裕提出：直接用两台米格-21 发动机推力还是不足，必须增加发动机的推力，必须进行改进改型，办法是提高涡轮的进口温度，而提高进口温度，则必须解决涡轮叶片耐高温问题。而解决涡轮叶片的耐高温问题的最佳途径，便是将现有的涡轮实心叶片改为空心叶片，空心叶片可以进行强制冷却，从而提高耐高温的能力。但问题又来了，空心叶片在我国是空白，从国外也不可能得到。怎么办？沈阳航空发动机设计所是否能在一年内完成发动机改型任务又成为焦点。该所对于能否如期改型成功尚无把握。会议陷入彷徨不定的沉闷气氛之中。

航空研究院副总工程师、材料专家荣科

沈阳航空发动机设计所的科技人员问时任航空研究院副总工程师的航空材料专家荣科，如果你们能够在一年内研制出空心叶片，我们就敢于承担发动机的改型任务。此时，荣科毅然站起来说了句石破天惊的话：愿向院领导及与会同志立下军令状，如果不在一年之内研制出空心叶片和新的高温合金，甘愿把自己的脑袋挂在沈阳航空发动机设计所的大门上示众！

我国能在一年之内研制出空心叶片吗？

当天晚上，荣科来到中科院沈阳金属所的材料专家师昌绪的家里。

荣科开门见山，向师昌绪提出了金属所承担制造空心涡轮叶片的要求。师昌绪当时一愣："什么空心叶片，我从来没见过，也没听说过！"

荣科说："制造空心涡轮叶片有三个方案，一个是用锻造高温合金，加工出冷却孔，这在英国罗伊斯·罗尔斯公司已大量采用；一种是用铸造高温合金作出冷却孔，在美国已开始采用；第三种是发散冷却，冷却效果最好，但目前还没研制成功。"他建议金属所采用第二种方案。因为金属所在 20 世纪 50 年代末已研制成功涡轮叶片铸造合金，1962 年又研制成功国际上久经考验的涡轮叶片铸造镍基高温合金，并铸成增压器用于飞往西藏的直升机。

师昌绪听后欣然答应："既然已有答案，我们也一定能做出来。"

第二天，师昌绪将荣科所提的任务向所党委书记高景之和所长李薰叙述了一遍，他们也积极表示支持。第三天，航空研究院科技部长黄锡川和荣科来金属所向各位领导正式交代了任务。荣科考虑了一个在沈阳实现空心叶片设计–材料–制造一体化的设想，取得了沈阳黎明发动机厂总工程师程华明、中国科学院沈阳金属研究所所长李薰和主任师昌绪的支持。共同制订了研制 9 孔铸造空心叶片的方案。

荣科（1914–1995），辽宁沈阳人。1937 年毕业于焦作工学院，1945–1948 年赴英国罗伊斯 · 罗尔斯公司实习，并在皇家工学院学习。1956 年到航空工业部门工作，从事冶金材料和铸造工艺研究，作出了重要贡献。

师昌绪（1920– ），1920 年生于河北徐水。1945 年毕业于国立西北工学院矿冶系。1948 年留学美国，获博士学位，1955 年 7 月回国后到中科院金属研究所工作，他是我国高温合金开拓者之一，在高温合金和高合金钢方面做出了

材料专家师昌绪

多项有创造性成果。

以师昌绪为组长，在金属所动员了上百名科技人员，包括冶炼、造型、脱芯、测壁厚、化学分析等重要环节。沈阳航空发动机设计所及沈阳黎明发动机厂都派出了技术人员在金属所共同攻关。这种三结合形式有很大的优越性：设计人员可以根据需要随时修改设计方案以适应制造工艺的简化；厂里的同志在模具设计及制造上做出了创造性的贡献。荣科多次到金属所参加了攻关、指导工作。

1964 年荣科等在 410 厂合影，前排左六 410 厂总工程师程华明、左七沈阳金属研究所师昌绪、左八荣科（崔正山提供）

空心叶片是在涡喷 7 发动机基础上设计的。这种叶片的特点是叶身长，而且从叶根旁边进气，这样给空心叶片的制造带来诸多困难。如：选用什么材料做型芯，型芯如何定位，以确保在脱腊以后型芯不变位，以及在操作过程中型芯不弯不断；用氟氢酸脱芯和超声波测壁厚等。

铸造 9 小孔涡轮空心叶片

用了不到一年的时间，终于在金属所简陋的铸造实验室里诞生了我国第一片9孔铸造空芯涡轮叶片。叶片经过沈阳航空发动机设计所吹风试验，叶片表面完全达到降低100℃的要求，并于1966年11月在410厂生产出一台份铸造空心叶片，12月装机试车成功。

这一成就，震动了我国的铸造界。[27]

㉗师昌绪，陆达，荣科主编．中国高温合金40年．北京：中国科学技术出版社，1996年．187-188.

在研制空心叶片方面，航空研究院为稳妥可靠，采用了两条腿走路的方针，由另一班人马研制锻造3大孔空心叶片，参加研制的单位有北京航空工艺研究所、北京航空材料研究所、沈阳发动机厂、沈阳发动机设计所、抚顺钢厂和钢铁研究总院。

装有空心叶片的涡喷7甲发动机

锻造空心叶片和铸造空心叶片双双告捷。

经过综合分析比较，铸造空心叶片比锻造空心叶片有更多的优点，经联合论证并报请航空工业部、航空研究院领导批准，决定采用铸造空心叶片为装机定型叶片。这样，使中国的涡轮叶片一步上了两个台阶，一个是锻造合金改为真空铸造合金，二是由实心叶片变为空心叶片。我国这是继美国之后，第二个采用铸造空心叶片的国家，比美国只晚了5年。后来罗伊斯·罗尔斯公司总设计师胡克在410厂看到空心叶片时，不无感慨地说，单凭看到这一成就，我就没有白来中国一趟。

1966年唐延杰（左三）检查沈阳发动机研究所空心叶片攻关，空心叶片是我国自行设计的高空高速歼击机歼8的动力装置涡喷7甲的关键技术课题，由荣科领衔研制，左一为所长刘苏

1985年，我国第一代航空发动机涡轮空心叶

片的研制获得国家科技进步一等奖。

1996 年 8 月，两院院士师昌绪写道：

我必须提到对我国铸造高温合金和铸造技术起到决定作用的荣科教授，他在任航空材料研究所副所长和总工程师期间，直接指导开发出一系列铸造叶片合金和精铸技术；在到六院主持材料与工艺开发工作后，他以他那渊博的知识、过人的胆略，对我国铸造多孔气冷涡轮叶片的开发起到了推动作用。由于他的努力，使我国成为继美国之后，第二个采用这种铸造叶片的国家。㉘

师昌绪的评价恰如其分，荣科立“军令状”的故事在航空界传为佳话。

1965 年 4 月 20 日，国防科委在北京召开了审定新机“双发”会议。国防科委副主任罗舜初主持会议。参加本次会议高层云集：有国防工办副主任郑汉涛、空军副司令员曹里怀、海军副司令员刘道生、中国科学院副院长张劲夫、四机部副部长孙俊人、五机部副部长邓予成、七机部副部长钱学森、三机部副部长吴融峰，六院副院长曹丹辉、徐昌裕、徐立行等。会议听取了叶正大和吴大观的汇报，经过认真地讨论研究，同意“双发”方案。㉙

会议还研究了新机进气形式问题。当时有机头进气和两侧进气两种方案，各有利弊。钱学森认为：为使我国重新开始的 M2 一级的歼击机设计更为稳妥可靠，初战必胜，鼓舞士气，建议还是先搞机头进气方案，两侧进气方案留待以后发展。会议同意采用机头进气方案。㉚

4 月 29 日，国防工办、国防科委联合向罗瑞卿并中央军委呈报了书面报告。

《报告》中提出：新机采用两台空心气冷涡轮叶片改进的涡喷 7 发动机，简称“双发”方案歼击机。这个方案的指导思想是，突出高空、高速、增大航程、提高爬升率、加强火力等主要性能。新歼击机与米格-21 飞机相比，具有以下优点：最大速度由 2.05 倍声速提高到 2.2 倍声速；最大升限由 19 千米提高至 20 千米以上；最大爬升率由每秒 138 米提高到每秒 200 米；不带副油箱的基本航程由 1400 千米提高到 1500 千米；带副油箱的最大航程由 1670 千米提高到 2000 千米；在 19 千米高空的作战时间

㉘ 师昌绪，陆达，荣科主编．中国高温合金 40 年．北京：中国科学技术出版社，1996. 1.

㉙ 刘鸿志．回忆与思考．北京：航空工业出版社，2010. 133.

㉚ 歼 8 飞机研制回忆录第一辑．5.

由 1.8–3.4 分钟提高到 10 分钟；火力方面以炮为主，装两门改进设计的 30 毫米机关炮和两枚改进的 PL–2 空空导弹。新装一部搜索距离为 15 千米左右的雷达，以克服米格–21 飞机发现目标距离短的缺陷。新歼击机的空气动力外形仍以米格–21 机的为基准，不做大的更改。

新歼击机的研制进度为：1965 年方案论证和研究试验，1966 年设计试制，1967 年底试飞，1970 年前小批生产装备部队。

1965 年 5 月 17 日，罗瑞卿正式批准新歼击机（命名为歼 8 飞机）的战术技术指标和研制任务。

就在这年 5 月 20 日，总设计师黄志千出国考察，所乘飞机失事，不幸遇难。6 月，副所长徐舜寿奉调西安，组建重型飞机设计所。沈阳飞机设计的歼 8 研制技术工作由叶正大负责，由王南寿、顾诵芬、蒋成英、冯钟越、胡除生等组成技术办公室领导。在王南寿带领下，沈阳飞机设计所派出 507 名设计人员到 112 厂现场设计，坚持设计与生产相结合，使新机研制迅速向前发展。

王南寿

王南寿（1924–），1924 年 1 月出生于浙江诸暨。1949 年毕业于厦门大学航空工程系。1950 年 10 月，被调往空军工程部。1961 年，被任命为沈阳飞机设计所气动力设计研究室主任。1964 年，改任飞机总体设计室主任，主持和参加米格–21 飞机的改进总体设计、歼 8 总体方案设计。王南寿按照所党委的决定，组织各位副总设计师主持歼 8 飞机设计。他带队携歼 8 样机到空军征求意见，完善设计。1970 年后历任成都飞机设计研究所所长兼总设计师、歼 7 大改的第一总设计师、航空工业部科技局局长、航空研究院副院长。

歼 8 试制最紧张的时刻是在“文化大革命”中度过的。在“一月风暴”、“文攻武卫”和夺权风的冲击下，112 厂批生产线几乎陷于停顿，唯独歼 8 试制照常进行，广大科技人员、工人甚至是冒着生命危险上班，硬是使歼 8 研制没有中断。

沈阳飞机设计所年轻的设计人员在办公室前，前排左二为顾诵芬

1969年7月5日，歼8飞机首飞成功

1969年7月5日，我国自行设计、自行制造的第一架高空高速歼击机歼8首飞成功。引人注目的是，在这架歼击机修长机身的前部，有一道红色大字："中国共产党万岁！"

第十五章 励精图治

新中国的航空工业从1951年创立，经历了“一五”时期的快速发展，很快成为国防工业中的一支生力军。然而三年“大跃进”使航空工业遭遇重大挫折，不得不承受“一年生产三年返修”的严酷历史教训。努力走出阴影的航空工业建设者们，将以求真务实的态度，一步一个脚印地开创航空工业发展的新局面。

1963年国家正式组建航空工业部，航空工业从此成为一个独立的工业部门，第一任航空工业部部长孙志远励精图治，运筹帷幄，努力谱写航空工业发展的新篇章

1963年9月2日，中央决定将三机部按航空、兵器、舰船分为第三、五、六机械工业部，任命原三机部（国防工业部）部长孙志远为新三机部（航空工业部）部长。刘鼎、吴融锋、段子俊为副部长。孙志远组织领导了这次分部工作，并继续兼任国务院国防工办副主任。此前于1963年2月已经成立了第四机械工业部（电子工业部）。

1963年9月25日，中央批准成立第三机械工业部党组，孙志远任党组书记。9月26日，新第三机械工业部即航空工业部正式宣告成立。

孙志远作为建国初期的国务院副秘书长，国家经委第一副主任，参与领导过全国经济工作，后来又是原三机部即国防工业部部长，现在到了一

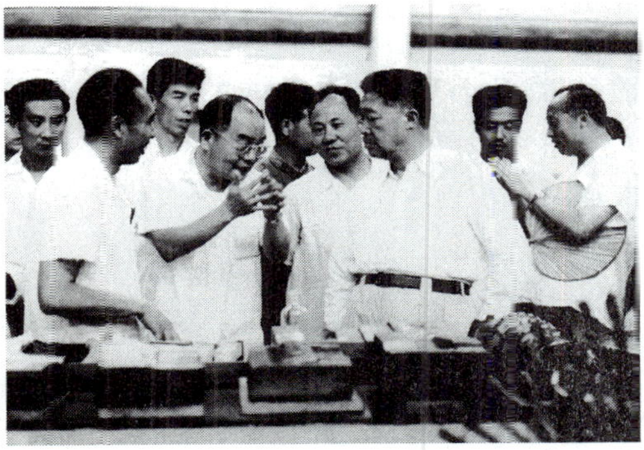

1964年6月，孙志远陪同贺龙视察410厂

个专业部工作，他丝毫没有大材小用的感觉，心情上是很愉快的。[1] 他对妻子赵磊说：“战争年代，我们头上常受敌人的气，现在让我来振兴航空工业，这一代打不好，我死不瞑目。”[2]

孙志远到任后，对航空工业迅速做出了高瞻远瞩又积极务实的总体部署，尤其是继续狠抓产品质量不动摇。1963 年 9 月，按优质过关要求新试制的歼 6 飞机试制成功，歼击机有了超声速的机种。同时，直 5 直升机也试制成功，填补了我国的空白。中央军委向航空工业部和试制工厂发出贺电。歼 6 飞机、涡喷 6 发动机、活塞 6 发动机和“霹雳 1 号”空对空导弹等一批航空产品，获得 1964 年国家新产品奖。

在自行研制方面，初教 6 教练机和强 5 强击机相继取得重要进展。

在中国航空工业创建 62 年的历史中，在中国飞机设计人员自主创新、自行设计制造飞机的征途上，有这样一种飞机发出绚丽的传奇光彩：它的研制周期最短，只有 4 年半；研制费用最低，只用了 246 万元；生产数量最大，高达 2300 多架；飞机质量优异，从未因飞机质量发生飞行一、二等事故，从而成为唯一获得国家质量奖金奖的飞机；使用寿命最长，至今在国内外还能见到它翱翔蓝天的矫健身影，21 世纪初，在航空工业最发达的美国举办的飞行大会上，也有这种飞机的精彩飞行。

它就是初教 6。

初教 6 的研制是源于空军飞行训练的需要。我国在 1954 年已经试制出的初级教练机初教 5，是根据雅克 -18 飞机仿制的，起落架为后三点式。随着我国空军训练的进一步发展，对初级教练机的性能提出了更高的要求，并且要求起落架为前三点式。此时苏联已经研制出前三点式的雅克 -18A，并将图纸送交中国。1957 年初，沈阳飞机设计室主任徐舜寿从培养锻炼我国自己设计队伍，增强自行设计飞机能力出发，提出了自行设计一种新型的初级教练机——初教 6 的建议，并得到了上级批准。

初教 6 飞机是双座、下单翼、前三点式的初级教练机，动力装置为一台起飞功率 285 马力的活塞 6 甲发动机，配以双叶自动变距螺旋桨。初教 6 的机身、机翼和尾翼安定面改为全金属结构，

[1] 徐汉生，常绍第，诸声鹤等编著．孙志远传．北京：航空工业出版社，1998. 52.

[2] 怀念孙志远同志编委会编．怀念孙志远同志，1986. 166.

仅副翼和舵面为金属骨架蒙布结构。飞机装有全套飞行仪表、发动机仪表、无线电通讯导航设备。飞行员在初教 6 上完成全部训练科目后，可以直接过渡到喷气教练机的训练。

初教 6 的总体设计是在沈阳飞机设计室进行的，由林家骅、程不时负责。从 1957 年第四季度到 1958 年 5 月，进行了初教 6 飞机的方案验证、总体布局、风洞试验以及结构与系统的打样设计，并在 112 厂制作一架 1∶1 的木质样机。

由于当时沈阳飞机厂正在试制歼教 1 飞机，航空工业局决定将初教 6 转至 320 厂试制。当时的 320 厂已经试制过初教 5 和运 5 两个机种，技术水平得到很大提高，有能力进行初教 6 飞机的试制。沈阳飞机设计室派出屠基达、林家骅等 20 余名设计人员去南昌支援。320 厂在厂长冯安国的领导下，积极投入初教 6 试制，立即成立飞机设计室，任命高镇宁为飞机主管设计师，屠基达、林家骅为副主管设计师，设计试制工作进展很快。1958 年 8 月 27 日，首架初教 6 飞机由试飞员吕茂繁、何银喜驾驶在南昌上天。

初教 5 试飞成功归来，航空工业局副局长徐昌裕（前排左四）、冯安国（前排左二）与试飞员等合影

高镇宁（1929–1996），辽宁省辽阳人。1952 年 8 月毕业于清华大学航空学院，分配到南昌飞机厂工作，历任模线样板车间主任、设计科科长、设计室主任、设计所所长。1982 年调三机部任副部长兼科技委主任，1985 年任中国科协党组书记，并连续两届当选为中国科协副主席。他是中共十三届中央候补委员，八届全国政协常委。

屠基达（1927–2011），中国工程院院士。1927年12月11日出生于浙江省绍兴市。1946年考入上海交大航空系。1954年5月，加入中国共产党。屠基达的航空轨迹，从122厂到112厂、320厂和132厂，用他自己的话说是“三个半飞机大厂”，从1956年起就一直在飞机设计领域辛勤耕耘，主持设计了我国第一个自行设计的初级教练机初教6、第一种改型歼击教练机歼教5，全面主持了歼7系列飞机设计研制工作，并将歼7改装进口电子火控设备，为我国歼击机出口开创了道路。

冯安国（1915–1976），1937年参加革命，1949年任江西省九江市市长兼市委书记。1952年10月，调到南昌飞机厂，历任党委副书记、副厂长、总工程师、厂长，三机部副部长。

初教6在试飞中发现，捷克产的发动机与螺旋桨不匹配，飞机无法进入大速度飞行。根据主管设计师叶绪伦提出的建议，初教6换装了苏制发动机和螺旋桨。

初教6试飞中最关键的科目——尾旋试飞，由国家鉴定试飞员黄肇濂进行。

黄肇濂，1917年生，中国空军资深飞行员。1936年毕业于广东空军七期甲班，后进入广东空军第七队、中国空军第二十九中队，在抗日战争中击落4架日本军机（三架轰炸机，一架战斗机）。中华人民共和国成立后成为人民空军飞行员。黄肇濂是国产第一架飞机初教5的国家鉴定试飞员，也是国家鉴定试飞委员会的委员。当时他的空中生活已超过5000飞行小时，抗日战争参加空战时，曾在已经失去操纵而掉入尾旋的飞机上脱险。这次，他承担最困难也最具有危险性的科目——尾旋试飞。

尾旋是一种不正常的飞行状态。初级教练机要求有良好的尾旋性能，目的是教会飞行员体会尾旋的状态和学会改出尾旋的方法。由于当时我国还没有垂直风洞，尾旋只好在飞机上直接进行，因此有很大的技术风险。

黄肇濂对试飞尾旋做了认真准备。他听取了设计人员对飞机性能特点的介绍，翻阅了各种图纸和技术资料，观看了飞机的静力试验。当他第一次接触到试制的初教6飞机时，绕着飞机转了好几圈，进入座舱后仔细观看舱内设备，他终于对周围的人们说，总算盼着自己设计的飞机啦！作为一位老飞行员，他飞过德、日、意、英、美、法和苏联的飞机，而这次飞国产飞机并且进行有很大风险的尾旋试飞，对他却是第一次。

初教6主任试飞员黄肇濂（左）与320厂厂长冯安国

1960年11月18日，黄肇濂沉着冷静地进入初教6座舱，随着一颗绿色信号弹升空，他启动发动机，飞机滑行、加速，随着呼啸声而升上天空，在高度2500米的机场上空，黄肇濂驾机从检查失速状态开始，由半圈试到三圈尾旋，第一次尾旋试飞成功。

为了确保使用安全，黄又对飞机进入倒螺旋的可能性进行了多次试飞，证明初教6飞机不会进入倒螺旋，也不会进入平螺旋，飞机设计是成功的。

关于初教6尾旋试飞，时任四局调研科副科长、后任中航技公司副总经理江同回忆：

教练机要求具备能进入尾旋，又能安全改出尾旋的性能。并且以试飞实践考验通过。这是当时鉴定定型的一大难题，因为这是有可能发生机毁人亡的危险课目。四局机关和工厂有关同志反复论证了许多次，认为最合理的措施应当是配备反尾旋伞，甚至是反尾旋火箭，以确保安全。但没有条件，无法解决。此外就再也想不出应对的办法。最后，首席试飞员黄肇濂同志说：“只要你们做决定，我就敢去飞。”大家追问他如何保证安全，他急了，才说：“我实际上已经飞到失速边界，感觉飞机仍然处于可控状态，所以完全有把握安全进入尾旋试验。”他的回答让所有参与讨论的同志彻底松了口气。接着经领导批准正式进行了完全成功的尾旋试验，直至赵尔陆部长亲临现场，予以见证。这件事充分体现了在物质条件不完全具备的情况下，发挥人的能动性和积极性有何等重要的作用。由于初教6尾旋试验的故事，到K-8教练机进入试飞鉴定的时候，我们就对这个关键课目特别警觉。考虑到国内当时实际缺乏有经验的试飞员，果断决策聘请俄罗斯试飞研究院的高级试飞员进行尾旋试验，及时攻克了这一难关，验证了 K-8 超出预计的优秀尾旋性能。③

③ 江天鸿．回望澄思集，2012. 7-8.

1961 年，南昌飞机厂针对初教 6 试飞中暴露出的主要技术问题进行改进，重新生产了定型试验机，进行了定型试飞。

1961 年 12 月 15 日至 16 日，国家鉴定委员会主任委员、空军副司令员曹里怀在厂主持召开初教 6 飞机国家鉴定审查会议，会议一致认为初教 6 型飞机的设计是成功的，它能保证质量和飞行安全，基本上是一种好飞机，能适应空、海军航空学校初级飞行训练的要求，同意定型并投入批生产。

1962 年 1 月 5 日，国务院军工产品定型委员会于根据初教 6 飞机国家鉴定委员会对该机鉴定的报告，正式批准初教 6 飞机定型，投入成批生产。

1963 年，初教 6 所采用的发动机和螺旋桨已全部国产化，至此，初教 6 飞机全部立足国内生产。

1965 年 12 月，初教 6 甲飞机诞生，该机装用加大功率的活塞 6 甲发动机。

初教 6 各型飞机自投产以来共生产了 2300 多架，其中除初教 6 基本型 308 架、初教 6 乙 10 架、初教 6 高空型机 1 架外，其余均为初教 6 甲。初教 6 不仅为培训数以万计的飞行员立下了功劳，还飞向世界，援助了一些国家。其中援助朝鲜 50 架、阿尔巴尼亚 24 架、孟加拉 8 架、柬埔寨 4 架、赞比亚 5 架，外销孟

初教 6 飞机编队飞行

加拉20架，共111架。近年来，国外航空爱好者和飞机收藏家从我国采购了大量退役的初教6飞机，仅美国就有200多架，用于私人飞行。

强5飞机的研制也是根据空军发展的需要而决定的。中国的强击机是在歼击机的基础上发展起来的。1958年3月，沈阳飞机设计室根据空军司令员刘亚楼的提议，决定自行设计超声速强击机，并将飞机命名为“雄鹰302”（1964年更名为强5）。同年8月，航空工业局确定强5研制任务由320厂承担。强5飞机的总体设计由南昌飞机设计室主任高镇宁与沈阳飞机设计室陆孝彭等设计人员共同完成。

陆孝彭（1920−2000），中国工程院院士，江苏省常州人。1941年毕业于重庆中央大学航空工程系。1944年赴美，在麦克唐纳·道格拉斯公司实习，参与了FD2舰载战斗机设计。1946年赴英，在格罗斯特飞机公司搞飞机设计。回国后参与新中国航空工业创建与发展。1956年调任沈阳飞机设计室主管设计师，参加歼教1设计工作。1958年以后主持强5飞机研制，任总设计师并发展了一系列改型。

1958年10月，112厂制作了一架强5飞机1∶1木质样机，该机运到北京，副总参谋长陈赓听取汇报，批准进行研制。

由南昌、沈阳飞机设计室共同设计的强5总体布局颇具特色：一是从机身两侧进气，提高进气效率；二是采用锥形机头，扩大飞行员的视界；三是采用蜂腰形机身，降低跨音速阻力；四是选取面积较大、后掠角稍小的后掠机翼，提高升力特性；五是设置面积较大的水平尾翼，增强纵向稳定性；六是采用向后上方开启的活动座舱盖和流线较好的大背鳍；七是具有携带多种武器，进行多种方式的对地攻击能力，等等。

强5飞机的设计工作是在1958年“大跃进”的浪潮中开始的，一些年轻的设计人员出自报效祖国、赶超外国的愿望，热情高涨，但对研制超音速强击机的规律和程序不甚了了，因而提出过“奋战一年，飞机上天，向国庆节献礼”的不现实的口号，使飞机设计阶段埋下了质量隐患。

在南京航空学院师生的协助下，320厂设计室只用75天，就发出强 5 飞机图纸 15000 余幅。

可以想象在这样短的时间里怎么可能设计出高水平、高质量的图纸，所以在飞机投入试制时即发现，设计图纸问题重重：设计不协调，选用的新材料尚未过关，选用的机载设备国内尚属空白，新结构、新工艺也未解决等。飞机图纸必须做重大修改。320 厂先后进行了四次较大的修改，在 1960 年 5 月重新发出了设计图纸。

正当南昌飞机厂成立强 5 试制小组，准备全面展开试制工作之日，又逢中国国民经济发生暂时困难，航空工业缩短战线，进行全面质量整顿之时，诸多新型号如“东风 107”、“东风 113”相继下马，强 5 也被暂停试制，面临“胎死腹中”的厄运。

1964 年陆孝彭（中）向空军副司令常乾坤（左）汇报强 5 飞机研制情况

陆孝彭，这位从海外归来的航空之子，代表广大职工研制国产强击机的强烈愿望，一再上书要求强 5 不要停研，厂长冯安国坚定支持他的意见。终于得到上级破例允许强 5“见缝插针”地进行研制，以陆孝彭为代表的 13 人被留下来继续试制。

身为飞机总设计师的陆孝彭除设计工作外还兼跑加工、协作，甚至与工人一起操作。陆孝彭等人的顽强坚持精神感动了全厂职工，也感动了上级有关部门。1962 年 11 月，经第三机械工业部和航空研究院呈请上级批准恢复了强 5 研制工作。经过两年多的研制，强 5 第一架供静力试验的飞机制造完成。

1963 年 10 月 26 日，一件意想不到的事件发生了：强 5 悬空加载至 85% 时试验失败，前后机身提前断裂！最后经过检查，并不是飞机本身的强度有问题，而是小小的一根试验钢索选错了，断送了整架飞机的静力试验。

面对意外事故，航空工业部部长孙志远、航空研究院院长唐延杰、空军副司令员曹里怀、常乾坤都勉励工厂职工不要灰心，好好总结经验，继续研制。试验一个月后孙志远亲自到试验现场，听取陆孝彭长达4个小时的工作汇报。鼓励陆孝彭等设计人员总结经验，继续努力。孙志远在工厂干部大会郑重宣布恢复强5飞机的研制计划。

后来，陆孝彭以自己的诗作《忆昔之十七（静试）》记述了这一情况：

忆昔静试不满百，钢索崩裂机翼折。
孙曹联袂来洪都，痛陈得失忘旰食。
重制新机重试验，孙公豪迈定良策。
南苑奋翮报孙公，数载疑案终大白。④

以后，320厂重新补做了强5飞机悬空加载试验，证明飞机强度达到了技术要求。

1965年6月4日，强5首飞成功。之后，工厂又对飞机的液压、刹车、火控等系统做了一系列改进。1969年底，强5被批准进行批生产。

由于孙志远部长和空军领导人的支持，强5飞机达到初步设计定型，图为1966年3月强5在北京南苑机场飞行表演后，叶剑英元帅（前排右七）接见彭孝彭（前排右六）等有关研制人员

强5基本型研制成功之后，又陆续开发了强5Ⅰ、强5ⅠA、强5Ⅱ、强5Ⅲ、强5鱼雷机等。强5还曾改装为特种武器载机，于1972年1月7日甩投核弹成功。1985年，强5飞机研制荣获国家科技进步特等奖。陆孝彭是第一获奖人。

在航空发动机方面，除配合各种飞机仿制成功相应发动机外，还改型研制成功了一机四用的活塞8（代号651）发动机。

④许珊．用一生创造飞翔——著名飞机设计师的传奇人生．北京：航空工业出版社，2011. 145

20世纪50至60年代，我国使用的轰炸机、运输机主要是苏制图-2、伊尔-14、伊尔-12和美制C-46飞机。这四种飞机的动力装置分别是苏制АШ-82Н、АШ-82Т和美制R-2800活塞式发动机，其功率大体相当，但不能互换使用。由于国外发动机及其备件断绝了来源，以致几百架飞机因缺发动机而先后停飞。为解决这些飞机的动力问题，时任航空工业局发动机处处长王祖浒下120厂调研，会同厂王修瑞、薛维华、贺贵浦等技术人员提出了一机四用的改型设计方案，即用活塞7发动机的主体部分，同АШ-82Т发动机的减速器部分进行组合，设计成一种可靠性和高空性能均较好、又可同时装用于前述四种飞机的新发动机活塞8。

1964年王祖浒组织410工艺专家组协助420试制涡喷6发动机时留影，前排左二为王祖浒、左三为420厂党委书记崔光炜、右一为420厂厂长黄少华（王祖浒提供）

改型设计方案批准后，活塞8的设计工作由王修瑞、薛维华、汪增彦等协力进行。1963年10月，全部自制的活塞8发动机总装完毕，12月16日，通过了275小时鉴定试车考核。12月25日，经航定委鉴定验收，批准投入成批生产，第一次翻修前寿命暂定250小时。1965年初，经过改进和试验，将使用寿命延长到350小时，后来又进一步延长到800小时，到1980年停产时，累计共生产了1330台，其中供民航运输机使用的195台。

活塞8主要设计者回顾了当年改型研制的情景：

在改型设计初始阶段，正遇传达周总理、陈毅副总理广州会议讲话精神，纠正“左”的知识分子政策。油江同志及改型领导小组组长区德士总工程师出色地贯彻了这一政策，充分信任和依靠知识分子，放手重用党外人才，不受当时体制和职务的限制，赋予行使指挥权，充分发挥了老专家的高水平专业才能和智慧，极大地推动了改型工作的进展，同志们日日夜夜与工人、飞行员、地勤人员共同战斗在车间、车站和机场，一年多的时间里，几乎在礼拜天都没有休息过，为了查找故障，蹲在车台，连班不下火线。在长期试车中，始终心系651，几乎诱发出了感知功能，发动机的振动噪声变成了催眠曲，而试车一停，会从梦中惊醒，赶赴现场，研究对策，同志们就是这样锲而不舍，矢志不渝。⑤

活塞8发动机研制的周期仅两年，研制费697万元，收到了一机四用的效果，是一次成功的改型设计尝试。

1963年10月25日，孙志远主持三机部党组扩大会议，讨论了三机部今后8年即1963至1970年的长远发展规划问题。航空工业大体上按照3、5、8三个步骤来进行，通过8年努力，使航空工业的生产、建设达到自力更生，导弹、飞机配套成龙，立足国内的目标。⑥

1964年1月，在航空工业企事业领导干部会议上，他提出建立基本独立完整的航空工业，走上生产自行设计产品的新阶段的发展战略。提出到1970年，使航空工业达到基本"小而全"，即建立一个基本独立完整、"麻雀虽小、肝胆俱全"的航空工业，使空海军的航空技术装备能够有所改善，并且基本上走出仿制阶段，走上生产自行设计产品的新阶段。⑦

1964年秋，他着力于航空产品的更新换代，形象地说，就是要"嘴上吃着一个（生产）、手上拿着一个（设计）、心里想着一个（规划研究）"，一代接一代，梯次展开。⑧

孙志远十分重视发展科研和新机研制，他表示："宁可少建一套飞机厂，也要把科研建设搞上去。"他一方面要求加快歼击机和发动机、航空仪表等设计研究所及试飞研究所的续建；另一方面重点投资兴建空气动力、强度和发动机高空试车台等试验研究基地。

实际上，在孙志远主政老三机部即国防工业部时期，三机部也未停止科研机构的建设。一是在大多数工厂成立设计室（所），开展成批生产产品的改进改型工作。他们一般是由仿制工厂的设计科扩展而成。有条件的工厂设计室（所）很快就接受产品设计任务，如320厂于1958年5月组建产品设计室，立即承担了初教6、强5飞机设计任务；1965年12月又改建为飞机设计所。这些

⑤周日新主编.魂系航空——深切怀念油江同志，2009. 29–30.

⑥中国航空工业史编修办公室编.中国航空工业大事记（1951–2011）.北京：航空工业出版社，2011. 110.

⑦徐汉生，常绍第，诸声鹤等编著.孙志远传.北京：航空工业出版社，1998. 55.

⑧怀念孙志远同志编委会编.怀念孙志远同志，1986. 109.

厂属设计所，是航空科研设计战线上的另一支方面军。二是新建一批科研单位，除原有的航空科技情报研究所（四0所）外，根据国防工委1961年3月的决定，成立了精密机械研究所（303所）和计量检定所（304所）。精密机械研究所前身是北京西郊原二机部第四研究所的第六研究室和第三车间。1957年，这两个单位划归航空材料研究所代管。1961年4月，三机部将第六研究室和第三车间的各一部分迁到南苑，与原一机部情报所电影队和精密机械修理总站合编组建为303所。1963年，三机部决定，303所的服务方向由原面向整个国防工业改为主要面向航空工业。到1966年，该所建成研究室7个，取得光学曲线磨床和电解加工等多项新设备、新工艺研究成果。计量检定所是由上述第六研究室和第三车间留在西郊的部分组建而成，承担整个国防工业的计量保证监督工作，对国防科技发展起到重要的技术基础作用。该所后来逐步发展成为航空检测技术研究中心。

1965年1月三机部与六院合并后，三机部党组十分重视科研机构建设，除将六院四所和三机部四〇所两个科技情报研究所合为一个所（代号四所）外，于同月决定成立喷气发动机研究所（十一所，后改为624所）和西安飞机结构强度研究所（十二所，后改为623所），同时决定将沈阳空气动力研究所（七所，后改为中国空气动力研究中心）迁到四川安县扩大建设，并加速进行西安飞行试验研究所的扩建工作。这4个科研试验基地，对航空技术的发展关系重大，是科研建设的重中之重。

建设喷气发动机研究所与发动机高空模拟试车台是同时进行的。1964年7月，国防科委根据聂荣臻的指示，成立高空模拟试车台技术小组，进行方案论证。1965年4月，三机部六院在北京召集有吴仲华等人参加的会议，对高空台方案进行审查，确定了气源方案和试验范围，即采用连续式气源，试验模拟高度25千米，马赫数2.5−3。[⑨] 同年10月5日，国防工办批准十一所设计任务书，所址在四川省北川县甘溪（1968年迁往江油），共建11个试验室包括高空模拟试车台。全所1600−1900人，建筑面积5万平方米，投资1亿元。

1965年4月26日，被人们称作“十八勇士”的第一批先行

⑨ 张树楫，倪颖编．中国航空科研发展史稿．1990. 78−79.

者，在六院十一所政委刘子英、副所长赵诚带领下，从北京到达四川，在武都一座房屋十分破旧的小学临时住下。他们以地为床，稻草作铺，旧报糊窗，度过了不少难忘的日日夜夜，拉开了建设航空发动机试验研究基地的序幕。打响了建设高空台的战斗。[10]

座落于大山之中的高空模拟试车台

⑩ 朱光亮．风雨高空台高空台建设45年的回顾.《航空档案》2012.（1，2）83.

1965 年 4 月 2 日，国防工办批准飞机结构强度研究所所址设在陕西耀县苏家店。12 日三机部批准该所设计任务书，静力试验厂房按起飞重量 120 吨航空器设计，总人数 939 人，科研区建筑面积 1.9 万平方米，总投资 2900 万元。4 月 4 日，该所正式成立，首任所长是王兴华，政委是包文进。该所成立后，即着手建设一号静力试验与疲劳试飞厂房。该项目由第四设计院设计，建筑面积 3600 平方米，1965 年动工，1966 年 12 月交付使用。

飞机结构强度研究所旧址

1965 年 10 月 5 日，国防工办批准六院七所设计任务书，所址在四川安县，总人数 2000 人左右，总投资 9000 万至 1 亿元。在安县建设新的风洞基地，除再建 0.6 米 ×0.6 米三声速风洞和重

中国空气动力研究与发展中心的 1.2 米 ×1.2 米超声速风洞

建 4 米 ×3 米低速风洞外，还建了 8 米 ×6 米低速风洞和 1.2 米 ×1.2 米跨超声速风等。

1965 年 5 月，三机部又决定成立襄樊高空救生与空降设备研究所（三一所即 610 所），并着手进行航空新技术推广所等的组建工作。

至 1965 年年底，航空工业共组建了各类部属部管的研究所、设计所 16 个，科研测试设备制造厂 1 个，和一大批厂属的研究、设计室（所），科研机构的体系初步形成。但由于飞机被排除在“尖端”之外，航空科研建设起步时未受到应有的重视；20 世纪 60 年代初国民经济进行调整时，航空科研建设项目未列入重点确保范围；开展三线建设后，原定一线的试验设备建设项目又被大量削减，因此，科研机构大都只搭起了架子，试验设施的建设还是十分落后。接踵而来的“文化大革命”，更使科研机构的建设受到严重冲击。

1965 年 1 月，三机部在北京友谊宾馆召开了航空工业企事业领导干部会议，孙志远主持了这次重要会议，会议的主要议题有：一、传达贯彻中央工作会议精神和《二十三条》，部署“四清”运动；二、传达中央关于国防工业科研部门与生产部门合并的决定，宣布航空研究院与三机部合并；三、传达《国防工业 1965 年工作要点》，安排航空工业 1965 年的工作；四、根据国

1965 年 3 月 17 日三机部领导与机关、院、所五好职工合影，前排领导左起：肖友明、王振乾、刘鼎、吴融锋；陈挺（后排左一）、郑爽西（左三）、黄斌（左四）、陈则诚（左六）、石磊（左八）、鲁赤诚（左九）、油江（左十）、沙汉（左十一）、赵麟涛（左十三）（冷传生提供）

防工委的指示讨论航空工业生产、科研和三线建设的长远发展规划。

在这次会议上，对于1965年的工作，提出了《航空工业1965年工作要点》，在航空产品的生产方面，十分响亮地提出了“组织歼6飞机两百架、‘红旗1号’导弹一百发为中心的生产新高潮”口号，于是“两百架一百发”成为调动全行业干部职工积极性，夺取航空工业生产新胜利的激动人心的新目标。

20世纪50年代四局财务处处长郭维真与参加文艺演出的人员在局办公地——原醇亲王府思谦堂（思谦堂后为孙志远部长办公室）前合影（冷传生提供）

“两百架一百发”的口号，是部党组经过深思熟虑而提出的，实现这一目标，是航空工业经过三年质量整顿，走向欣欣向荣的标志。

回顾1961年至1963年，航空工业经过调整、整顿，歼6、直5相继优质过关，基本上消除了“大跃进”带来的消极影响，生产与管理走上正轨，经济状况也逐步好转，全行业实现扭亏为盈。

1964年，航空工业各项工作全面发展，受到中共中央总书记邓小平的称赞。邓小平说，在调整、整顿中，“航空工业带了一个好头”。

1964年8月，三机部根据罗瑞卿“最近几年还是着重抓航空工业，选择空军装备作为突破口”的指示，提出了1965年组织完成歼6飞机两百架、“红旗1号”地空导弹一百发为中心的多品种成批生产计划安排，简称“两百架一百发”，得到国防工业领导机关和罗瑞卿的支持与批准。

“两百架一百发”的提出，对于从“大跃进”造成严重质量问题阴影走出来的航空工业来说，无疑是一个大胆的、极富进取

1964 年 6 月 25 日，邓小平视察 112 厂，厂长陆纲（右）、总工程师高方启（中）向他汇报工作

1964 年 7 月 27 日罗瑞卿（右二）视察 122 厂，听取航空工业部及厂有关领导人汇报

心的目标。但是实现这一目标并非是一蹴而就、轻而易举的。特别是在机载设备方面，还存在明显的短线和薄弱环节。为此，三机部党组做出决定：为了确保“两百架一百发”目标如期实现，在面上，全面动员，造成声势；加强机关工作，发挥司令部作用；立即行动，做好准备工作；大力协同，搞好与兄弟单位的协作。在点上，派陈少中司长率工作组到困难较多的机载设备厂去蹲点指导，就地解决问题，问题不解决不走。

三机部除加强日常的调度管理外，特别重视产品质量，严防出现质量问题的反复。当 1965 年 5 月，歼 6 飞机的质量出现波动苗头时，三机部立即发出了《关于当前产品质量问题的通报》。5 月 20 日，孙志远还给工厂写了《在质量问题上必须小题大做》的信。针对歼 6 飞机出现的“飘摆”现象，三机部三次派出工作组，指导工厂进行反复试验研究，经过用 60 架飞机进行的 95 次飞行试验及其他重大试验，终于查明造成飞机“飘摆”的确切原因，经采取措施，彻底解决了这一问题。

为了解决苏联中断援助后机载设备供应的矛盾，三机部党组对机载设备行业的建设与发展也十分重视。国防工委党组于 1961 年 9 月决定，利用一部分停建的航空中等专业学校和技工学校，改建成：合肥氧气仪表厂（351 厂）、襄樊头盔和代偿服厂（510 厂）、成都机械仪表厂（161 厂）和哈尔滨磁电机厂（155 厂）。1962 年 8 月，又经国家计委和国家经委联合决定，将 6 个地方工厂划归航空工业局直接领导，调整改建为苏州航空电气仪表厂

（171 厂），合肥航空附件专用设备厂（164 厂），武汉航空机械仪表厂（181 厂）和贵阳航空电机厂（185 厂）。这些措施，增强了机载设备的技术与生产能力。

机载设备门类繁多、品种庞杂，缺门短线较多，技术难度较大，生产的组织管理头绪纷繁，主管机载设备的陈少中经多年探索，将机载设备归纳为 10 大类、36 个小专业，并经过摸底、分析，列出了其中的短线、缺门产品，并在 1963 年 9 月新三机部刚成立时举办了机载设备展览会，向领导汇报，呼吁进一步予以加强，引起了各方面的重视。三机部党组于当年 10 月明确提出了在两三年内实现“五机三弹”小配套[11]的目标。涉及的机载设备共有 60 项。对于矛盾比较集中的工厂和重大关键产品，还由部党组成员或有关司局主要负责人带领工作组分赴有关机载设备厂蹲点督促帮助。孙志远任新三机部部长后，第一次到基层视察工作，就是去陕西、四川地区着重看了有关的机载设备工厂，并强调提出机载设备的补缺配套是 1963—1972 年十年规划头三年的重点目标。由于措施得力，工作进展较快。新型机载设备如自动驾驶仪、炮塔、直流电源系统、陀螺磁感应罗盘等产品先后试制成功。232 厂试制的“上游 1 号”海防导弹自动驾驶仪于 1964 年末进入攻关的关键阶段，孙志远部长专门写信进行督促鼓励，试制任务及时完成。由电子、兵器工业部门提供的机载设备，在各部门的重视和支持下，也及时试制成功。到 1965 年底，“五机三弹”的配套基本立足于国内，还可部分满足新试制的轰 6、歼 7 飞机和自行研制的强 5 飞机配套的需要。

[11] “五机三弹”小配套：五机指歼 6、直 5、运 5、歼 5 甲和初教 6；三弹指地空导弹、空空导弹和海防导弹；小配套指机载设备与飞机、导弹配套。

为了解决飞机螺旋桨的缺门问题，还筹建了保定螺旋桨厂（550 厂）。原来在“一五”时期，曾打算把螺旋桨厂列入建设计划。后因苏联专家建议，螺旋桨可向苏联订货而未建。1960 年苏联撤退专家后，“后继无桨”的问题显露出来，首当其冲是初教 5、初教 6、运 5 等飞机因螺旋桨到寿而无法更换造成停飞，中央决定立即筹建螺旋桨厂。在国家经济处于十分困难的时刻，550 厂于 1960 年着手筹建。此事引起了毛泽东的关注。据 1962 年 1 月赵尔陆在一次会议上讲话中披露：

去年夏天罗瑞卿总长在十三陵向毛泽东汇报国防工业情况

时，主席问，有什么问题？罗总长说，没有螺旋桨。主席批评说，飞机能制造，不能制造螺旋桨？！

在中央有关部门及河北省委的大力支持下，550厂的设计建设得以加块。第四设计院克服了一无资料二无经验等诸多困难，拟定出典型产品的加工工艺路线，完成了工厂的工艺设计和工程设计。1962年9月15日于河北保定满城神星卧虎山下破土动工，1964年12月14日交工验收。该厂占地940亩，建筑面积10万平方米，各种设备1200余台，国家投资5000余万元，职工人数2200余人。

该厂于1963年9月试制出初教6飞机木质螺旋桨，经航空产品定型委员会批准定型投产。1966年又成功自行研制出金属螺旋桨，并于当年6月定型投产。

关于自行研制成功金属螺旋桨，时任550厂副厂长兼总工程师谢杰三回忆：

试制金属桨，甩掉木桨叶。1963年10月11日，木桨叶被批准定型和投入批量生产。11月2日刘鼎副部长在我厂《我们是怎样提前试成航空螺旋桨桨叶的》汇报上批示："这是……新形势下，新产品试制的一个新经验。这是边试制、边基建的一个新形式，值得我们航空工业部门做生产技术工作的同志和做基建工作的同志认真研究。"与此同时，他找我去部谈关于自行设计制造金属螺旋桨叶代替木桨叶的问题。刘鼎副部长说，再过几年峨眉山上的木材要被螺旋桨厂砍光了，要我厂自行设计制造金属桨叶，甩掉木桨叶，节约国家森林资源。我听到这一指示，感到问题重大，搞金属桨已迫在眉睫。我大胆地接受了这一光荣任务，回厂后向全厂职工传达，发动群众。设计科的同志们一马当先，成立了气动组进行气动外形设计。我们提出以Д-35桨叶的气动外型、重量不变的原则进行设计。设计员夜以继日地奋战，终于设计了"奋发"号金属桨叶的图纸。关于金属桨的毛坯问题，在苏联总顾问斯莫特连柯夫回国时，范铭副局长曾请教过他。他说要有高吨位的水压机。当时我国还没有这种设备。我们就与哈尔滨101厂研究，用自由锻把毛坯打了好多台阶，用硬抠的办法解决型面加工。加工好后，在装配试车时出现震动。设计人员参考了苏联雅科夫列夫设计师解决Ми-4桨叶震动的经验，将“春发”号金属桨叶叶尖截去10厘米，解决了震动的问题。这次科研取得可喜的成就，是与101厂协作分不开的，我厂负责制造金属桨的毛坯钢模，他们改进轧制方法，缩小了毛坯重量。我厂与九所协作，制造了桨叶靠模铣等相应的设备，1964年正式试制成功，并投入批生产。接着又设计、制造了“红旗”号金属桨叶，甩掉了Д-9A木桨叶。这使螺旋桨生产发生了质的变化。[12]

⑫ 航空工业部中国航空工业史编辑办公室．航空工业史料第二十一辑：航空螺旋桨厂的创建与发展

至1964年底，机载设备工厂为30个，其中仪表厂8个；电器厂9个，附件厂11个；救生设备厂2个。共有职工6.5万人，金属切削设备1万台，厂房面积61万平方米。比“一五”末期都翻了一番以上。

装有金属旋翼的直5

1964年5月毛泽东主席、党中央从存在新的世界战争的严重危险的估计出发，提出了把全国划分为一线、二线、三线的战略布局和建设大三线的方针，航空工业三线建设随之拉开序幕

1964年6月6日，毛泽东在北京召开的讨论国家计委提出的第三个五年计划（1966–1970）初步设想的中央工作会议上，从存在新的世界战争严重危险的估计出发，提出了把全国划分为一线、二线、三线的战略布局和建设大三线的方针。毛泽东说，攀枝花钢铁工业基地的建设要快，但不要潦草。攀枝花搞不起来，睡不着觉。你们不搞攀枝花，我就骑着毛驴子去那里开会；没有钱，拿我的稿费去搞。[13]

⑬ 薄一波．若干重大决策与事件的回顾．北京：中共中央党校出版社，1993．1199–1200．

在此次会议之前，4月25日，中央军委总参谋部作战部提出

一份报告，对经济建设如何防备敌人突然袭击的问题进行分析，认为有些情况相当严重：（1）工业过中集中。全国14个百万以上人口的大城市，就集中了约60%的主要民用机械工业和52%的国防工业。（2）大城市人口多。全国有14个百万人口以上和25个50万至百万人口的大城市，大都在沿海地区，防空问题尚无有效措施。（3）主要铁路枢纽、桥梁和码头多在大城市附近，还缺乏应付敌人突然袭击的措施。（4）所有水库的紧急泄水能力都很小，一旦遭到破坏，将酿成巨大灾害。毛泽东对这份报告极为重视。⑭

⑭薄一波．若干重大决策与事件的回顾．北京：中共中央党校出版社，1993．1197．

一、二、三线是按我国地理区域划分的：沿海地区为一线；中部地区为二线；后方地区为三线。三线包括云南、贵州、四川的全部或大部分及湘西、鄂西地区的西南三线和陕西、甘肃、宁夏、青海的全部或大部分及豫西、晋西北的西北三线。

根据中央的决定，国务院各有关部门（国家计委、建委、经委）迅速展开西南、西北三线建设的具体部署。随即成立西南、西北三线指挥部，西南指挥部由李井泉、程子华、阎秀峰负责（彭德怀1965年起担任一段副总指挥）；西北指挥部由刘澜涛、王林、安志文、宋平负责。⑮

⑮薄一波．若干重大决策与事件的回顾．北京：中共中央党校出版社，1993．1201．

为了贯彻毛泽东和中共中央关于三线建设的指示，1964年8月12日至9月3日，国防工办召开国防工业会议决定：调整一线，建设三线，是国防工业近两年和第三个五年计划中的首要任务。今后在一线地区，一律不再新建其他项目；续建项目，应缩小规模收尾；其他坚决停下来，老单位要和专业化调整、技术改造、建设地方军工厂及合理布局结合起来，实行一分为二、一分为三，分一部分到三线去。⑯

⑯中国航空工业史编修办公室编．中国航空工业大事记（1951-2011）．北京：航空工业出版社，2011．121．

国防工业第一次派出三线选厂组是1964年7月至8月31日。三机部基建局局长范铭回忆：

（1964年）6月25日，（三机）部办公厅打电话来，要我十一点来部，孙（志远）部长有事说。我骑了自行车按时到部，正在开部办公会。散会后孙说："要剥夺你的学习时间了，大三线程子华⑰要国防口派人，赵（尔陆）主任要你去。"我问："工办谁去？"孙说："不知道，你去问赵主任。"我问："我们航空工业有

⑰时任中共中央西南局书记处书记兼三线建设委员会常务副主任

什么考虑？”孙说：“你比我知道的多，你去看吧！”孙说的是真心实话：信任。

午饭后即去国防工办找赵尔陆主任，赵的作风是雷厉风行的，似乎是在等我。我一进门，赵就说：“大三线程子华要人，你去！”我问：“工办谁去？”赵：“就是叫你去，各部都派人，你负责。按各部的要求，占地方！快去！各部去的人的名单在李光（工办一局局长）那里。”[18]

由范铭带队的国防工业选厂组历时两个月，跑了云贵川89个县，几百个点，其中航空工业初选是贵州大三线，决定在那里先建筹备处。

国防工业第二次派出三线选厂组是1964年9月。由国防工办副主任赵尔陆带队，组织国防工业各部共10个选厂组到三线的有关地区进行了踏勘，其中第二选厂组踏勘汉中至老河口一带，第七选厂组踏勘长沙至昆明一线，这两个组均由三机部基建局局长范铭担任组长。这些选厂组初步确定了包括航空工业在内的三线建设的基本布局。赵尔陆率队勘察，历时3个月，途经8个省（区）22个地区，行程1.3万千米。在踏勘中，他们使用了包括小木船在内的所有交通工具。赵尔陆在写给女儿的信中说：“有很长一段路是长征时走过的，现在种满柑橘。金秋时节，漫山遍野，黄绿相间，十分美丽……人民生活变化很大，有的地方几乎认不出了。”[19]

选厂人员在贵州三线找洞（薛元章提供）

根据中央精神和部署，1964年9月22日，孙志远部长在三机部规划小组会上说：航空工业布局一要就地分散，二要往三线搬。在三线形成5套主机厂，辅机厂以陕西汉中、贵州贵阳一带为主，分散建设；先解决全国配套，凡“独生子”，能力不够的，先在三线搞；其次，组织三线地区配套；工厂建设一定要靠山、分散、隐蔽，不能再搞综合性大厂。[20]

⑱ 范铭．对西部大开发大西南三线建设的回忆与思考．2003．7–8．

⑲ 罗元生，欧阳青编著．毛泽东亲点的十位将军部长．军事科学出版社，2006．207．

⑳ 中国航空工业史编修办公室编．中国航空工业大事记（1951–2011）．北京：航空工业出版社，2011．121–122．

㉑ 中国航空工业史编修办公室编. 中国航空工业大事记(1951-2011). 北京: 航空工业出版社, 2011. 123.

10 月 19 日，三机部向国防工办、国家计委上报《关于一线地区十五个大城市企业的搬迁和就地分散问题的初步设想》。[21] 提出位于一、二线地区的 29 个企业搬迁工作的设想是：结合拟定中的“三五”规划，首先在三线地区形成能配套生产歼击机的能力，同时尽早把主力搬迁到三线地区。建成一套新的歼击机厂和发动机厂，一套轻型轰炸机厂及发动机厂，一套强击机、教练机厂及发动机厂，一个直升机厂，以及与这些主机厂配套的辅机工厂。在三线地区形成配套生产能力，达到在三线地区实现航空工业基本“小而全”的要求。一线地区的企业，只留下小量复制生产的能力，并按照缩小后的规模寻找“藏身之处”。上述设想实现后，航空工业的主力就转到了三线，在三线地区建成 5 套半主机工厂（包括西安及成都的两套），加上位于一、二线的三套，在全国范围内共有 8 套半主机工厂。

10 月 26 日，中共中央批准的《国防工业 1965 年工作要点》，对国防工业的“三线”建设做了部署。根据中央精神，航空工业部门做出三线建设的部署：坚决停缓一线、二线的在建项目，有计划有步骤地把一线、二线的企业向三线搬迁，并开始搬迁上海、天津、南京等地的 6 个机载设备厂，吴融锋副部长到现场指挥。从此拉开了航空工业三线建设的序幕。

三机部副部长兼政治部主任吴融锋在三线勘察选厂

吴融锋（1916-1974），江西永新人。1930 年加入中国工农红军。参加了二万五千里长征。1955 年被授予少将军衔。1961 年后任国防工业委员会政治部副主任。1963 年 9 月航空工业部成立，他被任命为航空工业部副部长兼政治部主任、代理部党委书记。

最早登上贵州高原进行三线建设的是由保定 550 厂高登儒带队的 50 余名职工。他们由吴融锋派遣，到贵州筹建天义电工

（315厂）和华阳电工厂（128厂）。他们11月4日到贵阳，留下20人筹备华阳厂。11月8日高登儒带30余人到遵义，筹建天义厂。11月13日住进工地，在四面通风的破旧仓库里开始了艰苦的创业。经过一年的奋战，这座职工千人，建筑面积4万多平方米，投资近千万的新建厂屹立于贵州高原，于1965年12月实现了竣工验收，开工投产。㉒

㉒贵州航空工业集团编．创业之路．1994. 41-46.

至1965年底投产的还有上海卫阳厂和苏州171厂包建的贵阳华阳电工厂，以及就地改造的贵阳电机厂（185厂）。

11月29日，由范铭任组长的国防工业第二、第七选厂组集中在长沙，向赵尔陆汇报《关于汉江中上游、湘西、黔西、黔东南及川西南航空工业布局和远年轮廓设想的几点意见》。意见提出，1、航空工业在三线建设全套航空企业和科研机构，建设6套主机厂及配套的辅机厂；2、布局设想：（1）"三五"期间建成贵阳地区一套歼击机厂、汉中地区一套直升机厂和湘西地区1套轻型轰炸机或歼击轰炸机厂；（2）"四五"期间建成张掖1套歼击机厂、晋北、内蒙古1套轰炸机或歼击机厂、湖北漳河水库1座水上飞机总装厂及川东南秀山或湘西凤凰地区1套歼击机厂；（3）10年内在西南、西北形成两个全套辅机厂；（4）在"三线"建成几个重点科研所，如空气动力研究所放在甘肃刘家峡，发动机高空试车台放在黔西地区，飞机强度所放在陕北铜川、耀县一带等，并提出了主机、辅机厂的具体布点设想。㉓

㉓中国航空工业史编修办公室编．中国航空工业大事记（1951-2011）．北京：航空工业出版社，2011. 123-124.

1965年1月，三机部在企事业领导干部会议上全面部署了调整一、二线，加速三线建设的工作。1965年2月20日，国防工办向国防工业各部下达了三线建设有关的方针政策。3月27日，国防工办通知三机部：航空工业在陕西汉中、安康、湖北襄阳、贵州贵阳、湖南湘西、甘肃河西走廊、山西北部、四川成都北部等三线地区新建6套主机厂及其配套工厂和有关科研机构。

1965年2月，三机部副部长吴融锋带领部分司局长到三线进行调查。3月，三机部为了对每个厂址的可行性进行综合论证，具体落实，又派出150余人的踏勘队伍，分成贵州、川西南、汉中（兼张掖地区）、鄂西北（兼豫西南）和湘西5个选厂组，分赴各自分工地区，进行选址定点工作，5月15日返京。在此期间，共踏勘7个地区的592个点，最后经部党组讨论，按六字方针要求采用了160个点，并于6月7日上报国防工办得到原则同意。这160个厂（所、库）址的分布是：贵州33、四川9、汉中39、关中2、鄂西北和豫西南17、晋北20、湘西24、张掖15、漳河1。除少数利用下马厂靠近城镇外，其余均进山进洞，地形隐蔽。

贵州地区是航空工业三线建设的重点，故这次踏勘定点队伍比较集中在贵州一带。按专业分成4个小组开展工作。第一组（飞机厂）王其恭任组长（兼）；第二组（发动机厂）程华明任组长；第三组（附件厂）陈绍力任组长；第四组（电器厂）高道任组长。各小组按照地区分工，深入现场、实地踏勘，并对水文、地质、气象、地貌、资源、交通、生产以及人文经济等进行调查研究，每天早出晚归，跋山涉水，钻山进沟，探洞入穴，十分辛劳。经过一个多月的努力，在安顺、遵义、毕节三个地区11个县境内，共踏勘250余处，筛选出53个点。最后由吴融锋召集有关单位领导共同审定，经部党组批准，形成贵州地区建设方案，于1965年8月13日上报国防工办、国家计委。《方案》确定：飞机主机厂及其专业化厂分布在安顺、镇宁一带；发动机主机厂及其专业厂分布在平坝、清镇一带；附件厂在黔西、大方一带；电器厂在开阳、修文、息烽一带。至此，贵州三线建设的蓝图尘埃落定。

贵州三线设计现场（薛元章提供）

贵州三线建设者们（薛元章提供）

汉中地区在这次踏勘的基

础上，1966 年 10 月 15 日向国家建委报告汉中地区厂址复查定点方案。11 月 3 日国家建委批复，同意将飞机厂放在城固、洋县境内，发动机厂放在勉县、略阳、宁强境内。

1965 年 2 月 20 日，三机部在贵阳、陕西汉中、四川、湖南成立办事处。1965 年 7 月，任命王其恭为贵州地区办事处主任。之后又任命刘亚欣为陕西办事处主任，于辉为湖南湘西地区领导小组组长。

王其恭（1923—2011），1923 年 7 月 15 日生于山东长岛县。1938 年参加革命。1954 年奉调 112 厂任党委副书记、书记。1965 年主持贵州地区三线建设。1978 年调任航空工业部副部长，1980 年任部党组副书记。1991 年被航空航天工业部授予特别荣誉奖。

刘亚欣（1918—1987），1918 年 10 月出生于河北省雄县。1938 年 3 月参加革命。于 1953 年被调航空工业系统工作，历任航空工业甘肃张掖地区新厂筹建处主任、西安飞机

王其恭主持贵州航空工业基地建设

（左）刘亚欣主持陕西汉中航空工业基地建设

（右）于辉主持湖南航空工业基地建设

厂第一副厂长、总工程师。长期担任汉中航空工业基地的主要领导职务，是基地主要创始人之一。

航空工业的大规模三线建设的是在“文化大革命”中展开的，航空工业建设与发展包括三线建设存在极大困难，但是由于广大干部、职工艰苦奋斗，以及国家的高度重视，投入大量资金，三线建设完成了一批重要项目。

航空工业最大的三线在贵州。贵州航空工业基地地处黔中地区，属苗岭山区。从一、二线来的航空工业建设大军，以吃大苦、耐大劳的革命精神，在黔岭荒山之中建设起了一座座航空企业。对于如何执行“靠山、分散、隐蔽”方针，薛元章在贵州平坝进行460厂现场设计时回忆：

对于厂房布局“散”到怎样的程度，有一次一位部领导在现场形象地说：拿起一把豆子，往地上一撒，撒成怎样就散成怎样。当时再次强调按六字方针执行。工厂关键要害进洞，比较重要的部分厂房采取“镶、嵌、埋、贴、坐”等措施，一般厂房采取小而散；进行伪装，村落化，乡土化，烟囱爬山，宿舍搞分散居民点等以求战时打不烂。

为此，我们把460厂已经完成施工图的5600平方米的装配厂房分成5个厂房，钻进一条山沟，把已经完成施工图的两个5000平方米的机加厂房分别进洞和分成若干小厂房，把原来集中在菜花洞前的总图布置变成分布在三条山沟和洞穴中。第一次向中央派来的工作组汇报时没有通过，第二次汇报后并有三线建设委员会副总指挥程子华将军亲临现场，我在菜花洞洞口向他汇报再次修改后的总图布局后才得到通过。

发动机试车台如何隐蔽是个特殊问题，我院曾为此派人到巴基斯坦考察移动试车台，战争时可移动隐蔽，但这只对推力小的发动机使用，因而修改方案迟迟没有确定。那年夏天又传达一个中央文件中点了航空发动机试车台的名，为要消除试车台的特征，要求把试车台埋入地下。如将460厂6个试车台全部埋入地下，工程量大，又无实践经验，假如进、排气流场不畅影响试车是大问题。最后决定将2个试车台埋入地下，1个试车台打人工洞进洞，3个试车台沿山贴建，方案才得以通过。而事后埋地的车台因各种原因建成后久久不能投产……当年我院有近200人集中在460厂现场厂设计，和从越南战场回国的打洞部队，和从云南徒步走到贵州的施工队伍一起，边设计，边施工，到年底完成了极大部分的施工图。[24]

[24] 薛元亶手稿

到1969年，先后有12个企业基本建成投产。在一线老厂的帮助下，1967年歼6原型机在高原升空。1970年5月，首台涡喷7发动机试车成功。同年9月18日，由基地生产的歼6III飞机首飞成功。后来又试制成功了被誉为"亚洲明星"的歼教7飞机和国内知名的涡喷13系列发动机。

三线建设者在湖南湘西勘察厂址

一声令下，大批职工开赴三线

在陕西汉中建设了运输机生产基地，后来运8系列飞机在这里得到长足的发展。

在江西景德镇建设了直升机设计研究和制造生产基地，后来直8、直11在这里腾空而起。

在湖北荆门建设了水上飞机设计制造基地，后来我国第一代水上轰炸机水轰5从这里的漳河水库升空。

与飞机研制相配套的机载设备厂相继建成。

从1966至1976年这10年间，航空工业的三线建设共完成了40多个项目。

在"文革"中，由于"左"的错误愈演愈烈，以及建设方针过分强调"靠山、分散、隐蔽"、"进洞"，把每个工厂、车间都人为地分散开来，乃至形成了"村落化"、"瓜蔓式"、"羊拉屎"等匪夷所思的做法。贵州基地的飞机部件厂（130厂）的厂房分散在9平方千米的范围内，仅锅炉房就十几个，还有过分强调因陋就简、“干打垒”而造成建设标准低、质量差，给三线企业的生产、生活带来很大的困难。再就是由于匆忙选址，未经充分论证就盲目上马，也造成很大损失，推倒重来的例子也非少见。

对于三线建设造成的后遗症，20世纪80年代以后进行了多年的调整，情况才逐渐有所好转。

以轰6载机空投原子弹，强5飞机空投氢弹，歼6飞机投入实战歼灭来犯敌机，国产地空导弹击落U–2高空侦察机为标志，航空工业为国防建设建功立业，孙志远还有一个宏愿：“夺取局部地区制空权”

轰6空投原子弹

1965年5月14日，空军李源一机组驾驶由122厂1959年装配的轰6飞机改装的核武器运载机，在中国的西部上空进行了运载、投放原子弹的试验，取得了圆满成功。

1972年1月7日，强5还改装为特种武器载机，甩投核弹成功。

1967年9月8日，我空军地空导弹某营首次使用国产

空投原子弹的轰6飞机与机务人员

"红旗2"导弹武器系统，在浙江海宁地区上空击落国民党空军U-2高空侦察机1架，这是我地空导弹部队第5次击落U-2飞机。从此，U-2高空侦察机再没敢进犯中国领空。此后，国产导弹还击落过美制无人驾驶高空侦察机两架和苏制米格-21P飞机两架。㉕

㉕林虎.保卫祖国领空的战斗新中国二十年国土防空作战回顾.北京：解放军出版社，2002.220-222.

从20世纪50年代中期到60年代中期这10年来，中国航空工业先后向我国空军、海军航空兵提供了亚音速歼击机歼5、超音速歼击机歼6和两倍音速歼击机歼7以及系列改型，这些国产战机装备部队，增强了部队实力，给敌方的空中入侵活动以沉重打击，捍卫了我国领空。

空军飞行员杨国祥驾驶强5甲型机空投小型原子弹

1958年2月18日，国民党空军使用美制RB-57A高空侦察机进犯我山东半岛地区。RB-57A飞行高度1.5万米，时速800-850千米。我海军航空兵中队长胡春生和飞行员舒积成驾驶国产歼5飞机双机编队截击，敌机旋即被击落，生俘飞行员、国民党空军上校赵广华。正在朝鲜访问的周恩来得知这一消息后，特意打电话表示勉励。国民党空军受此重创后，即停止使用这种飞机进犯大陆。㉖

㉖刘亚洲，姚竣主编.中国航空史（第二版）.长沙：湖南科学技术出版社，2007.391.

1958年8月25日，国民党空军出动56架美制F-86战斗机进犯福建，我人民空军出动68架国产歼5飞机在上空巡逻。其中8架歼5与8架敌机遭遇，发生空战，击落敌机两架。

1958年9月24日，国民党空军24架F-86战斗机窜至浙江省温州上空。我海军航空兵出动24架歼5飞机进行拦截。我飞行员王自重与敌机英勇搏斗，5分钟击落敌机两架。国民党空军施放美制"响尾蛇"导弹6枚，王自重所驾驶的歼5被击落。这是世界上首次使用空空导弹的空战，也是台湾海峡局势紧张期间海军航空兵参加的规模最大的空战。㉗

㉗同上书.379-380；本书编委会编.空天铸剑——人民空军腾飞和装备发展实录.北京：蓝天出版社，2011.101.

超声速歼6飞机自1964年6月28日装备空军与海军航空兵部队起，逐步取代了在役的亚声速歼5，进而成为部队的绝对主力。由于歼6服役时，正值国土防空战事繁忙阶段，性能明显优于歼5的歼6一登上国土防空的舞台，即创造了一些令国人兴奋的战绩。

歼6飞机是我国继歼5飞机之后，仿制苏联米格-19的超声速歼击机。自1958年7月开始仿制，到1985年6月6日，国务院、中央军委关同意拆除歼6机生产线为止，仿制生产长达27年。而至2006年退出部队现役。可以说，歼6系列飞机创造了我国飞机生产数量之最（4817架）；援外飞机数量之最（780架，占援外飞机总数的63%）；批生产时间之最（1963-1984，共21年）；服役时间之最（1964-2006，42年）；作战时间之最（1964-1989，25年）。

盘点战果，我空军和海航驾驶歼6战机（其中空1师3次战斗一说是驾驶苏制米格-19Ф飞机）共击落敌机20架，其中：美军无人驾驶高空侦察机11架；美军F-104C战斗机1架；美军RB-66电子干扰机1架；美军A-3B舰载攻击机1架；美军F-4C战斗机1架；美军A-6攻击机2架；国民党空军RF-101A高速侦察机2架；国民党空军F-104战斗机1架。

1964年11月15日，雷州半岛天气晴朗，11时53分，在海口东南215千米海面上空发现无人驾驶高空侦察机1架，直指涠洲岛，高度17600米。11时58分，驻遂溪机场的空1师作战分队中队长徐开通，驾驶歼6飞机（一说是苏制米格-19Ф飞机）起飞拦截。12时20分，我机升高至16500米，距离约15千米发现敌机，追近至约4.5千米，表速780千米/小时，徐开通用动力跃升方法升至17500米改平，处于敌机尾后，并低于敌机100米，第一次射击距离约400米，发现弹道偏低，又在300米开炮，弹道又偏左，此时距离已很近，飞行员想脱离，但发现已在敌机腹下，发动机喷口都看得很清楚，敌机被弹面很大，于是把机头拉起来，对准敌机腹部进行了第三次射击，一直打到100米左右，敌机腹部立即冒出浓烟，急剧坠落，我机从敌机下方30米处脱离。敌机坠入遂溪西南涠洲岛附近大海中。[28]

这次战斗的胜利是在美军无人驾驶高空侦察机第13次入侵时取得的，空军首创了用战斗机在平流层击落敌机的记录。

㉘刘亚洲，姚竣主编. 中国航空史（第二版）. 长沙：湖南科学技术出版社，2007. 396.

林虎. 保卫祖国领空的战斗新中国二十年国土防空作战回顾. 北京：解放军出版社，2002. 266-269.

1964年12月18日，国民党空军出动RF-101侦察机1架窜入我路桥地区进行侦察活动。RF-101是当时美国制造的最先进的超声速侦察机。这种飞机装有6种航空相机，可实施垂直、倾斜和高低空照相侦察，最大飞行速度达每小时1900千米。它一般采用低空入侵，接近目标突然升至11000米，实施目标侦察照相后即迅速返回，地面雷达难以捕捉，高炮来不及开火，歼击机拦截困难。针对这次RF-101入侵，海军航空兵副团长王鸿喜驾驶国产歼6飞机，在地面准确引导下，发现敌机，即以迅雷不及掩耳之势，一举将敌机击落。敌飞行员跳伞后被俘。

1965年3月18日，国民党空军出动两架RF-101侦察机，侦察汕头机场。我空军副大队长高长吉驾驶歼6飞机迎战。敌机发现我机后掉头逃窜，高长吉打开加力，穷追不舍，终于追上后面一架敌机，三炮齐放，打得敌机凌空爆炸，坠入海中。[29]

1965年9月20日，美军F-104C战斗机1架飞临我海南岛上空，时进时出，“擦边”进犯。F-104C是美国洛克希德公司研制的当时世界最先进的战机之一。时速高达2400千米，实用升限1.7万米，可携带2-4枚“响尾蛇”导弹。我海军航空兵大队长高翔、副大队长黄凤生驾驶歼6双机出击，高翔追上敌机，按动射击按钮，敌机中弹爆炸。高翔自己的飞机被爆炸碎片击伤，高翔依靠一台发动机与黄凤生一起安全返回机场。美机飞行员跳伞后被生俘。[30]

被我军击落的美机残骸

1964年至1971年，我人民空军使用国产歼7飞机击落6架敌无人驾驶飞机、300多个高空侦察机和心战气球。

1965年末前后，美国、苏联及一些主要资本主义国家，为了进一步包围、孤立中国，经常以武力相威胁，并不断炫耀其“空中优势”，在我国周边地区驻扎大量空军。孙志远深知空中优势

㉙刘亚洲，姚峻主编．中国航空史（第二版）．长沙：湖南科学技术出版社，2007．386．

㉚同上书．393-394．

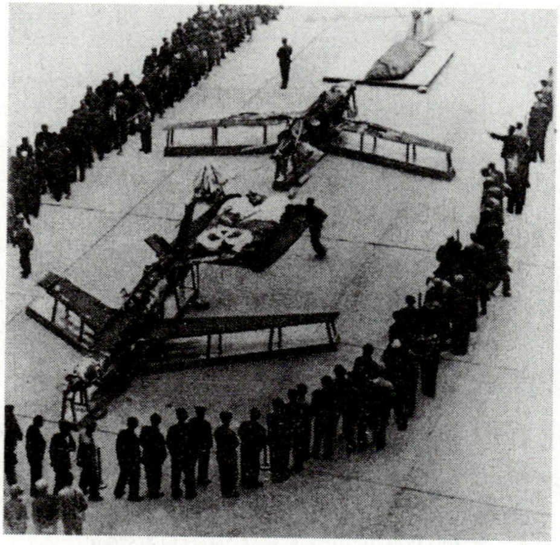

被我击落的美国无人驾驶高空侦察机残骸

对战争胜负具有重要作用。他在1966年初集中了一段时间，和有关干部专门研究了这个问题。他收集了大量资料，包括美、苏等国家航空装备的数量、技术战术性能、配制的武器性能，以及它们在我周边国家驻军的情况，绘制了战略形势图。从当时敌我双方的航空技术装备情况比较，不论在数量上或是在技术性能上，我方尚有很大差距，而对付来犯之敌，依靠进口新式航空装备，不但我国经济能力不可能，而且也无来路，因而只能自力更生，这个重任就自然地落到了航空工业身上。他进一步分析，未来战争的特点，是防御战，主要战场将在我国本土，我国地面广，空域大，全面防御是不可能的，但为了保卫重点城市、重点目标，夺取局部地区制空权还是可能的。于是一个大胆的想法产生了："我们要在未来防御战争中夺取局部地区空中优势。"为了实现这一战略目标，就必须加快航空工业科研、生产的发展。鉴于我们是防御方，必须以歼击机为重点，要加紧高空高速歼击机、中空高速歼击机和低空超音速强击机的研制与生产，并配置地对空导弹。据此，他主持制订了航空工业第三个五年计划。

歼6飞机巡航西沙群岛上空

这个以“夺取局部地区制空权”为核心的计划目标一经制订，孙志远就广泛汇报、宣传，求得有关部门的支持。他亲自向国防工办领导同志、国家计委余秋里主任、陈毅元帅等分别作了汇报，还在中央工作会议的小组会上作了系统发言。他的发言，得到了与会同志的好评，印发了简报。李先念握着孙志远的手称赞说：“你把我们的心都打动了，你真是个了不起的宣传家。”这个设想，也得到了主管国防工业的领导同志赞同，认为符合我国积极防御的战略方针，就把它纳入国防工业建设规划，并决定国防工业建设以航空装备为突破口，打一场彻底翻身仗。

然而正当孙志远领导航空工业大展宏图时，“文化大革命”的狂飙席卷了中华大地，孙志远心力交瘁引发脑血栓，不幸于1966年11月11日逝世，年仅55岁。

周恩来总理参加孙致远遗体告别仪式在签名簿上签字，周总理身后左起：航空工业部副部长吴融锋、航空工业部办公厅秘书处杨信林、外事处朱莉增（杨倩林提供）

孙志远主持航空工业部以后，经过深入细致的调查研究，总结经验教训，与党委领导成员一起，理出了航空工业的发展思路和发展战略。内容包括：“在未来战争中夺取局部空中优势”、“必须尽早结束仿制，走出自行设计道路”、“坚持部院结合”、“宁可少建一套飞机厂，也要把科研建设搞上去”、“建立‘麻雀虽小、肝胆俱全’的航空工业”、飞机发展要“嘴上吃着一个（生产）、手上拿着一个（研制）、心里想着一个（规划）”，一代一代接替、梯次展开等。这些都是航空工业在1964、1965年，在调整、整顿的基础上，根据国家的战略，结合航空工业实际，提出的具有深远意义的方针政策和发展构想，对发展远景和实际工作都有重大指导作用。

1965年是新中国航空工业发展的第15个年头。同全国形势一样，航空工业经过三年调整、整顿，重新走上健康发展的道路。军品生产完成“五机三弹”小配套，且所需原材料、配套成件基本立足于国内；部院合并后，科研与生产力量合在一起，协同一致促进了新机研制和科学研究工作的较快发展，歼7、轰6、轰5等机种的仿制和涡桨5的测绘先后展开；自行设计的强5飞机初步定型投入生产，歼8和涡扇6的自行设计工作迅速起步。航空科研急需的试验研究条件，如空气动力、发动机研究、结构强度等研究所的建设相继上马。

优质过关的歼6自1963年年底起装备部队，成为国土防空的主力

直5直升机自1963年起装备部队

两倍声速的歼7自1967年起装备部队

1965年末，三机部部属企业70个，事业单位59个。职工人数达222675人；金切设备达到29819台；工业总产值完成88213万元；其中民品产值6416万元；全面、优质完成了歼6飞机200架、地空导弹100发的任务；共交付飞机511架，其中歼6飞机217架，直5直升机32架，初教6飞机201架，运5飞机50架；导弹212发，其中红旗1地空导弹105发；各型发动机1510台；各种机载设备共776项；空、海军所需的零备件基本得到保证；企业经济状况全面好转，全年销售收入98260万元；科研试制费5016万元；流动资金期末占用89431万

元；全员劳动生产率4634元。

全年工业总产值为1960年的1.6倍，相当于“一五”时期的总和。飞机交付量也恢复到接近历史最高水平。但是由于医治“大跃进”创伤的费时与艰巨，1963年航空工业虽已开始扭亏为盈，在三年整顿时期仍有许多遗留的质量问题继续影响利润的上升，因此，本年实现的利润仍然较低。

轻型轰炸机轰5自1967年起装备部队

中型轰炸机轰6自1969年起装备部队

强击机强5自1969年起装备部队

从1964年、1965年到1966年“文化大革命”爆发之前，是航空工业历史上发展最好时期之一。全行业政通人和，健康发展，呈现出形势喜人的新局面。

从1958年起至1982年，在毛泽东关于“我们不做军火商”的思想指导下，我国向朝鲜、越南、阿尔巴尼亚、罗马尼亚、巴基斯坦、孟加拉、柬埔寨、尼泊尔、埃及等16国提供了各种飞机的无偿援助。共计援助了歼5、歼教5、歼6、歼教6、歼7、直5、轰5、轰教5、初教6和运5等10种飞机1163架，还有多种备份发动机和航空零备件，向其中3个国家提供了少量海防导弹和空空导弹，帮助其中5个国家建设了飞机修理厂，帮助个别国家建设了一些相关设备厂。其中，1962年至1970年，我国援助阿尔巴尼亚的歼6、歼7、歼教5、初教6、直 5、轰 5、和运 5 等 7 种飞机共 167 架，还有活塞 7、涡喷 6 两种发动机共 71 台及各种零配件。

到 1965 年底，各项经济技术指标达到了航空工业创建以来的最高水平，整个航空工业呈现出生气勃勃、欣欣向荣的景象，被誉为航空工业历史上最好的发展时期之一。

中国，这个东方大国的航空工业正以崭新的面貌跻身喷气时代，亮翅东方。

跋

在本书编辑过程中得到下列人士各种形式的鼓励与帮助，特此致以诚挚的感谢！

管德、王祖浒、江同、孟赤兵、李周书、归永嘉审阅了本书书稿，提出了修改意见并作序；

徐汉生、金击强、张金波、马承鳞、刘洪波、陈淮秋审阅了书稿并提出宝贵意见；

王荣阳、孙伟航、师元光、冷传生、严慧发、张池、张德全、潘国鉴、刘正惠、许锡振、段又瑛、薛元章、高其风、熊晓虹、阮宜维、王泮久、张钟林、曹竞南、王超湘、芮小苗、孙明利、徐黎提供了帮助与支持；

感谢北京航空航天大学出版社张德生、许传安、赵延永、王律、江小珍在编辑出版方面的支持。

感谢书法家余臣涛为本书题写书名。

世事难料。在本书进入编辑出版流程之后，2012 年 9 月和 12 月，先后有两位关注本书的师友仙逝，令人不胜悲痛与惋惜：一位是飞机局老局长张金波先生，一位是中航技创始人之一、老领导江同先生。2012 年 6 月 14 日我去两位先生家中送去拙著书稿，请予审阅并赐教，之后张金波先生多次来电谈对书稿和航空工业发展的看法，对我多有鼓励与启迪；江同先生十分热情，特应邀为本书作序并赋诗。7月17日我又去拜访并深谈，不想这一次竟是我们最后的晤面。

张金秋、江同先生从业航空60余年的工作业绩是扎实而且厚重的，进入耄耋之年，他们依然对中国航空工业充满挚爱与激情，直至临终。他们的音容笑貌恍如昨日……

中国航空工业正是由于像他们这样一大批的创业者与耕耘者的不懈努力，才夯实了很好的根基，为今日的发展壮大创造了条件。他们这一代航空人给我们留下了不可磨灭的记忆和无价的精神财富，并将长久地激励后来的人们，保持创新的锐气，英勇果敢地不断地为中国航空工业开拓更为广阔的天地。铭记历史，铭记他们。这也是我撰写《跻身喷气时代：中国航空工业1951—1965》一书的初衷。

周日新

征引和参考文献

1. 中共中央文献研究室．毛泽东年谱/1893—1949. 北京：中央文献出版社，2002.
2. 中共中央文献研究室编．建国以来毛泽东文稿．北京：中央文献出版社，1992.
3. 黄汉纲．冯如研究．广东省中山图书馆，1991.
4. 董汉文主编．北京志（市政卷）：民用航空志．北京：北京出版社，2000.
5. 林樱尧主编．马尾中国航空业资料集．2003.
6. 姜长英．中国航空史——史话史料史稿．北京：清华大学出版社，2000.
7. 发动机制造厂文献编辑委员会编．航空救国——发动机制造厂之兴衰，台北：河中文化实业有限公司，2008.
8. 空军政治部编．空军高级将领传，北京：蓝天出版社，2002.
9. 孟赤兵，高其风，杨常修编．航空工业人物第一卷．北京：航空工业出版社，1989.
10. 周日新，孟赤兵，李周书等编著．中国航空图志．北京：北京航空航天大学出版社，2008.
11. 刘亚洲，姚竣主编．中国航空史（第二版）. 长沙：湖南科学技术出版社，2007.
12. 张开帙，麦林主编．东北老航校，北京：蓝天出版社，2001.
13. 徐昌裕．为祖国航空拼搏一生，北京：航空工业出版社，2006.
14. 程不时主编．搏击长空/熊焰纪念文集．湖北省内部图书，1998.
15. 程不时．飞翔的思绪——中国航空与科技随笔．北京：机械工业出版社，2009.
16. 中国社会科学院《苏联历史档案集》课题组．关于1949年刘少奇访苏的俄国档案文献，1998年1月．
17. 中共中央文献研究室，中央档案馆编．建国以来周恩来文稿第一册．北京：中央文献出版社，2008.

18. 钟兆云．刘亚楼上将．北京：解放军文艺出版社，2005.
19. 沈志华主编．中苏关系史纲（1917–1991）. 北京：新华出版社，2007.
20. 沈志华．苏联专家在中国（1948–1960）. 北京：新华出版社，2009.
21. 毛泽东．毛泽东选集第五卷．北京：人民出版社，1977.
22. 王润身主编．空军回忆史料．北京：解放军出版社，1992.
23. 中共中央文献研究室编．周恩来年谱 /1949—1976. 北京：中央文献出版社，1997.
24. 刘晓．大使回忆录——出使苏联八年．北京：中共党史出版社，1995.
25. 中国航空工业史编修办公室编．中国航空工业大事记（1951–2011）. 北京：航空工业出版社，2011.
26. 段子俊主编．当代中国的航空工业．北京：中国社会科学出版社，1988.
27. 孟赤兵，周日新，李周书等主编．新中国航空工业主要创始人之一段子俊．北京：北京航空航天大学出版社，2010.
28. 王大伟等编．广州第一家庭的传奇人物许锡缵．北京：航空工业出版社，2009.
29. 周日新，孟赤兵，李周书等编著．航空人物志．北京：航空工业出版社，2003.
30. 周日新，孟赤兵，归永嘉等编著．航空工业六十人传．北京：北京航空航天大学出版社，2011.
31. 中国航空工业史编修办公室编．中国航空工业老照片②．北京：航空工业出版社，2011.
32. 薄一波．若干重大决策与事件的回顾．北京：中共中央党校出版社，1993.
33. 谢光主编．当代中国的国防科技事业．北京：当代中国出版社，1992.
34. 航空工业规划设计研究院院史编辑办公室编．航空工业规划设计研究院院史（1951–1986）.
35. 范铭．回忆与思考．
36. 周日新，杨曾复主编．机载记忆，2011.
37. 中国航空工业集团公司离退休人员管理局等编．辉煌 60 年．北京：航空工业出版社，2011.
38. 周日新，孟赤兵，李周书等编著．航空春秋．北京：航空工业出版社，2001.
39. 沈阳飞机制造公司史志编辑办公室．沈阳飞机制造公司史（1951–1983）.

40. 沈阳飞机制造公司史志编辑办公室．沈阳飞机制造公司大事记史（1951-1983）.
41. 国营第 122 厂厂史编辑办公室．国营第 122 厂厂史（1947-1983）.
42. 国营第 120 厂厂史编辑办公室．国营第 120 厂厂史（1948-1982）.
43. 国营松陵机械公司史志编辑办公室．国营松陵机械公司史料第一辑．
44. 沈阳飞机制造公司史志编辑办公室．沈阳飞机制造公司史料第二辑．
45. 滕叙兖．哈军工传．长沙：湖南科学技术出版社，2006.
46. 航空研究院院史编辑委员会．航空研究院大事记（1960 — 1982）.
47. 上海航空工业志编纂委员会编．上海航空工业志．上海：上海社会科学出版社，1996.
48. 北航校友会编．北航校友通讯．北京：北京航空航天大学出版社，1995.
49. 李福林主编．基石北航创业者荟萃．北京：北京航空航天大学出版社，2002.
50. 吴晓波．跌宕一百年：中国企业 1870-1977（下）．北京：中信出版社．2009.
51. 尼基塔·谢·赫鲁晓夫．赫鲁晓夫回忆录（全译本）．北京：社会科学文献出版社，2006.
52. 许锡振．难忘的岁月．
53. 顾诵芬等编．中国飞机设计的一代宗师徐舜寿．北京：航空工业出版社，2008.
54. 航空工业部中国航空工业史编辑办公室．航空工业史料第 1—24 辑．
55. 周日新主编．魂系航空——深切怀忘油江同志，2009.
56. 房维中，金冲及主编．李富春传．北京：中央文献出版社，2001.
57. 叶永烈．钱学森．上海：上海交通大学出版社，2010.
58. 国防科学技术工业委员会编．中国航天 50 年回顾．北京：北京航空航天大学出版社，2006.
59. 吴大观．航空发动机研制工作论文集．北京：航空工业出版社，2009.
60. 重庆聂荣臻研究会等编著．聂荣臻画传．上海：上海文艺出版社，2009.
61. 顾诵芬．我的飞机设计生涯．北京：航空工业出版社，2011.
62. 中国航空工业史编辑委员会编．航空工业质量史（1951—1988）.
63. 徐昌裕 1990 年讲话录音
64. 总参谋部《贺龙传》编写组．贺龙传．北京：当代中国出版社，1997.

65. 国营第 132 厂厂史编辑办公室．国营第 132 厂厂史（1958–1984）.
66. 中共中央党史研究室．中国共产党历史第二卷（1949–1978），北京：中国党史出版社，2011.
67. 聂荣臻．聂荣臻元帅回忆录．北京：解放军出版社，2005.
68. 张树栂，倪颖编．中国航空科研发展史稿．1990.
69. 刘鸿志．回忆与思考．北京：航空工业出版社，2010.
70. 东方鹤．张爱萍传．北京：人民出版社，2000.
71. 聂力．山高水长——回忆父亲聂荣臻．上海：上海文艺出版社，2003.
72. 刘华清．刘华清回忆录．北京：解放军出版社，2004.
73. 回顾与展望编辑部编．回顾与展望——新中国的国防科技工业．北京：国防工业出版社，1989.
74. 刘华清．刘华清军事文选．北京：解放军出版社，2008.
75. 吴大观．我的中国心．北京：航空工业出版社，2010.
76. 师昌绪，陆达，荣科主编．中国高温合金 40 年．北京：中国科学技术出版社，1996 年．
77. 航空工业部中国航空工业史史料科研分编委．歼 8 飞机研制回忆录第一辑，1987 年．
78. 徐汉生，常绍第，诸声鹤等编著．孙志远传．北京：航空工业出版社，1998.
79. 怀念孙志远同志编委会编．怀念孙志远同志，1986.
80. 范铭．对西部大开发大西南三线建设的回忆与思考．2003.
81. 贵州航空工业集团编．创业之路．1994.
82. 许珊．用一生创造飞翔——著名飞机设计师陆孝彭的传奇人生，北京：航空工业出版社，2011.
83. 林虎．保卫祖国领空的战斗——新中国二十年国土防空作战回顾．北京：解放军出版社，2002.
84. 本书编委会编．空天铸剑——人民空军腾飞和装备发展实录．北京：蓝天出版社，2011.
85. 张开帙．情系人民航空——一个航空工程机务老兵的回忆．北京：蓝天出版社，2008.
86. 屠基达．难得几次飞——飞机设计师屠基达纪事文集．北京：北京航空航天大学出版社，2007.

87. 沈阳航空工业学院院史编写办公室．沈阳航空工业学院史 1952—1986，1987.
88. 周均伦主编．聂荣臻年谱．北京：人民出版社，1999.
89. 江天鸿．回望澄思集，2012.
90. 费正清，罗德里克·麦克法夸尔主编．剑桥中华人民共和国史（1949 — 1965），上海：上海人民出版社，1990.
91. 第二机械工业部第四O研究所 1957 年 7 月 9 日《航空工业情报》第 11 号.

人名索引

A

B

C

D

F

M

N

Q

R

S

T

W

X

Y

Z